BASTEI
LÜBBE
TASCHENBUCH

Titel in der Regel auch als E-Book erhältlich

Über die Autoren:

Shahinda Maklad, 73, kämpft seit über einem halben Jahrhundert an vielen Fronten für die Freiheit ihres Volkes. Als linke Aktivistin setzte sie sich für die Rechte der Landbevölkerung ein, während der ägyptischen Revolution 2011 sprach sie mit vielen Menschen auf dem Tahrir-Platz und half im Hintergrund mit, die Opposition zu organisieren.

Gerhard Haase-Hindenberg ist ausgewiesener Ägyptenkenner und hat bereits verschiedene Bücher, Reportagen und Interviews über Kairo publiziert. Er lebt in Berlin und Kairo und veröffentlicht regelmäßig in der *Welt,* der *Zeit* und im *Cicero.*

Shahinda Maklad
mit Gerhard Haase-Hindenberg

Ich werde nicht zerbrechen

Eine Frau auf dem Weg zum Tahrir-Platz.
Wie ich nach der Ermordung
meines Mannes weiterkämpfte

BASTEI
LÜBBE
TASCHENBUCH

BASTEI LÜBBE TASCHENBUCH
Band 60675

1. Auflage: Juni 2012

Dieser Titel ist auch E-Book erschienen.

Bastei Lübbe Taschenbuch in der Bastei Lübbe GmbH & Co. KG

Originalausgabe

Copyright © 2012 by Bastei Lübbe GmbH & Co. KG, Köln
Textredaktion: Regina Carstensen, München
Bildtafelteil: Seiten 1–8: Privatarchiv Shahinda Maklad
Seiten 9–16: Gerhard Haase-Hindenberg
Titelbild: © Scott Nelson
Umschlaggestaltung: Gisela Kullowatz
Satz: hanseatenSatz-bremen, Bremen
Gesetzt aus der Adobe Garamond Pro
Druck und Verarbeitung: CPI – Ebner & Spiegel, Ulm
Printed in Germany
ISBN 978-3-404-60675-7

Sie finden uns im Internet unter
www.luebbe.de
Bitte beachten Sie auch: www.lesejury.de

Der Preis dieses Bandes versteht sich einschließlich
der gesetzlichen Mehrwertsteuer.

INHALT

VORWORT

Es war für mich ungewöhnlich und erfreulich zugleich, als ich davon erfuhr, dass ein deutscher Autor mit mir gemeinsam meine Lebensgeschichte aufschreiben möchte. Meine Internet-Recherche ergab, dass ich es nicht mit jemandem zu tun haben würde, dem meine Heimat weitgehend fremd ist. Vielmehr hatte mein künftiger Co-Autor bereits längere Zeit in Kairo gelebt. Ich durfte also von einem Grundverständnis für die ägyptische Kultur und die jüngere Geschichte meines Landes ausgehen. Dabei ergab es sich, dass mein biografischer Bericht nahezu ausschließlich auf meinen Erinnerungen beruht. Die Darstellung der Revolution des Jahres 2011 basiert aber darüber hinaus auf den Gesprächen, die wir gemeinsam mit meinen Kampfgefährtinnen und jungen Leuten geführt haben, die auf dem Tahrirplatz dabei waren. So ergaben sich zwei Erzählstränge, von denen der eine aus meiner Perspektive, der andere jedoch aus einer Außensicht geschildert wird. Ich bin überzeugt, dass es für die Leser des Buches einen Reiz ausmacht, parallel die Jahrzehnte während politische Entwicklung der Shahinda Maklad einerseits und deren Aktivitäten als zweiundsiebzigjährige Aktivistin während der achtzehn Tage auf dem Tahrirplatz andererseits zu verfolgen. Es ist aber natürlich auch eine andere Lesart möglich, indem man sich zunächst dem autobiografischen Hauptteil und erst danach den typografisch abgesetzten Szenen des »ägyptischen Frühlings« widmet. In beiden Fällen, so hoffe ich, wird deutlich, dass meine scheinbar private Geschichte Teil einer oppositionellen politischen Kultur ist, die es in Ägypten immer gab – nicht erst seit dem 25. Januar 2011.

Shahinda Maklad

KAPITEL 1

Wie ich von der Not der Bauern erfuhr …

Der Besucher sah neben meinem Vater erbärmlich aus. Zumindest auf den ersten Blick, den ich als verwöhnte neunjährige Tochter eines hohen Polizeioffiziers auf ihn werfen konnte. Der alte Mann war klein, sehr mager und trug die schlichte Galabeya eines Fellachen. Mein Vater hingegen war ein gut aussehender mittelgroßer Mann. Wenn er in seiner Uniform durch die unterägyptische Stadt Tanta lief, in der er damals der Polizeichef war, schielte so manches Mädchen nach ihm. Unserem Besucher passierte das sicher nicht, aber er glich die armselige äußere Erscheinung durch einen wachen Blick aus und durch das freundliche Lachen, mit dem er mich begrüßte. Dennoch war nicht zu übersehen, dass er sich offenbar in einer verzweifelten Situation befand. Er sprach leise und hektisch auf meinen Vater ein, der ihn höflich in den Salon bat und ihm dabei beruhigend auf die Schulter klopfte. Mich hingegen schickte er in die Küche, wo ich mithelfen sollte, unserem Gast ein Mittagsmahl zuzubereiten. Das tat er sonst nie. Schließlich hatten wir einen Koch, der das viel besser konnte. Mir war klar, dass mein Vater sich mit diesem Mann im Salon unseres Hauses allein unterhalten wollte. Das war nichts Ungewöhnliches, denn er diskutierte dort oft mit diesen oder jenen Besuchern über irgendwelche politischen Dinge. Mein Vater sympathisierte mit der Wafd-Partei, der stärksten gesellschaftlichen Kraft im damaligen Ägypten. Jeder seiner Gesprächspartner war ein Effendi, also ein Herr. Sie waren Rechtsanwälte, Offiziere oder Ärzte. Da verstand es sich von selbst, dass sie mich nicht dabeihaben wollten. Dieser Mann aber war ein Fellache, ein Bauer. Was hatte mein Vater mit ihm zu besprechen? Eine vage Antwort darauf gab er mir am Abend, als mir meine Neugier keine Ruhe gelassen und ich nachgefragt hatte: »Das war Sheikh Abdel Latif Abou Laban, ein tapferer Mann aus Kamshish.«

Ich kannte Kamshish, es war ein altes Dorf, ein sehr altes sogar, denn es wurde in der Liste der pharaonischen Dörfer geführt. Mein Vater war dort aufgewachsen, wo auch vor 3000 Jahren schon Bauern die Felder bestellten. Hier stand sein Elternhaus. Ich aber wurde im November 1938 im benachbarten Shebin El-Kom, bei meinen Großeltern mütterlicherseits, geboren. Noch heute ist es in den ländlichen Gebieten Ägyptens üblich, dass das erstgeborene Kind im Elternhaus der Mutter zur Welt kommt. Meine frühe Kindheit habe ich an den wechselnden Standorten meines Vaters verbracht. Nun also lebten wir in Tanta. Diese Stadt ist nicht allzu weit von Kamshish entfernt, aber um die Ecke lag Tanta auch nicht gerade. Was also mochte Sheikh Abdel Latif Abou Laban zu uns geführt haben?

»Warum ist dieser Mann tapfer?«, fragte ich und erhoffte mir in meiner kindlichen Naivität eine heldenhafte Geschichte.

Mein Vater sah mich eine kleine Weile nachdenklich an, ehe er mir erklärte: »Der Großgrundbesitzer Ahmed El-Feki wollte ihn zwingen, sein Land zu verkaufen, so wie er es auch bei anderen Familien getan hat. Aber Sheikh Abdel Latif Abou Laban weigerte sich und sagte, dass er es nicht für eine Million hergeben würde. Wer Land verkaufe, das die eigene Familie seit vielen Generationen bestellt, sei jemand, der seine Ehre verrät.«

»Ist das tapfer? Er hat nein gesagt – na und? Das ist sein Recht!«, erwiderte ich enttäuscht.

»Natürlich ist das sein Recht. Aber in Kamshish ist das schon tapfer, denn mit einer solchen Antwort gibt sich Ahmed El-Feki nicht zufrieden. Dort gibt es freie Bauern wie Sheikh Abdel Latif Abou Laban und viele unfreie Landarbeiter, von denen einige früher auch mal freie Bauern waren, die nun aber für den Großgrundbesitzer Ahmed El-Feki arbeiten müssen. Und wenn es nach dem ginge, wäre auch Sheikh Abdel Latif Abou Laban ein solcher unfreier Lohnarbeiter. Doch weil er sich weigerte, hat Ahmed El-

Feki seine Felder angezündet und auch das Haus abbrennen lassen, und weil er sich danach noch immer geweigert hat, sein Land zu veräußern, haben korrumpierte Leute gestern sogar versucht, ihn umzubringen.«

Ich war erschüttert. Wie konnten Menschen so etwas tun? Als ich meine Sprache wiedergefunden hatte, fragte ich: »Aber warum kommt er bis hierher nach Tanta? Gibt es nicht auch eine Polizeistation in Kamshish oder in Shebin El-Kom?«

»Sheikh Abdel Latif Abou Laban bat mich nicht in meiner Funktion als Polizeioffizier um Hilfe«, erklärte mein Vater in einem Ton, der keine Nachfrage zuließ. Heute weiß ich, dass er mich damals noch als zu jung ansah, um mich in Vorgänge einzuweihen, in die er involviert war. Er griff zu seiner Oud, um sich selbst zu einem Lied von Om Kolthum zu begleiten. Ich liebte es, wenn mein Vater mit samtener Stimme die sentimentalen Lieder der großen ägyptischen Volkskünstlerin sang, und ich wusste, dass es sein heimlicher Traum war, in ihrem Orchester diese arabische Laute zu spielen. Meine Mutter hatte mir das einmal gesagt. Dabei hatte sie mit hochgezogenen Augenbrauen leicht den Kopf geschüttelt. Sie brachte so zum Ausdruck, dass sie eine Musikerexistenz nicht als erstrebenswerte Alternative zu einem Leben als Polizeioffizier ansah. Auch nicht an der Seite der größten Sängerin Arabiens.

Wenige Wochen später, im Mai 1948, kam die Schwester meines Vaters ganz aufgelöst in unser Haus. Sie muss wohl auf der langen Fahrt von Shebin El-Kom bis zu uns nach Tanta geweint haben. Ihre Augen waren verquollen. Kaum hatte meine Tante Amina auf dem Sofa Platz genommen, begannen die Tränen wieder zu fließen. Stockend berichtete sie, dass ihr Sohn Salah Hussein verschwunden sei, schließlich reichte sie meinem Vater, der sich zu ihr gesetzt hatte, ein Stück Papier.

»Er hat sich nicht einmal verabschiedet«, schluchzte sie, während mein Vater das überflog, was auf dem Zettel stand. Dann hellte sich seine Miene auf. Er wirkte fast fröhlich, als er seine Schwester in den Arm nahm und sagte: »Ich bin stolz auf meinen Neffen!«

Ich kannte meinen Cousin Salah nicht, ich kannte nur seinen jüngeren Bruder Hamouda. Mit dem hatte ich manchmal gespielt, wenn wir meine Tante, also seine und Salahs Mutter, besuchten. Hamouda war fünf Jahre älter als ich, und es schien, als ob er mich, seine kleine Cousine, gerne mochte. Als er viele Jahre später im Jemen-Krieg fiel, war es für mich, als hätte ich einen Bruder verloren. Salah aber war zehn Jahre älter als ich, und ich hatte ihn bis dahin noch nie gesehen.

Mein Vater rief den Rest der Familie zu sich. Meine jüngeren Brüder Medhat und Kamal kamen herbeigesprungen, den kleinen Ashraf hatte meine Mutter an der Hand und den neugeborenen Ali auf dem Arm. So standen wir nun also nebeneinander aufgereiht im Salon. Meine Tante wirkte mittlerweile schon gefasster, als mein Vater verkündete: »Mein Neffe Salah ist nach Palästina gereist und kämpft an der Seite der Partisanen, unserer palästinensischen Brüder, gegen die Zionisten.«

Ich wusste nicht genau, wo Palästina liegt, und schon gar nicht, was Partisanen sind oder Zionisten. Aber so wie mein Vater es verkündete, musste es etwas ganz Besonderes sein, weswegen mein Cousin seine Familie verlassen hatte. Meine Tante hatte sicher Angst um ihn, anders waren ihre Tränen nicht zu erklären. Doch als mein Vater ausrief, dass Salah »ein Held« sei, huschte ein stolzes Lächeln über ihr Gesicht. In diesem Augenblick begann ich Salah zu verehren, auch wenn es zunächst noch ein Phantom war, das ich verehrte.

Nach seiner Rückkehr aus Palästina habe ich Salah dann gesehen, als er meinen Vater besuchte. Das tat er glücklicherweise mehrfach, und jedes Mal hatten sie leise irgendetwas zu besprechen. Mein Cousin begrüßte mich freundlich, wie man ein kleines Mädchen begrüßt, und ich war selig, weil er für mich ein Held blieb, auch wenn es nicht gelungen war, die Zionisten aus Palästina zu vertreiben. Seit dem Besuch meiner Tante hatte ich aufmerksam zugehört, wenn in unserer Familie von Salah gesprochen wurde. Vor allem mein Vater erwähnte seinen Namen immer mit großer Hochachtung. So erfuhr ich, dass Salah ein »Rebell« sei, der schon als ganz junger Mensch gegen soziale Ungerechtigkeit aufbegehrt hätte. Als Halbwüchsiger habe er bereits mitgeholfen, Demonstrationen gegen das feudale Regime von König Faruq I. zu organisieren, welches die Verbrechen der Großgrundbesitzer deckte und den Fellachen die elementarsten Rechte vorenthielt. Dann sei er dem Aufruf der Muslimbrüder gefolgt, um den patriotischen Kampf der Palästinenser zu unterstützen. Meine Mutter teilte die Bewunderung für Salah keineswegs. Es sei keine Heldentat, sagte sie, wegen irgendwelchen politischen Flausen die schulische Ausbildung zu vernachlässigen. In Shebin El-Kom gäbe es kaum eine höhere Lehranstalt, die Salah nicht habe verlassen müssen. Wie könne mein Vater nur annehmen, dass es Allahs Willen entspreche, wenn jemand die ihm verliehenen geistigen Fähigkeiten vernachlässigt, um sich womöglich für andere erschießen zu lassen? Mein Vater winkte nur ab, und weil er dabei überlegen lächelnd den Kopf schüttelte, hatte ich das Gefühl, dass in meiner Familie einiges schieflief. Meine Mutter hatte Allah ins Spiel gebracht, obgleich wir keine sehr religiöse Familie waren. Es wurde bei uns zu Hause nicht einmal gebetet, meine Mutter trug das Kopftuch nur, wenn Sandstürme durch die Stadt wehten. Und das Fasten während des islamischen Monats Ramadan hielten wir eigentlich nur ein, weil es alle anderen auch taten. Als ich noch klein war, besuchte ich einen christlichen Kindergarten, und mein Vater hat mir einmal nach einigen Gläsern Wein gestanden, dass seine erste Freundin jüdisch gewesen sei. Nun aber, als meine Mutter gegen Salah hetzte, musste Allah dafür herhalten, um meinen Cousin zu diskriminieren. Natürlich war ich auf der Seite meines Vaters, Salah war mein Held. Aber unabhängig davon war das Verhalten meines Vaters gegenüber meiner Mutter alles andere als üblich. Er machte sonst in seiner Wertschätzung keinen Unterschied zwischen Männern und Frauen, wie dies bei traditionelleren Ägyptern der Fall war. Niemals hatte er seine Söhne mir gegenüber bevorzugt behandelt. Doch jetzt, als er über Salah sprach, schien es ihm nicht angebracht, sich mit der abweichenden Meinung seiner Frau partnerschaftlich auseinanderzusetzen.

Bevor ich meinen Cousin kennenlernte, hatte ich mir eine Vorstellung von ihm gemacht. Es war die eines glühenden Revolutionärs, der wortgewaltig andere von seinen Idealen überzeugen konnte. Aber Salah hatte nichts davon – zumindest nicht auf den ersten Blick. Als er kurz nach seiner Rückkehr aus Palästina endlich leibhaftig vor mir stand, erlebte ich einen zurückhaltenden Menschen, der sogar scheu lächeln konnte. Das kam der romantischen Seite in mir natürlich sehr entgegen. Vor allem ähnelte seine ruhige Stimme so sehr der meines Vaters, dass ich die beiden bei geschlossenen Augen kaum voneinander unterscheiden konnte. Und weil ich die Stimme meines Vaters sehr mochte, steigerte dies den Grad meiner schwärmerischen Verliebtheit. Dennoch tat ich, wie die meisten Mädchen, die sich in einen zehn Jahre älteren Jungen verguckt haben, alles, um meine Gefühle nicht zu verraten. Ich vermied es, ihm bei der Begrüßung in die Augen zu sehen, und wenn er sich leise mit meinem Vater unterhielt, betrachtete ich ihn heimlich, aus sicherer Entfernung. Blickte er zufällig in meine Richtung, wandte ich mich ab und beschäftigte mich schnell mit irgendetwas. Stundenlang saßen die beiden zusammen, und einmal verließ Salah unser Haus mit einem Koffer, den er noch nicht bei sich hatte, als er gekommen war. Es sollte einige Jahre dauern, ehe ich erfuhr, was sich darin befunden hatte.

Als ich zwölf Jahre alt war, wurde mein Vater nach Deir Mouass im mittelägyptischen Gouvernement Minya versetzt, weit weg von dort, wo Salah lebte. In diesem Jahr wurden in Ägypten Parlamentswahlen abgehalten. Schon damals tauschte man in vielen Wahlkreisen einfach die Urnen aus, um das Wahlergebnis zugunsten königstreuer Politiker zu manipulieren. Als Polizeichef hatte mein Vater in Deir Mouass einen solchen Wahlbetrug unterbunden. So hat er seinen Beitrag zum Wahlsieg des Kandidaten der Wafd-Partei geleistet. Zum Dank für diese Unterstützung bewirkte Mustafa Nahhas die Versetzung meines Vaters nach Samanoud. Er war der Vorsitzende der Wafd-Partei, der durch diese Wahl im Jahr 1942 nach vielen Jahren der Opposition wieder Ägyptens Ministerpräsident wurde. Samanoud war nicht nur die Heimatstadt von Mustafa

Nahhas, sie lag auch wieder näher an Shebin El-Kom, wo nicht nur meine Großeltern, sondern auch Salah und seine Familie wohnten. Die bevorstehenden Sommerferien sollte ich mit Eltern und Geschwistern dort verbringen. Die Aussicht, einige Wochen ganz in der Nähe von Salah zu wohnen, bescherte mir schlaflose Nächte. Ich malte mir aus, dass ich hinter dem Haus meiner Großeltern mit ihm im riesigen Garten umhergehen und er mir von Palästina erzählen würde. Doch dann kam alles ganz anders.

Am Tag unserer Ankunft in Shebin El-Kom lag ich im ersten Stock auf meinem Bett und blickte auf den still dahinfließenden Nil hinaus. Plötzlich gab es unten im Salon einige Unruhe. Ich hörte die aufgeregte Stimme von Hamouda, der davon berichtete, dass sein Bruder Salah drüben in Kamshish mit einigen seiner Freunde von Ahmed El-Feki verhaftet worden sei. Nun hielt mich nichts mehr auf meinem Bett, und ich stürzte die Treppe hinunter. Ich erlebte, wie mein Großvater meinen Cousin bat, erst mal zur Ruhe zu kommen und im Zusammenhang zu erzählen, was sich konkret abgespielt habe. So erfuhr ich, dass Salah und seine Freunde in der Moschee an einer Trauerfeier für einen Bauern teilgenommen hatten, der während der Pilgerfahrt gestorben war. Gegen Ende der Veranstaltung hatte Salah sich das Mikrofon geschnappt und eine flammende Rede gegen die Großgrundbesitzer gehalten. Er forderte die Fellachen auf, keinen ihrer Söhne mehr für Sklavenarbeit zur Verfügung zu stellen, wie Ahmed El-Feki es von ihnen verlangte. Und sie sollten sich das Land zurückholen, das man ihnen durch Erpressung und Brandschatzung abgenommen hatte. In der Trauergesellschaft hatten einige der von Ahmed El-Feki bezahlten Leute gesessen – Hamouda nannte sie »Spione« –, und die hatten ihren Herrn umgehend informiert. Und weil Ahmed El-Feki nicht nur das Oberhaupt der berüchtigten Großgrundbesitzer-Familie war, sondern auch der Bürgermeister von Kamshish, ließ er Salah und seine Freunde festnehmen und in sein Privatgefängnis stecken.

»Er hat ein Privatgefängnis?«, staunte ich.

»Das ist ein fensterloser Raum neben dem Stall«, fing Hamouda zu erklären an, »in den er Bauern einsperrt, die sich weigern, für ihn zu arbeiten – oder die angeblich etwas gestohlen haben. Dort sitzt nun mein Bruder mit seinen Freunden. Das Dorf ist von El-Fekis Leuten umstellt, aber einer der Bauern konnte die Umzingelung durchbrechen und mich über all das informieren. Wir sind gleich zur Polizeistation hier in Shebin El-Kom gelaufen, aber niemand war bereit, sich mit Ahmed El-Feki anzulegen. Die Beamten haben die Anzeige gar nicht erst zu Protokoll genommen.«

Nun war es meine Mutter, die besonnen reagierte. Ihr Bruder war damals Staatsanwalt beim zuständigen Bezirksgericht in Talla, und er wohnte ebenfalls im Haus meiner Großeltern. Die Sache werde sich schnell regeln, meinte sie. Tatsächlich aber war dies erst der Beginn wahrhaft dramatischer Ereignisse. Mein Onkel, der Bezirksstaatsanwalt, erklärte sich wegen der familiären Nähe für befangen und schickte daher einen seiner Stellvertreter nach Kamshish, um die Vorfälle untersuchen zu lassen. Von irgendjemandem musste Ahmed El-Feki darüber informiert worden sein, denn es wurde vor seinem Kommen überraschend die Tür des Privatgefängnisses geöffnet und den jungen Leuten befohlen, es nun wieder zu verlassen. Salah aber weigerte sich. Wie sollte man die Freiheitsberaubung sonst nachweisen? Und weil er zudem befürchtete, dass ihn Ahmed El-Fekis Leute mit Gewalt in die Freiheit schleppen würden, griff er zu einem Trick. Er schwärzte seine Hände mit dem Ruß einer der Petroleumlampen, die in dem Raum herumstanden und drückte sie gegen die Wände. Er wollte Spuren hinterlassen, die später als Beweis dienen sollten, dass er tatsächlich hier inhaftiert war.

Als der Staatsanwalt in Kamshish eintraf, wollte er die vormals Festgenommenen gemeinsam mit Ahmed El-Feki in dessen Haus verhören. Die jungen Leute aber weigerten sich, das Anwesen des Großgrundbesitzers zu betreten. Stattdessen schlugen sie vor, das Verhör in einem Nachbardorf durchzuführen. Da wiederum wollten Ahmed El-Feki und sein Sohn nicht hin, weil die dortigen

Bewohner sie beschuldigen würden, sie hätten vor den Wahlen jemanden umbringen lassen. Diese Anklage sei aber »völlig aus der Luft gegriffen«, behaupteten die El-Fekis.

Deren Beteuerungen glaubte ich kein Wort, denn schließlich hatten sie ja auch versucht, Sheikh Abdel Latif Abou Laban zu töten.

Der Staatsanwalt entschied, sie alle zusammen in seinem Büro in Talla zu vernehmen. Salah und seine Freunde wurden in einer Box, wie man in Ägypten die Gefangenentransporter der Polizei nennt, dorthin gebracht, während die beiden El-Fekis in ihrer privaten Limousine fuhren. Welch eine Verkehrung der Verhältnisse – so dachte ich auch damals schon. Das Ergebnis des Verhörs war, dass Ahmed El-Feki als Bürgermeister von Kamshish für vierundzwanzig Stunden vom Dienst suspendiert wurde. Viel wichtiger aber war, dass ihm fortan verboten wurde, die unbezahlte Sklavenarbeit fortzusetzen. Niemand durfte auf seinen Feldern künftig ohne Lohn arbeiten. Dies war ein großer Erfolg, denn noch saß in Kairo der König auf seinem Thron, und die Lehnsherrschaft war ein monarchistisches Prinzip.

Mein Cousin Salah und seine Freunde wurden nach ihrer Rückkehr aus Talla wie Filmstars gefeiert. Viele der Fellachen hatten befürchtet, man würde sie für lange Zeit ins Gefängnis werfen, womöglich sogar umbringen. Nun aber zogen sie als freie Menschen in Kamshish ein, und der Bürgermeister war mit einer Strafe belegt worden, wenngleich mit einer geringen. Vor allem wurde das Ende der Lehnsherrschaft bejubelt. Ich beobachtete Salah, wie er mit seinen Freunden diesen kleinen Triumph gegen Ahmed El-Feki genoss. Er strahlte vor Stolz. Ich aber stellte mir insgeheim die Frage: Wie kann ein Mann mit einem solch schönen Gesicht und einem so freundlichen Wesen ein Revolutionär sein, der gefürchtet und verfolgt wird?

Die Antwort ließ nicht lange auf sich warten, aber ich hatte sie nicht in seiner Miene entdecken können. Gemeinsam mit den Bauern entwickelte Salah schon bald eine List, wie man den Kampf gegen den Großgrundbesitzer Ahmed El-Feki intensivieren konnte. Dabei machten sie es sich zunutze, dass ein Kanal, der vom Nil ausging, durch das Land eines der Bauern lief. Durch ihn wurden die weiter hinten liegenden Ländereien des El-Feki bewässert. Salah schlug den Bauern von Kamshish vor, das Wasser zu stauen und auf die eigenen Felder zu leiten. So war es zumindest geplant, und dieses Vorhaben schien auch aufzugehen. Als sich das Wasser tatsächlich neue Wege suchte und bei den El-Fekis nichts mehr ankam, fing eine der Bäuerinnen vor lauter Begeisterung laut an zu trillern, wie es Frauen sonst bei Hochzeiten oder anderen freudigen Anlässen zu tun pflegen. Bald stimmten andere mit ein, und das laute Trillern wurde vom Wind bis zum Haus von Ahmed El-Feki getragen. Dadurch entdeckte er, was sich draußen abspielte. Ohne Vorwarnung ließ er das Feuer eröffnen. Bald lagen siebzehn Bauern verletzt auf den Feldern herum, darunter auch die Frau, die den Großgrundbesitzer mit ihrem Triller überhaupt erst auf das Geschehen aufmerksam gemacht hatte.

Die verletzten Bauern wurden nach Shebin El-Kom ins Krankenhaus gebracht, und vom Staatsanwalt in Talla wieder Ermittlungen eingeleitet. Am Ende suspendierte man Ahmed El-Feki abermals für vierundzwanzig Stunden vom Dienst des Bürgermeisters. Diesmal schien mir diese Strafe, angesichts von so vielen Verletzten, nun wirklich viel zu gering zu sein. Dennoch: Die Bauern hatten ihre Muskeln spielen lassen und erste bescheidene Erfolge erzielt. Nie wieder würden sie gegen den Großgrundbesitzer klein beigeben. Am Ende meiner Ferien wusste ich, was mein Vater meinte, als er Salah als Rebellen bezeichnete. Aus meiner schwärmerischen Verliebtheit zu ihm war trotz meiner Jugend – ich war fast vierzehn – inzwischen eine tiefe Zuneigung geworden, auch wenn ich Salah gegenüber meine Gefühle noch immer verbarg. Was ihm aber nicht entgangen war: In diesem Frühsommer 1952 war ich zu einem politischen Menschen geworden.

KAPITEL 2

Der Beginn einer neuen Zeit

Ende Juli 1952 saß ganz Ägypten vor den Radioempfängern. Seit Wochen schon hatte im Land Unruhe geherrscht. Im Januar war es am Suezkanal zu einer Schießerei zwischen ägyptischen Polizisten und der britischen Mandatsmacht gekommen. Am nächsten Tag stand Wust Al-Balad, Kairos überwiegend von Ausländern bewohnter Innenstadtbezirk, in Flammen. Der »Schwarze Samstag« war der Vorbote eines Umbruchs ins Ungewisse. Mustafa Nahhas wurde vom König entlassen und ein anderer mit der Regierungsbildung beauftragt. Ein solcher Wechsel war bis zum Juli noch zweimal passiert, dann hatte sich eine Gruppe von Militärs unter dem Namen »Freie Offiziere« erhoben und die Macht in Ägypten übernommen. Am 23. Juli lauschte meine gesamte Familie vor dem krächzenden Röhrenradio der getragenen Stimme von Anwar as-Sadat, der im Namen eines Revolutionären Kommandorats ein Kommuniqué verlas.

»Sieh mal an, der kleine Anwar hat plötzlich was zu sagen«, rief mein Vater. »Ich kann mich noch erinnern, wie er als Junge in der Galabeya in unserem Nachbardorf Mit Abu El-Kom herumlief.«

»Er hat nichts zu sagen«, konterte meine Mutter. »Er verliest ein Kommuniqué, das ihm irgendwer in die Hand gedrückt hat.«

An diesem Tag glaubte ich meiner Mutter, und es sollte eine ganze Weile dauern, ehe ich dahinterkam, dass es falsch war, die Rolle Sadats zu unterschätzen. Doch die Köpfe dieser »Revolution«, die das alte System in Ägypten aus den Angeln gehoben hatten, hießen Gamal Abdel Nasser und Muhammad Nagib. Das wusste auch mein Vater. Er griff zu Papier und Bleistift und begann unter dem misstrauischen Blick meiner Mutter etwas aufzuschreiben.

»Ich werde dem Revolutionären Kommandorat ein Glückwunschtelegramm schicken«, sagte er schließlich und löste damit ein mittelschweres Erdbeben aus.

»Das wirst du nicht tun!«, zeterte meine Mutter, während sie meine weinende Schwester Shadia auf ihrem Arm an sich drückte. »Willst du uns alle ins Unglück stürzen? Noch ist der König im Amt. Die Lage kann in der nächsten Woche schon eine ganz andere sein, und dann findet man den Glückwunsch eines Polizeioffiziers namens Abdel Hamid Maklad aus Samanoud an die Revolution ... Du hast sechs Kinder. Wer soll für sie aufkommen, wenn du im Gefängnis sitzt?«

Mein Vater aber las uns Kindern vor, unbeeindruckt von den Protesten seiner Frau, was er geschrieben hatte: »Ich wünsche der Revolution viel Erfolg, solange sie zugunsten des Volkes wirken wird!«

Dann fragte er meinen ältesten Bruder Medhat und mich, ob er dieses Telegramm abschicken solle.

»Ja«, schrien wir beide, was meine Mutter noch mehr in Rage brachte.

»Bist du verrückt? Was fragst du deine Kinder?«

»Ich frage meine älteste Tochter und meinen ältesten Sohn. Das entspricht unserer Tradition«, antwortete mein Vater gelassen.

»Mädchen werden schon gar nicht gefragt«, rief meine Mutter.

»Für mich sind Mädchen und Jungen gleichwertig«, setzte mein Vater seine Ausführungen mit ruhiger Stimme fort. »Ebenso wie Frauen und Männer.«

»Und meine Meinung zählt gar nicht?«, versuchte meine Mutter ihn zu provozieren.

Mein Vater erhob sich, und während er mir den Zettel und einen Geldschein reichte, sagte er lachend: »Oh doch, deine Stimme zählt auch. Du wurdest nur gerade überstimmt.«

So schnell wir konnten liefen mein Bruder und ich zum Telegrafenamt. Der alte Mann hinter dem Schalter blickte durch zentimeterdicke Brillengläser auf den Text. Was mag er wohl denken?, ging es mir durch den Kopf. Vielleicht war er ja ein Gegner dieser Revolution. Aber würde er es wagen, etwas gegen den Polizeichef der Stadt zu sagen? Der Mann starrte den Zettel an, als würde er den kurzen Text immer wieder von vorn lesen. Dann wandte er sich freundlich an uns: »Sagt eurem Vater, dass dies ein sehr kluger Text ist. Er verbindet den Wunsch nach Erfolg für die Revolution mit einer Bedingung …, solange sie zugunsten des Volkes wirken wird. Wirklich, sehr klug!«

Nun wurde auch mir der tiefere Sinn klar, den mein Vater in nur einem einzigen Satz ausgedrückt hatte. Medhat und ich sahen zu, wie der Mann mit den dicken Brillengläsern das Telegramm nach Kairo kabelte. In wenigen Minuten schon wird dort vielleicht Oberst Gamal Abdel Nasser das lesen, was mein Vater eben erst in Samanoud auf einen Zettel geschrieben hat. Und vielleicht wird er es auch Anwar as-Sadat weiterreichen, dessen Familie in Mit Abu El-Kom lebt, jenem Nachbardorf von Kamshish.

Den Tag über verfolgten meine Eltern im Radio, wie wahrscheinlich ganz Ägypten, die pausenlosen Nachrichten aus Kairo. Der Nachrichtensprecher Galal Moawad war längst zu einer kleinen Berühmtheit geworden, obgleich niemand wusste, wie der Mann mit der prononcierten Stimme eigentlich aussah. Galal Moawad war ein Star ohne Gesicht, und ausgerechnet er verlas am frühen Abend das Telegramm meines Vaters. Es war die allererste Verlautbarung eines Ägypters zugunsten der Revolution, und genau das warf meine Mutter nun ihrem Ehemann vor: »Musstest du unbedingt der Erste sein, der im Radio namentlich genannt wird? Die Leute des alten Regimes sind doch nicht alle schlagartig verschwunden, nur weil eine Handvoll Offiziere in Kairo geputscht hat!«

Jetzt bekam auch ich ein wenig Angst um meinen Vater. Wenn ihm etwas passieren sollte, würde ich Schuld daran haben. Denn ich hatte ja zugestimmt, das Telegramm nach Kairo zu schicken. Um meinen Gewissenskonflikt zu überspielen, lief ich zu ihm, legte meine Arme um seinen Hals und küsste ihm die Stirn. Dann flüsterte ich in sein Ohr, dass ich stolz auf ihn sei.

In den nächsten Stunden und Tagen riefen nahe und entfernte Verwandte an, und alle äußerten ähnliche Befürchtungen wie meine Mutter. Das änderte sich erst, als König Faruq I.

Ende Juli das Land verließ und sein gerade mal sechs Monate alter Sohn Ahmed zu König Fuad II. erklärt wurde. Einen Säugling auf dem Thron nahm niemand sonderlich ernst, und nun gratulierten wildfremde Menschen meinem Vater auf der Straße.

Als Dank bescherte der Revolutionäre Kommandorat unserer Familie wieder einen Umzug. Diesmal ging es nach Talkha, einem Ort nicht sehr weit von Samanoud entfernt. Um meine kleineren Brüder zu trösten, die um den drohenden Verlust ihrer Freunde bangten, erklärte mein Vater Talkha zu einem außergewöhnlichen Ort. Dort werde gerade eine riesige Brücke hinüber nach Mansura, auf der anderen Nilseite gelegen, errichtet, ein wahres Wunderwerk der Technik. Von der Terrasse unseres neuen Hauses könnten wir den Bau verfolgen. Schon beim ersten Blick auf die Baustelle wurde mir klar, dass er maßlos übertrieben hatte. Die Brücke würde sich kaum unterscheiden von den Nilbrücken, die wir anderswo gesehen hatten. Dennoch war Talkha in anderer Hinsicht ein besonderer Ort – und die Versetzung unseres Vaters dorthin alles andere als zufällig. Die Stadt galt nämlich als eine Hochburg der Großgrundbesitzer, die der Revolution eher feindlich gesinnt waren. Das, was in Kamshish die El-Fekis waren, ist in Talkha die Familie Badrawy gewesen. An ihnen sollte ein Exempel für die vom Revolutionären Kommandorat verabschiedete Landreform statuiert werden. Kein Geringerer als Gamal Abdel Nasser würde Land an die Kleinbauern von Talkha verteilen, und im Vorfeld war ein Polizeichef gefragt, der der Revolution positiv gegenüberstand.

Es würde sich nun alles ändern, nur bei den Privilegien, die lokale Polizeichefs seit jeher genossen, hatte sich nichts geändert. Ihnen standen auch weiterhin ein Fahrer und ein Dienstfahrzeug zu, Adjutanten, die Erledigungen besorgten, Köche sowie Wachposten vor den Wohnhäusern. Und die Kinder des Polizeichefs von Talkha wurden wie einst die der königlichen Familie mit einer Kutsche zur Schule gefahren. Das war ein merkwürdiger Widerspruch: Einerseits schlug mein Herz für die Fellachen und einfa-

24

chen Landarbeiter, andererseits führte ich das Leben einer Prinzessin.

Der Tag, an dem Gamal Abdel Nasser nach Talkha kam, war für mich ein wundervoller Tag. Auf einem zentralen Platz war ein Zeltdach über ein gewaltiges Podium gespannt. Nasser stand in seiner Offiziersuniform da und rief einzeln die Namen der Bauern auf. Es berührte mich, wie sie in den einfachen Galabeyas der Fellachen nach oben stiegen und aus seinen Händen ihre Besitzurkunden in Empfang nahmen. Die meisten konnten das Dokument gar nicht lesen, aber sie hatten eine Vorstellung davon, wie groß ein Feld von fünf Feddan (2,1 Hektar) ist, das ihnen damit zugesprochen wurde. Für viele Fellachen-Familien war dies das erste eigene Land überhaupt. In nur wenigen Stunden schmolzen die riesigen Ländereien der Badrawys, die der Zeremonie ferngeblieben waren, auf 200 Feddan (rund 84 Hektar) zusammen. Ich sah in die glücklichen Gesichter der Bauern und bedauerte, dieses Erlebnis nicht mit Salah teilen zu können. So nahm ich mir vor, auf jedem Fall neben ihm zu stehen, wenn sicher schon bald auch in Kamshish das Land des Ahmed El-Feki jenen Bauern zurückgegeben würde, denen er es zuvor gestohlen hatte. Da wusste ich noch nicht, dass Salah in Alexandria, wo er mittlerweile Geografie studierte, unter Hausarrest gesetzt worden war, weil er an der Seite der Muslimbrüder gegen Nasser demonstriert hatte. Und schon gar nicht ahnte ich, dass der Großbauer Ahmed El-Feki einen mächtigen Fürsprecher haben würde, der schützend die Hand über ihn halten sollte. Das war jemand, der sich meinen Vater weit weg von Kamshish wünschte. Und so wurde ihm eines Morgens durch ein Schreiben die Versetzung ins mittelägyptische Assiut mitgeteilt. Die Stadt liegt fast 400 Kilometer südlich von Kairo und noch viel weiter von Kamshish entfernt. Mein Vater war ziemlich ungehalten. Nur ein Jahr nachdem ihm die neue Revolutionsregierung den Posten in Talkha angetragen hatte, wollte man ihn zurück in den Süden, in eine Wüstenregion schicken. Spontan setzte er ein Kündigungsschreiben auf und begründete diesen Schritt damit, dass für ihn eine Versetzung inakzeptabel sei, unverkennbar würde dahinter ein Großgrundbesitzer stecken. Da es nun also eine »begründete Kündigung« war, mussten sich höchste Stellen im regierenden Revolutionären Kommandorat damit befassen. Und wieder war es meine Mutter, die ihre Beziehungen spielen ließ. Diesmal war es Zakaria Mohi El-Din, ein entfernter Verwandter, an den sie sich wandte. Er gehörte nicht nur dem Revolutionären Kommandorat an, sondern war auch Ägyptens Innenminister und damit der oberste Dienstherr meines Vaters. Zakaria Mohi El-Din konnte zwar nicht bewirken, dass mein Vater den Posten in Talkha behalten, wohl aber den des Polizeichefs in Bani Suwaif bekommen konnte – eine Stadt, die nicht ganz so weit im Süden des Landes lag. Mir aber war das immer noch zu weit von Salah entfernt, den ich ja in Shebin El-Kom wähnte. Obgleich er nach wie vor keine Ahnung von meinen schwärmerischen Gefühlen ihm gegenüber hatte, war ich fest davon überzeugt, dass er sie bald bemerken würde. Und da passte mir ein Umzug nach Bani Suwaif überhaupt nicht. Also nahm ich meinen ganzen Mut zusammen und bat meinen Vater, mir zu gestatten, im Haus meiner Großeltern in Shebin El-Kom leben zu dürfen, um bei ihnen meine schulische Ausbildung fortzusetzen. Zu meiner Überraschung stimmte er ohne irgendeine Nachfrage sofort zu.

In Shebin El-Kom besuchte ich die neunte Klasse einer Schule, und dort unterrichtete eine Frau, die in meinem weiteren Leben eine wesentliche Rolle spielen wird. Sie hieß Wedad Metri, und ihr Name verriet, dass sie eine Koptin war, also aus einer christlichen Familie stammte. Sie war Mitte zwanzig, alleinstehend und wohnte im Lehrerheim. Wir Schülerinnen liebten sie sehr. Im Philosophieunterricht vermittelte sie uns eine Betrachtung der Welt, die uns bisher verschlossen geblieben war. Ihre Sichtweise unterschied sich von nahezu allem, was die Imame in den Moscheen und wohl auch die koptischen Priester in den Kirchen predigten. Hier war nicht von Maktub die Rede, also von göttlichen Fügungen, denen man sich zu beugen hatte, sondern davon, dass die Menschen ihr Schicksal in die eigenen Hände nehmen müssen. Und um die neuen Erkenntnisse bei ihren Schülerinnen zu vertiefen, organisierte sie in einer Art Club Arbeitsgemeinschaften und Leseabende, in denen sie uns auch mit ägyptischer Literatur bekannt machte. Sie lud auch Journalisten ein, mit denen wir diskutieren konnten. Nie hatten wir das Gefühl, dumme kleine Mädchen zu sein, vielmehr begegneten uns Wedad Metri und ihre Gäste auf Augenhöhe. Wir fühlten uns ernst genommen, was für Mädchen in der Pubertät ein sehr schönes Gefühl ist. Auch die Nachmittage verbrachten wir freiwillig auf dem Schulgelände, in dem wir neben sportlichen Betätigungen in Gesprächskreisen lernten, einander selbst dann zu akzeptieren, wenn wir über Dinge verschieden dachten. Wir lernten das Zuhören ebenso wie im Diskurs eine eigene Meinung zu diesen oder jenen Fragen zu entwickeln und sie gegenüber anderen zu verteidigen.

Die Schule wurde zu einem Ort der freien Rede. Aber bald wurde uns auch vor Augen geführt, dass unser Schulhof in dieser Hinsicht in Ägypten eher eine Ausnahme denn die Regel darstellte. Ausgerechnet ein Ausflug sollte uns diese Erkenntnis bringen. Gemeinsam mit unserer Lehrerin fuhren wir mit dem Schulbus zu den Barragen, einem Gebiet am Stadtrand von Kairo, wo einst die königliche Familie einen Sommersitz hatte und sich nun ein Frauengefängnis befand. Diese Haftanstalt war das Ziel unserer Exkursion.

Mit gemischten Gefühlen trat ich mit meinen Klassenkameradinnen durch das große Tor. Nachdem es sich hinter uns wieder geschlossen hatte, wurden wir vom Gefängnisdirektor begrüßt, der offenbar ein Bekannter unserer Lehrerin war. Jedenfalls gingen sie vertrauter miteinander um, als dies bei Leuten der Fall ist, die sich zum ersten Mal treffen. Und mit einem Teil der auf dem Gefängnishof angetretenen Frauen schien Wedad Metri geradezu befreundet zu sein. Sie umarmte und küsste sie, nannte manche sogar beim Namen, und ich bemerkte, wie sie der einen oder anderen Geld zusteckte. Einige dieser Gefangenen hatten Babys bei sich, die sie in einem Tuch vor der Brust trugen. Ein Bild, das mich sehr berührte.

Auf der Rückfahrt ließ uns die Lehrerin wissen, dass die meisten dieser Frauen nicht etwa inhaftiert seien, weil sie Mörderinnen oder Räuberinnen wären, sondern deshalb, weil sie Meinungen vertraten, welche die mächtigen Herren in Kairo nicht schätzten.

In den Tagen nach diesem Ausflug ging unter den Schülerinnen das Gerücht um, dass Wedad Metri eine Kommunistin sei. Es wurde von einer zur anderen weitergetragen. Ich hörte davon, natürlich immer unter dem Siegel der Verschwiegenheit, von mindestens fünf meiner Klassenkameradinnen. Keine von ihnen aber konnte mir die Frage beantworten, was Kommunismus eigentlich bedeutete. Schließlich fragte ich Wedad Metri selbst. Sie sah mich mit einem merkwürdig skeptischen Blick an, wie ich ihn bei dieser freundlichen Person nie zuvor gesehen hatte. Schließlich drückte sie mir ein Buch in die Hand und sagte: »Lies das! Dann weißt du es.« Das Werk war von einem deutschen Autor namens Friedrich Engels verfasst worden und hieß *Der Ursprung der Familie, des Privateigentums und des Staats*. Ich trug es in meiner Schultasche nach Hause und hoffte, dass der Inhalt nicht so kompliziert sein würde, wie es der Titel vermuten ließ. Ich fing an zu lesen – und musste feststellen, dass er noch sehr viel komplizierter war. Darin wurden ungeheuerliche Behauptungen aufgestellt. Angeblich, so schrieb dieser Friedrich Engels, hätten die Menschen in der Phase der Wildheit, zum Schutz vor Raubtieren, auf Bäumen gelebt und sich von Früchten und Nüssen ernährt. Dann seien sie von den Bäumen heruntergestiegen, hätten das Feuer entdeckt, Werkzeuge entwickelt und sich auf die Jagd begeben. Von Barbarei war die Rede und von wichtigen Entdeckungen wie die der Metallherstellung. Die Menschen hätten verschiedene Formen entwickelt, um ihr Leben in Familienverbänden und schließlich in Staaten zu organisieren. Das Ungeheuerliche an diesen Behauptungen war, dass sie dem widersprachen, was unsere Religion uns über die Geschichte der Menschheit lehrte. Viele Sätze musste ich drei- oder viermal lesen, manche, die mir wichtig erschienen, unterstrich ich mit einem Bleistift, und die Ränder des Buches waren voller Fragezeichen. Ich sagte meiner Großmutter, dass ich krank sei und und nicht zur Schule gehen könne, nur um mich diesem eigenartigen Buch zu widmen. Nach drei Tagen war ich wirklich krank. Ich hatte Fieber bekommen, und in meinem Kopf schwirrten die Theorien herum, die mir dieser Friedrich Engels beschert hatte.

Als ich wieder zur Schule ging, gab ich meiner Lehrerin das Buch zurück und gestand, nichts von dem verstanden zu haben, was ich gelesen hatte. Als Wedad Metri all die Unterstreichungen in dem Buch sah und die vielen Fragezeichen, zog sie die Augenbrauen in die Höhe.

»Du hast das Buch wirklich gelesen?«, fragte sie verwundert.

Dann erkundigte sie sich nach meiner Familie. Ich erzählte ihr von meinem Cousin Salah, der in Palästina gegen die Zionisten gekämpft habe, und von der Unterdrückung der Bauern in Kamshish durch die El-Feki-Familie. Auch von dem Kampf gegen die Großgrundbesitzer, den Salah und auf geheime Weise wohl auch mein Vater tatkräftig unterstützte. Ich erwähnte ihr gegenüber nichts von meinen Gefühlen, die ich für Salah empfand, wohl aber die grenzenlose Bewunderung für ihn, die ich mit meinem Vater teilen würde. Inzwischen hatte ich erfahren, dass Salah sich in Alexandria aufhielt und es ihm verboten war, die Stadt zu verlassen. Auch das sagte ich zu Wedad Metri. Sie wirkte plötzlich auf eine für mich überraschende Weise verändert, als habe sich eine eben noch bestehende Sorge in Luft aufgelöst. Schon im nächsten Moment erfuhr ich, dass meine Empfindung nicht falsch war. Sie gestand mir nämlich, dass sie sehr argwöhnisch gewesen sei, als ich nach dem Kommunismus gefragt hatte. Immerhin sei mein Vater ein hoher Polizeioffizier. Und viele ihrer Freundinnen, von denen ich einige in dem Gefängnis bei den Barragen gesehen habe, seien von Nassers Geheimdienst verhaftet worden. Nicht ohne Grund habe sie mir daher dieses schwer verständliche, aber eben auch unverfängliche Buch gegeben.

Ich musste lachen. Drei Tage und Nächte hatte ich mich bis zum Fieberwahn mit den Theorien dieses Friedrich Engels beschäftigt, um nun zu erfahren, dass dahinter Wedad Metris Angst stand, ich könne von meinem Vater als Spionin geschickt worden sein. In diesem Moment begannen wir Freundinnen zu werden. Sie sagte: »Du musst meine Furcht verstehen. Unsere Gegner werden nichts unversucht lassen, uns mundtot zu machen.«

19. Februar 2010

Die einundsiebzigjährige, erfahrene Politaktivistin Shahinda Maklad ist skeptisch, ob er der richtige Mann für einen Wandel in Ägypten ist. Deshalb kommt sie auch nicht mit, als politische Mitstreiterinnen – mit einigen von ihnen saß sie in der Sadat-Zeit in verschiedenen Gefängnissen – zum Kairoer Flughafen fahren, um Mohamed El-Baradei in seiner Heimat zu begrüßen. Sie verfolgt dessen Ankunft am heimischen Fernsehgerät. Seit Wochen hatten die regimenahen Medien versucht, den ägyptischen Diplomaten, der zuletzt der Internationalen Atomenergieorganisation (IAEO) vorstand, in ein schlechtes Licht zu rücken. Nachdem Gerüchte aufkamen, er werde bei der nächsten Präsidentenwahl gegen den Amtsinhaber Husni Mubarak in den Ring steigen, war gegen ihn ins Feld geführt worden, dass seine jahrzehntelange Abwesenheit ihn kaum für ein solches Amt qualifiziere. Shahinda aber sieht darin eher einen Vorteil. Kann man doch davon ausgehen, dass dieser Mann nicht in den korrupten Filz des Mubarak-Regimes involviert ist. Sie wolle ihm aber »keinen Blanko-Scheck ausstellen«, hatte sie den Freundinnen gegenüber ihre Absage begründet, Mohamed El-Baradei einen triumphalen Empfang zu bereiten. Auf dem Bildschirm erkennt sie nun einen wenig charismatischen Mann, der zudem ein leichtes Stottern nicht verbergen kann. Ein Volkstribun jedenfalls würde er nicht sein, vielleicht aber eine Art politischer Direktor auf Zeit, der Reformen für das Land anschiebt, in dem sich dann schon bald neues politisches Personal herausschälen würde. Wenige Tage später steht sie dem Hoffnungsträger in dessen Haus unweit der Pyramiden persönlich gegenüber. Es gefällt ihr, wie ernst und sicher der freundliche Mann seine Vision vorträgt, ein breites Bündnis zu schmieden, welches von radikalen linken Gruppierungen bis zu den Muslimbrüdern reichen soll.

KAPITEL 3

Der Kampf der Bauern von Kamshish

Ich hatte den Mann erst gar nicht erkannt, der da in einer schmuddeligen Galabeya und einem um den Kopf geschlungenen Tuch im Haus meines Großvaters in Shebin El-Kom wie aus dem Nichts auftauchte. Erst als der vermeintliche Fellache meine Tante Nazek sehr herzlich mit der Stimme meines Vaters begrüßte und mir die Hand zum Gruß reichte, erkannte ich hinter dem schüchternen Lächeln Salah. Da es ihm untersagt war, Alexandria zu verlassen, musste er zu dieser Verkleidung greifen, um unbemerkt in die Nähe von Kamshish zu gelangen. Nach Sonnenuntergang würde er die wenigen Kilometer hinüberlaufen. Wie viel Mut gehörte dazu, sich über das Verbot hinwegzusetzen und in unserer Gegend aufzutauchen, wo ihn jeder kannte, auch die Polizei! Andererseits wollte er die Bauern nicht im Stich lassen, denn nichts sprach im Moment dafür, dass das neue Regime sie ebenso beschenken würde wie die Bauern von Talkha. Für diesen Mut bewunderte ich ihn grenzenlos.

Zu meiner Überraschung fragte mich Salah nach meinen Interessen. Nie zuvor hatte er so etwas getan. Mein Herz schlug mir vor Aufregung bis zum Hals. Ich erzählte ihm von meiner Lehrerin Wedad Metri und holte das neue Buch hervor, das sie mir zu lesen gegeben habe. Es behandelte die Grundlagen der marxistischen Philosophie. Im Gegensatz zu dem Werk von Friedrich Engels war es in einem leicht verständlichen Arabisch geschrieben. Salah aber sagte, dass ihn die Philosophie von Marx und Engels weniger interessiere als deren ökonomische Analysen. Und dann erzählte er ausführlich, warum das so sei. Ich hing an seinen Lippen. Als er in Alexandria an den Demonstrationen gegen Nasser teilgenommen habe, so begann er auszuführen, sei er noch bei den Muslimbrüdern gewesen. Sie hätten dessen Revolution zunächst unterstützt, dann aber wäre es mit dem neuen Regime zum Bruch gekommen. In dieser Zeit hätte er in seinem Wohnheim einen jungen Mann kennengelernt, der zwar den islamischen Namen Mohammed getragen, sich aber als Kommunist bezeichnet habe. So sei er mit sozialistischen Ideen in Berührung gekommen. Ihm habe der Gedanke gefallen, dass diejenigen, die durch ihre Arbeit Werte schaffen, auch angemessen an den Gewinnen beteiligt werden. Seine Freunde bei den Muslimbrüdern aber wandten ein, dass die Kommunisten gottlose Gesellen seien. Also sei er wieder zu diesem Mohammed gegangen und habe ihn zur Rede gestellt.

»Selbst wenn es so wäre, was interessiert dich das? Es geht um soziale Gerechtigkeit!«, habe dessen Antwort gelautet.

Salah sah mich mit seinen warmen dunklen Augen an, als erwartete er von mir eine Erklärung, wie ich dazu stand. Tatsächlich war auch mir schon in jenem Philosophie-Buch, das Wedad Metri mir gegeben hatte, aufgefallen, dass die Religion von den Kommunisten nicht sehr geschätzt wurde. Obgleich ich ja aus keiner sehr religiösen Familie komme, schien mir eine politische Richtung, die sich von Allah abwendet, von vornherein zum Scheitern verurteilt zu sein, und das gab ich meinem Cousin auch zu verstehen.

Über Salahs Gesicht huschte wieder dieses schüchterne Lächeln, das ich so liebte, ehe er mit seiner Erzählung fortfuhr: »Ich habe zu Mohammed gesagt, wenn sein Kommunismus wirklich gegen die Religion sei, dann würde ich ein Maschinengewehr nehmen und alle Marxisten töten!«

Ich musste lachen – und Salah lachte ebenfalls.

»Was hat Mohammed geantwortet?«

»Er sagte: ›Marxisten wachsen immer wieder nach!‹ ... Na ja, ich glaube noch immer an Gott, aber die religionsfeindliche Philosophie interessiert mich nicht so sehr wie etwa das, was Marx über Ausbeutung sagt, über Mehrwert und über den Klassenkampf.«

Salah warf mit politischen Begriffen um sich, die ich entweder noch nie gehört oder – wenn – nicht verstanden hatte. Alles, was ich an diesem Nachmittag begriff: Salah war noch immer ein gläubiger Muslim, aber eben trotzdem auch ein Marxist. Also das, was ich später als die »ägyptische Variante des Kommunismus« kennenlernen sollte.

Am Abend war Salah weg. Er hatte sich nach Kamshish aufgemacht, um mit den Führern der dortigen Bauern zu beraten, welche Aktionen gegen die Großgrundbesitzer zu unternehmen seien. Immerhin hatten sie ja inzwischen, wie das Beispiel Talkha gezeigt hat, den in Kairo herrschenden Revolutionären Kommandorat auf ihrer Seite.

Am nächsten Morgen fiel mir ein Flugblatt in die Hände. Hatte Salah es für mich zurückgelassen? Warum war es mir am Abend nicht aufgefallen? War er am Morgen noch einmal ins Haus meiner Großeltern zurückgekehrt, ehe er sich wieder auf den Weg nach Alexandria gemacht hatte? Ich überflog den Text: »Bauern von Kamshish! Ihr pflügt die Erde eurer Unterdrücker mit der Hacke – warum spaltet ihr damit nicht deren Brust?« Im ersten Moment war ich schockiert über diesen Aufruf zur Gewalt. Dann aber sagte ich mir, dass Ahmed El-Feki ja auch nicht davor zurückschreckte, nicht einmal vor feigem Mord.

Am Wochenende darauf besuchte ich meine Eltern und Geschwister in Bani Suwaif. Ich zeigte meinem Vater das Flugblatt. An der Art, wie er es kaum wahrnehmend zur Seite legte und mich herausfordernd anlächelte, konnte ich erkennen, dass er dessen Inhalt kannte. Er sah mich eine Weile mit einem Blick an, in dem ich sowohl Verwunderung als auch Stolz lesen konnte. Dann stellte er fest: »Ich habe gar nicht bemerkt, dass du so erwachsen geworden bist!«

Bevor ich mich von allen verabschiedete und mich der Fahrer nach Shebin El-Kom zurückbrachte, hatte mir mein Vater einen Koffer überreicht, den ich Salah bei dessen nächstem Besuch übergeben solle. Es war derselbe Koffer, der mir schon in Tanta aufgefallen war. Nur wusste ich diesmal, was sich darin befand:

Munition für jene Waffen, die damals in dem Koffer waren. Mein Vater hatte bei der Übergabe gesagt, dass die Bauern nie wieder wehrlos sein dürften. Ich legte den Koffer so behutsam auf den Rücksitz des Wagens, als enthielte er Porzellan. Endlich würde für mich ein Traum in Erfüllung gehen – ich würde Salahs Kampfgefährtin werden.

Die Bauern von Kamshish hatten seit jenem Tag an Selbstbewusstsein gewonnen, als der verzweifelte Sheikh Abdel Latif Abou bei uns in Tanta aufgetaucht war. Dazu mag Salah beigetragen haben, der sie zum Widerstand ermutigte, und sicher auch die Waffen, über die sie nun verfügten. Nie wieder würden sie es widerstandslos hinnehmen, sollte Ahmed El-Feki auf sie schießen lassen. Vor allem wollten sie sich nicht mehr gefallen lassen, dass der Großgrundbesitzer Nilwasser in einen eigenen kleinen Stausee leitete und den Kleinbauern nichts davon abgab. So begannen sie erneut, das Wasser auf ihre eigenen Felder zu leiten. Eine Szene, die später in einen berühmten ägyptischen Film eingebaut wurde. Während dieser Aktion wurde nicht wieder getrillert, aber trotzdem entging sie Ahmed El-Feki auch diesmal nicht. Wie ein Kolonialherr schwang er sich auf das Pferd, um eigenhändig dagegen vorzugehen. Die auf den Feldern versammelten Bauern konnten aus einiger Entfernung beobachten, wie sein Sohn, der auch Salah hieß, noch versuchte, ihn von einem solchen Alleingang abzuhalten. Vergebens – das Oberhaupt des El-Feki-Clans galoppierte mit der Reitpeitsche in der Hand in Richtung der Bauern, um sie von »seinem Land« zu vertreiben.

Die Leute aus Kamshish ließen den Herrenreiter sehr nahe an sich herankommen, dann feuerten sie aus vielen Gewehren in die Luft. Es dröhnte wie bei einem gigantischen Feuerwerk, und es passierte das, was sie beabsichtigt hatten. Das Pferd bäumte sich auf, entledigte sich seines Reiters und lief voller Angst im wilden Zickzack zurück. Ahmed El-Feki aber landete, wohin er gehörte: im Dreck. Blitzschnell lief eine Bäuerin zu ihm hin und warf ihr Tuch über ihn, was in unserer Kultur eine sehr erniedrigende

Geste darstellt. Dem so Gedemütigten blieb nichts anderes übrig, als zu Fuß in Richtung seines Hauses zu rennen und die ohrenbetäubenden Triller der Landfrauen zu ertragen.

Natürlich würde ein Mann wie Ahmed El-Feki die Sache nicht auf sich beruhen lassen. Das ahnte jeder, und so herrschte eine angespannte Situation in Kamshish. Was aber würde er unternehmen?

In dieser Zeit waren landesweit viele Kleinkriminelle unterwegs, die sich der Verurteilung durch Bezirksgerichte entzogen, also sich quasi auf der Flucht befanden. Sie waren bereit, für ein entsprechendes Honorar nahezu jeden Auftrag anzunehmen, auch wenig ehrenwerte. Drei solcher Strolche nahm nun Ahmed El-Feki unter seine Fittiche und beauftragte sie, in Kamshish für Angst und Schrecken zu sorgen. Die dunklen Gestalten zogen als Trio durch das Dorf und ballerten mit ihren Gewehren herum. Niemand traute sich auf die Straße. Tags darauf wiederholte sich das Geschehen.

Am Abend kamen die Bauern zusammen und berieten, was zu unternehmen sei. Keiner war bereit, sich das länger gefallen zu lassen. An einem der nächsten Tage versammelte sich eine große Zahl von ihnen im großen Garten des Elternhauses meines Vaters, vor allem junge, kräftige Burschen. Wieder erschienen die drei Söldner des Ahmed El-Feki und schossen in der Gegend herum. Die Bauern warteten ab, bis sie keine Munition mehr hatten. Als die drei Halunken sich zurückziehen wollten, stürzten die Bauern hervor und gingen auf sie los. Zwei von ihnen erwischten sie unweit unseres Hauses. In ihrer grenzenlosen Wut schlugen die Leute aus Kamshish ihre Peiniger auf der Stelle tot. Den Dritten erwischten sie auf den Feldern, ehe er den schützenden Hort des Großgrundbesitzers erreichen konnte, wo ihn dasselbe Schicksal ereilte.

Sosehr ich die Wut der Bauern verstehen konnte, sosehr erschreckte mich aber auch deren Brutalität. Ich war sicher: Wäre Salah an diesem Tag in Kamshish gewesen, er hätte sie von der Lynchjustiz abgehalten und die drei Männer in Shebin El-Kom der Polizei übergeben. Stattdessen wurde die Polizeibehörde nun gegen die Bewohner von Kamshish aktiv. Sie schickte eine Hundertschaft der Hagana-Truppe, die aus nubischen Kamelreitern bestand, welche mit Stöcken und Peitschen ausgerüstet waren und das Dorf umstellten. Eine Ausgangssperre wurde verkündet. Aber diese Maßnahme hatte auch Folgen für Ahmed El-Feki. Er wurde als Bürgermeister abgesetzt, und in einem Zelt wurde ein Polizeiposten eingerichtet, der die Leitung des Ortes kommissarisch übernahm. Das Weitere, so wurde gesagt, würde man in Kairo entscheiden.

Kurz darauf hieß es, der Revolutionäre Kommandorat würde einen Schlichter nach Kamshish entsenden und kein Geringerer als Anwar as-Sadat würde diese Aufgabe übernehmen. Er stamme schließlich aus dieser Gegend und sei daher mit den Verhältnissen und der Mentalität der Menschen im Nildelta bestens vertraut. Die Bauernschaft wurde aufgefordert, einen Vertreter zu benennen, der in ihrem Namen sprechen würde. Bisher waren in Kamshish Beschlüsse immer in einer Vollversammlung der Dorfbewohner getroffen worden. Und so gab es viele, die wollten, dass bei dem Besuch von Sadat ebenso verfahren werden solle. Deshalb weigerten sie sich, ein Schlichtungsgespräch im Haus von Ahmed El-Feki zu akzeptieren. Es musste auf neutralem Boden stattfinden. Was also eignete sich dafür besser als jenes Polizeizelt, das von allen Seiten einsehbar war. Hierfür aber musste die Ausgangssperre aufgehoben werden. Die Polizeiführung willigte ein. Im Gegenzug benannten die Bauern Abdallah Sherif zu ihrem Sprecher, einen großen hellhäutigen Mann mit einem starken Willen. Als ich diese charismatische Führerpersönlichkeit sah, wusste ich sofort, dass er der Richtige war.

Anwar as-Sadat erschien mit großer Entourage, Leuten mit wichtigen Mienen, und mit Ahmed El-Fekis Sohn Salah. Sie nahmen hinter einem Tisch in der Mitte des Zeltes Platz. Mir fiel auf, dass Sadat mit Salah El-Feki sehr vertraut, ja geradezu freundschaftlich umging. Dann betrat Abdallah Sherif das Zelt. Ihm aber wurde im Gegensatz zu den anderen kein Stuhl angeboten. Rundherum standen die Bauern und feixten, als ihr Sprecher nach einem Stuhl griff, sich Sadat und Salah El-Feki gegenübersetzte und eine Zigarette anzündete. Das Gesicht von Sadat verfinsterte sich, und als Abdallah Sherif genüsslich den Rauch in die Luft blies, bekam der Mann, der als Schlichter angereist war, einen cholerischen Anfall.

»Weißt du, vor wem du sitzt?«, brüllte er.

»Natürlich! Ich sitze vor Anwar as-Sadat aus unserem Nachbarort Mit Abu El-Kom, der ein Mitglied des Revolutionären Kommandorats ist«, schleuderte Abdallah Sherif Sadat entgegen.

Rund um das Zelt brandete Applaus auf. Abdallah Sherif hatte ihn nicht mit seinem militärischen Rang angesprochen, sondern als einen von uns. Also sollte er sich auch so benehmen. Das aber tat er nicht. Mir gefiel nicht, wie er sich überlegen lächelnd nach hinten lehnte und Abdallah Sherif abschätzend taxierte und sich, nachdem er mit Salah El-Feki vertraute Blicke austauschte, zu der Frage herabließ: »Was hast du mir an Klage vorzutragen? Ich höre!«

Abdallah Sherif ließ sich durch diese arrogante Attitüde nicht verunsichern. Seelenruhig drückte er mit dem Stiefel seine Zigarette aus, ehe er erklärte: »Ich habe kein persönliches Anliegen, ich vertrete die Bauern von Kamshish, und …«

»Und was haben die Bauern von Kamshish vorzutragen?«, wurde er von Sadat unterbrochen.

»Sie verlangen, dass ihnen das beschlagnahmte Land zurückgegeben wird!«

Abermals brauste Applaus auf, einige Frauen ließen Triller los.

»Beschlagnahmtes Land?«, fragte Sadat und beugte sich nach vorn. Seine Haltung hatte plötzlich etwas Bedrohliches. »Beschlagnahmt durch wen?«

Nun brüllten rund um das Zelt alle durcheinander, dass ihnen das Land von Ahmed El-Feki weggenommen worden sei. Sadat hob den Arm, ohne die Leute außerhalb des Zeltes anzusehen. Nachdem Ruhe eingekehrt war, sagte er zu Abdallah Sherif, den er die ganze Zeit nicht aus den Augen gelassen hatte: »Du bist der Sprecher der Bauern, also sorge dafür, dass nur wir beide miteinander reden. Ich frage dich, ob das Land tatsächlich okkupiert oder ob es nicht vielmehr von der Familie El-Feki ordentlich durch Kauf erworben und dieser Kauf durch rechtswirksame Verträge besiegelt wurde?«

Wieder brach Unruhe aus, Worte wie »Erpressung« und »Brandlegung« fielen. Abdallah Sherif erhob sich, und nun war er es, der Sadat nicht aus den Augen ließ. In ruhigem Ton, so als ob er sich nach der Uhrzeit erkundigen würde, stellte er die Frage: »Wenn alles so legal ist, wie du sagst … Warum habt ihr dann eine Revolution gemacht und den König abgesetzt?«

Sadat schlug mit der Faust auf den Tisch. Immer und immer wieder. Das aber ging im allgemeinen Gejohle unter. Schließlich sprang er auf und brüllte: »Ich werde hier richten, ohne dass man mich beleidigt.«

Er blickte drohend umher. Zum ersten Mal schien er die Menschen wahrzunehmen, die um das Zelt herum standen. Mit scharfer Stimme verkündete er: »Und wenn ich es für nötig erachte, werde ich hier einen Galgen aufstellen lassen.« Dann holte er ein großes Blatt Papier aus seiner Tasche und sagte: »Deinen Namen setze ich auch noch auf diese Liste … Abdallah Sherif!«

Es war eine offenbar schon vorbereitete Namensliste, die Sadat an einen hohen Polizeioffizier weitergab, wobei er befahl: »Dies sind die Namen von fünfundzwanzig Aufrührern. Sie sind auf der Stelle zu verhaften und ins Bezirksgefängnis nach Shebin El-Kom zu bringen.«

Zwei Polizisten griffen nach Abdallah Sherif, der sich widerstandslos festnehmen ließ. Ringsum aber herrschte Aufruhr. Angehörige der Hagana-Truppe schlugen mit Schlagstöcken auf die Bauern ein und nahmen die Festnahmen vor. Anwar as-Sadat verließ unter Polizeischutz das Zelt. Kurz darauf stieg Salah El-Feki zu ihm in den Dienstwagen, und gemeinsam rasten sie die Straße entlang zum Haus des Großbauern. In diesem Augenblick wurde mir nicht nur klar, wer der mächtige Fürsprecher war, der seine schützende Hand über die Großgrundbesitzerfamilie von

Kamshish hielt, sondern auch, wer die Versetzung meines Vaters nach Assiut veranlasst hatte. Es war derselbe Mann, der Salah verbieten ließ, Alexandria zu verlassen und der sich von den El-Fekis schon vor diesem Treffen die Namen »besonders aufsässiger« Bauern hatte nennen lassen. An diesem Tag wurde Anwar as-Sadat mein Feind.

7. Juni 2010

Das Foto, auf welches Shahinda Maklads Tochter Bassma ihre Mutter im Internet aufmerksam macht, ist die grausame Abbildung eines in Alexandria zu Tode geprügelten jungen Mannes. Sein Gesicht ist entsetzlich entstellt. Offenbar sind ihm die Zähne eingeschlagen und der Kiefer gebrochen worden. Die Umstände, unter denen der junge Mann in Alexandria ums Leben kam, werden auf der Internet-Seite exakt beschrieben. Der erst achtundzwanzigjährige Khaled Said hatte sich in der Vergangenheit als Blogger betätigt und die politischen Verhältnisse in Ägypten angeklagt. Korruption, politische Unfreiheit und die krassen sozialen Unterschiede im Land waren seine Themen. Leute wie er sind dem Regime ein Dorn im Auge. Im Internet beschreiben Augenzeugen, was sich tags zuvor in Alexandria abgespielt hat. Khaled Said saß vor einem Computer in einem Internet-Café im Stadtbezirk Kleopatra, als zwei Zivilpolizisten hereinstürmten und zunächst seine Ausweispapiere verlangten. Nachdem sie sich davon überzeugt hatten, dass sie tatsächlich den gesuchten Internet-Blogger vor sich hatten, packten sie Khaled Said, schlugen seinen Kopf auf eine marmorne Tischplatte und zerrten ihn auf die Straße. In einem Hauseingang wurde er mit Schlägen und Tritten so traktiert, dass er zunächst bewusstlos zusammenbrach. Die Augenzeugen berichten, dass seine Peiniger auch dann noch immer nicht von ihm abließen, sondern auf das wehrlos am Boden liegende Opfer eintraten. Danach orderten sie ein Polizeifahrzeug, warfen den leblosen Körper hinein und transportierten ihn ab. Zehn Minuten später aber kehrte das Polizeifahrzeug zurück und legte den inzwischen verstorbenen Khaled Said dort ab, wo er zuvor erschlagen worden war – in jenem Hauseingang unweit des Internet-Cafés. Einer der Augenzeugen nutzte die Gelegenheit, mit seiner Handykamera jenes Foto aufzunehmen, das seither im Internet kursiert.

Shahinda Maklad treten Tränen in die Augen – Tränen der Trauer und der Wut. Leise formuliert sie den Satz, den sie mehr als vierzig Jahre zuvor bei der Beerdigung ihres Mannes in Kamshish gesagt hatte: »Wir werden deinen Tod rächen – du bist nicht umsonst gestorben!« Shahinda Maklad holt ein schmales Büchlein hervor, in dem Hunderte von E-Mail-Adressen notiert sind. Bassma unterstützt ihre Mutter bei der Verbreitung des Facebook-Portals »Wir alle sind Khaled Said«.

KAPITEL 4

Sadat entpuppt sich als Freund der Großgrundbesitzer

Wie gern hätte ich gemeinsam mit Salah einen Plan entworfen, wie nach der Festnahme von Abdallah Sherif und den anderen vorzugehen sei. Unter ihnen befanden sich die führenden Köpfe der erstarkenden Bauernbewegung von Kamshish. Wer immer diese Namensliste zusammengestellt hatte, die Sadat überraschend hervorzog – er hatte ganze Arbeit geleistet. Verzweifelt und wütend machte ich mich nun allein auf den Weg zu meinem Vater nach Bani Suwaif. Als ich ihm von den Geschehnissen in Kamshish berichtet hatte, setzte er ein Telegramm an Gamal Abdel Nasser auf. Diesmal aber wurde es kein Glückwunschtelegramm, und ganz sicher würde es Galal Moawad nicht im Radio verlesen. Mein Vater nahm Bezug auf den zweiten Teil des damaligen Telegramms, in welchem er der Revolution nur unter der Bedingung Erfolg wünschte, dass sie »zugunsten des Volkes wirken« würde. Danach hatte es vor einigen Monaten in Talkha ausgesehen, nicht aber nun in Kamshish. In seiner Eigenschaft als Polizeichef von Bani Suwaif schrieb er: »Entweder ihr lasst die inhaftierten Bauern aus Kamshish frei oder ihr verhaftet auch mich!«

Wieder fragte er mich und meinen Bruder Medhat, ob er das Telegramm aufgeben solle. Dabei machte uns mein Vater auf die möglichen Konsequenzen aufmerksam: »Wenn ihr mit mir gemeinsam entscheidet, dass ich es abschicke, müssen wir auch gemeinsam die Konsequenzen tragen, wenn man sich in Kairo entschließen sollte, mich ins Gefängnis zu stecken.«

Ich sah mich einer ernsten Gewissensentscheidung gegenüber. Konnte ich als Vierzehnjährige riskieren, dass unsere Familie ins Unglück stürzte? Zugleich musste ich aber an all die armen Menschen denken, die jetzt in einem Gefängnis saßen. Sie waren festgenommen worden, weil sie ihr Recht gefordert hatten. Auch sie hatten Frauen und Kinder zu Hause. Ich fragte mich, wie wohl Salahs Urteil ausgefallen wäre? War es möglich, dass er die inhaftierten Bauern um der eigenen Sicherheit willen im Stich gelassen hätte? Ganz sicher nicht. Mir war klar: Nie wieder könnte ich den Menschen von Kamshish in die Augen sehen, wenn ich jetzt kneifen würde. Wahrscheinlich wusste Gamal Abdel Nasser auch gar nicht, dass Sadat mit den Großbauern gemeinsame Sache machte. Durch dieses Telegramm würde er es erfahren. Der Blick meines Vaters war auf mich gerichtet. Auch Medhat sah mich fragend an, nachdem meine Mutter den Raum bereits demonstrativ verlassen hatte.

»Ich bin einverstanden, Vater«, sagte ich schließlich. »Gib das Telegramm auf, koste es, was es wolle. Das ist das Mindeste, was du tun kannst. Wir werden schon nicht verhungern.«

Als sich auch mein Bruder meiner Entscheidung angeschlossen hatte, passierte das Ungewöhnliche: Ein hoher Polizeioffizier, mein Vater, kritisierte das Vorgehen eines seiner höchsten Vorgesetzten und bot sogar die eigene Verhaftung an.

Nachdem dies geschehen war, lebten wir eine ganze Weile im Ungewissen. Den Menschen in Kamshish erzählte ich von diesem Telegramm, was meinem Vater hohe Achtung in seinem Heimatdorf einbrachte. Doch nichts passierte. Weder wurden die inhaftierten Bauern freigelassen noch mein Vater festgenommen.

Eines Tages wurde er dann nach Kairo beordert – ins Büro von Anwar as-Sadat. Ich hatte gehofft, dass Gamal Abdel Nasser sich der Sache annehmen würde. Bei ihm, der den Bauern von Talkha die Besitzurkunden überreicht hatte, war Verständnis für die Sache der Leute von Kamshish zu erwarten. Tränen der Wut, aber auch der Trauer musste ich verbergen, als ich mich von meinem Vater vor dessen Fahrt in die Hauptstadt verabschiedete. Womöglich würde ich ihn nun für lange Zeit nicht sehen.

Aber schon am nächsten Abend war er wieder zurück, mit einer Nachricht, die mich glücklich und traurig zugleich machte.

Auch Salah hatte sich mit einem Telegramm an den Revolutionären Kommandorat gewandt. Darin hatte er nicht nur die Verhaftungen als willkürlich bezeichnet, sondern ebenso kritisiert, dass Anwar as-Sadat sich mit der Familie des Großgrundbesitzers an den Tisch gesetzt hatte, um mit ihnen zu essen. Die Worte meines Cousins gipfelten in der Frage: »Sind das eure revolutionären Prinzipien?« Ich stieß einen Jauchzer der Freude hervor, als mir mein Vater davon erzählte. Dann aber erfuhr ich, dass Sadat darüber sehr böse gewesen sei und meinen Vater angeschrien habe: »Dein Neffe hat mich vor dem gesamten Revolutionären Kommandorat blamiert und bloßgestellt. Sag ihm, dass ich das nicht vergessen werde – und ich habe ein sehr langes Gedächtnis!« Den cholerischen Anfall von Sadat konnte ich mir gut vorstellen, denn schließlich hatte ich ihn ja in Kamshish erlebt. Jetzt war er mit einer deutlich ausgesprochenen Drohung verbunden. Sicher würde Sadat alles tun, damit für Salah auch weiterhin die Reisen nach Kamshish untersagt blieben.

»Hat er sonst noch etwas gesagt?«, fragte ich mit matter Stimme, was meinen Vater für einen Moment irritierte. Dann fuhr er fort: »Ja. Er sagte, dass er noch einmal nach Kamshish kommen werde, zu einem Versöhnungstreffen zwischen den Bauern und Ahmed El-Feki. Ich solle es organisieren, dann kämen auch die Verhafteten frei.«

»Und was hast du ihm geantwortet?«

»Nun, ich finde diesen Vorschlag akzeptabel, und das habe ich ihm auch zu verstehen gegeben.«

Wieder griff mein Vater zu seiner Oud. An diesem Abend aber konnte ich mich nicht auf seinen Gesang konzentrieren. Ich ahnte, dass Salah den Vorschlag von Sadat niemals akzeptiert hätte. Seit Jahren hatten Ahmed El-Feki und sein Sohn mit den widerlichsten Mitteln Bauern um ihre Felder gebracht und sie anschließend für einen Hungerlohn als Landarbeiter beschäftigt. Der älteste Sohn einer jeden Familie musste sogar ohne Lohn, nur für eine dürftige Mahlzeit für die El-Fekis schuften. Wie sollte denn da eine »Versöhnung« aussehen?

Der Tag von Sadats erneuter Ankunft kam näher, und es zeigte sich, dass ich mit meinen Überlegungen nicht falschlag. Salah hatte meinem Vater ein Telegramm geschrieben, das ich zufällig auf dem Tisch entdeckte. Der Text war eindeutig: »Verkaufe nicht die Interessen unseres Dorfes für den Preis der Freilassung der Verhafteten. Das Gefängnis ist für uns besser, als rechtlos zu sein!«

Als wir in Kamshish eintrafen, zeigte sich, dass die Bauernschaft in dieser Frage gespalten war. Den einen ging es jetzt erst einmal um die Freilassung der Inhaftierten, die anderen stellten die Forderung auf Rückgabe des geraubten Landes in den Vordergrund. Am Abend vor Sadats Ankunft waren Studenten aus Alexandria bei uns in Shebin El-Kom erschienen. Freunde von Salah, dessen Mutter ihnen Tee servierte. Ich saß dabei, als mein Vater mit ihnen das Vorgehen am nächsten Tag diskutierte. Er blieb bei seiner Auffassung, dass es taktisch am klügsten sei, zunächst auf ein Versöhnungsangebot einzugehen. Man könne auf diese Weise Zeit gewinnen, um sich neu zu organisieren. Davon aber hielten die Studenten aus Alexandria nichts. Sie sahen dahinter einzig ein taktisches Manöver Sadats. Einerseits, damit das Dorf für den Preis der Freilassung endlich Ruhe geben solle. Aber auch, um sein eigenes Gesicht gegenüber den anderen im Revolutionären Kommandorat zu wahren. Sadat treibe somit ein doppeltes Spiel.

Nachdem die Studenten gegangen waren, kam es zum ersten Mal in meinem jungen Leben zum Streit mit meinem Vater. Ich sagte: »Ich kann dir leider nicht recht geben. Was diese jungen Leute da eben vortrugen, entspricht nämlich auch meiner Meinung …«

»Ich habe dich nicht nach deiner Meinung gefragt«, unterbrach er mich.

»Dennoch sollst du wissen, dass ich eine habe!«, beharrte ich.

»Das weiß ich nun, aber ich will nicht mit dir darüber reden. Und nun lass mich allein!«, herrschte er mich an.

So schroff hatte ich meinen Vater mir gegenüber nie zuvor erlebt. Ehe ich aus dem Zimmer ging, drehte ich mich noch einmal zu ihm um. Unsere Blicke trafen sich, und ich entdeckte, dass er mich nicht mit Verachtung ansah, eher mit einer gewissen Verwunderung. Wenige Tage zuvor noch hatte er mich auf ähnliche Weise angesehen, als er sagte: »Ich habe ja gar nicht bemerkt, dass du schon so erwachsen geworden bist!« Zu einem solchen Satz konnte er sich diesmal nicht durchringen, aber ich in seinen Augen genau das lesen. Nun wusste ich, dass auch er letztlich nicht an eine Versöhnung zwischen Großgrundbesitzern und Bauernschaft glaubte. Ihm ging es nur darum, die Verhafteten freizubekommen. Und wahrscheinlich, so sagte ich mir in diesem Moment, lag er damit nicht ganz falsch. Denn was war eine politische Bewegung wert, wenn deren führende Köpfe im Gefängnis saßen? In diesem kurzen Augenblick habe ich eine Lektion gelernt, die für mein ganzes weiteres Leben wichtig sein würde: die Unterscheidung zwischen strategischen Zielen und taktischem Manöver.

Das Zelt der mobilen Polizeistation von Kamshish war bereits abgebaut, der Ausnahmezustand über das Dorf aufgehoben, und Ahmed El-Feki war wieder der Bürgermeister, als Anwar as-Sadat – diesmal nur mit seinem Fahrer – erschien. Die Zusammenkunft fand in unserem Haus statt, und wieder war Salah El-Feki gekommen. Von einem Fenster in der ersten Etage aus beobachtete ich, was dort vor sich ging. Unten im Hof hatten sich alle führenden Leute des Dorfes versammelt, soweit sie nicht in Shebin El-Kom im Gefängnis saßen. In einiger Entfernung erkannte ich neben dem Tor zum Garten Salahs Kommilitonen, die aus Alexandria zur Beobachtung angereist waren. Als nun der andere Salah, der Sohn des Bürgermeisters und Großgrundbesitzers, an der Seite von Anwar as-Sadat den Hof betrat und die hier Versammelten erblickte, war ihm eine Verunsicherung deutlich anzumerken.

An der Stirnseite des Tisches nahm Sadat Platz, mein Vater und Salah El-Feki links und rechts von ihm.

»Dann hole mal den Bürgermeister zu unserem Treffen hinzu«,

wandte sich Sadat an meinen Vater. Der aber unternahm gar nicht erst den Versuch, dieser Anweisung nachzukommen.

»Ahmed El-Feki kennt den Weg zu meinem Haus. Ich kann garantieren, dass ihm niemand etwas antun wird«, erklärte er kategorisch.

Man sah Anwar as-Sadat den Missmut darüber an, dass sich ein Polizeioffizier über seinen Befehl hinwegsetzte, und ich befürchtete schon, er würde wieder einen seiner cholerischen Anfälle bekommen. Da meldete sich fast zaghaft Salah El-Feki zu Wort und erklärte: »Ich vertrete die Familie El-Feki hier in dieser Runde, und ich bin im Interesse von Kamshish zu einer Versöhnung bereit.«

Sofort wollten einige der Bauern das Wort ergreifen, doch mein Vater gebot ihnen mit einer entschiedenen Geste Einhalt. Das fand ich unpassend. Aber ich wusste zu diesem Zeitpunkt nicht, dass er noch einen Trumpf im Ärmel hatte. Zunächst erteilte er Sadat das Wort, der sich erhob und mit feierlicher Stimme deklamierte: »Wir haben uns heute hier im Haus von Abdel Hamid Maklad, dem Polizeichef von Bani Suwaif, versammelt, um für Kamshish zu einem Neuanfang zwischen der Familie El-Feki und der Bauernschaft zu kommen …«

Es folgte eine schwülstige Rede, und es war den Bauern anzusehen, dass es ihnen ebenso schwerfiel wie mir, das zu ertragen.

Als sich Sadat nach einer Weile wieder setzte, hatte er die Freilassung der Verhafteten überhaupt nicht erwähnt. Alle Blicke richteten sich nun auf meinen Vater. Der erhob sich auch sofort und sagte: »Ich danke Anwar as-Sadat für seine Worte, muss aber zu meinem Bedauern feststellen, dass eine Vorbedingung für diese Zusammenkunft unerwähnt geblieben ist. Noch immer sitzen fünfundzwanzig Bauern aus Kamshish ohne rechtliche Grundlage im Gefängnis in Shebin El-Kom. Solange sie aber in Gewahrsam sind, kann über eine Versöhnung nicht verhandelt werden.«

Spontaner Applaus brauste auf, an dem sich aber nicht alle Bauern beteiligten. So mancher applaudierte nicht und demonstrierte auf diese Weise, dass er unter gar keinen Umständen an einer Aussöhnung mit einem Großbauern interessiert war, der viele Fellachen gezwungen hatte, das Land ihrer Vorväter zu verkaufen. Auch die Studenten aus Alexandria beobachteten die Szene stumm, mit verschränkten Armen. Sadat blieb sitzen, rief aber einen Polizeioffizier zu sich und gab diesem kaum hörbar die Anweisung, nach Shebin El-Kom zu fahren und die Freilassung der Verhafteten in die Wege zu leiten. Mein Vater erhob sich abermals, und nun geschah etwas Sensationelles. Auf eine Geste hin wurde vom Garten her ein älterer Fellache in einfacher Galabeya hereingeführt. Ich hatte diesen Mann schon hin und wieder in Kamshish gesehen, wusste aber nicht, wer er war. Das schien bei Salah El-Feki anders zu sein. Er hatte gerade nach der Kaffeetasse gegriffen, als dieser Mann mit langsamen, fast zögerlichen Schritten an den Tisch trat. Salah El-Feki war eine Verunsicherung anzumerken, nachdem er den Bauern erblickt hatte. Seine Hand zitterte so stark, dass er sich die edle Weste bekleckerte. Mein Vater erteilte dem einfachen Bauern das Wort, und ich traute meinen Ohren nicht, als er sich vorstellte: »Mein Name ist Aboul Enein El-Feki …«

Umständlich erklärte er, in welcher weitläufigen verwandtschaftlichen Beziehung er zu dem »hier anwesenden Salah El-Feki« stand. Ich wusste, dass nicht alle Bauern mit diesem Namen zu den Großgrundbesitzern zählten, auch wenn es familiäre Bande gab. Nun aber war ich sehr gespannt, was dieser Mann gegen seinen Verwandten vorzubringen hatte. Würde er tatsächlich wider alle Tradition gegen die eigene Sippschaft aussagen? Nicht einmal vor Gericht konnte jemand dazu gezwungen werden. Tatsächlich erklärte Aboul Enein El-Feki, es sei eine Schande, dass ein Zweig seiner Familie »das Land vergewaltigt« und »den Bauern mit Zwang die Felder geraubt« habe. Selbst er und andere arme Verwandte seien von Ahmed El-Feki gezwungen worden, Land an ihn abzutreten. Es herrschte spannungsvolle Stille. Salah El-Feki starrte die Tischplatte vor sich an, während Anwar as-Sadat in gespielter Langeweile seinen Blick in die Ferne richtete, als ob ihn irgendein Detail an unserem Türpfosten interessierte. Dann aber nannte der Kronzeuge meines Vaters Details, die auch Sadat nicht ignorieren konnte.

»Die Felder rund um Kamshish, die landwirtschaftlich genutzt werden, betragen 2000 Feddan. Davon gehören Ahmed El-Feki 900 Feddan, das meiste davon hat er sich mit Erpressung einverleibt. Die Bauern wurden gezwungen, Verträge zu unterschreiben. Aber Ahmed El-Feki hat diese Flächen nie ins Grundbuchamt eintragen lassen …«

Der letzte Satz seiner Ausführung war schon im allgemeinen Geschrei der Bauern untergegangen, das aber von Sadat sofort unterbrochen wurde, indem er sich abrupt erhob.

»Wir haben gehört, was dieser Mann eben gesagt hat. Seine Angaben werden überprüft, das garantiere ich. Im Übrigen scheint es sich hier um einen familieninternen Streit der El-Fekis zu handeln. Ich rufe euch jetzt alle auf, bis zum Abschluss der Untersuchungen Ruhe zu bewahren. Die Sitzung ist geschlossen.«

»Einen Moment!«, rief mein Vater, und Sadat, der sich eben entfernen wollte, sah ihn verärgert an.

»Ich kann nur dann für Ruhe garantieren, wenn Anwar as-Sadat hier ein weiteres Mal laut und in aller Öffentlichkeit verkündet, dass noch heute die Freilassung unserer Leute erfolgt!«

Nun richteten sich alle Blicke auf Sadat, der sich unschlüssig umblickte, eher er sich offenbar zu einer Erklärung gedrängt sah: »Ich habe es vorhin gesagt, und ich wiederhole es auch noch einmal öffentlich. Ich habe verfügt, dass alle Inhaftierten auf freien Fuß gesetzt werden.«

Dann drehte er sich um und hakte Salah El-Feki unter. Die beiden verließen eiligen Schritts den Hof unseres Hauses.

Am Abend fuhr eine Box der Polizei aus Shebin El-Kom in unser Dorf, und von den Pritschen sprangen Abdallah Sherif und die vierundzwanzig anderen Männer. Ihre Heimkehr wurde lautstark gefeiert. Zu diesem Zeitpunkt stand der Dienstwagen von Anwar as-Sadat noch immer vor dem Haus der El-Fekis, wo es sich der »Revolutionär« am Tisch des Großgrundbesitzers ganz sicher schmecken ließ. Als ich meinen Vater fragte, wie er seinen Kronzeugen Aboul Enein El-Feki gefunden und ihn dazu bewogen hatte, gegen die eigene Familie auszusagen, zuckte er nur mit den Schultern und erklärte lächelnd: »Dein Cousin Salah und seine Freunde sind wirklich clevere Leute.« In diesem Augenblick spürte ich, dass ein Herz wirklich hüpfen konnte – so wie es in manchen Gedichten beschrieben wird.

11. Dezember 2010

Im ägyptischen Privatsender ON tv ist im Trailer der täglichen Talkshow *Manshette* Shahinda Maklad zu sehen, die direkt in die Kamera ruft: »Alle patriotischen Ägypter – rettet euer Land, bevor es zu spät ist!« Es ist ein Ausschnitt aus einem Interview mit der bekannten Politikaktivistin vom Vorabend. Sie hatte ausgesprochen, was junge Leute in Internet-Blogs und dem sozialen Netzwerk Facebook schon seit einiger Zeit in Aussicht stellen – einen landesweiten Protest gegen die Missstände im Land. Sechs Monate zuvor hat das im Internet veröffentlichte Foto des ermordeten Internet-Bloggers Khaled Said schließlich zu Massenprotesten geführt. Erstmalig sah sich der ägyptische Präsident Husni Mubarak gezwungen, eine Kommission einzusetzen, die die Vorgänge in Alexandria untersuchen sollte. Wirklich beruhigt hat dies die Gemüter nicht. Seither verfolgt Shahinda auf dem Facebook-Portal »Wir alle sind Khaled Said« die teils wild argumentierenden, teils klug analysierenden Kommentare. Sie kennt mittlerweile einige der Aktivisten persönlich, und sie weiß, dass es gut ausgebildete Leute sind, die über den Tellerrand der lokalen Probleme hinausschauen können. Aber die meisten von ihnen sind zu jung, um über ausreichende Erfahrung im politischen Kampf zu verfügen. Sie haben einen mächtigen Gegner, und ohne eine politische Führungspersönlichkeit wäre jeder Aufstand zum Scheitern verurteilt. Das aber sagt Shahinda Maklad nicht im Fernsehen, sondern in den Reihen der Frauensektion des »Nationalen Komitees für die Veränderung«, dem sie einige Wochen zuvor beigetreten war. Als namhafte Vertreterin war sie in den regierungsunabhängigen Fernsehsender ON tv eingeladen worden, wo sie jenen Satz sagt, der fortan für Wochen im Trailer der Talkshow *Manshette* zu sehen sein wird: »Alle patriotischen Ägypter – rettet euer Land, bevor es zu spät ist!«

KAPITEL 5

Abschied von Shebin El-Kom

Immer wieder war Salah in der Verkleidung eines Fellachen nach Shebin El-Kom gekommen und dort im Haus seiner Mutter untergetaucht. Im nahe gelegenen Kamshish traf er sich weiter heimlich mit den Führern der Bauernschaft und beriet mit ihnen hinter geschlossenen Türen über die nächsten Schritte. Ich bin ihm im Haus meiner Tante mehrfach begegnet, und einmal fragte er mich, was ich mit meinem Leben anzufangen gedenke. Ich antwortete, dass ich es in meine eigenen Hände nehmen und nach der Schule ein Studium beginnen möchte. Zu einer Hausfrau würde ich mich schon deshalb nicht eignen, weil ich nicht kochen könne und auch nicht daran denken würde, es zu erlernen. Die Antwort schien ihn zu amüsieren, denn ich erntete dieses schöne Lachen. Ich erzählte ihm von meinen fortwährenden Gesprächen mit Wedad Metri über den Marxismus. Wie gern hätte ich ihn mit meiner Freundin bekannt gemacht, aber das verbot sich schon deshalb, weil er sich ja illegal in unserer Gegend aufhielt. Da konnte ich ihn schlecht mit einer Person zusammenbringen, die womöglich selbst unter Beobachtung des Geheimdiensts stand.

Eines Tages gab mir Salah den Roman *Die Mutter* des russischen Schriftstellers Maxim Gorki. Er hatte das Buch speziell für mich gekauft. Allein, dass Salah in Alexandria an mich gedacht hatte, war Grund genug, auf der Stelle mit der Lektüre zu beginnen. Nach den ersten Seiten nahm mich die Geschichte der Arbeitermutter Pelagea Wlassowa und ihres Sohnes Pawel so gefangen, dass ich gar nicht mehr aufhören konnte zu lesen. Als der revolutionäre Pawel inhaftiert wird, nimmt die bis dahin unpolitische Frau an seiner Stelle den Kampf auf. Zunächst dominiert noch die Liebe zu ihrem Kind. Aber je mehr sie sich mit den Ideen ihres Sohnes beschäftigt, umso politischer wird auch sie. Sie stellt Fragen: Weshalb ist Pawel verhaftet worden? Wer sind seine Gegner? Warum wird er, der nur das Gute für die Menschen wollte, ins Gefängnis gesteckt? Gorki beschrieb gesellschaftliche Zustände, wie sie auch in Ägypten unter König Faruq I. geherrscht hatten. In seinem Roman lehnte sich das einfache Volk gegen die Unterdrückung und die Ausbeutung auf, und die zaristische Polizei ging mit Waffengewalt gegen es vor. In Ägypten aber hatten wir inzwischen angeblich eine Revolution, doch zumindest in Kamshish hatte sich kaum etwas geändert. Salah sagte, eine Revolution sei immer der Beginn für das Neue, niemals dessen Ende. Und das Paradies dürfe man sowieso nicht erwarten. Er unterstellte Gamal Abdel Nasser mittlerweile beste Absichten, aber er sei umgeben von korrupten Leuten, die nicht mitziehen würden. Zum ersten Mal in meinem Leben hörte ich den Begriff »Opportunisten« – ein Wort, das ich nie wieder loswerden sollte.

In meiner Kindheit hatte es eine Phase gegeben, in der ich mit meinem Vater oft über Allah und den Islam sprach. Damals habe ich viel gebetet und beim Beten geweint. Bis heute berührt es mich, wenn in Mekka der Segensspruch erfolgt und ich das im Fernsehen verfolge. Aber auch wenn ich eine christliche Kirche besuche und alle gemeinsam ein Gebet sprechen, wühlt mich das auf. Man könnte mich als einen spirituellen Menschen bezeichnen. Damals, als ich mit meinem Vater über den Islam sprach, sagte er, dass Religion vor allem gutes Benehmen und soziales Verhalten bedeuten würde. Religion verbiete das Lügen, das Betrügen, es verbiete, anderen in den Rücken zu fallen. Als ich ihn darauf hinwies, dass Ahmed El-Feki und seine Familie eine eigene Moschee haben und dennoch die Bauern erpressen und sogar ermorden würden, sagte er, man könne hinter einer religiösen Fassade eben auch ein böses Spiel treiben.

Als sich mein politisches Bewusstsein weiter entwickelte, das in jener Zeit durch die Gespräche mit Wedad Metri und Salah geweckt worden war, musste ich feststellen, dass auch soziale Ideen und revolutionäre Visionen eine solche Fassade bieten konnten. Und die, die sie schamlos in Anspruch nahmen – das waren Opportunisten. Sie hielten auf Kongressen revolutionäre Reden und unternahmen trotz vorliegender Beweise nichts gegen den Großgrundbesitzer von Kamshish. Dieser Opportunismus erhielt für mich im Laufe der Jahre viele Gesichter, und das bekannteste war das von Anwar as-Sadat.

Im Frühjahr 1954 hatte ich Ferien, und ich hielt mich bei meinen Eltern in Bani Suwaif auf. An einem der ersten Tage im März kam mein Vater schon vor der Mittagsstunde überraschend nach Hause und bat unsere Mutter, einen kleinen Koffer zu packen. Er werde wohl am Nachmittag verhaftet, sagte er. Erschrocken blickte ich zu meiner Mutter, die ihrerseits meinen Vater entsetzt anstarrte und nur ein gehauchtes »Warum denn?« hervorbringen konnte. Er erklärte: »Heute Morgen war ein Vertreter des Revolutionären Kommandorats bei uns und hat alle hochrangigen Offiziere zu einem Gespräch gebeten. Er teilte uns mit, dass sie Muhammad Nagib stürzen wollen und wir uns an einer Verleumdungsklage beteiligen sollten ...«

Es war also abermals ein Putsch geplant. Muhammad Nagib war wie Gamal Abdel Nasser ein hoher Offizier der ägyptischen Armee. Gemeinsam hatten sie im vorletzten Sommer den König abgesetzt, und nachdem inzwischen auch dessen Sohn, Baby-König Fuad II., ins Exil geschickt worden war, wurde Muhammad Nagib der erste Präsident der Republik Ägypten. Eigentlich war er schon im Februar 1954 von Nasser zum Rücktritt gezwungen worden, aber das Volk hatte das nicht akzeptiert. In Kairo war es zu Solidaritätsdemonstrationen für den Präsidenten gekommen. Nun also sollte ein inszenierter Volkszorn gegen ihn organisiert werden. Ich wusste nicht, warum die Leute um Nasser ihren früheren Kampfgefährten loswerden wollten. Erst später erfuhr ich, dass Nagib wieder ein parlamentarisches System einführen, Nasser hingegen die Macht in der Hand der Armee belassen wollte. Aber auch wenn ich das damals nicht wusste, fand ich es richtig, dass mein Vater sich nicht an dieser Intrige beteiligte. Trotzdem fiel es mir diesmal schwerer, seine Frage, ob er richtig handeln würde, mit einem überzeugten »Ja!« zu beantworten. Diesmal ging es nicht nur um ein Telegramm, sondern um eine Art Befehlsverweigerung. Es musste diesmal also ernsthaft mit seiner Verhaftung gerechnet werden. Andererseits bewunderte ich ihn dafür, lieber ins Gefängnis zu gehen, als ein Opportunist zu werden.

Mein Vater wurde nicht verhaftet, sondern befördert. Aber es war eine jener Beförderungen, mit denen man sich Stillschweigen erkauft. Und weil man nicht sicher sein konnte, dass mein Vater auch wirklich schwieg, wurde er in den oberägyptischen Süden versetzt, und zwar nach Qena – einer Stadt, die noch viel südlicher lag als Assiut. Dieses Mal aber konnte er sich der Versetzung nicht entziehen, wollte er nicht doch noch eine Verhaftung riskieren.

Der Umzug nach Oberägypten sollte auch das Ende meiner Zeit in Shebin-el Kom bedeuten. Meine Großeltern boten mir zwar an, auch weiterhin bei ihnen zu wohnen, um meine Schule in Shebin El-Kom beenden zu können, aber das kam natürlich nicht in Frage. Denn das hätte bedeutet, meine Familie würde Hunderte Kilometer von mir entfernt wohnen. Zumindest für eine Weile musste ich nun von zwei der mir inzwischen liebsten Menschen Abschied nehmen: von Wedad Metri und von Salah.

Kurz bevor ich Shebin El-Kom verließ, fragte mich Salah, ob ich ein Poesiealbum hätte. »Ja natürlich!«, log ich, denn ich wollte auf einen Eintrag von ihm nicht verzichten.

Bisher hatte ich auf ein Poesiealbum wenig Wert gelegt. Ich war an politischen Fragen interessiert und las marxistische Literatur, da kamen mir die allgemeinen Sinnsprüche, wie ich sie in den Poesiealben meiner Mitschülerinnen las, eher banal vor. Nun aber lief ich sofort in einen Papierwarenladen, in dem solche angeboten wurden. Sorgsam wählte ich aus dem reichhaltigen Sortiment aus – und entschied mich schließlich für ein handgroßes Exemplar mit einem braunen Einband, das Blätter in verschiedenen sanften Farben enthielt. Nun konnte ich aber nicht zu Salah sagen, ich hätte ein solches Album, um ihm dann ein leeres Buch zu präsentieren. Also bat ich einige meiner Schulfreundinnen, mir schnell einen jener Sinnsprüche hineinzuschreiben, die ich bisher eher belächelt hatte. Anschließend gab ich meine Neuerwerbung auch meinem Vater. Am Abend erhielt ich das Album von ihm zurück, und sofort überflog ich das, was er geschrieben hatte: »Ich wünsche dir Gottesfürchtigkeit bei all deinen Handlungen. Tue nichts im Geheimen, was du nicht auch in der Öffentlichkeit machen kannst. Teile deinen Segen mit den Waisen und den Armen. Verteidige deine Meinung bis zum Tode. Ich weiß, du wirst das schaffen, Inshallah! (so Gott will!).« Ich las den Text immer und immer wieder, und mit jedem neuen Lesen erschloss sich mir die tiefe Wahrhaftigkeit, die in diesen wenigen Zeilen steckte. In ihnen verbarg sich auch der Grund, weshalb er eher die eigene Verhaftung riskierte, als sich an der inszenierten Intrige gegen Muhammad Nagib zu beteiligen.

Als ich meinen Vater ansah, entdeckte ich Tränen in seinen Augen. Da wusste ich, dass ich sein Testament in Händen hielt.

Tatsächlich starb er einige Monate später. Für mich ist dieser Eintrag zu einer persönlichen »Verfassung« geworden, die mein ganzes Leben gültig blieb. Bis heute bevorzuge ich klare und offene Worte, was mir nicht nur Feinde, sondern auch mehrfach Haftstrafen einbrachte. Als Geheimnisträgerin bin ich jedenfalls vollkommen ungeeignet. Und in der Bauernbewegung von damals handelte man mit offenem Visier. Das hatte mir mehr gelegen als die konspirative Zellenarbeit in illegalen politischen Organisationen, in der alle Decknamen verwendeten – wobei ich die Betroffenen trotzdem später in den Gefängnissen antraf.

Endlich konnte ich das Poesiealbum Salah überreichen. Fieberhaft wartete ich darauf, was er mir hineinschreiben würde. Am Tag vor meiner Abreise nach Qena gab er es mir zurück. Ich wagte nicht, in seiner Anwesenheit hineinzublicken. Kaum aber war ich in meinem Zimmer, suchte ich den Eintrag. Schon die Worte, mit denen er mich anredete, brachten mein Herz zum

Rasen: »Liebe Shahinda!« War es nicht üblich, ein Familienmitglied mit dem Verwandtschaftsgrad anzusprechen? Im vorliegenden Falle wäre dies »Cousine« gewesen. Oder schrieb man nicht einfach nur den Namen hin? Hier aber stand schwarz auf weiß: »Liebe Shahinda!« Empfand er also auch etwas für mich? Dann las ich weiter: »Ich habe in den weißen, grünen und roten Seiten des Freundschaftsalbums geblättert. Ich fand eine leere gelbe Seite und wollte darauf schreiben. Doch dann erinnerte mich diese Farbe an das vorüberziehende Leben. Deswegen wählte ich eine weiße Seite, die für mich die leuchtende Zukunft symbolisiert. Wer die Wahrheit sucht, geht weit weg und kommt oft nicht wieder! Warum? Ist es so, weil die Wahrheit so fern ist? Wenn wir den Mut aufbringen, alles zu hinterfragen, was selbstverständlich erscheint, werden wir viel Unerwartetes schaffen und somit Geschichte machen!« Dies erschien mir poetisch und rätselhaft zugleich. Ich würde wohl noch eine ganze Weile brauchen, um das, was Salah geschrieben hatte, in seiner ganzen Tiefe zu verstehen.

Am nächsten Morgen brachte mich Salah zum Zug, der mich zu meiner Familie nach Qena bringen sollte. Mein Herz fühlte sich an, als ob es zugeschnürt wäre, und als der Zug in den Bahnhof einfuhr, brach ich in Tränen aus. Salah nahm meine Hand, und ich schluchzte an seiner Brust.

Auf der langen Fahrt in einem übervollen Eisenbahnabteil gingen mir immer wieder dieselben Fragen durch den Kopf: Hatte ich beim Abschied in seinen Augen auch Trauer und Verzweiflung gesehen, oder war dies nur die romantische Fantasie eines verliebten Teenagers? Und was hatte Salah auf dem Zettel notiert, als der Zug bereits den Bahnhof verließ? Hatte er mir aus Scheu nicht sein Herz geöffnet, oder bildete ich mir alles nur ein? Um mich abzulenken, griff ich zu den beiden sozialistischen Zeitungen, die mir Wedad Metri für die Reise mitgegeben hatte. Die eine hieß *Sabah El Kheir* (»Guten Morgen«), in der ein Salah Hafez scharfe Artikel über die nach wie vor rückständige ägyptische Gesellschaft veröffentlichte. Und in *Rosa el Youssef* wurden politische Begriffe wie »Kapitalismus« oder »Mehrwerttheorie« erläutert. Ich nahm mir vor, das alles genau zu studieren. Bei meiner Rückkehr – und davon ging ich aus – wollte ich mit Wedad und Salah auf Augenhöhe diskutieren können. Längst war die Beschäftigung mit politischen Fragen zu einem meiner Hauptinteressen geworden. Irgendwann würde daraus wie bei Pelagea Wlassowa auch politisches Handeln werden – das wusste ich.

In Qena schien die Zeit stehen geblieben zu sein. Der Revolutionäre Kommandorat in Kairo war weit weg, und hier im Süden lief alles so, wie es auch schon in der Zeit der Monarchie gelaufen war. Die gesellschaftliche Oberschicht verkehrte in einem exklusiven Club. Direkt am Nil ließ man sich von Kellnern in weißer Livree und mit devoten Gesten eisgekühlte Getränke und Speisen servieren, welche die einfachen Bewohner rundum nicht einmal den Namen nach kannten. Natürlich gehörten der Polizeichef der Stadt und seine Familie zu dieser Oberschicht. Im örtlichen Kino stand ihm sogar eine Privatloge zur Verfügung. Für diese Plätze durften selbst dann keine Eintrittskarten verkauft werden, wenn niemand von uns die Vorstellung besuchte.

Qena war aber auch in moralischer Hinsicht eine sehr konservative Stadt. Bevor ich einmal mit meinen Eltern jene Privatloge aufsuchte, hatte ich eine Bluse mit einem tieferen Ausschnitt angezogen, wie sie in Kairo damals noch viele junge Mädchen trugen. Selbst in Shebin El-Kom hatte ich in einer solchen Garderobe manche Nachmittage in dem von Wedad Metri organisierten Schulclub verbracht. Nun aber zeigte sich mein Vater entsetzt und wollte mir verbieten, so durch die Straßen von Qena zu gehen. Als Tochter des örtlichen Polizeichefs habe ich mich »den hiesigen Gepflogenheiten entsprechend zu kleiden«, gab er mir zu verstehen. Mit einem solchen Argument aber hatte er mich auf dem falschen Fuß erwischt. Die letzten zwei Jahre hatte ich außerhalb des elterlichen Umfeldes verbracht und war entsprechend selbstständig geworden. Ich hatte nicht vor, diese Eigenständigkeit auf dem Altar gesellschaftlicher Konventionen zu opfern.

»Ich bin nicht hierher nach Qena gekommen, um mir Vorschriften machen zu lassen. Das bin ich nicht gewohnt!«, rief ich trotzig – und hatte damit Erfolg. Vorläufig jedenfalls. Als wir unsere Plätze in der Loge einnahmen, glotzten mich alle an wie ein Weltwunder, und einige der jungen Männer fingen sogar an zu pfeifen. Das war eine lehrreiche Lektion, und fortan kleidete ich mich dezenter.

In den exklusiven Club brachte ich meine neu erstandenen Ausgaben von *Sabah El Kheir* und *Rosa el Youssef* mit, die im Zeitungsladen in der Stadt erst unter der Theke hervorgeholt werden mussten. Aber da offenbar keines der Club-Mitglieder diese sozialistischen Zeitschriften kannte, funktionierte die Provokation nicht. Danach hielt ich mich oft abseits von der lokalen Hautevolee, für die Leute aus niederen sozialen Schichten eine Art von Untermenschen waren. Jedenfalls sprachen sie so über sie. Deshalb saß ich oft ganz allein am Nil, am Rande des Clubs, und las.

Immer wieder suchten Mädchen in meinem Alter die Nähe zu mir. Vor allem die wunderschöne Manal mit den gutbürgerlichen Manieren, deren Vater irgendein hohes Tier im Justizapparat des Gouvernements war. Eines Abends, ich hatte mich gerade wieder einmal in Maxim Gorkis Roman vertieft, den mein geliebter Salah für mich in Alexandria erstanden hatte, setzte sie sich überraschend neben mich. Sie sagte nichts, sondern begann die ersten Zeilen eines Liedes von Om Kolthum zu singen, das in Ägypten jeder kannte: »Du, mein Geliebter, und ich blicken auf den Nil, der unsere Wünsche erfüllt …« Ich sah Manal an. Was wollte sie mir damit sagen? Sie konnte doch unmöglich meine Gefühle für Salah erraten haben. Sie aber machte mich mit einer Kopfbewegung auf einen jungen Polizeileutnant aufmerksam, der mich aus einiger Entfernung unentwegt anstarrte.

»Er liebt dich!«, sagte Manal.

»Woher willst du das wissen?«, gab ich patzig zurück.

»Sein Blick verrät es mir.«

»Und mein Blick verrät dir hoffentlich, dass ich ihn nicht liebe«, sagte ich so laut, dass der junge Offizier es hören musste.

Ich stand auf und machte mich, ohne ihn noch eines weiteren

Blickes zu würdigen, auf den Heimweg. Am nächsten Abend war er wieder da und am Abend darauf auch. Sollte ich zu ihm hingehen und ihm sagen, ich sei bereits vergeben? Aber das wäre nicht die Wahrheit gewesen. Womöglich würde er es herumerzählen, und auf Umwegen würde mein Vater davon erfahren. Er würde mich sofort zur Rede stellen. Was könnte ich ihm denn dann antworten? Mir fiel ein Ereignis ein, welches sich vor wenigen Monaten in Shebin El-Kom ereignet und das ich völlig verdrängt hatte. Es gehörte zu einem Tiefpunkt im Verhältnis zu meinem Vater. Nach seinem Eintrag in mein Poesiealbum hatte ich mir vorgenommen, nie wieder an dieses schwärzeste Kapitel in meinem bisherigen Leben zu denken. Als ich nun aber Tag für Tag von diesem Offizier angegafft wurde, kam die Erinnerung daran wieder in mir hoch.

Es war im vergangenen Sommer gewesen. Meine Eltern hatten ihn im Haus meiner Großeltern verbracht. Ich hatte mich sehr darauf gefreut, mit ihnen und meinen Geschwistern die Ferien zu verleben. Endlich würden wir für ein paar Wochen wieder eine Familie sein. Damals hatte ich in Shebin El-Kom eine Freundin, die Amina hieß. Ihr Vater war ein kleiner Kommunalbeamter. Mit ihr und anderen Mädchen verbrachte ich nicht nur die Nachmittage im Club unserer Schule, sondern ging mit ihnen auch gelegentlich ins Kino. Sie hörten mir manchmal zu, wenn ich ihnen von meinen politischen Ansichten erzählte. Aber sie taten es ganz offensichtlich nur aus Höflichkeit oder wegen der Verehrung, die sie ebenfalls für unsere Lehrerin Wedad Metri empfanden. Wirklich interessiert waren nur die wenigsten an meinen Ansichten, und Amina am allerwenigsten.

Als nun meine Eltern zu Besuch kamen, erzählte eine der Hausangestellten meiner Großeltern, sie habe Amina irgendwo außerhalb des Ortes mit einem Jungen gesehen. Nichts weiter. Sie habe die beiden einfach nur gesehen, wie sie miteinander sprachen. Da sie aber allein waren und die Unterhaltung nicht irgendwo in der Öffentlichkeit, sondern außerhalb des Ortes stattfand, ließ dies bei meinen Eltern den Verdacht aufkommen, Amina könne ein

Flittchen sein. Mein Vater fand, dass sie kein geeigneter Umgang für seine Tochter wäre, und so befahl er mir, nie wieder mit ihr zu reden. Ich war sogar bereit, dieser Anweisung Folge zu leisten, war aber der Ansicht, dass Amina ein Recht darauf habe, zu erfahren, weshalb ich sie mied. Ich konnte sie, mit der ich ja bis dahin ein freundschaftliches Verhältnis hatte, künftig nicht einfach wortlos ignorieren. Das hätte ich im umgekehrten Fall auch als verletzend empfunden.

Also suchte ich Amina auf. Dummerweise hatte mein Onkel Ezzat, ein Bruder meiner Mutter, mich dabei entdeckt, wie ich das Haus aufsuchte, in dem sie mit ihrer Familie lebte. Am Abend, während des gemeinsamen Essens, trieb er dann ein böses Spiel mit mir. Er sah mich herausfordernd an und sagte immer wieder: »Soll ich es petzen oder für mich behalten?« Nachdem er es ein paar Mal gesagt und damit die Aufmerksamkeit meines Vaters erregt hatte, sagte ich trotzig: »Wenn du was zu sagen hast, dann sag es!«

Nachdem Ezzat nun seine Beobachtung geschildert hatte, rief mich mein Vater zu sich. Als ich vor ihm stand, erhob er sich vom Tisch und sagte: »Du hast mein Vertrauen missbraucht!« Danach gab er mir eine Ohrfeige. Für einen Augenblick starrte ich ihn erschrocken an. Es war das erste Mal, dass mein Vater mich geschlagen hatte. Aber was mich sehr viel mehr verletzte war das, was er gesagt hatte. Er hatte mir nicht einmal die Chance gegeben, ihm zu erklären, weshalb ich zu Amina gegangen war. Nach dieser Schrecksekunde lief ich aus dem Raum und verbarrikadierte mich in meinem Zimmer. Ich warf mich aufs Bett und ließ meinen Tränen freien Lauf. Von draußen wurde an die Tür geklopft, aber ich antwortete nicht.

Dann trat ich in einen Hungerstreik. Wann immer jemand um Einlass bat, um mir etwas zu essen zu bringen, weigerte ich mich, die Türe zu öffnen. Mein Vater schickte schließlich meine Mutter zu mir, der ich durch die geschlossene Tür erklärte, dass ich Amina nicht etwa aufgesucht hätte, um mich der Anweisung des Vaters zu widersetzen, sondern vielmehr, ihr diese zu erklären.

Meinen Hungerstreik würde ich erst beenden, wenn mein Vater bereit wäre, mein Verhalten mit mir zu diskutieren. Es dauerte drei Tage, ehe er seinen Stolz überwand und dazu bereit war.

Ich saß auf dem Bett, mein Vater nahm neben mir Platz, und meine Mutter hatte sich uns gegenüber auf einem Stuhl niedergelassen. Die beiden sahen mich erwartungsvoll an. Ich hatte erreicht, was ich wollte. Entsprechend selbstbewusst erklärte ich: »Ich möchte wissen, warum du mich geschlagen hast und warum du glaubst, ich hätte dein Vertrauen missbraucht? Wenn es wegen meiner Freundin Amina ist, dann musst du wissen, dass fast alle Mädchen in meiner Klasse einen Freund haben und sich mit diesen Freunden auch treffen. Wenn das der Grund ist, dann musst du mir verbieten, in die Schule zu gehen!« Ich wusste, wie wichtig es für meinen Vater war, dass ich eine gute Ausbildung bekam. Auf einen solchen Vorschlag konnte er gar nicht eingehen, ohne die eigenen Prinzipien zu verletzen. Er sprach doch immer davon, dass eine Frau sich nur so ihre wirtschaftliche Unabhängigkeit bewahren könne. Eine gute Ausbildung sei der beste Schutz gegenüber den Schwierigkeiten des Lebens.

Mein Vater sah mich mit dem Blick eines Polizisten an, der ein Verhör durchführt. War ich nun eine Beschuldigte und er mein Ankläger? Sein Blick ließ jedenfalls ein solches Gefühl aufkommen, und das wurde durch seine folgende Frage sogar noch verstärkt: »Wenn alle Mädchen in deiner Klasse verliebt sind, dann bist du es doch bestimmt auch! Wer ist es also?«

Ich nahm meinen ganzen Mut zusammen und antwortete: »Ich kann meine Gefühle nicht gut genug beschreiben, aber ... es ist Salah, mein Cousin!«

Bisher hatte meine Mutter das Gespräch schweigend verfolgt, nun aber schrie sie: »Was ist denn das für ein Unsinn? Willst du dein ganzes Leben in Gefängnissen und Lagern verbringen und immer hungern und leiden? Natürlich – er hat dir den Kopf verdreht. Deshalb warst du immer im Haus meiner Schwägerin. Nur, um ihn zu treffen ...«

Ich war sehr erschrocken über ihre heftige Reaktion und bereute es, überhaupt seinen Namen genannt zu haben. Dann aber passierte etwas Seltsames. Mein Vater strich mir über die Wange und sagte: »Shahinda ist meine Tochter und Salah mein Neffe. Ich kenne beide gut. Sie sind gut erzogen. Falls beide es wirklich wollen, werden sie in Kamshish leben und die fünf Feddan Land bebauen, die uns gehören. Sie würden nie Hunger leiden müssen!« Und dann küsste er mich auf die Stirn.

»Falls beide es wirklich wollen?« Woher sollte ich wissen, was Salah wollte? Sosehr mich diese positive Reaktion meines Vaters auch erfreute, sosehr hatte ich gleichzeitig das Gefühl, dass er der ganzen Sache weitaus mehr Bedeutung beimaß, als ihr wirklich zukam. Salah hatte mir zu keinem Zeitpunkt Anlass gegeben, auch nur im Entferntesten anzunehmen, dass meine Gefühle von ihm in derselben Heftigkeit erwidert wurden. Und nun sprach mein Vater so, als stünden wir kurz vor der Vermählung.

Vielleicht hatte ich auch deshalb diesen Vorfall verdrängt, weil er mir damals so peinlich war. Nun aber, als mich jeden Abend dieser junge Offizier im Club von Qena anstarrte, kam die Geschichte wieder hoch. Ich konnte meinen stummen Verehrer nicht zurückweisen, ohne Gefahr zu laufen, dass meine Eltern davon erfuhren. Was aber sollte ich ihnen sagen, wenn sie mich nach meiner Beziehung zu Salah fragen würden? Vielleicht würde mein Vater sich gar nicht bei mir, sondern bei seiner Schwester in Shebin El-Kom oder gar bei Salah selbst danach erkundigen. Das würde mich in eine noch peinlichere Situation bringen.

Am frühen Abend des 26. Oktober 1954 klingelte bei uns das Telefon. Mein Vater, der auf dem Sofa eingenickt war, fing an zu blinzeln, und nur Sekunden nachdem er sich schlaftrunken gemeldet hatte, war er schlagartig hellwach. Er hörte eine Weile sehr aufmerksam zu, was ihm irgendwer am anderen Ende der Leitung erzählte. Dann fing er in stummer Verzweiflung an, mit der Faust auf den Tisch zu schlagen. Erschrocken lief ich zu ihm. Schließlich legte er auf. Er sah mich an, und ich spürte, dass er um Fassung rang.

»Das war meine Schwester, Salahs Mutter«, sagte er schließlich.

»Was ist mit ihm?« rief ich, und als er nicht sofort antwortete, schrie ich: »Was ist mit Salah?«

»Er ist heute in Alexandria verhaftet worden«, erklärte er mit matter Stimme.

»Warum denn?« Mehr brachte ich in meiner Verzweiflung nicht heraus.

Stockend, immer wieder die eigenen Worte überlegend, erzählte mein Vater, dass in Alexandria versucht worden sei, Gamal Abdel Nasser zu ermorden. Als Drahtzieher seien die Muslimbrüder genannt worden. Sie würden Nasser übel nehmen, dass sie, die mit den »Freien Offizieren« gemeinsam die Revolution durchgeführt hatten, bisher von der Macht ausgeschlossen blieben. Auch Muhammad Nagib sei angeblich in das Komplott verwickelt gewesen und nun endgültig abserviert worden. Das Ganze hörte sich nach einer gewaltigen Verschwörungstheorie an. Warum sollte Salah denn Gamal Abdel Nasser ermorden wollen? Er war ja schon lange kein Muslimbruder mehr, stand auch in keinem Kontakt mit ihnen und schon gar nicht mit Muhammad Nagib. Seit einiger Zeit hatte er sich nicht einmal mehr in Opposition zu Gamal Abdel Nasser befunden. Das alles sagte ich meinem Vater. Er zuckte aber nur mit den Schultern und meinte, hinter den äußeren Verlautbarungen der großen Politik stünden immer andere Interessen und Intrigen, als Außenstehender könne man die kaum verstehen.

»Kannst du denn nichts für Salah tun«, rief ich. »Du kennst doch die Polizeiführung in Alexandria.«

Er schüttelte nachdenklich den Kopf. Dann nahm er mich in den Arm und flüsterte mir ins Ohr: »Salah ist ein mutiger Mann. Du wirst sehen, er lässt sich durch die Haft nicht abschrecken. Weißt du noch, was er gesagt hat, als Sadat die fünfundzwanzig Bauern in Kamshish hat festnehmen lassen? ›Das Gefängnis ist für uns besser, als rechtlos zu sein!‹ Ich bin sicher, er wird es als starker und nicht als gebrochener Mann verlassen.«

Es war offensichtlich, dass mein Vater sich die schreckliche Situation schönzureden versuchte. Auch mir tat es gut, denn so gelang es mir, diese furchtbare Nachricht besser zu verkraften. Ich redete mir ein, dass er recht hatte mit dem, was er über Salah sagte – und nahm mir fest vor, auch mutig zu sein.

28. Dezember 2010

Mamdouh Hamza lässt keinen Zweifel daran, dass er die Arbeit der Frauen innerhalb des »Nationalen Komitees für Veränderung« außerordentlich schätzt. Der kleine, immer ein wenig hyperaktiv wirkende Architekt, dem nachgesagt wird, dass er es gewesen sei, der Mohamed El-Baradei dazu motiviert habe, zur Präsidentschaftswahl anzutreten, erklärt zu Beginn der Zusammenkunft: »Ohne die Unterstützung der ägyptischen Frauen oder gar gegen sie, kann in unserem Lande nichts auf den Weg gebracht werden.«

Im Büro von Ayman Nour war nach der gefälschten Parlamentswahl vor einigen Wochen ein aus den verschiedensten Gruppen gebildetes »Volksparlament« gebildet worden. Zwar war dieses Parallelparlament nicht demokratisch legitimiert, aber das war das offizielle Parlament durch die Wahlfälschung schließlich auch nicht. Der Rechtsanwalt und Oppositionspolitiker Ayman Nour, der sein Büro wie einen Parlamentssaal umgestaltet hatte, war bei der letzten Präsidentschaftswahl im September 2005 gegen Mubarak angetreten. Nach offiziellen Angaben hatten 7,3 Prozent der Wähler für ihn votiert. Für eine unfreie Wahl geradezu ein Rekordergebnis. Kurz darauf war er unter einer fadenscheinigen Begründung zu fünf Jahren Haft verurteilt worden. Die Intervention der USA und der Europäischen Union führte im Februar 2009 zur Haftentlassung. Allerdings mit der behördlichen Auflage, sich fünf Jahre lang jeder politischen Betätigung zu enthalten. Trotzdem räumt er in seinem zentral gelegenen Büro am Talaat-Harb-Platz im Stockwerk über dem weltberühmten Café Groppi ägyptischen Oppositionellen Gastrecht ein – so wie an diesem Tag Mamdouh Hamza und den Frauen vom »Nationalen Komitee für Veränderung«.

Die Journalistin Nour el Hoda Zaki ergreift das Wort. Sie war erst vor kurzem zur Chefredakteurin der Oppositionszeitung *Al-Arabi* (»Der Araber«) ernannt worden. Seit einem Jahrzehnt kämpft das linke Medium gegen eine Fortsetzung der Präsidentschaft von Husni Mubarak und auch gegen eine Vererbung des Amtes auf dessen Sohn Gamal. Nour el Hoda Zakis Vorgänger Abdel Halim Kandil war dies nicht gut bekommen. Auf dem Höhepunkt der Kampagne, im Vorfeld der Präsidentenwahl, zu der auch Ayman Nour angetreten war, ist der engagierte Journalist von Geheimpolizisten gekidnappt, verprügelt und schließlich in der Wüste ausgesetzt worden. Shahinda Maklad bewundert die couragierte Nour el Hoda Zaki dafür, dass sie ein solch gefährliches Erbe angetreten hat. Deshalb war es ihr auch gelungen, Shahinda trotz anfänglicher Skepsis für das Frauenkomitee zu gewinnen. Bis dahin war vielen in der Gruppe die parteilose Nour el Hoda Zaki nicht persönlich bekannt gewesen, während alle Shahinda Maklad kennen. Als prominente öffentliche Person schien Shahinda als Sprachrohr der oppositionellen Bewegung bestens geeignet. Außerdem würde sie als erfahrene Politaktivistin bei eventuellen Meinungsverschiedenheiten unter den meist jüngeren Frauen als Schlichterin fungieren können.

In ihren Ausführungen stellt Nour el Hoda Zaki gegenüber den anwesenden Männern klar, dass es der Frauengruppe in der politischen Arbeit nicht spezifisch um Frauenrechte gehe. Vielmehr hätten sie die gesellschaftlichen Probleme im Ganzen im Blick. Sie räumt aber ein, dass es der Gruppe in mancher Weise besser gelingen könne, an Frauen heranzukommen, als dies Männern möglich sei. Bei ihren Geschlechtsgenossinnen im Niqab, also den total verschleierten Frauen, wäre es ohnehin gar nicht anders möglich.

Eine junge Frau meldet sich zu Wort, die von Shahinda auf Ende zwanzig geschätzt wird. Während Nour el Hoda sprach, hatte sie sich eine Zigarette nach der anderen gedreht. Ebenso wie Shahindas alte Freundin Olfat Abd Rabo, die neben ihr sitzt. Nun erklärt die junge Frau, dass sie Julia heiße, Koptin sei und die Gruppe »6. April« vertrete. Die dralle, aber keineswegs unattraktive junge Frau tritt burschikos und selbstbewusst auf. Sie spricht davon, dass das Mubarak-Regime einen Keil zwischen Muslime und Christen treibe, weil ihm die Uneinigkeit nutzen würde. Deshalb sei es wichtig, die religiösen Führer an einen Tisch zu bringen. Auch müsse man der Jugend klarmachen, dass die gegenwärtige Regierung nichts unternehme, um ihnen eine Lebensperspektive zu bieten. Das treffe längst nicht mehr nur auf die jungen Leute in den armen Gegenden wie in Boulak el Dakrour oder in den Slums unterhalb des Mokkatamberges zu. Gut ausgebildete Kinder aus der Mittelschicht würden Ägypten den Rücken kehren und ins Ausland gehen.

Das engagierte Auftreten der jungen Aktivistin imponiert Shahinda. Julia und ihren Freunden, die über die mobilisierende Kraft von Facebook verfügen, wird aktive Unterstützung bei diesen Protesten zugesichert. Dennoch scheint es Shahinda angebracht, darauf zu bestehen, dass man auch während der politischen Aktionen regelmäßig zusammenkommt. Die Proteste und Demonstrationen müssten koordiniert und die Reaktionen auf die zu erwartenden Angriffe des Regimes abgestimmt werden. Es dürfe nicht wieder ein Ausscheren geben wie bei der Parlamentswahl vor einigen Monaten. Damals war angesichts der zu erwartenden Fälschungen innerhalb des Komitees ein Aufruf zum Wahlboykott beschlossen worden. Alle im »Nationalen Komitee für Veränderung« zusammengeschlossenen Parteien, Gruppierungen und Einzelpersonen hatten zugestimmt – auch die Muslimbrüder, die sich schließlich aber von diesem Beschluss distanzierten und zur Wahl stellten.

KAPITEL 6

Zwischen Bevormundung und Selbstbestimmung

Gleich nach Salahs Verhaftung hatte mein Vater Kontakt zu befreundeten Offizieren in Alexandria aufgenommen und von ihnen erfahren, dass sein Neffe nicht in Polizeigewahrsam war, sondern in einem Militärgefängnis saß. Damit waren ihm die Hände gebunden. Ich zählte die Wochen und Tage, die Salah hinter Gefängnismauern verbrachte. Und als acht Monate, zwei Wochen und ein Tag vergangen waren, standen die Sommerferien vor der Tür. Ich wollte sie nutzen, um für eine Weile das konservative Qena gegen die quirlige und moderne Metropole Kairo einzutauschen. Ein Bruder meines Vaters, mein Onkel Amin, lebte dort mit seiner Familie. Mein Cousin Mohammed und meine Cousine Somaya waren nur unwesentlich älter als ich, deren Schwester Nabila etwas jünger.

Vom ersten Tag an hatten wir eine Menge Spaß. Gelegentlich besuchten wir die Kinos in der Talaat-Harb-Straße und am Roxy-Platz, die im Gegensatz zu dem provinziellen Lichtspielhaus in Qena wahre Paläste waren. Mit Nabila, Somaya und deren Freundinnen ging ich die Corniche El-Nile entlang. Hier konnten sich junge Mädchen in Kaffeehäuser setzen, ohne schief angesehen zu werden. Eines Tages war ich mit Nabila in einem solchen am Tahrirplatz, wo ich ihr meine Gefühle gegenüber Salah gestand. Sie sah mich mit großen staunenden Augen an, denn Salah war ja auch ihr Cousin. Sie sagte eine Weile nichts, dann bemerkte sie schulterzuckend: »Ich werde mich nie verlieben!«

Wie konnte Nabila so etwas behaupten? Sie war doch kein gefühlloser Eisblock. Vielleicht hatte sie einfach noch nicht den Richtigen gefunden. Das sagte ich ihr auch. Doch so viel ich auch redete, Nabila blieb bei ihrer Meinung. Ich schrieb auf einen Zet-

tel: »Wohin du auch gehst, die Liebe holt dich irgendwann ein!«
Den steckte ich ihr unbemerkt zu. Dummerweise fand nicht sie,
sondern ihr Vater dieses Stück Papier, und er stellte mich zur
Rede: »Was willst du damit sagen?«

»Ich will das sagen, was da steht. Kein Mensch kann ohne
Liebe leben. Für jeden ist irgendjemand bestimmt«, gab ich ihm
zur Antwort.

Er musterte mich mit energisch hochgezogener Augenbraue,
was mir mal wieder das Gefühl vermittelte, mich in einer Verhör-
situation zu befinden. Zuletzt hatte ich so vor einem Jahr empfunden, als mein Vater gekommen war, um meinen Hungerstreik
zu beenden. Nur war ich inzwischen fast siebzehn. In diesem Alter seien andere Mädchen schon verheiratet, sagte ich zu meinem
Onkel, da dürfe man doch wohl mal über Liebe sprechen.

»Wen liebst *du* denn?«, fragte er mich unvermutet.

»Mein Vater weiß, wen ich liebe, und das genügt!«, antwortete
ich kess.

Am nächsten Tag saß ich mit Somaya und Mohammed überraschend im Zug zurück nach Qena. Meine Cousine hatte einen großen Koffer bei sich, den ich aber nicht weiter beachtete.
Ich war felsenfest davon überzeugt, dass mein Onkel meine Mutter dazu gebracht hatte, mich zurückzubeordern – vielleicht aus
Angst, ich könne auf seine jüngste Tochter Nabila einen schlechten Einfluss ausüben. Den wahren Grund meiner Heimreise erfuhr ich aber erst nach meiner Ankunft. Zu Hause eröffnete mir
meine Mutter mit erhabener Miene, als habe sie gerade eine hohe
Summe in der Lotterie gewonnen, dass es einen Bewerber für
mich gäbe. Er heiße Ahmed, sei ein junger Polizeioffizier mit großen Zukunftschancen … Sie brauchte nicht weiterzusprechen,
denn ich wusste sofort, wer dieser Bewerber war.

»Ich liebe ihn nicht!«, erklärte ich kategorisch.

Doch wenn ich glaubte, damit hätte ich das Thema schnell aus
der Welt geschafft, so irrte ich mich. Nun begann eine unsinnige
Diskussion:

»Woher willst du das wissen?«

»Das weiß ich genau. Schließlich starrt er mich seit Monaten an, wenn ich drüben im Club bin.«

»Er hat bei deinem Vater um deine Hand angehalten, und es ist ein Gebot der Höflichkeit, wenigstens in ein Treffen einzuwilligen.«

»Wozu? Ich habe gar nicht vor zu heiraten. Jedenfalls nicht jetzt, denn ich möchte erst mal meine Studien abschließen …«

Nun begann meine Mutter laut zu werden. »Gib zu, dass du auf Salah warten möchtest, bis er aus dem Gefängnis kommt! Du musst aber wissen, dass er dann gar keine Zeit für dich haben wird. Außerdem, wenn er dich lieben würde, hätte er längst um deine Hand angehalten«, schleuderte sie mir entgegen.

Das saß! Tatsächlich hatte Salah mir gegenüber nie seine Gefühle offenbart. Er hatte zwar »Liebe Shahinda!« ins Poesiealbum geschrieben, statt »Cousine Shahinda«. Jetzt aber, anderthalb Jahre später, kam mir meine damalige schwärmerische Interpretation fast ein wenig lächerlich vor. Aber war das schon Grund genug, dem erstbesten Bewerber den Zuschlag zu geben?

»Ich werde niemanden heiraten, den ich nicht kenne und für den ich keinerlei Gefühle habe!«, beharrte ich.

Meine Mutter aber gab nicht auf: »Wozu gibt es denn die Verlobungszeit? Doch wohl deshalb, um den Anwärter näher kennenzulernen!«

Was sollte ich noch entgegnen? Nicht zuletzt wegen der Zweifel an Salahs Gefühlen mir gegenüber, erklärte ich: »Gut, ich willige ein, aber nur unter der Bedingung, dass ich diese Verlobung jederzeit auflösen kann, wenn ich auch weiterhin nichts für diesen Mann empfinden sollte!«

Mein Vater hatte die Unterhaltung aus einiger Entfernung stumm verfolgt. Nun begegneten sich unsere Blicke. Er wirkte traurig, während meine Mutter das Zimmer mit dem Hochmut eines Triumphators verließ. In den Augen meines Vaters lag aber auch etwas Vorwurfsvolles. Aber warum hatte er sich denn nicht geäußert? Immerhin hatte er diesen Ahmed empfangen und sicher sogar eingewilligt, dass man mich vorzeitig aus Kairo zurückholte.

Wahrscheinlich, so sagte ich mir, hatte meine Mutter ihn mit »guten Argumenten« unter Druck gesetzt: Ahmed habe eine exquisite Erziehung hinter und eine glanzvolle Offizierskarriere vor sich. Salah hingegen sitze in einem Militärgefängnis und seine Zukunft läge im Dunkeln.

Bald wurde mir auch klar, weshalb meine Cousine Somaya mit einem derart großen Koffer von Kairo nach Qena unterwegs gewesen war. Sie und auch ihr Bruder waren von Anfang an über diesen Bewerber informiert gewesen, denn meine Mutter hatte sie gebeten, in Kairo rosafarbenen Organzastoff für ein Verlobungskleid zu besorgen. Somaya setzte sich gleich nach meiner Einwilligung an die Nähmaschine und begann es zu schneidern. Meiner Mutter nämlich ging es nicht schnell genug.

Ich muss gestehen, dass das Kleid seine Wirkung auf mich nicht verfehlte. Somaya war ein raffinierter Schnitt gelungen. Die über der Brust gekreuzten Bänder ließen ein tiefes Dekolletee zu, und das ebenfalls tief ausgeschnittene Rückenteil zierte am unteren Ende eine gewaltige Schleife. Dazu bekam ich farblich passende Stöckelschuhe, und zum ersten Mal in meinem Leben benutzte ich einen Lippenstift. Dann erschien Ahmed mit seinem Brautgeschenk – einem Diamantring und einem dazu passenden Diamantarmband. Auf dem rauschenden Fest im Club war ich der Mittelpunkt. Menschen, die mich bisher nur wenig beachtet hatten, suchten nun meine Nähe. Ich war noch keine siebzehn Jahre alt und vielleicht deshalb einen Abend lang für all das empfänglich. Es war das letzte Aufbäumen einer verblendeten Spießigkeit.

Am nächsten Morgen erwachte ich mit einem schlechten Gewissen gegenüber Salah. Ich sah sein trauriges Gesicht vor mir, mit dem er mich am Bahnhof von Shebin El-Kom verabschiedete, ehe er irgendeine geheimnisvolle Notiz auf einen Zettel schrieb. Plötzlich verwandelte sich meine Vision zur glasklaren Gewissheit. Vor meinem geistigen Auge sah ich Salah in der einsamen Zelle eines Militärgefängnisses. Der einzige Lichtblick, an den er seine Hoffnung knüpfte, war die Liebe zu mir. Ich mochte mir gar nicht ausmalen, wie er reagieren würde, erführe er von dieser Verlobung.

23. Januar 2011

Vormittags
Furchtlos berichten Hunderte von Ägyptern auf dem Facebook-Portal »Wir alle sind Khaled Said« und dem der Gruppe »6. April« von Willkürakten der Polizei. Auch des Geheimdienstes, denen sie und ihnen nahestehenden Menschen ausgesetzt waren oder noch immer sind. Es ist von wahllosen Verhaftungen, von Folter und politischem Mord die Rede. Der Fall des Khaled Said war sicher der bislang spektakulärste, weil er sich in aller Öffentlichkeit abspielte. Den Facebook-Berichten aber ist zu entnehmen, dass es sich dabei keineswegs um einen Einzelfall handelt. Endlich wurde ein Forum geschaffen, das die Machenschaften des Mubarak-Regimes öffentlich macht. Shahinda Maklad sitzt mit ihrer Freundin Olfat Abd Rabo in deren großer Wohnung am Opernplatz in Wust Al-Balad, Kairos traditioneller Stadtmitte, vor dem Computer. Sie sind sich darin einig, dass das, was sie hier lesen, nicht nur Ausdruck einer neuen Oppositionskultur ist – es ist das langsame Erwachen des schlafenden Riesen Ägypten.

Nachmittags
Mittlerweile drängen sich vierzig Frauen in Olfats Wohnung, was das ansonsten geräumige Wohnzimmer zu einer gefühlten Kammer schrumpfen lässt. Die Sitzmöbel reichen nicht aus, weshalb viele auf dem Fußboden Platz nehmen oder entlang der Fensterfront stehen. Es sind Vertreterinnen von verschiedenen politischen Organisationen wie etwa der seit Jahren aktiven Bewegung »*Kifaja!*« (»Genug!«), aber auch Einzelpersonen wie die Gastgeberin und deren Freundin Shahinda Maklad. Anlass dieser Zusammenkunft ist der Aufruf der Facebook-Plattform »Wir alle sind Khaled Said«, am 25. Januar auf dem zentral gelegenen Tahrirplatz zu einer Protestkundgebung zu erscheinen. Inzwischen haben sich auch die Leute von der Gruppe »6. April« und nahezu alle namhaften Blogger des Landes diesem Aufruf angeschlossen.

Schon vor zwei Tagen hatte Shahinda Maklad einen Anruf von Nawara Negm bekommen, die eine Tochter des namhaften Poeten Ahmed Fouad Negm ist, der wiederum mit Safinaz Kazem verheiratet ist. Safinaz, eine gleichermaßen gläubige Muslima wie engagierte Freiheitskämpferin, hatte mit Shahinda in den siebziger Jahren so manche Zelle in Sadats Gefängnissen geteilt. Von Nawara hatte Shahinda nicht nur das Datum für die geplante Protestaktion erfahren, sondern auch die fünf Hauptforderungen, auf die sich die Organisatoren geeinigt haben: 1. Keine Vererbbarkeit des Präsidentenamts, 2. die zeitliche Befristung der Präsidentschaft, 3. der Rücktritt des Innenministers wegen der massenweise erfolgten Übergriffe der Polizei, 4. die Aufhebung des fast dreißig Jahre dauernden Notstandes und 5. eine Änderung des Parteiengesetzes, wodurch die Gründung neuer demokratischer Parteien ermöglicht würden.

Obgleich Shahinda jede dieser Forderungen unterstützenswert fand, konnte sie aus ihnen doch auch ablesen, dass sie nicht von Angehörigen der einfacheren Bevölkerungsschichten gestellt wurden. Die nämlich haben ganz andere Probleme. Es grassiert in Ägypten eine enorme Inflation der Lebensmittelpreise, das Bildungswesen liegt für all jene danieder, die ihren Kindern nicht den Besuch von privaten Eliteschulen ermöglichen können. Ganz zu schweigen von der hohen Arbeitslosigkeit, der Perspektivlosigkeit für junge Menschen und einer extremen Wohnungsnot. Im Verlaufe der Proteste, so sagte sie zu Nawara am Telefon, komme es darauf an, auch deren Anliegen auf die Fahnen zu schreiben. Anders sei mit einer Beteiligung breiter Volksmassen nicht zu rechnen.

Es steht nicht die Frage im Raum, ob man sich diesem Aufruf anschließt, sondern nur, auf welche Weise man sich an dem Protest beteiligt. Shahinda findet es nicht gerade günstig, zu dieser Aktion ausgerechnet am »Tag der Polizei« aufzurufen. Schließlich weiß sie als Tochter eines Polizeioffiziers nur zu gut, wie wichtig den polizeilichen Organen dieser alljährlich wiederkehrende Feiertag zu ihren Ehren ist. Sie ist aber Realistin genug, um auch zu wissen, dass sich das Datum nun nicht mehr ändern lässt. Es muss daher mit einer entsprechenden Reaktion der Polizei gegenüber jenen gerechnet werden, die ihnen die Party verderben. Daher komme es darauf an, sich taktisch klug zu verhalten. Die erfahrene Aktivistin schlägt vor, sich an verschiedenen Stellen außerhalb des Tahrirplatzes zu treffen und dann in kleinerer Zahl durch die Nebenstraßen auf den Platz vorzustoßen. Es sei weniger wichtig, gemeinsam auf dem Tahrirplatz zu erscheinen, als vielmehr, nicht von den Einsatzkräften der Polizei als

Gruppe wahr- und womöglich vorher schon geschlossen festgenommen zu werden. Dabei solle bereits auf dem Weg zum Ort des Geschehens genau beobachtet werden, wo es Konzentrationen von Polizei und zivilen Kräften des Mabaheth – Mubaraks Geheimdienst – gibt. Letztere würden ja schon daran zu erkennen sein, dass sie aus meist jungen Männern bestehen, die scheinbar unbeteiligt im Pulk herumstehen. Solche Beobachtungen seien wichtig, um freie Fluchtwege zu eruieren und nicht in vorbereitete Fallen zu tappen.

Abends

Shahinda wird von einer Freundin auf dem Mobiltelefon angerufen, die ihr mitteilt, dass auf verschiedenen Facebook-Portalen ein Aufruf zu finden sei, am nächsten Morgen an einer Protestaktion vor dem Obersten Gerichtshof in der 26.-Juli-Straße teilzunehmen. Als Shahinda davon berichtet, herrscht unter den wenigen Frauen, die sich zu diesem Zeitpunkt noch in Olfat Abd Rabos Wohnung aufhalten, einige Irritation. Eine von ihnen spricht aus, was alle denken: »Es ergibt eigentlich keinen Sinn, für den Tag vor einer groß propagierten Protestaktion am Tahrirplatz zu einer ebensolchen an einem ganz anderen Ort aufzurufen.« Niemand widerspricht, auch Shahinda Maklad nicht, der dieser Aufruf geradezu dubios vorkommt. Dennoch stimmt sie zu, gemeinsam mit Olfat und ein paar Freundinnen am nächsten Morgen dort vorbeizuschauen. Sie verabreden sich für neun Uhr vor Olfats Haus, um gemeinsam die wenigen Meter zum Platz am Obersten Gerichtshof zu gehen.

KAPITEL 7

Braut wider Willen

Zehn Tage nach meiner Verlobung erlitt mein Vater einen Herzinfarkt. Nach der ersten Grundversorgung empfahlen die Ärzte in Qena einen berühmten Kardiologen in Kairo zur Weiterbehandlung. Mit einem Krankentransporter wurde mein Vater auf die lange Reise geschickt. Am 5. Oktober 1955 klingelte nachts um zwei Uhr das Telefon. Eine mir unbekannte Stimme befahl geradezu, meine Familie solle den Frühzug nach Shebin El-Kom nehmen. Sofort packte ich die Koffer, wobei ich die nahe liegende Erklärung für den Anruf zu ignorieren versuchte.

Am Morgen begab ich mich mit meiner Mutter, den Geschwistern und meinem Verlobten zum Bahnhof. Als wir in Shebin El-Kom eintrafen, empfing uns eine in Schwarz gekleidete Gruppe. Ich erkannte den Bruder meiner Mutter und die Schwester meines Vaters sowie einige Bauern aus Kamshish. Niemand musste mir sagen, was geschehen war. Die kurze Fahrt vom Bahnhof zum Haus verlief weitgehend schweigend. Mir fiel nur auf, dass Ahmed mich zwischendurch sehr merkwürdig ansah. Seine Augen blitzten geradezu feindselig. Den Grund aber konnte ich mir nicht erklären.

Vor dem Haus wurden wir mit Klagegeschrei und Geheule empfangen. In diesem Augenblick kam mir erst richtig zu Bewusstsein, dass ich meinen Vater nie wieder sehen würde. Ich warf mich meiner Mutter in die Arme und wurde ohnmächtig. Das Erste, was ich wahrnahm, nachdem ich erwachte, war mein Verlobter, der über mich gebeugt dastand. Aber er schien nicht gerade von Sorge um mich geplagt zu sein. Stattdessen zischte er mir wütend zu: »Wie konntest du es nur zulassen, dass Herr Ramzy dich umarmt?«

Schwach wie ich war, glaubte ich mich verhört zu haben.

»Was sagst du?«, kam es mit matter Stimme aus mir heraus.

»Herr Ramzy hat dich sogar auf beide Wangen geküsst!«

Nun war ich schlagartig wach und blickte in sein rotes Gesicht, aus dem Augen voller Zorn hervorstachen.

»Bist du verrückt geworden?«, schrie ich ihn an. »Dieser Herr Ramzy ist mein Onkel – der Bruder meiner Mutter. Was erlaubst du dir, so mit mir zu reden?«

Nach der Beerdigung meines Vaters am frühen Abend hatte ich mich zurückgezogen. Es klopfte an der Tür, und Ahmed trat in das Zimmer, um sich kleinlaut bei mir zu entschuldigen. Neben ihm stand meine Mutter, denn natürlich hätte er es nicht gewagt, allein zu mir zu kommen. Ich nahm die Entschuldigung an, doch Ahmeds Reue war nicht von langer Dauer. Schon am nächsten Morgen ging es erneut los. Diesmal brachte er nicht einmal mehr meine Mutter mit. Wieder stand er wutschnaubend in der Tür und herrschte mich an: »Glaubst du, ich habe es nicht bemerkt, dass dein Fuß unterm Frühstückstisch den deines Cousins Hamed berührt hat?«

Angeekelt und aufgebracht lief ich an ihm vorbei aus dem Zimmer. Er rannte mir hinterher und begann sofort wieder, sich wortreich zu entschuldigen. Seine Eifersucht sei nur ein Beweis seiner Liebe zu mir. Ich blieb stehen, sah ihm in die Augen und sagte mit spöttischem Unterton: »Du machst mir das Leben schwer! Du glaubst, dies sei ein Zeichen deiner Liebe? Nun, auf eine solche Liebe habe ich lange gewartet!«

Ich war entschlossen, die Verlobung zu lösen, doch genau in diesem Augenblick machte mir das Schicksal einen Strich durch die Rechnung. Nach dem Tod meines Vaters hatte meine Mutter Anspruch auf eine kleine Witwenrente. Solange ich nicht verheiratet war, stand mir daran ein gesetzlicher Anteil zu. Vom Rest aber musste meine Mutter sich und meine vier jüngeren Geschwister versorgen. Sollte ich erst nach der Beantragung der Rente die Ehe eingehen, würde diese um meinen Anteil reduziert. War ich zu diesem Zeitpunkt aber bereits verheiratet, würde sie auch weiterhin in voller Höhe ausbezahlt werden.

Also bat sie mich, vorher mit Ahmed den Katb El Ketab zu vollziehen, die Unterzeichnung des Ehevertrags, welche einer Hochzeitszeremonie vorausgeht und nicht zwangsläufig zeitnah stattfindet. Dazu aber war ich nicht bereit. Noch einmal lehnte ich mich auf.

»Wie kann ich ein harmonisches Eheleben mit jemandem führen, mit dem ich keine einzige Meinung teile?« Ich stellte eine Frage, die eigentlich keine war.

Am Ende aber kam ich um den Katb El Ketab nicht herum, wollte ich die Familie nicht in finanzielle Nöte stürzen. Dadurch aber würde ich auch ohne Hochzeitszeremonie offiziell Ahmeds Frau sein.

Nachdem wir alle ins Haus meiner Großeltern in Shebin El-Kom gezogen waren und meine Mutter durch eine private Beziehung ins Innenministerium Ahmeds Versetzung ins nahe gelegene Kairo bewerkstelligen konnte, wurde der Ehevertrag unterzeichnet. Ich selbst verstand den Katb El Ketab lediglich als vorübergehenden Kompromiss. Deshalb bestand ich auf einer Scheidungsvereinbarung, die Talag heißt. Keiner anderen Frau hätte ich zu ihr geraten, denn die Talag legt fest, dass ein Ehemann einseitig die Ehe für aufgelöst erklären kann. Dafür, so dachte ich, würde ich Ahmed sicher mehr als einen Grund liefern. Er tat mir sogar leid. Wäre mein Vater nicht gestorben und die Finanzlage der Familie nicht so prekär gewesen, hätte ich niemals in den Katb El Ketab eingewilligt. Bald aber würde ich Ahmed um die Auflösung bitten und ihm sein Brautgeschenk zurückgeben, denn ich wollte mich ja nicht auf seine Kosten bereichern.

Ich hatte also andere Pläne, mein Leben zu gestalten, als es meine Mutter für mich vorsah. Mir schwebte ein unabhängiges Dasein vor, so wie Wedad Metri es für sich beanspruchte. Das musste nicht zwingend ein Leben als alleinstehende Frau bedeuten, aber ein Partner müsste meine Individualität akzeptieren, und das war von Ahmed nicht zu erwarten. Ganz im Gegenteil, wie ich schockiert feststellen musste, als ich mich an der Schule in Shebin El-Kom anmelden wollte. Nun erst erfuhr ich, dass meine Mutter die Papiere der Schule in Qena meinem »Ehemann« ausgehändigt hatte. Der aber sei, wie er ihr gesagt hatte, an einer Fortführung meiner Schulausbildung nicht interessiert. Ich war außer mir vor Wut, als sie mir das mitteilte.

»Es ist mir egal, woran Ahmed interessiert ist. Ich habe die Absicht, ein Studium aufzunehmen, und deshalb möchte ich weiter zur Schule gehen. Daran kann mich auch Ahmed nicht hindern«, rief ich in höchster Erregung. Sie aber zuckte nur mit den Schultern und sagte: »Das musst du mit deinem Mann klären!«

Bei nächster Gelegenheit wollte ich dies sofort tun. Zunächst aber ging ich zu Wedad Metri und schilderte ihr mein Dilemma. Nachdem ich ihr alles erzählt hatte, blickte sie mich sehr ernst an. »Ohne die Unterlagen aus deiner alten Schule kannst du hier nicht angemeldet werden, das steht fest«, sagte sie. »Hättest du den Katb El Ketab nicht unterzeichnet, müsste Ahmed sie herausrücken. Ja, er dürfte nicht einmal in deren Besitz sein. Nun aber ist er dein Ehemann … Du siehst, es gibt für uns Frauen noch eine Menge zu tun in diesem Land. Aber das hilft dir im Moment leider überhaupt nicht weiter. Versuche, mit ihm auf einer vernünftigen Basis zu reden.«

Ich war mehr als skeptisch, ob das mit Ahmed möglich sein würde. Da erschien es mir schon klüger, ihm gleich die Scheidung anzubieten. Wenn er nicht das letzte Quäntchen Selbstachtung verloren haben sollte, würde er nicht auf einer Ehe mit einer Frau bestehen, die nicht einmal bereit war, diese auch zu vollziehen.

Einige Tage später wurde ich von meinem Cousin Hamouda mit einer frohen Nachricht überrascht. Aufgeregt brachte er nur mit Mühe einen Satz hervor, doch der sollte mein Leben verändern: »Shahinda … Salah … wurde gestern entlassen!«

Mein Herz raste. Umgehend lief ich, ohne meine Mutter zu informieren, zum Haus meiner Tante. Dort kam mir Salah mit kahl rasiertem Schädel, aber auch in einer unbeschreiblich stolzen Haltung entgegen. Mir fiel ein, was mein Vater gesagt hatte, als Salah vor einem Jahr, sechs Monaten und vier Tagen verhaftet worden war: Er werde das Gefängnis »als starker und nicht als gebrochener Mann verlassen«. Diese Prophezeiung war wahr geworden. Ich hing an Salahs Lippen, als er der Familie in einer geradezu erstaunlichen Heiterkeit von seiner Haftzeit berichtete: »Einer der Offiziere befahl mir, auf dem Appellplatz die Grashalme zu zählen. Er wollte mich demütigen, aber ich konnte mir nichts Gemütlicheres vorstellen, als langsam vor mich hin zu robben, mal hier ein bisschen zu verweilen und mal dort. Am Ende nannte ich ihm irgendeine Zahl. Er meinte, ich müsse mich verzählt haben. Also fing ich von vorn an. Ein anderes Mal wohnte ich einer schönen Gesangsdarbietung bei. Ein Führer der Muslimbruderschaft, der beschuldigt wurde, hinter dem Attentatsversuch auf Nasser am Mansheya-Platz zu stecken, musste ein Loblied auf den neuen Präsidenten singen. Irgendwer hatte ein Lied geschrieben, in dem Nassers wundersame Rettung verherrlicht wurde. Das also musste dieser Muslimbruder singen. Natürlich war ihm das zuwider, aber da er eine sehr schöne Stimme hatte, war es für mich ein Genuss, ihm zuzuhören. Derselbe Mann schrie eines Morgens durch die Gänge: ›Brüder, ein Wunder wird geschehen! Ich habe geträumt, der Prophet Mohammed sei gekommen und habe unsere Zellentüren geöffnet!‹ Daraufhin brüllte ich zurück: ›Du Idiot! Diesen Traum muss Nasser träumen, nicht du!‹«

Unfreiwillig stellte ich einen Vergleich zwischen meinem Ehemann und dem fröhlichen Salah an, dessen Würde ich bewunderte und dessen ruhige und überlegene Art ich liebte. Auf der einen Seite der vor Eifersucht rasende und dann reumütig winselnde Ahmed, auf der anderen Salah, der Rebell, der selbst demütigenden Situationen noch eine humorvolle Seite abgewinnen konnte. Ich war an diesem Tag so glücklich wie lange nicht mehr – bis meine Cousine eine Frage stellte, die die eben noch herrschende harmonische Stimmung zum Kippen brachte: »Hast du Shahinda schon zur Verlobung gratuliert, Salah? Sie wird einen Polizeioffizier heiraten!«

In diesem Moment dachte ich, ich müsste im Boden versinken, wenngleich ich froh war, dass sie nicht den Katb El Ketab erwähnt

hatte. Aber schon der Hinweis auf eine Verlobung bewirkte, dass
Salah rot anlief und aus dem Zimmer stürzte. Das war für mich
der Beweis, dass auch er mich liebte. Fest entschlossen, die Sache
mit Ahmed zu beenden, rannte ich nach Hause zurück.

Am Freitag, nach dem Mittagsgebet, kehrte er aus Kairo zurück – für mich eine passende Gelegenheit, mit ihm zu reden.
Umgehend bat ich ihn in den Salon, um mit ihm ein Gespräch
unter vier Augen zu führen. Als ich die Tür hinter ihm schloss,
war dies eine Geste, die er missverstand. Er trat auf mich zu und
wollte mich umarmen. Ich aber stieß ihn entsetzt zurück. Das
brachte ihn schlagartig in Rage, doch noch ehe er einen seiner
cholerischen Anfälle bekommen konnte, sagte ich energisch: »Ich
muss mit dir reden. Setz dich!«

Mein Ton schien ihn zu überraschen. Jedenfalls nahm Ahmed
widerspruchslos Platz und sah mich erwartungsvoll an, als ich
mich ihm gegenübersetzte.

»Darf ich dich bitten, meine Schulunterlagen aus Qena vorbei-
zubringen? Ich benötige sie, um mich hier in Shebin El-Kom an
der Schule anzumelden«, sagte ich.

»Wozu willst du zur Schule gehen?«, fragte er.

»Das ist allein meine Entscheidung, ich muss sie nicht begrün-
den. Also, ich bitte dich noch einmal …«

»Ich möchte nicht mit einer Schülerin verheiratet sein!«, unterbrach er mich.

»Das musst du auch nicht. Aber du kannst mir nicht meine
Schulunterlagen vorenthalten!«

»Ich bin offiziell dein Mann, und ich kann machen, was ich
will!«

Hätte ich bisher auch nur eine Sekunde gezögert, ob ich mich
aus dem Katb El Ketab lösen soll oder nicht, so wäre ich spätestens nach einem solchen Satz dessen absolut sicher gewesen. Vor
allem aber würde ich niemals an die Unterlagen gelangen, solange ich durch den Ehevertrag an ihn gebunden sein würde. Ich
sah Ahmed an und sagte so ruhig, wie es mir möglich war: »Ich
möchte dich um die Auflösung des Katb El Ketab bitten. Ich liebe

dich nicht, aber ein Mann hat es verdient, von seiner Frau geliebt zu werden. Wir passen einfach nicht zusammen.«

Einen kurzen Moment lang ließ er sich tatsächlich von meiner Ruhe anstecken und begann zu argumentieren: »Wir kennen uns noch nicht gut genug. Ich kann deine Panik verstehen, aber glaube mir, sie wird vergehen.«

»Ich bin nicht in Panik«, entgegnete ich, »aber ich weiß, dass ich dich nicht liebe. Das wird sich auch nicht ändern. Du aber kannst ein viel besseres Mädchen finden als mich. Eines, das gern mit dir zusammen ist.«

»Ich will kein anderes Mädchen, sondern dich«, sagte Ahmed. Er kam wieder auf mich zu und versuchte mich abermals zu umarmen.

»Rühr mich nicht an!«, brüllte ich.

»Ich bin dein Mann!«, schrie er rot vor Zorn. »Das habe ich schwarz auf weiß. Du wirst dich fügen, wenn nicht heute, dann morgen …«

Mit diesen Worten verließ er den Salon. Ich ahnte, dass er das, was er eben in seiner Wut gesagt hatte, auch wirklich meinte. Aber ich hatte nicht damit gerechnet, dass meine eigene Mutter einen unheilvollen Plan aushecken würde.

Kurz nachdem er überstürzt das Haus verlassen hatte, war sie in den Salon getreten und unterstellte mir, mit Salah geschlafen zu haben. Nur deshalb wolle ich meinen Ehemann nicht an mich heranlassen, da er schnell feststellen würde, dass ich keine Jungfrau mehr sei. Ich war fassungslos angesichts einer solch willkürlichen Behauptung. Natürlich stritt ich es ab, denn es stimmte ja auch nicht. Meine Mutter aber schien mir nicht zuzuhören, und wahrscheinlich schmiedete sie schon in diesem Moment jenen teuflischen Plan, den sie am nächsten Abend zu realisieren gedachte.

Als ich da nämlich in meinem Zimmer auf dem Bett lag und las, wurde plötzlich die Tür aufgerissen, und Ahmed stürzte herein. Für den Bruchteil eines Augenblicks sah ich meine Mutter schräg hinter ihm, die aber sofort die Tür hinter Ahmed zuzog und von außen abschloss. Ich saß mit ihm in der Falle. Meine eigene Mutter riskierte es tatsächlich, ja, sie legte es offenbar geradezu darauf an, dass ich von Ahmed zum Geschlechtsakt gezwungen wurde.

»Willst du mich vergewaltigen?«, fragte ich und sah ihn herausfordernd an.

»Ich bin dein Ehemann!«, antwortete er und setzte sich an das Fußende des Bettes.

»Und wenn du der letzte Mann in ganz Ägypten wärst, würde ich nicht zulassen, dass du mich berührst.«

In diesem Moment fühlte ich mich unglaublich stark, während Ahmed vor meinen Augen zu einer erbärmlichen Kreatur mutierte. Um wie viel stärker hätte er auch auf mich gewirkt, hätte er sich seinen Stolz und seine Würde bewahrt und meinen Wunsch nach Scheidung akzeptiert. Er aber war in traditionellen Konventionen gefangen, wonach ein Mann das Gesicht nicht verlieren durfte – und sei es auf Kosten des Glücks seiner Frau. Da wir nun eingesperrt waren, blieb mir nichts anderes übrig, als Ahmed nicht aus den Augen zu lassen. So saßen wir einander stundenlang schweigend gegenüber, ehe er am Morgen einen neuen Versuch unternahm, mich überzeugen zu wollen. Der absurde Dialog ging in eine weitere Runde:

»Ich werde gut für dich sorgen!«

»Das interessiert mich nicht.«

»Hast du denn nicht auch den Wunsch, eine Familie zu gründen?«

»Wenn ich eine Familie gründe, dann mit jemandem, den ich liebe. Aber ich sagte dir bereits, dass dies bei dir nicht der Fall ist ...«

Wieder Schweigen. Aber er konnte nicht verbergen, dass in seinem Inneren Erniedrigung und Aufbegehren einen grotesken Kampf ausfochten. Es wurde schon hell, als Ahmed plötzlich aufsprang, wie wild gegen die Wand trat, dann nach einer Vase griff, sie auf seinem Kopf zertrümmerte und blutend zusammenbrach. Ich rannte zur Tür, trommelte mit den Fäusten dagegen und schrie um Hilfe. Endlich kam meine Mutter hereingestürzt.

Kaum hatte sie den blutenden Ahmed entdeckt, fing sie zu zetern an. Ich versicherte ihr wortreich, dass nicht ich, sondern er selbst sich diese Verletzung zugefügt hätte. Beschämt und mit klaffender Kopfwunde verließ Ahmed unser Haus. Meine Mutter aber wandte sich mit feixendem Grinsen an mich: »Heute morgen war Salah da und hat nach dir gefragt. Ich habe ihm gesagt, dass du mit deinem Mann im Schlafzimmer bist. Habe ich etwa gelogen?«

Aufgeregt lief ich aus dem Haus. Meine Mutter rief hinter mir her, ich solle auf der Stelle zurückkehren. Ich aber rannte und rannte und kannte nur ein Ziel.

Auf gar keinen Fall wollte mir Salah das, was ihm auf der Seele lag, in einem Vieraugen-Gespräch sagen, weshalb er seinen Bruder Hamouda hinzubat. Seine Schwester wäre sicher nicht mit dem einverstanden gewesen, was er mir mitzuteilen hatte, und seine Mutter ebenfalls nicht. So saß ich also den beiden Brüdern im Haus meiner Tante gegenüber und fand es anrührend, wie Salah nach Worten suchte.

»Ich habe gehört, dass es zwischen dir und deinem Verlobten einigen Ärger gibt«, begann er zaghaft.

Offenbar hatte er noch immer nicht erfahren, dass der Katb El Ketab bereits stattgefunden hatte. Hatte ihm meine Mutter also doch nicht gesagt, dass ich »mit meinem Mann im Schlafzimmer« sei? Ohne ihn zu korrigieren, nickte ich. Aber da Salah seinen Blick scheu auf seinen Bruder richtete, fügte ich hinzu: »Es gibt mehr als nur ›einigen Ärger‹ ...«

»Ich möchte dir etwas beichten, was ich lange für mich behalten habe ...« Salah machte eine Pause, die mir wie eine Ewigkeit erschien. Was wohl würde er mir »beichten« wollen? Unsere Blicke trafen sich. Später wird er mir einmal erzählen, dass ihn meine leuchtenden Augen ermutigt hatten, das zu sagen, was er nun sagte: »Shahinda, du warst immer diejenige, die ich gern zur Lebensgefährtin gehabt hätte. Aber ich wollte dir meine Gefühle nicht aufdrängen, du warst zu jung, und ich war sicher, mein Onkel hätte darauf bestanden, dass du deine Ausbildung beendest.

Als ich nun aus dem Gefängnis kam, war es für mich ein zweifacher Schock. Erst erfuhr ich vom Tode meines Onkels – und kurz darauf von deiner Verlobung. Ich spreche jetzt zu dir als Freund und Verwandter: Als solcher bin ich bereit, bei den Missverständnissen zwischen dir und deinem Verlobten als Vermittler zur Verfügung zu stehen. Falls diese aber zu groß sind, bin ich ebenso bereit, dir zur Seite zu stehen, um dieses Eheversprechen zu lösen. Du musst dir nur gut überlegen, was genau du willst!«

Ich war verwirrt und auch ein wenig beschämt. Nun, nachdem er sich so weit geöffnet hatte, musste ich ihm die ganze Wahrheit sagen: »Es handelt sich zu meinem Bedauern inzwischen nicht mehr nur um ein Eheversprechen, denn leider habe ich in den Katb El Ketab eingewilligt …«

Salah zuckte unmerklich zusammen, und ich beeilte mich zu ergänzen: »… aber ich werde diese Vereinbarung schon bald wieder auflösen. Du hast recht, mein Vater wollte, dass ich eine gute Ausbildung erhalte, Ahmed aber ist daran nicht interessiert. Das allein ist für mich Grund genug, mich scheiden zu lassen. Ich danke dir für die angebotene Hilfe, aber ich werde das Problem schon allein aus der Welt schaffen. Und ich muss dir noch etwas sagen, Salah …!«

Er sah mich jetzt mit einem solch sorgenvollen Blick an, dass ich trotz der schwierigen Situation lachen musste. Jetzt entspannte sich seine Miene, und ich erklärte: »Was immer dir meine Mutter heute Morgen erzählt hat … ich kann dir versichern: Ich habe zwar den Katb El Ketab unterzeichnet, aber Ahmed hat mich bis heute nicht ein einziges Mal berührt. Und du kannst sicher sein, dass ich das auch künftig nicht zulassen werde!«

Ich sagte Salah nicht, dass ich *seine* Lebenspartnerin sein würde, aber er konnte meinen Worten entnehmen, dass ich mich für einen anderen aufsparen wollte. Zunächst musste ich Ahmed dazu bringen, den Katb El Ketab mit mir zu lösen. Wobei ich davon ausgehen konnte, dass meine Mutter alles tun würde, damit dies nicht geschah.

Nachdem ich wieder im Haus meiner Großeltern war, rief sie die Familie zusammen, um zu »beraten«, wie mit mir zu verfahren sei. Sie werde auf gar keinen Fall zulassen, stellte sie kategorisch fest, dass ich mich noch einmal mit Salah treffe. Schließlich sei ich eine verheiratete Frau, und da schicke es sich nicht, andere Männer aufzusuchen.

»Dieser andere Mann ist mein Cousin ...«, begann ich mich zu verteidigen. Sie aber fiel mir ins Wort: »Aber du liebst ihn!«

»Viel entscheidender ist doch, dass ich Ahmed nicht liebe ...«

Wieder unterbrach mich meine Mutter: »Ein altes arabisches Sprichwort sagt: ›Heirate den Menschen, der *dich* liebt, nicht den, den *du* liebst!‹«

»Sag das Ahmed!«, rief ich.

Die restliche Unterhaltung ging in einem allgemeinen Geschrei unter, an dem sich auch mein Bruder Medhat beteiligte. Er hatte sich auf die Seite meiner Mutter geschlagen. Wütend wies ich ihn darauf hin, dass er mir nichts zu sagen habe. Nicht in dieser Familie, in der unser Vater niemals einen seiner Söhne gegenüber den Mädchen bevorzugt hatte. Damit brachte ich zwar Medhat zum Schweigen, meine Mutter aber erst recht auf die Palme. Sie bezichtigte Wedad Metri, mich zur Kommunistin gemacht zu haben, anders seien diese Aufsässigkeiten nicht zu verstehen. Dies erkläre auch mein Hingezogensein zu Salah. Das werde mich irgendwann ins Gefängnis bringen. Schließlich sprach sie mir gegenüber einen unbefristeten Hausarrest aus. Er würde so lange dauern, bis ich »zur Besinnung gekommen« sei, und damit meinte sie, bis ich mich so verhalten würde, wie sie es wünschte. Das konnte Jahre dauern.

Tagelang lag ich auf meinem Bett, und weil mich auch meine Freundinnen nicht besuchen durften, las ich viel. Eines Tages fiel mir ein Buch in die Hände, das mir Wedad Metri bei unserem letzten Gespräch aus der Schulbibliothek geholt hatte. Es trug den Titel *Ich bin frei*, und darin wurde exakt solch eine Geschichte erzählt, wie sie mir gerade passierte. Es handelte von einem Mädchen, das gegen seinen Willen verheiratet werden sollte. Ihsan Abdel Kadous, der Autor, war, wie Wedad erwähnte, der Sohn von Rosa el Youssef, dessen gleichnamiges Magazin ich immer noch regelmäßig las. Ohne lange zu zögern, schrieb ich einen Brief an den Chefredakteur: »Ich bin ein junges Mädchen. Man hat mich mit einem Mann verheiratet, den ich nicht liebe. Man sagt mir, ich sei Kommunistin, weil ich diese Ehe nicht akzeptieren will und die Scheidung verlange.« Einer meiner Tanten, die regelmäßig bei uns vorbeikam, um meine Großeltern zu besuchen, steckte ich heimlich den Brief zu, und sie versprach, diesen zur Post zu bringen. Zwei Wochen später war er abgedruckt – sogar mit einem Kommentar der Redaktion: »Du bist keine Kommunistin, sondern eine selbstbewusste junge Ägypterin. Halte durch!« Triumphierend hielt ich meiner Mutter die aufgeschlagene Ausgabe unter die Nase. Sie entriss mir das Heft, ging nach unten, und ich hörte, wie sie sich am Telefon mit dem Chefredakteur verbinden ließ. Sie putzte den guten Mann regelrecht herunter. Zumindest versuchte sie es, denn der Angerufene am anderen Ende der Leitung schien nach einer Weile zum Gegenangriff übergegangen zu sein. Ich hörte nur, wie meine Mutter ins Telefon keifte: »Was soll das heißen, ich denke altmodisch? Ist das eure neue Mode, dass die Frauen ihren Männern nicht mehr gehorchen?« Damit knallte sie den Hörer auf die Gabel.

Einige Tage später redete sich meine Mutter ein, ich sei von irgendeinem Dämon besessen, der mit Salah im Bündnis stehe. Sie eröffnete mir, dass wir zu einem Magier nach Kairo führen, der mich davon befreien würde. Nun war für mich nach fast vier Monaten Hausarrest eine Fahrt nach Kairo eine willkommene Abwechslung. Warum sollte ich mir nicht mal ansehen, was Magier so treiben?

Gemeinsam mit Hoda, der besten Freundin meiner Mutter, begaben wir uns zu einem eigenartigen Etablissement im Khan El-Khalili – jenem Basarviertel neben der Hussein-Moschee, das auch damals schon Touristen aus aller Welt durchstreiften.

Zunächst mussten wir in einem Vorraum warten. Dann erschien ein Sheikh mit langem weißen Bart und einem Tuch um den Kopf. Er erklärte, zunächst mit mir allein reden zu wollen. Meine Mutter war natürlich strikt dagegen, mich mit einem Mann, selbst mit einem Magier, allein zu lassen. Also akzeptierte er, dass Hoda mitkam, und sie folgte uns in einen kleinen dunklen Raum, in dem Kerzen, Weihrauch und solch merkwürdige Geräusche wie ein undefinierbares Rasseln die Besucher einschüchtern sollten …

24. Januar 2011

8.30 Uhr
Schon zu dieser frühen Morgenstunde ist die vierspurige Straße, die von Shahinda Maklads Wohnsitz in Nasr City, unweit des Kairoer Flughafens, zur Stadtmitte führt, hoffnungslos verstopft. Ausgerechnet vor der großen Tribüne auf der linken Seite, wo am 6. Oktober 1981 Präsident Anwar as-Sadat einem Attentat zum Opfer fiel, kommt der Verkehr komplett zum Erliegen. »Wir können ja eine Gedenkminute einlegen«, versucht der Taxifahrer einen Witz zu machen, indem er mit dem Kopf auf das historisch belastete Bauwerk weist. Er kann nicht ahnen, dass jenes Ereignis vor fast dreißig Jahren für seinen Fahrgast damals die Haftentlassung aus einem Gefängnis für politische Gefangene bedeutet hat. Shahinda Maklad erwägt für einen Moment, dem unbekannten Mann davon zu erzählen, verwirft den Gedanken aber wieder. Sie greift zum Mobiltelefon, um Olfat zu sagen, dass sie wohl nicht zur verabredeten Zeit eintreffen werde.

9.50 Uhr
Mit einer Verspätung von fast einer Stunde trifft Shainda bei Olfat ein. Gemeinsam mit Nour und ein paar anderen Frauen macht sie sich auf zu dem wenige Blocks entfernten Obersten Gerichtshof. Die Aktion war für zehn Uhr angekündigt worden – sie würden also kaum verspätet erscheinen. Als sie in die 26.-Juli-Straße einbiegen, sehen sie schon von Weitem ein großes Polizeiaufgebot. Überall stehen zudem Männer in kleinen Gruppen mit jenem unbeteiligten Blick herum, wie ihn nur Geheim-

dienstler haben. Von Demonstranten aber ist weit und breit nichts zu sehen. Lediglich vereinzelt kommen mal Leute herbei, sehen sich irritiert um und verschwinden wieder. Shahinda Maklad und ihre Freundinnen stellen sich die Frage, ob dies alles etwa ein schlechtes Omen für die Protestaktion am nächsten Tag ist.

10.45 Uhr
Nachdem die kleine Gruppe von Frauen unweit des Obersten Gerichtshofs eine Weile ausgeharrt hat, ohne dass irgendetwas Bemerkenswertes passiert wäre, spricht Shahinda eine Vermutung aus: »Möglicherweise haben die Initiatoren den Aufruf ja nur deshalb ins Netz gestellt, um die Polizei an der Nase herumzuführen und die Staatsmacht für morgen in Sicherheit zu wiegen?«

Die Frauen blicken einander an. In ihren Mienen ist zu lesen, dass sie diese Überlegung nicht abwegig finden. Nach einem kurzen Moment der stummen Übereinstimmung sagt Olfat: »Eine Taktik also. Und du meinst, dass wir die einzigen Dummen sind, die das nicht durchschaut haben? Außer der Staatsmacht, versteht sich!«

Shahinda muss lachen, und ihre Freundinnen stimmen ein, misstrauisch beäugt von Geheimpolizisten in Zivil, an denen sie fröhlich vorüberziehen, um sich auf den Heimweg zu machen.

KAPITEL 8

Wie mir ein Magier zur Flucht verhalf

Das mystische Brimborium des angeblichen Magiers funktionierte bei Hoda ganz gut, bei mir hingegen weniger. Ich erkannte, dass der Mann ein Scharlatan war – so wie mancher Händler draußen im Basar, der den Touristen eingefärbte und lackierte Gipsskulpturen als Alabaster verkaufte. Seine rasselnden Geräusche erschienen mir wie in diesen alten Filmen, in denen Töne bedeutungsvolle Wirkungen erzielen sollten. Mit einem tiefen Organ stellte er Hoda nun die Frage, was uns zu ihm führen würde, worauf sie mit zittriger Stimme all die Probleme schilderte, die ich meinem Mann und der ganzen Familie machen würde.

»Warum willst du deinen Mann verlassen?«, wandte er sich an mich.

»Ich will ihn nicht verlassen, sondern ordnungsgemäß von ihm geschieden werden. Und den Grund dafür hat diese Frau eben genannt: Ich liebe ihn nicht!«

Nun fing der kostümierte Betrüger an, sich bedeutungsvoll den Bart zu streichen, als hätte er soeben eine kosmische Erleuchtung gehabt. Er machte ein riesiges Theater, nur um mir schließlich mitzuteilen: »Du musst deiner Familie gehorchen!«

Es fiel mir nicht leicht, ein Lachen zu verkneifen. Dann aber bewies ich ihm, dass auch ich schauspielerisches Talent hatte, und entgegnete in gespielter Empörung: »Bin ich hierhergekommen, um mir von dir anzuhören, was meine Mutter mir schon dauernd sagt? Schön, dann erhältst du dieselbe Antwort wie sie: Ich kann mit meinem Leben machen, was ich will.«

Noch gab sich der Sheikh nicht geschlagen und begann zu drohen: »Wenn du nicht auf deine Familie hörst, könnten böse Seelen von dir Besitz nehmen.«

Nun musste ich wirklich lachen.

»Mir kannst du keine Angst machen!«

Er beugte sich mir unheilvoll entgegen, so wie einst in Kamshish Anwar as-Sadat zu Abdallah Sherif, und fragte: »Was willst du?«

»Ich kann dir sagen, was ich nicht will – weiterhin eingesperrt bleiben!«

»Schön«, begann er moderater, »nehmen wir an, du bleibst nicht weiter eingesperrt: Bist du dann bereit, dem Katb El Ketab bald die offizielle Hochzeitszeremonie folgen zu lassen?«

Das hatte ich natürlich nicht vor, dennoch entdeckte ich darin die Chance, den Hausarrest auszusetzen. Und so bat ich um einen Monat Bedenkzeit. Der falsche Magier rief meine Mutter herein, teilte ihr das Ergebnis meiner »Sitzung« mit und verkaufte ihr noch ein Amulett gegen Dämonen.

Der Hausarrest wurde tatsächlich aufgehoben, und ich hatte nun einen ganzen Monat Zeit, mir etwas einfallen zu lassen. Das glaubte ich in diesem Moment zumindest. Meine Mutter aber dachte gar nicht daran, sich an diese Abmachung zu halten. Sie wollte die schnelle und in ihrem Sinne einzige Lösung.

Schon wenige Tage nach dem Besuch bei dem »Magier« kam der Bruder meines Vaters, mein Onkel Fayek, nach Shebin El-Kom, und mit ihm schickte sie mich abermals nach Kairo. Diesmal ging es ins Innenministerium im Stadtbezirk Babelouk, in dem ein Freund meines Vaters ein hohes Tier war. Er saß hinter einem riesigen Schreibtisch und wir wie zwei Mäuse davor. Wieder begann die Leier, warum ich Ahmed nicht heiraten wolle. Im Gegensatz zum Magier verfolgte dieser Mann jedoch eine Strategie von Zuckerbrot und Peitsche. Erst sagte er lachend: »Was passt dir nicht an ihm? Kann er nicht tanzen?«

Ich antwortete: »Ich bin nicht so oberflächlich, dass das ein Grund sein könnte.«

»Oder gehorcht er dir nicht?«

Diese Frage fand er augenscheinlich noch lustiger als die davor. Jedenfalls lachte er noch lauter, während ich mit gleichbleibender Sachlichkeit feststellte: »Ich will einen Ehepartner und keinen Esel, den ich reite.«

Schlagartig wurde der Freund meines Vaters sehr ernst.

»Siehst du die Akten auf meinem Schreibtisch?«, fragte er mit drohendem Unterton. Davon unbeeindruckt antwortete ich: »Sicher, ich bin doch nicht blind!« Auch er beugte sich weit nach vorn. Offenbar, so sagte ich mir, ist dies eine Geste, wenn man jemanden einschüchtern will.

»Das alles sind Akten über deinen Cousin Salah Hussein. Wenn wir wollen, können wir ihn schon morgen hinter die Sonne schicken!«

Das war nun eindeutig eine Drohung, denn natürlich wusste ich, was »hinter die Sonne schicken« bedeutet: jener Ort, wo man ihm zuletzt befohlen hatte, die Grashalme zu zählen.

»Diese Dokumente sind demnach Ehrenauszeichnungen für Salah!«, rief ich in den Raum, stand auf und strebte der Tür zu.

Aufgeregt lief mein Onkel hinter mir her und redete verzweifelt auf mich ein. Er war ein Polizeibeamter wie mein Vater, und der Mann, dem ich soeben den Rücken gekehrt hatte, einer seiner höchsten Vorgesetzten. Während er neben mir den langen Flur des Ministeriums entlanglief, warf er mir vor, mich anmaßend verhalten zu haben. Abrupt blieb ich stehen, sah ihm ins Gesicht und sagte: »Ich habe dich nicht gebeten, mich in dieser Sache hierher zu bringen.«

Nun musste ich schnell handeln, ehe ich zum Vollzug der Ehe mit Ahmed gezwungen würde. Um nicht wieder unter Hausarrest zu geraten, spielte ich nach meiner erneuten Rückkehr aus Kairo meiner Mutter gegenüber Einverständnis vor. Ja, ich bestand sogar darauf, mit ihrer Schwester Nazeg nach Tanta zu fahren, um den Stoff für das Hochzeitskleid zu kaufen. Ihr war die Erleichterung geradezu ins Gesicht geschrieben. Zufrieden sagte sie: »Endlich bist du zur Vernunft gekommen.«

Mit Hilfe der Tante, die auch schon den Leserbrief an das Magazin von Rosa el Youssef aus dem Haus geschmuggelt hatte, konnte ich Salah eine Nachricht zukommen lassen. In knappen

Worten teilte ich ihm mit, dass ich auf sein Versprechen, mir helfen zu wollen, zurückgreifen müsse. Ich schrieb, dass ich untertauchen müsse, und ich teilte ihm auch mit, wann ich in Tanta sein würde. Schon am nächsten Tag tauchte sein Bruder Hamouda auf und tat so, als wolle er uns lediglich einen Besuch abstatten. In einem unbeobachteten Augenblick flüsterte er mir jedoch zu, was er mir von Salah auszurichten hatte.

Der Tag, an dem ich mit meiner Tante Nazeg nach Tanta fuhr, war ein besonders heißer Tag. Die Hitze machte ihr so zu schaffen, dass sie im Zug immer wieder einnickte. Nach unserer Ankunft gingen wir von Geschäft zu Geschäft. Jedes Mal erklärte ich schon nach wenigen Minuten, sehr zum Erstaunen der Verkäufer, dass mir die angebotenen Stoffe nicht zusagten. Wenn man mich bat, näher zu beschreiben, was genau ich suchen würde, blieb ich einsilbig. Ich konnte ja schlecht sagen, dass ich weniger auf der Suche nach einem Stoff für ein Hochzeitskleid war, als vielmehr nach einem Laden mit einem Hinterausgang. Im fünften Geschäft wurde ich fündig. Nun gefielen mir auch die Stoffe, und als ich gleich vier davon meiner Tante zur Prüfung vorlegte und sie durch genauere Betrachtung deren Qualität überprüfte, verschwand ich in einem unbeobachteten Moment durch die Hintertür. Ich lief zu einem Kutscher und ließ mich von ihm zum Bahnhof fahren. Dort traf ich einen Freund von Salah. Es war jemand, den ich schon seit jenem Tag kannte, als Sadat zu einem angeblichen Versöhnungsbesuch zu uns nach Kamshish gekommen war. Ich wusste, er würde mich nach Alexandria bringen, wo ich bei einem Ehepaar unterkommen sollte. Salah stand, wie ich nun erfuhr, abermals unter Hausarrest – diesmal aber nicht in Alexandria, sondern in Shebin El-Kom. Jeden Abend musste er sich in der Polizeistation bei seinem »Bewährungsoffizier« im zentralen Polizeirevier melden. Ich würde ihn also gar nicht in meine Arme schließen können. Enttäuscht ging ich zum Fahrkartenschalter. Dort stellte ich fest, dass ich meine Tante ohne einen Piaster zurückgelassen hatte. Das ganze

Geld hatte ich bei mir. Was sollte ich machen? Sie musste irgendwie klarkommen!

Das ältere Ehepaar im Stadtteil Smouha in Alexandria stellte keine Fragen. Auch deren drei Töchter nicht, von denen eine mit jenem Freund Salahs verlobt war, der mich hierher gebracht hatte. Ich schrieb einen Brief an meine Familie, in dem ich die Gründe meiner Flucht darlegte. Gründe, die ich in den letzten Wochen unzählige Male angeführt hatte – gegenüber Ahmed, meiner Mutter, beim Magier im Khan El-Khalili und sogar bei dem hohen Beamten im Innenministerium. Nun aber hatte ich das Heft des Handelns in die Hand genommen und konnte Bedingungen stellen. Ohne die Einwilligung in die Scheidung würde meine Familie mich nicht wiedersehen. Den Brief nahm einer aus Salahs Clique mit nach Oberägypten, wohin er reiste, um seine Eltern zu besuchen. Niemand sollte anhand des Poststempels meinen Aufenthaltsort ermitteln können.

Am dritten Tag kam vormittags ein Fellache zu uns zu Besuch. Mittlerweile kannte ich Salahs Verkleidung. Wir freuten uns, einander unter diesen Umständen zu treffen, und doch schlossen wir uns nicht in die Arme, wonach sicher beiden der Sinn gestanden hätte. Noch war er mein Cousin, der mir als Familienmitglied und Freund in einem Konflikt mit meinem Ehemann beistand. Bei einem ausgedehnten Spaziergang durch die Straßen und Gassen von Smouha erzählte er mir, dass er eine Nacht im Gefängnis von Shebin El-Kom verbracht habe. Nachdem nämlich Tante Nazeg meine Mutter über mein Verschwinden verständigt hatte, war diese sofort zur Polizei gelaufen und hatte Salah als Drahtzieher meiner Flucht angegeben. Dort wusste man von dem ihm auferlegten Hausarrest. Also schickte man umgehend eine Streife zu seinem Haus.

»Damit hatte ich natürlich gerechnet«, berichtete Salah, »und deshalb musste ich dich erst mal allein nach Alexandria fahren lassen.«

»Nun, ganz allein war ich ja nicht!«, sagte ich, und wir mussten beide lachen. Dann setzte Salah seine Erzählung fort.

»Beim Verhör in Shebin El-Kom versicherte ich immer wieder, dass ich keine Ahnung hätte, wo du dich aufhältst. Am Morgen haben sie mich dann zurück nach Hause gefahren. Dort saßen mittlerweile drei deiner Onkels und heizten meiner Mutter ein. Die Männer aus ihrer Familie können ja ganz schön hartnäckig sein. Aber was sollte meine Mutter ihnen sagen? Mich fragte niemand. Wahrscheinlich, weil sie annahmen, dass ihnen nicht gelingen kann, was schon der Polizei in Shebin El-Kom nicht gelungen war. Also wandte ich mich an sie und versprach ihnen, dass ich sie sofort benachrichtigen werde, sobald ich wüsste, wo du bist.«

Abrupt blieb ich stehen und sah Salah skeptisch von der Seite an. Er setzte wieder sein scheues Lächeln auf, nahm mich mit leichtem Griff am Arm, zog mich behutsam mit sich und sagte: »Keine Sorge! Ich lass dich doch nicht erst in ein Versteck bringen und hinterher auffliegen!«

Schweigend gingen wir noch eine Weile ziellos durch die Gassen, ehe wir zögerlich begannen, über die Zukunft zu sprechen. Es wurden noch keine großen Pläne entworfen, und auch von Heirat war keine Rede. Salah sprach die Hoffnung aus, bald in Alexandria sein Geografiestudium wieder aufnehmen zu dürfen, und ich wollte in Shebin El-Kom endlich wieder zur Schule gehen. Nach dem Abitur, so erklärte ich, würde auch ich gern in Alexandria studieren. Salah war begeistert. Er wäre dann sicher schon fertig mit seinem Studium, würde Geld verdienen und könnte mich finanziell unterstützen. Warum nur sprach niemand aus, was längst in der Luft lag – unsere Zukunft würde eine gemeinsame sein.

Nach einer Woche gab meine Mutter ihren Widerstand auf, und plötzlich – wie durch ein Wunder – kannte Salah meinen Aufenthaltsort. Es wurde ihm behördlicherseits gestattet, für einen Tag nach Alexandria zu fahren, um mich abzuholen. Zunächst brachte er mich zu meinem Onkel Ahmed, einem der Brüder meines Vaters in Kairo. Von diesem Ahmed wussten wir, dass er bereit war, mich in meinem Kampf gegen den anderen Ahmed zu unterstützen. Denn hätte mich Salah zu meiner Mutter gebracht, wäre sie wahrscheinlich auf ihn losgegangen wie eine blutrünstige Amazone. So gab es erst einmal ein längeres Telefonat, in dem meine Mutter ihre Zustimmung zur Scheidung bestätigte. Schließlich holte mich mein Bruder Medhat in Kairo ab, und zu Hause schloss mich meine Mutter weinend in die Arme. Sie also hatte ich nun auf meiner Seite, aber Ahmed reagierte beleidigt. Er ließ uns wissen, dass er gar nichts zu unternehmen gedenke. »Ich werde das Verhältnis zu deiner Tochter so lassen, wie es ist«, sagte er zu meiner Mutter. »Dann ist sie weder vollständig verheiratet, noch ist sie geschieden.«

Nun tat ich, was ich in den letzten Jahren selten getan hatte, ich wandte mich in meiner Verzweiflung an Allah. Ich betete, dass Ahmed sich in ein anderes Mädchen verlieben solle. Zwar war es einem islamischen Mann erlaubt, bis zu vier Frauen zu heiraten, doch schreibt das ägyptische Gesetz vor, dass Ehefrau Nummer eins einer jeden dieser zusätzlichen Vermählungen zustimmen muss. Meine ganze Hoffnung richtete sich darauf, dass Ahmeds Manneskraft irgendwann zur Erfüllung drängen würde. Und da ich dafür nicht zur Verfügung stand, musste er sich diesbezüglich wohl anderweitig umsehen.

25. Januar 2011

9 Uhr
Wie vereinbart treffen sich Shahinda, Olfat, Nour und Karima – eine linke Aktivistin und Apothekerin – zunächst am Roxy-Platz im Stadtbezirk Heliopolis, um später zum Tahrirplatz weiterzuziehen. Sie haben sich mit Mamdouh Hamza und einigen anderen Männern aus dem »Nationalkomitee für Veränderung« hier am Roxy-Platz verabredet. Hamza, der erfolgreiche Architekt, der lange in London gelebt hat, gilt vielen längst als graue Eminenz hinter Mohamed El-Baradei. Er und seine Mitstreiter sind von Shahinda und ihren Freundinnen schon von Weitem an den großen

Transparenten zu erkennen, unter denen sie sich versammelt haben. Die Frauensektion des Komitees hat kleine Flugblätter gedruckt mit der Überschrift: »Sehr verehrter Herr Präsident, wir bitten Sie herzlich um Veränderungen!« Sicher werden viele Menschen den satirischen Unterton bemerken und den Rest des Flugblatts, in dem die Forderungen genannt werden, mit einem Schmunzeln zur Kenntnis nehmen. Naivere Geister wiederum werden das Flugblatt allein wegen der ausgesprochen höflich vorgetragenen Formulierung wohlwollend zur Kenntnis nehmen. Viele Flugblätter werden sie an diesem Morgen nicht los, denn Heliopolis wirkt wie ausgestorben. Die übrigen Passanten gehören zu den Protestierern, die ziemlich verloren herumstehen – kaum belästigt von den Ordnungshütern, die an ihrem Ehrentag in weitem Bogen einen Kordon um sie gezogen haben.

Schließlich macht einer der Männer aus dem Gefolge um Mamdouh Hamza den Vorschlag, zum Tahrirplatz zu fahren. Mehr als hier am Roxy-Platz würde da ganz sicher los sein. Auch die vier Frauen wollen sich auf den Weg dorthin begeben und halten ein Taxi an. Olfat, Nour und Karima haben bereits auf der Rückbank Platz genommen, als der Wagen von Zivilpolizisten und Leuten vom Mabaheth umringt ist. Shahinda blickt sich nach Mamdouh Hamza und den anderen um, doch keiner von ihnen ist mehr zu sehen. Ein Polizist beugt sich von der Beifahrerseite in das Taxi und zieht den Zündschlüssel ab, während einer seiner Kollegen auf der anderen Seite den Fahrer auffordert auszusteigen, um Führerschein und Zulassung zu kontrollieren. Shahinda schlägt ihren Freundinnen vor: »Lasst uns dort drüben ein Taxi nehmen!« Als sie sich entfernen, ruft ein Polizist: »Wohin wollt ihr?« – und bekommt von Shahinda zur Antwort: »Das geht dich nichts an!«

In der Mitte des Platzes werden sie abermals von Zivilpolizisten umstellt und am Weitergehen gehindert. Olfat schreit einen von ihnen an: »Ihr könnt uns nicht verbieten, die Straße zu überqueren.« Ein großer kräftiger Mann in Zivil stellt sich wortlos Shahinda in den Weg. Die kleine Frau blickt an ihm hoch und erklärt in einem kategorischen Ton: »Ich kann es dir ansehen – du weißt nicht, wen du vor dir hast. Gehe zu deinem Vorgesetzten und sag ihm, Shahinda Maklad wird von euch festgehalten!«

Der Zivilpolizist blickt irritiert zu seinen Kollegen, und als er bei denen keinerlei Reaktionen erkennen kann, entschließt er sich tatsächlich, einen etwas entfernt herumstehenden Polizeioffizier in Uniform zu fragen. Der beginnt zu telefonieren. Es dauert eine Weile, bis der zivile Polizist zurückkehrt und seine Kollegen anweist, die Frauen ziehen zu lassen. Gut gelaunt besteigen Shahinda und ihre Freundinnen auf der anderen Seite des Roxy-Platzes ein Taxi.

KAPITEL 9

Frauen nach vorn

Noch hielt Ahmed meine schulischen Papiere unter Verschluss, um meine weitere Ausbildung zu verhindern, wie er sich auch nach wie vor weigerte, der Scheidung zuzustimmen. Das hielt mich jedoch nicht davon ab, zu Wedad Metri engen Kontakt zu haben. Ich wollte endlich selbst politisch aktiv werden. Es war Anfang des Jahres 1956. In Ägypten vollzogen sich große Veränderungen, und ich wollte der Führung meines Landes helfen, diese durchzusetzen. Es war mir dabei vollkommen gleichgültig, ob ich auf dem Papier die Ehefrau eines mir eigentlich völlig fremden Mannes war oder nicht. Es war sicher nur eine Frage der Zeit, bis ich meine Unterlagen zurückbekommen und wieder zur Schule gehen konnte. Zwar würde ich ein Jahr verloren haben, aber dann würde ich das Abitur eben etwas später machen. Vorerst gab es Wichtigeres zu tun. Im Frühjahr sollte in Ägypten das allgemeine Frauenwahlrecht eingeführt werden. Dafür mussten sich die Frauen beim zuständigen Polizeirevier in die Wählerlisten eintragen lassen. Durch meine Erfahrungen mit Ahmed für die Rechte meiner Geschlechtsgenossinnen sensibilisiert, stellte ich mich Wedad Metri zur Verfügung, die gemeinsam mit Schülerinnen der älteren Jahrgänge eine Kampagne startete. Unser Ziel war es, die Frauen zu motivieren, sich in die Wählerlisten einzuschreiben. Für diese Aktion entschied ich mich für eine der ärmeren Gegenden von Shebin El-Kom, wo einige entfernte Verwandte meiner Mutter wohnten. Sie suchte ich dort zuerst auf, weil ich mir mit deren Hilfe versprach, das Vertrauen der Bewohnerinnen dieses Viertels zu gewinnen. Ich war erstaunt, wie positiv unsere Kampagne bei den Frauen aufgenommen wurde. Die übergroße Mehrheit war sofort bereit,

Großvater Ali Maklad vor seinem Haus

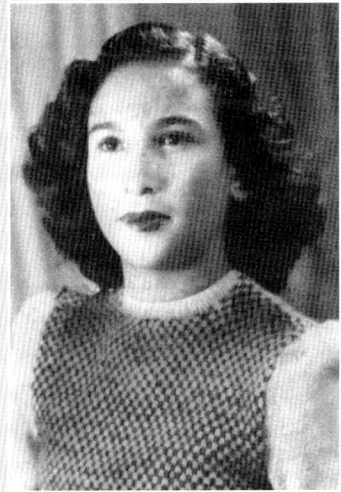

Die 11jährige Shahinda

Als 15jährige …

Shahinda
mit ihrer Mutter

Shahindas
17. Geburtstag
in Quena

Shahinda
mit Salah und
den beiden Söhnen

Mit Salah in
Alexandria (1962)

Mit Salah und Sohn Nagy
in Alexandria (1962)

Bauernversammlung in Kamshish 1965 (Salah, rechts vorn, trägt Galabeya)

… in Kamshish 1966

Demonstration in Kamshish 1966

Mit Sartre
und Beauvoir

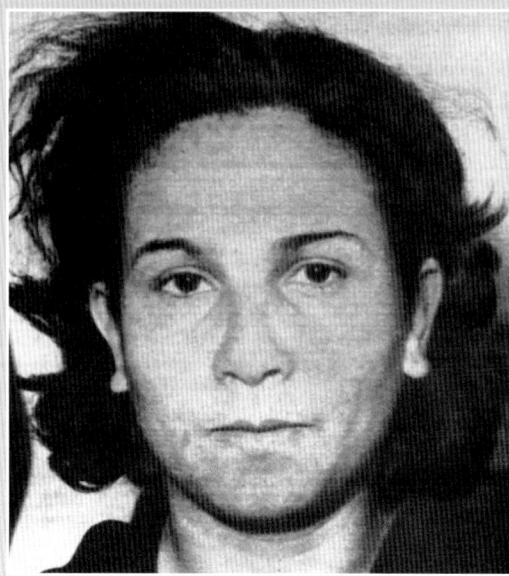

... am Tag von
Salahs Ermordung

... am Tag von
Salahs Ermordung
mit den beiden
Söhnen

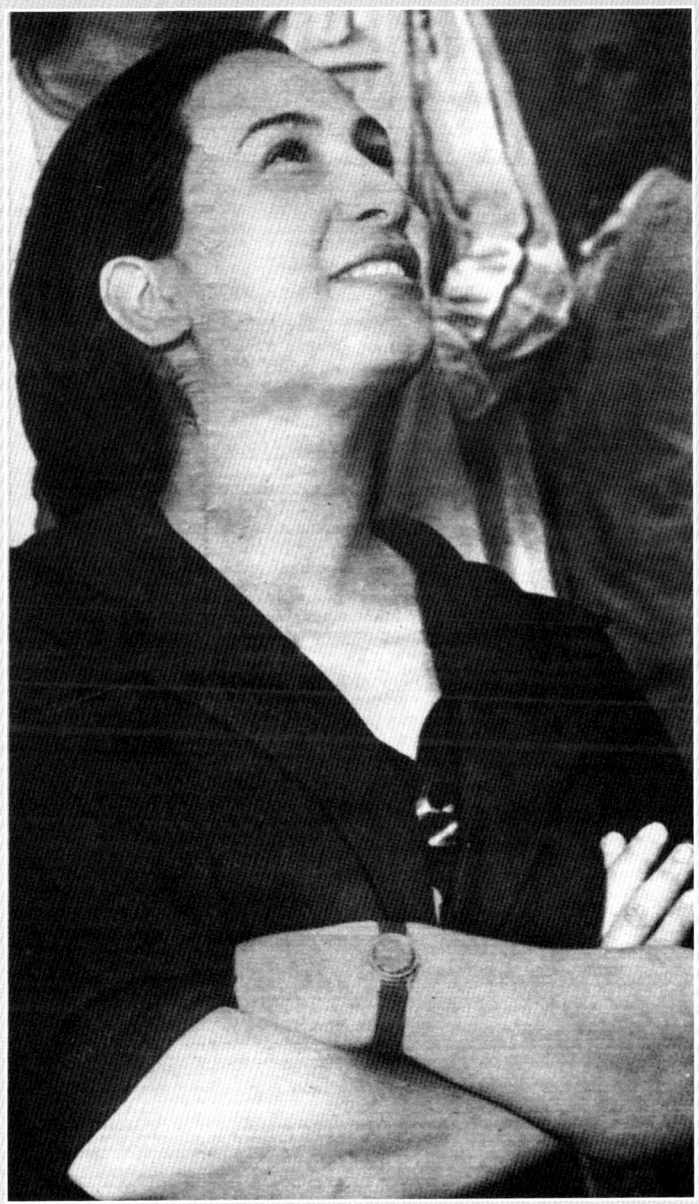

Shahinda drei Tage nach dem Tod Salahs (nach Verhaftung der Großgrundbesitzer)

Sommer 1968: mit Wedad Metri während einer Gerichtsverhandlung wegen Salahs Ermordung

Bauernkongress am 30. April 1983 in Kairo (Tagammu-Partei)

zum Revier zu laufen, um sich registrieren zu lassen. Das war, wie ich von Wedad und anderen Mitstreiterinnen erfuhr, in den bürgerlichen Wohnbezirken oft nicht der Fall. Hier zögerten viele Frauen und sagten, sie müssten erst ihren Mann fragen.

Wie jedes Mal im Juli hielt Präsident Nasser auch in diesem Jahr wieder zwei Reden. Die erste am 23. Juli, dem Jahrestag der Revolution, in Kairo, und drei Tage später, an dem Jahrestag der Abdankung des Königs, auf dem Mansheya-Platz in Alexandria. Dort hatte man zwei Jahre zuvor versucht, Nasser zu ermorden. Weitere große Veränderungen, die im März mit der Einführung des Frauenwahlrechts ihren Anfang genommen hatten, lagen in der Luft. Wieder saßen alle Ägypter vor den Radios und lauschten, was Gamal Abdel Nasser zu verkünden hatte. Zusammen mit meinem Großvater mütterlichsits und meinen Geschwistern hörten wir, wie der ägyptische Präsident in Alexandria die Verstaatlichung des Suezkanals verkündete, der bis dahin im Besitz eines europäisches Konzerns war. Aus seinen Einnahmen würde der gewaltige neue Staudamm im oberägyptischen Assuan finanziert werden, wofür zunächst die Weltbank eine Finanzierungszusage gegeben, dann aber wieder zurückgezogen hätte. Nasser vermutete dahinter eine französisch-britisch-israelische Intrige. Großvater, ein ehemaliger Armeeoffizier, stimmte seinem Militärkollegen ausdrücklich zu, wie ich überhaupt niemanden kannte, der dieser Entscheidung unserer Regierung ablehnend gegenübergestanden hätte. Der Großvater sagte aber auch, dass dies in absehbarer Zeit Krieg bedeuten würde. Wir waren sicher, dass das ganze Volk sich dann hinter seine Armee stellen und die Soldaten unterstützen würde. Was aber konnte ich ganz persönlich in einem solchen Moment für mein Land tun?

Zunächst schrieb ich wieder einen Leserbrief an *Rosa el Youssef*, in dem ich darauf verwies, dass die Verstaatlichung des Suezkanals nicht nur bedeutete, dass wir unser Eigentum endlich in die Hände bekämen, sondern dass dies wohl auch zu einem Krieg führen würde. Israel nämlich lasse sich von fremden Mächten für deren Ziele einspannen. Der Leserbrief wurde abermals abgedruckt, mit einem Kommentar des Chefredakteurs, in welchem er der Verfasserin dieser Zeilen einen Sinn für politische Zusammenhänge bescheinigte, was für ein siebzehnjähriges Mädchen »sehr bemerkenswert« sei. Ich hielt es zwar nicht für sehr bemerkenswert, denn schließlich wurden ja auch in Wedad Metris Schulclub unter Gleichaltrigen politische Diskussionen geführt. Trotzdem aber war ich ein wenig stolz, weil ich wusste, dass auch Salah diese Zeitschrift lesen würde.

Kurze Zeit später schloss ich mich einer Volontärgruppe an, die Wedad ins Leben rief und die zunächst Erste-Hilfe-Kurse abhielt. Als dann im Oktober der Suezkrieg tatsächlich begann, gaben wir uns nicht mehr mit dem Anlegen von Druckverbänden und Mullbinden zufrieden. Wir ließen uns von ausgemusterten älteren Soldaten an der Waffe ausbilden. Bald war ich die beste Schützin unserer Gruppe, doch eine Spritze hätte ich nicht geben können, ohne in Ohnmacht zu fallen. Weiterhin organisierte ich mit anderen ein Auto und ein Megafon, das uns vom Staatlichen Informationsamt in Shebin El-Kom zur Verfügung gestellt wurde. Damit fuhren wir über die Dörfer und klärten die Landbevölkerung über die Hintergründe des Überfalls auf unser Land auf. Die Menschen sollten darüber nicht deprimiert sein, sondern wachgerüttelt werden. Und innerhalb weniger Tage bildeten sich auch überall Bürgerwehren, und die Frauen nahmen an Sanitätskursen teil.

In Kamshish traf ich Salah, der eine Truppe junger Männer anleitete, die eine militärische Grundausbildung bekamen und schon bald in Port Said die Partisanenverbände unterstützen sollten. Er erzählte mir, dass Napoleon einst die ägyptische Armee als die beste Armee der Welt bezeichnet hätte, weil sie aus Bauern bestünde, die sich für ihr Land opfern würden. Das gefiel mir, und ich gab dieses Kompliment des französischen Feldherrn per Megafon weiter.

Es herrschte allgemeine Euphorie, aber noch ehe wir zum Einsatz kamen, hatte die UNO den Krieg beendet. Doch die Tage im Oktober 1956 hatten gezeigt, dass das ägyptische Volk zusammenstehen konnte, wenn es nötig sein würde.

25. Januar 2011

13 Uhr
Shahinda betritt mit ihren Freundinnen den Tahrirplatz. Enttäuscht stellen sie fest, dass nicht annähernd so viele Menschen gekommen waren, wie es der seit Tagen auf Facebook gepostete Aufruf der verschiedenen Organisatoren hätte vermuten lassen. Doch es sind genug, um den Autoverkehr auf dem Platz weitgehend zum Erliegen zu bringen. Damit sind an dieser zentralen Stelle die Ost-West- und die Nord-Süd-Achse gesperrt. In einiger Entfernung sind Polizeikräfte erkennbar, deren Führungsoffiziere offensichtlich keinen Anlass sehen, Befehl zum Einschreiten zu geben. Alles wirkt improvisiert, manchmal werden Parolen gerufen, in denen die Einheit des ägyptischen Volkes beschworen wird; an anderen Orten wird Musik gemacht. Ein junger Mann singt, unterstützt von den Umstehenden, den Song »Alli Sotak bel Ghona« (»Erhebe deine Stimme mit Gesang«) des ägyptischen Popstars Mohamed Mounir, worunter seit jeher eine poetisch formulierte Aufforderung zum friedlichen Protest gesehen wird. Shahinda Maklad verweilt einen Augenblick und wiegt den Körper leicht im Takt des Rhythmus jenes berühmten Liedes des von ihr verehrten nubischen Künstlers. Immer wieder wird sie von wildfremden Menschen gegrüßt. Obgleich die Mehrheit der Demonstranten aus jungen Leuten besteht, sind es eher ältere Menschen, die sich ehrfurchtsvoll vor ihr verneigen. Leute also, die alt genug sind, um sie noch aus einer Zeit zu kennen, als das Dorf Kamshish beinahe täglich in den Schlagzeilen war.

Vor dem monströsen Verwaltungsgebäude, der Mogamma, setzt sich Shahinda schließlich auf den Sockel des Denkmals von Omar Makram, jenem Nationalhelden, der einst den napoleonischen Truppen Widerstand leistete. In einiger Entfernung erkennt sie Julia, die junge Frau von der »Gruppe 6. April«, die offenbar irgendwas organisiert, anderen jungen Leuten Anweisungen erteilt und zwischendurch wild gestikulierend telefoniert. Als sie Shahinda und ihre Freundinnen erkennt, kommt sie strahlend angelaufen. Man begrüßt sich, Küsse werden ausgetauscht, und dann ist Julia auch schon wieder verschwunden, untergetaucht in der Menge, die nun doch von allen Seiten auf den Platz strömt.

15.30 Uhr
Shahinda sieht sich all die Menschen an, die mit fröhlichen und nicht etwa mit angstvollen Gesichtern über den Tahrirplatz streifen. Viele dieser Menschen sind in einem Alter wie sie es war, als sie mit Salah an den ersten großen Demonstrationen in Alexandria teilgenommen hatte. Noch immer sitzt sie auf dem Sockel des Amr-Makram-Denkmals – und wird mit einem Mal von einer bleiernen Müdigkeit überfallen. So etwas kannte sie früher nicht. Längst aber macht das Alter auf sich aufmerksam. Noch vor einigen Jahren hätte sie sich irgendwo hier lang ausgestreckt, um ein wenig zu schlafen. Aber natürlich ist das in ihrem Alter völlig ausgeschlossen. Sie ruft Heba Raouf an, die gegenüber vom Ägyptischen Museum auf der anderen Seite des Platzes zwei Wohnungen hat, die Freunden jederzeit zur Verfügung stehen. Heba ist Professorin an der American University in Kairo, und Shahinda traf sie in den vergangenen zehn Jahren oft auf verschiedenen Kongressen und bei politischen Aktionen. Obgleich die beiden sehr unterschiedliche Lebens- und Denkweisen repräsentieren – Heba ist nicht nur intellektueller, sondern auch viel religiöser als Shahinda –, haben sie sich mittlerweile angefreundet. Als strenggläubige Muslima beherbergt Heba die männlichen und weiblichen Gäste in zwei getrennten Wohnungen im selben Haus.

Als Shahinda dort eintrifft, sind in der Männerwohnung gerade junge Leute damit beschäftigt, dicke Wolldecken aufeinanderzustapeln. Heba Raouf begrüßt ihre Freundin überschwänglich und erklärt: »Eine solche Protestaktion im Winter abzuhalten ist ein bisschen absurd, findest du nicht? Es soll in den nächsten Tagen nachts noch kälter werden. Also haben wir einen Aufruf gestartet, Decken zu spenden.« Damit hat Heba ausgesprochen, was Shahinda in den letzten Stunden ebenso durch den Kopf gegangen war. Um auch nur minimale Veränderungen in diesem Land durchzusetzen, ist es nicht damit getan, einen einzigen Tag zwischen Sonnenaufgang und Sonnenuntergang auf einem zentralen Platz zu demons-trieren. Dies kann einzig der Auftakt sein, um möglichst viele Ägypter zu mobilisieren, die jetzt noch abwartend abseitsstehen. Auf dem Sofa im Salon der Frauenwohnung fallen Shahinda Maklad die Augen zu, während von unten vielstimmig skandierte Parolen an ihr Ohr dringen.

KAPITEL 10

Die Stimme des Herzens setzt sich durch

Den 12. März 1957 würde ich selbst dann in Erinnerung behalten haben, wenn es nicht der sechzehnte Geburtstag meines Bruders Ashraf gewesen wäre. Wir feierten gerade eine kleine Party mit seinen Freunden, als mein »Ehemann« auftauchte. Ich wurde zu ihm gerufen – und ich befürchtete wieder das Schlimmste. Inzwischen war mir bereits seine bloße Anwesenheit ein Gräuel. Diesmal aber bestand Ahmed zu meiner Überraschung nicht auf den Fortbestand oder gar den Vollzug unserer Ehe. Er fragte mich lediglich, ob mein Entschluss, mich scheiden zu lassen, endgültig sei. Als ich das bejahte, bat er darum, nach dem Ma'zoun, dem Standesbeamten, zu schicken, damit dieser die Scheidung für rechtswirksam erklärte. Sofort holte ich die Brautgeschenke hervor, die er einst meinem Vater übergeben hatte. Da mein Vater inzwischen verstorben war, legte ich das Diamantarmband und den Ring in die Hände meiner Mutter, damit sie es ihm überreichte. Ahmed aber verweigerte die Annahme. Er wollte damit ein letztes Zeichen setzen, dass es ihm derzeit ernst gewesen sei, als er um meine Hand angehalten hatte. Meine Mutter hat den Schmuck dann behalten, da auch ich ihn nicht haben wollte.

Nachdem der Ma'zoun seines Amtes gewaltet hatte, fühlte ich mich endlich wieder frei.

Gemeinsam mit vielen anderen Mädchen aus meiner Schule, die ich nun wieder besuchte, nahm ich mit Wedad Metri auf dem Tahrirplatz in Kairo an einer Solidaritätsdemonstration für die algerische Freiheitskämpferin Gamila Bouhrid teil. Meine Mitschülerinnen fuhren anschließend mit dem Bus zurück nach Shebin El-Kom, während Wedad mich noch zu einem Freund mitnahm.

Als wir in dessen Haus traten, erkannte ich ihn sofort, denn sein Bild war oft in den Magazinen und Zeitungen abgebildet, die ich las. Der Mann hieß Abdel-Azim Anis und war ein führendes Mitglied der Kommunistischen Partei. In einem großen Salon saßen politisch aktive Leute zusammen, in der Mehrheit Frauen. Man sprach über die am Nachmittag stattgefundene Demonstration. Eine der Frauen wertete es als einen Erfolg, dass es trotz massiven Polizeieinsatzes auf dem Tahrirplatz gelungen war, bis zum UN-Gebäude im benachbarten Stadtbezirk Garden City vorzustoßen und eine Petition für Gamila Bouhrid zu übergeben. Es wurde aber auch noch über anderes gesprochen. Was ich bemerkenswert fand, war, dass Abdel-Azim Anis den Frauen ebenso viel Respekt entgegenbrachte und ihnen aufmerksam zuhörte wie den Männern. Durch eine Bemerkung von ihm bekam ich mit, dass er mit einer der Frauen verheiratet war. Ich fand es imponierend, wie er deren Meinung akzeptierte und sie als eigenständige Persönlichkeit wahrnahm. Ein solch partnerschaftlicher Umgang wäre an Ahmeds Seite undenkbar gewesen. Und sicher auch nicht an der von jenen anderen Männern, die meine Mutter im Blick hatte. Denn kaum war die Scheidung vollzogen, avisierte sie mir bereits neue Bewerber – angesehene Bürger von Shebin El-Kom, die ich kaum oder gar nicht kannte. Da ich nicht interessiert war, lehnte ich selbst »erste informelle Treffen« mit den jeweiligen Herren ab.

In den Tagen und Wochen nach meiner Rückkehr aus Kairo häuften sich die Anträge, und ich erklärte meiner Mutter, dass ich von keinen weiteren Bräutigamen zu hören wünsche. Damit war der kurzfristige Waffenstillstand zwischen uns auch schon wieder zu Ende. Sie brüllte mich an: »Was ist denn los mit dir? Ist dir niemand gut genug? Weder der Arzt noch der Ingenieur oder der Rechtsanwalt?«

»Ich möchte zunächst an mich denken«, entgegnete ich ruhig, »gerade jetzt, seit ich endlich wieder zur Schule gehen kann. Ich halte es für besser, selbst zu studieren, anstatt einen studierten Herrn zu heiraten.«

Am nächsten Tag lief meine Mutter zur Schule und meldete

mich ab. Es war kurz vor den Prüfungen, auf die ich mich vorbereitet hatte und an denen ich nun nicht teilnehmen durfte. Glaubte sie wirklich, mich auf diese Weise zähmen zu können? Hatte sie nicht fast neunzehn Jahre Zeit gehabt, ihre Tochter und deren starken Willen kennenzulernen?

Fortan beobachtete sie mich auf Schritt und Tritt. Heimlich schrieb ich einen Brief an Salah, und es gelang mir mit Hilfe meines kleinen Bruders Ashraf, den ich auf meiner Seite wusste, diesen Brief nach Alexandria zu schicken. Salah hatte mittlerweile sein Studium beendet und eine kleine Wohnung bezogen. Was dann geschah, war für mich überraschend. Einige Tage später erschien Salahs Mutter bei uns und hielt im Namen ihres Sohnes ganz offiziell um meine Hand an. Es war offensichtlich, dass Salah damit die Form wahren wollte. Niemand aus der Familie sollte ihm einen Vorwurf machen können. So überraschend dieser Antrag auch für mich war, so wusste Salah natürlich, dass ich ihn nicht ablehnen würde. Skeptisch blickte ich zu meiner Mutter. Allerdings hatte ich nicht damit gerechnet, dass das passierte, was nun passierte. Meine Tante hatte den Antrag im Namen ihres Sohnes kaum ausgesprochen, als meine Mutter ihrer Schwägerin unwirsch über den Mund fuhr: »Ich werde Shahinda eher in hundert Teile zerstückeln und diese den Hunden zum Fraß vorwerfen, ehe ich Salah nur ein Stück von ihr gebe!«

Das war nicht nur unfreundlich, das war in höchstem Maße beleidigend. Mit hochrotem Kopf verließ meine Tante unser Haus, und mir war bewusst, dass ich schnell handeln musste. Meiner Mutter würde jeder Akademiker in unserem Umfeld als Schwiegersohn willkommener sein als Salah. Wieder schrieb ich Salah einen Brief, in dem ich ihm mitteilte, dass ich nur auf einen günstigen Moment warten würde, um zu ihm kommen zu können. Zum ersten Mal ließ ich ihn wissen, dass ich ihn heiraten wolle, auch wenn ich meine Familie damit brüskieren würde. Ein solches Verhalten hatte sich meine Mutter selbst zuzuschreiben, wie ich fand.

Ich ging zu Wedad Metri, um mich von ihr zu verabschieden, denn ich hatte längst einen Fluchtplan im Kopf. Wedad aber hielt von einem derartigen Vorhaben nichts. Weglaufen sei keine Lösung, sagte sie, und in meinem Falle sogar schädlich. Ich verstand nicht, was sie meinte. Und dann erklärte sie es mir: Ich sei längst zu einer öffentlichen Figur geworden, und damit hätte ich einen gewissen Vorbildcharakter. Die Leute in Shebin El-Kom, in Kamshish und in vielen anderen Dörfern würden mich mit einer bestimmten politischen Richtung identifizieren. Sosehr sie auch meine individuelle Neigung verstehen könne, so müssten wir als verantwortlich handelnde Menschen aber auch auf deren traditionelles Denken Rücksicht nehmen. »Wenn du jetzt wegläufst, würde das in deren Augen bedeuten, dass du deine Familie entehrt hast. Das wiederum wird ein negatives Licht auf unsere politische Bewegung werfen.« Hieß das, dass ich mich als fortschrittlicher Mensch der Tradition zu beugen hatte, um die eigenen Ziele nicht zu diskreditieren? Eine groteske Logik!

»Du hast mich überzeugt!«, sagte ich zu Wedad, obgleich ich keineswegs die Absicht hatte, meine Fluchtpläne aufzugeben. Weder in diesem Augenblick noch sonst in meinem ganzen Leben habe ich das persönliche Glück irgendwelchen politischen Ideen oder Parteiprogrammen untergeordnet. Für starre Ideologien war ich nicht die richtige Person, und es würde noch viele Gelegenheiten geben, dies sowohl mit meiner frühen Mentorin Wedad Metri als auch den späteren Mitstreitern erbittert zu diskutieren.

Die ganze Familie stand um das Bett meines Großvaters im Krankenhaus in Tanta herum. Ich hatte eine Tasche mitgenommen mit einigen Kleidungsstücken und meinen amtlichen Dokumenten. Meiner Mutter sagte ich zur Begründung, ich wolle für alle Fälle Trauerkleidung dabeihaben. Sie aber wollte davon nichts hören, fragte aber auch nicht weiter nach oder schöpfte gar Verdacht. Mir wurde das Herz schwer, denn ich würde wohl meinen Großvater an diesem Tag zum letzten Mal in meinem Leben sehen. Dieser Tag bedeutete aber auch die Trennung von meiner

Familie, auch wenn das im Moment niemand ahnte. Ich nahm den alten Mann in den Arm, und mir traten Tränen in die Augen. Danach zog ich mich zurück, schnappte meine Tasche und verließ unbemerkt das Krankenzimmer, um auf demselben Weg nach Alexandria zu fahren wie einige Monate zuvor.

Salahs Wohnung fand ich im Erdgeschoss eines Mehrfamilienhauses im Stadtbezirk Sporting. Nachdem ich geklingelt hatte, öffnete sich ein kleines Fenster in der Wohnungstür, aus dem mich Salah irritiert ansah. Als er weglief, konnte ich den Grund der Irritation betrachten. Er hatte nur eine Unterhose an. Schnell griff er zu einer Pyjamahose, und vor lauter Aufregung fuhr er zunächst mit beiden Füßen in dasselbe Hosenbein, stolperte in Richtung seines Bettes und hatte einige Mühe, einigermaßen korrekt gekleidet, wenn man das von einem Pyjama behaupten kann, zu mir zurückzukehren. Schließlich saßen wir uns in der dunklen Einzimmerwohnung gegenüber und waren beide ein wenig ratlos. Endlich waren wir zusammen und konnten zunächst doch nicht zusammen sein. Schließlich waren wir nicht verheiratet, und nach der »herrschenden Moral« hatte ich hier nichts zu suchen. Schon gar nicht konnte ich bei ihm übernachten.

Nach einer Weile schlug Salah vor, zu einem Ma'zoun zu gehen und den Katb El Ketab zu unterzeichnen. Das würde unsere Beziehung legitimieren. Dazu aber brauchten wir Trauzeugen. Er rief zwei Cousins an, die in Alexandria lebten. Sie waren zwar auch mit mir verwandt, aber dennoch hatte ich sie nie zuvor gesehen. So saß am Abend des 14. Oktober 1957 eine einzelne junge Frau mit drei Männern einem Ma'zoun gegenüber, um einen Ehevertrag zu unterzeichnen. Das irritierte augenscheinlich den frommen Mann, und er gab vor, mein Geburtsdatum nicht richtig lesen zu können. Es war offensichtlich, dass er uns nicht verheiraten wollte. Wir versuchten es noch bei zwei anderen Ma'zoun, aber auch sie weigerten sich, den Katb El Ketab durchzuführen.

Am Ende saßen wir zu viert in Salahs kleiner Wohnung – und ich war noch immer nicht verheiratet. Ich malte mir aus, was passieren würde, wenn meine Mutter eine Suchanzeige aufgeben und dabei Salahs Namen nennen würde. Die Polizeibehörden kannten seine Adresse. Womöglich würde man mich mit diesen drei Männern in ein und derselben Wohnung finden. Offenbar dachte das auch einer der Cousins, der vorschlug, erst einmal essen zu gehen und gemeinsam einen Plan zu überlegen.

Schließlich brachte mich Salah zu einer Großtante und deren Mann. Der Gastgeber war ein würdiger älterer Herr, und meine Anwesenheit war mir ein wenig peinlich. Was würde er wohl von mir denken, einem jungen Mädchen, das von zu Hause ausgerissen war? Die Sorge erwies sich schon bald als unbegründet. Am nächsten Morgen setzte er sich beim Frühstück neben mich und erklärte, völliges Verständnis für meine Situation zu haben. Als ich ihm – einem Journalisten, wie sich herausstellte – erzählte, dass meine Mutter eigentlich Größeres mit mir vorhatte, als mich mit Salah in dessen dunkler Einzimmerwohnung hausen zu lassen, lachte er und sagte: »Glück ist nicht abhängig von Palästen!«

Das war aus seiner Sicht leicht zu sagen, bewohnte er doch mit seiner Frau eine geräumige Villa. Dennoch beschrieb sein optimistischer Satz ziemlich präzise meine Stimmungslage.

Salah hatte den Vormittag genutzt, den Katb El Ketab etwas geschickter vorzubereiten, als dies gestern spontan erfolgt war. Mit einem Freund hatte er verabredet, dass wir in dessen Wohnung einige Leute einladen, ein kleines Fest feiern und einen Ma'zoun dorthin bestellen würden. Der feierliche Rahmen würde also ein anderer sein und hoffentlich die Skepsis des Ma'zoun in Grenzen halten.

Der Ma'zoun, der dann kam, war auch weniger misstrauisch als vielmehr auf ein saftiges Honorar aus. So fragte er eingangs sofort, wie hoch das Brautgeld sei. Danach nämlich bemaß sich anteilmäßig sein Honorar. Als Salah die Summe von 25 Piaster nannte, klappte der Ma'zoun seine Mappe mit den Urkunden sofort wieder zu. Erst als unser Freund ihm eine angemessene und vom Brautgeld unabhängige Summe nannte, fand er sich bereit, das Ehedokument auszustellen. Nun war ich also wieder verheiratet. Diesmal aber mit einem Mann, den ich verehrte, als ich noch ein kleines Mädchen war.

Der Freund, der diese Hochzeit möglich gemacht hatte, schenkte mir ein schönes Nachthemd. Erst jetzt fiel mir auf, dass ich gar keines eingepackt hatte, und so war es nicht nur ein schönes, sondern auch ein sehr praktisches Geschenk. Danach gingen wir alle zusammen essen. Als Salah wie immer die Spätausgabe der Zeitung *Al Ahram* (»Die Pyramiden«) kaufte, wurde uns vor Augen geführt, weshalb meine Mutter uns am Tag zuvor nicht die Polizei auf den Hals geschickt hatte. Darin befand sich die Todesanzeige meines Großvaters. Sie hatte also wirklich etwas anderes zu tun gehabt, als sich um die erneute Flucht ihrer erwachsenen Tochter zu kümmern. Und so wurde der 15. Oktober 1957 für mich der glücklichste und zugleich auch der traurigste Tag meines bisherigen Lebens. Es gab auch später glückliche, aber leider auch wesentlich traurigere Tage.

Über die Zukunft aber dachte ich an diesem 15. Oktober 1957 nicht nach. Ich lebte in der Gegenwart, und die bestand aus einem kleinen dunklen Zimmer mit spärlicher Möblierung, einer Küche mit einem einflammigen Propangaskocher und einem winzigen Bad. Mein ganzes bisheriges Leben hatte ich komfortabler gewohnt, aber das machte mir nichts aus, denn ich war am Ziel meiner Träume.

Bevor wir nebeneinander und ohne die Ehe vollzogen zu haben einschliefen, hatte ich Salah gestanden, in ihn schon verliebt gewesen zu sein, als ich damals eigens für ihn ein Poesiealbum gekauft hatte. Er musste lachen und bekannte, auch von mir angetan gewesen zu sein, wenngleich ich noch zu klein war, um von Liebe zu sprechen. Niemals aber habe er sich eine Partnerschaft mit einer anderen Frau vorstellen können. Ich fragte ihn, was er beim Abschied auf dem Bahnhof auf den Zettel geschrieben habe, als ich nach Qena fuhr. Er zeigte sich verwundert, dass ich das überhaupt bemerkt hatte. Dann holte er einen Ordner hervor, in dem viele Schriftstücke abgeheftet waren. Lange musste er nicht suchen, bevor er mir das kleine Stück Papier überreichte. Ich begann zu lesen, was er damals notiert hatte: »Ich wünsche ihr eine gute Reise, doch ich werde sie vermissen. Der Zug nimmt mein Herz mit an einen weit entfernten Ort.« Wir sahen einander lange wortlos an – ein Blick, der schließlich im ersten Kuss seinen Abschluss fand.

Als ich am nächsten Morgen erwachte, war Salah bereits zu seiner Arbeit gegangen. Er hatte damals die Position eines Schreibers in einer Außenstelle des ägyptischen Wirtschaftsministeriums. Ich wusste nicht recht, was ich nun tun sollte. Also fing ich an, das Bett zu richten. Dabei fiel mir unter dem Kopfkissen ein neuer Zettel in die Hände, auf den Salah geschrieben hatte: »Meine Geliebte ist zu mir gekommen. Das ist so wahr, wie es in meiner Hoffnung gewesen ist. Sie bringt mir das Licht für unseren lächelnden Morgen mit. Man sieht ihr nicht an, was sie durchgemacht hat, denn die siegreiche Liebe hat die Mängel der Rückschrittlichkeit weggewischt. Im Gegenteil, die Liebe ist gewachsen, und von der Vergangenheit ist nichts mehr zu sehen, außer der unerschütterliche Wille. Sie hat meine kleine Wohnung mit den alten Möbeln dem bequemen Leben vorgezogen. Es ist wahrlich ein schöner Anfang für Menschen, die das Volk lieben.«

25. Januar 2011

17 Uhr
Ausgeruht tritt Shahinda vor die Tür von Heba Raoufs Haus und stellt überrascht fest, dass der Tahrirplatz inzwischen viel bevölkerter ist als noch vor anderthalb Stunden. Selbst der schmale Bürgersteig entlang der Häuserfront ist voll von Leuten, die altersmäßig ihre Enkel sein könnten. Es ist augenscheinlich den diversen Internet-Portalen zu verdanken, dass ohne staatliche Zugriffsmöglichkeiten all diese Leute mobilisiert werden konnten. Trotz der drangvollen Enge wegen der halbhohen Abgrenzungen, die an dieser Stelle seit jeher die Fußgänger daran hindern sollen, unkontrolliert auf die Fahrbahn zu treten, gehen die Menschen auf

dem Bürgersteig rücksichtsvoll miteinander um. Es herrscht kein anonymes Geschiebe, wie dies sonst oft an engen Stellen in der Stadt und in den Basaren der Fall ist. Die Passanten blicken einander in die Augen, Unbekannte nicken sich freundlich zu, was allen ein Gefühl der Zusammengehörigkeit vermittelt.

An der Kreuzung zur Talaat-Harb-Straße kann Shahinda endlich auf den Platz treten, das Denkmal von Omar Makram als Ziel immer vor Augen. Dort nämlich ist der Treffpunkt, den sie mit ihren Freundinnen vereinbart hat. Plötzlich löst sich ein Fotograf aus der anonymen Masse, baut sich vor ihr auf und hebt die Kamera. Zwei- oder dreimal klickt der Auslöser, dann sagt er: »Es wird vielen älteren Leuten Mut machen, auf den Tahrirplatz zu kommen, wenn sie sehen, dass auch Shahinda Maklad hier ist!« Noch ehe Shahinda ihn fragen kann, wo dieses Foto veröffentlicht werden soll, ist der Mann schon wieder schlangenartig in der Masse untergetaucht. Offenbar geht auch der Fotojournalist davon aus, dass die Protestaktion nicht nur auf den heutigen Tag befristet bleiben wird.

Shahinda erreicht die Mitte des Platzes. Mühsam erklimmt sie die kleine Anhöhe des bepflanzten Mittelstreifens. Von hier aus hat die nicht sehr große Frau einen besseren Überblick. Der Tahrirplatz ist mittlerweile so gut gefüllt, dass es einige Anstrengung kosten wird, zum verabredeten Ort zurückzukehren. Die nächste Anstrengung besteht für sie nun darin, vom erhöhten Mittelstreifen wieder hinabzusteigen. Wie aus dem Nichts streckt sich ihr eine helfende Hand entgegen. Der junge Mann, der seine Hilfe anbietet, sieht aus wie ein Europäer oder ein Amerikaner, mit sehr heller Haut, braunem Kurzhaarschnitt und grünen Augen. Doch trotz seines für hiesige Verhältnisse fremdländischen Äußeren fragt er in einem akzentfreien ägyptischen Arabisch: »Darf ich Ihnen behilflich sein?« Dankbar nimmt Shahinda seine dargebotene Hand an, und als sie in sein freundliches Gesicht blickt, fragt sie: »Sind Sie Ägypter?«

»Ja, echter Kairener«, antwortet der junge Mann. »Ich heiße Karim und wohne drüben in Zamalek.«

Shahinda weiß natürlich, dass das ägyptische Volk ein Mischvolk ist, das europäische, vor allem aber seit der osmanischen Zeit auch türkische Einflüsse hat. Und sie weiß, dass in jenem Viertel auf der Nilinsel Gezira, wo dieser junge Mann lebt, keine armen Leute wohnen. Dort befinden sich neben dem exklusiven Sporting Club auch viele Botschafterresidenzen. Das alles verstärkt ihre naturgemäße Neugier. Was mag das Motiv dieses jungen Mannes sein, sich am Protest zu beteiligen? Als sie ihn danach fragt, stellt sie an ihm eine leichte Verlegenheit fest. Kameradschaftlich hakt sie sich jetzt bei ihm unter, und während sie sich langsam durch die Massen schieben, beginnt Karim zu erzählen: »Es wird Sie vielleicht verwundern, wenn ich Ihnen sage, dass ich nicht aus ärmlichen Verhältnissen komme und dennoch hier bin. Mein Vater ist Arzt und arbeitet für internationale Organisationen überwiegend im Ausland. Ich habe die französische Oberschule der Jesuiten besucht …«

»Bist du römisch-katholisch?«, fragt Shahinda.

»Ja. Ich weiß, dass es davon in Kairo nicht so viele gibt«, bemerkt Karim und versucht die Reaktion der Frau neben sich zu beobachten. Er ist erleichtert, als sie lachend bemerkt: »Ich habe als Kind eine Weile einen katholischen Kindergarten besucht, und in der ersten Klasse war ich bei Nonnen. Dann sind wir umgezogen. Das ist oft passiert, weil mein Vater Polizeioffizier war und häufig versetzt wurde. Aber ich erinnere mich, dass uns die Nonnen immer mit dem Rattenzimmer gedroht haben, wenn wir unartig waren. Bis mich mein Vater einmal zur Seite nahm und mir gesagt hat, dass es ein solches Rattenzimmer gar nicht gibt. Waren die Jesuiten auch so streng?«

»Oh ja«, bestätigt Karim. »Aber sie haben uns auch zur sozialen Verantwortung erzogen. Unsere Schule beteiligte sich zum Beispiel an einem Sozialprojekt in der Oase El-Fayoum. Dort haben wir Kinder aus der Mittelschicht das entbehrungsreiche Leben der einfachen Menschen im ländlichen Raum kennengelernt. Die Kinder in den Oasen bekommen nicht annähernd eine vergleichbare Schulbildung, wie ich sie selbst erfahren habe. Zur Lösung all der Probleme, die wir dort erlebt haben, reichen hundert NGOs nicht aus …«

Shahinda gefällt das, was dieser höfliche junge Mann erzählt, der aus einem sozialen Umfeld stammt, mit dem sie in ihrer bisherigen politischen Tätigkeit nur gelegentlich in Berührung kam.

»Was sind deine Träume für Ägypten?«, will sie von Karim wissen.

»Oh, da weiß ich gar nicht, wo ich anfangen soll. Sehen Sie, ich studiere an der Deutschen Universität hier in Kairo Materialwissenschaft, und das, was wir da lernen, nämlich Ressourcen zu entwickeln und effektiv damit umzugehen, lässt sich auf die gesamte Gesellschaft übertragen. Wie viele Talente von Kindern bleiben unentdeckt, weil deren Eltern nicht das Geld für gute Schulen haben. Also muss das Schulwesen, ja, man kann gar nicht sagen reformiert, es muss überhaupt erst einmal von Grund auf neu entwickelt werden. Dasselbe gilt für die nationale Industrie, für den Bereich der Energiequellen, des Recyclings ... Ich habe mit einem Freund ein Konzept für ein neues Recyclingsystem entwickelt und weiß, wovon ich rede, wenn ich sage, dass einem nur Steine in den Weg gelegt werden. Und da bin ich auch schon beim Thema Korruption. Ich bin sicher, wenn wir die zuständigen Beamten geschmiert hätten ... Aber das wissen Sie ja sicher selbst!«

»Unter welchem Regime sollen deine Visionen, die ich sehr sympathisch finde, denn verwirklicht werden?«

Karim atmet tief durch, während er beobachtet, dass seine Begleiterin immer wieder von allen Seiten begrüßt wird. Manche Leute winken ihr nur von Weitem zu, andere kommen heran und drücken ihr herzlich die Hand. Als sie sich wieder ihm zuwendet, beginnt er zögerlich: »Ich kann mir in dieser sehr eigenartigen Situation, die wir im Moment haben, kein konkretes Bild über ein künftiges Regime machen. Sehen Sie, all diese Menschen hier haben Angst um ihr Land ... ich auch. Nun, vor allem müssen künftige Führer sauber sein und nicht korrupt. Ich will keine Leute aus dem Altersheim. Verzeihung, ich habe nichts gegen das Alter. Ich liebe meine Großmutter, Gott gebe ihr ein langes Leben – aber bitte nicht als Mitglied der Regierung! Dem Alter gebührt die Ehre, aber nicht die Verwaltung.«

Erleichtert nimmt Karim zur Kenntnis, dass die ältere Dame an seiner Seite diese Aussage nicht als Fauxpas empfindet. Gemeinsam haben sie das Amr-Makram-Denkmal erreicht, und nun wendet sich Karim an sie mit einer Frage: »Sie kennen wohl sehr viele Menschen hier?«

»Warum? Ach, du meinst, weil mich so viele grüßen?«

»Ja!«

»Die wenigsten von ihnen kenne ich, aber sie kennen mich!«

»Müsste ich Sie auch kennen?«

»Nein, niemand muss mich kennen, außer denen, die mich fürchten. Vielleicht wissen deine Eltern, wer ich bin. Aber wenn man in Zamalek wohnt, erzählt man besser nicht, dass man mit Shahinda Maklad befreundet ist!«, sagt sie und muss über Karims verblüfftes Gesicht lachen. Die beiden verabschieden sich, und Shahinda nimmt sich vor, auch mit anderen Leuten das Gespräch zu suchen, die zur Generation des künftigen Ägypten gehören.

KAPITEL 11

Beginn eines neuen Lebens

Vier Wochen lang war ich ängstlich und Salah scheu. Keine gute Voraussetzung, um zum Vollzug der Ehe zu gelangen. Und so waren wir bereits mehr als einen Monat verheiratet, ehe mich mein Mann von der Jungfräulichkeit erlöste. In dieser Hinsicht war ich ihm fortan sicher eine gute Ehefrau, was man von meiner Rolle im alltäglichen Eheleben nicht sagen konnte. Zumindest dann nicht, wenn man herkömmliche Maßstäbe zugrunde legte. Ich war ein verwöhntes Mädchen, dem zeitlebens das Frühstück ans Bett serviert wurde. Das Kochen, welches andere Töchter bei ihren Müttern erlernten, hatte mir keiner unserer Köche beigebracht. Es war aber nicht so, dass ich nicht Versuche unternommen hätte, Salah eine Mahlzeit zuzubereiten. Wenn Bauern aus Kamshish kamen – wir konnten ja beide aus unterschiedlichen Gründen zu dieser Zeit nicht dort hinreisen – und uns lebende Hühner mitbrachten, so hat Salah sie geschlachtet. Warum nur hat mir keiner gesagt, dass man das tote Tier erst von den Federn befreien muss, um es quasi nackt zu kochen? Ich war auch nie zuvor über Märkte gestreift, um einzukaufen. Bei meinem ersten Marktbesuch sagte ich zum Fleischer: »Gib mir Fleisch nach deinem Gewissen.« Als Salah die Ware zu Hause begutachtete, meinte er: »Der Mann hat aber ein ziemlich schlechtes Gewissen.«

Dann zeigte er mir, wie man eine Gemüsesuppe zubereitet, und fortan brachte ich für einige Wochen Tag für Tag Gemüsesuppe auf den Tisch und dazu jeweils zwei hart gekochte Eier. Ich hatte nicht die Wohnung geputzt, weil ich das auch in meinem Elternhaus nie getan habe, weshalb es mir nicht auffiel, dass Salah seinen Pyjama morgens einfach mit dem Fuß unter das Bett schob. Zu diesem Zeitpunkt schlief ich noch tief und fest, und bis heute bin ich nur dann eine Frühaufsteherin, wenn es unbedingt nötig ist. Ernsthafte Konflikte aber hatten wir nie – jedenfalls nicht deshalb. Salah warf mir nicht vor, keine gute Ehefrau zu sein, ich aber machte ihm Vorwürfe, wenn er in ein klassisches männliches Rollenverhalten fiel. Einmal sollte ich den Umgang mit einer Nachbarin meiden, weil sie angeblich ein Flittchen sei. Ich erzählte Salah von meinem Hungerstreik, den ich einst wegen Amina begonnen hatte, und er verstand. Ein anderes Mal brachte er einen Matrosen mit nach Hause, den er irgendwo kennengelernt hatte. Da waren wir bereits in eine Zweizimmerwohnung gezogen, und Salah erwartete, dass seine Frau sich in den anderen Raum zurückzog. Das tat ich zunächst auch. Aber als sein Gast gegangen war, sagte ich: »Entweder sind deine Freunde nicht in Ordnung, dann haben sie hier nichts zu suchen. Oder aber sie sind integer, dann gibt es keinen Grund, mich aus dem Zimmer zu verbannen.« Nie wieder hat Salah das getan, und jener Matrose wurde ein guter Freund von uns. Man konnte unsere Ehe als unkonventionelle Partnerschaft bezeichnen, was sich auch darin ausdrückte, dass die politische Betätigung nicht auf den Ehemann beschränkt blieb.

Politisches Einzelkämpfertum, das wurde uns in jener Zeit klar, konnte nichts bewirken – außer, dass man auf diese Weise eine moralische Rechtfertigung vor sich selbst hatte. Die Muslimbrüder aber, an deren Seite Salah einst in Palästina kämpfte, hatten einen islamischen Staat zum Ziel, in dem eine Moral gelten würde, die wir ja gerade überwinden wollten. Insbesondere die Selbstbestimmung der Frauen, für die ich während der Kampagne für die Verwirklichung des Frauenwahlrechts aktiv geworden war, stand nicht in deren Forderungskatalog. Deshalb sympathisierten wir inzwischen mit der Ittihad Al-Qaumi, Nassers sozialistisch orientierte Nationale Union – nicht trotz, sondern auch wegen der vielen Opportunisten à la Anwar as-Sadat. Um sie zu bekämpfen, würde es besser sein, so schien es uns, sich in dieser Partei zu organisieren, als außerhalb zu stehen. Nun nahm die Ittihad Al-Qaumi aber niemanden in ihren Reihen auf, der in der Zeit nach der Revolution, also nach Juli 1952 im Gefängnis saß. Salah konnte dort folglich kein Mitglied werden. Da erinnerte er sich an seinen kommunistischen Kommilitonen mit dem islamischen Vornamen Mohammed und ich mich an Wedad Metri. Meine Vorstellungen vom Marxismus waren jedoch sehr idealistisch. Niemals hätte ich mir vorstellen können, dass es in den Reihen der Kommunisten ebenfalls Opportunisten gab. In dieser Frage machte sich der Altersunterschied von mehr als zehn Jahren zu Salah bemerkbar, der nicht an reine Lehren und edelmütige Menschen glaubte. Politik, sagte er, muss man mit den Leuten machen, die real sind, und nicht mit welchen, die man sich erträumt. Es sollte noch eine ganze Weile dauern, ehe ich wirklich verstand, was er meinte.

Wir beide hatten keine Ahnung von den gesellschaftlichen Verhältnissen in den kommunistisch regierten Ländern Osteuropas. Von der Sowjetunion wussten wir zu diesem Zeitpunkt nur, dass es dort keine Großgrundbesitzer wie Ahmed El-Feki gab, aber eben auch, dass dieses Land den Staat Israel am ersten Tag seiner Existenz diplomatisch anerkannt hatte. Dieses uns damals weitgehend unbekannte sowjetische Reich spielte jedenfalls bei der Entscheidung, uns im Frühjahr 1958 in Alexandria der Kommunistischen Partei anzuschließen, überhaupt keine Rolle. Für mich hatte da eher schon meine frühe Mentorin den Ausschlag gegeben, die zu dieser Zeit nach Alexandria gekommen war und sich mit mir traf. Endlich konnte ich Salah mit Wedad Metri bekannt machen, und ich war nicht verwundert, dass sie sich auf Anhieb gut verstanden. Sie beichtete ihm auch, dass sie im Jahr zuvor gegen meine Flucht gewesen sei. Angesichts unserer unorthodoxen, wenngleich kameradschaftlichen Partnerschaft aber sei es ihr ein besonderes Vergnügen, ihren damaligen Irrtum einzugestehen.

Unsere politischen Gespräche drehten sich um den staatlichen Zusammenschluss Ägyptens mit Syrien, der bereits am 1. Februar 1958 unter dem Namen »Vereinigte Arabische Republik« erfolgt war. In Syrien wurde die Vereinigung von der mächtigen Baath-Partei unterstützt, die sich auch zu sozialistischen Ideen bekannte. Doch war Syrien in vieler Hinsicht rückständiger als

Ägypten, der Besitz der Großgrundbesitzer bislang nicht angetastet worden. Die ägyptischen Kommunisten aber wollten sozialistische Ideen im ganzen nun vereinigten Land durchsetzen. Dieses Ziel fanden Salah und ich unterstützenswert.

Wir traten also der Kommunistischen Partei bei, und bald halfen wir mit, eine Kundgebung auf dem El Raml-Platz vorzubereiten. Die Veranstaltung drohte zu einem Desaster zu werden. Nur einige hundert Bewohner dieser Millionenmetropole hatten sich eingefunden. Die Zahl der Neugierigen, die uns vom Rand des Platzes aus begafften, war höher als die der Teilnehmer. Trotz meiner überraschenden Schwangerschaft hatte mich Salah auf seine Schultern gehoben, und ich begann mit meinem lauten Organ Parolen wie »Vereinigung für Sozialismus *und* Freiheit!« zu rufen. Schnell verbreiteten sich meine Losungen auf dem ganzen Platz. Von Salahs Schultern aus konnte ich beobachten, wie sich erst einige und dann immer mehr der Passanten, die am Rand standen, zu uns gesellten. Am Ende wurden die Parolen von einigen Tausend Menschen skandiert. Ich war selbst darüber erstaunt, dass es gelungen war, aus dem anfänglichen Fiasko doch noch einen Erfolg zu machen.

25. Januar 2011

19 Uhr

Die Dämmerung hat eingesetzt, und nachdem die Sonne ihre Kraft verloren hat, ist es kühl geworden. Viele haben den Tahrirplatz inzwischen verlassen, aber mindestens ebenso viele machen keinerlei Anstalten, nach Hause zu gehen. Im Gegenteil. In dem kleinen Park vor der Mogamma sind einige junge Leute dabei, Zelte aufzubauen. Schon vor einer Stunde war Julia bei Shahinda und ihren Freundinnen vorbeigekommen und hat verkündet: »Wir werden so lange auf dem Tahrir bleiben, bis unsere Forderungen erfüllt sind!«

Shahinda hat der kämpferische Ton der jungen Frau gefallen. Doch mehr als ein halbes Jahrhundert an politischer Erfahrung hat sie gelehrt,

dass in einer Diktatur weitreichende Forderungen immer die Gegen-
wehr der Staatsmacht zur Folge haben. Man braucht schon einen langen
Atem. Die Gegenseite wird versuchen, die Einheit der Opposition durch
bezahlte Provokateure zu erschüttern oder sie durch Nicht-Reagieren zu
zermürben. Und wenn das nicht hilft, bleibt der Einsatz von Gewalt als
letztes und leider oft auch wirksames Mittel. Mit all dem müssen auch
diese jungen Leute rechnen, die hier ihre Zelte aufschlagen oder wie Julia
pausenlos Telefonate führen. Nur wenn es gelingen wird, breite Teile des
Volkes zu mobilisieren, hat man eine Chance.

Die Stimme des Taxifahrers hört sich weniger kämpferisch an als jene
Töne, die Shahinda in den letzten Stunden auf dem Tahrirplatz vernom-
men hat. Schon kurz nachdem sie am Talaat-Harb-Platz in den Wagen
gestiegen ist, macht ihr der alte Mann klar, dass er für die Proteste der
jungen Leute wenig Verständnis hat. Dabei sollte er es nach Shahindas
Überzeugung durchaus haben, denn er schimpft auf nahezu alles, was in
Ägypten heute alltägliche Realität ist. Die hohen Lebensmittelpreise seien
kaum noch zu bezahlen. So viel werfe sein Lohn nicht ab. Hinzu komme,
dass Polizisten, die ein Taxi besteigen, grundsätzlich nicht bezahlen würden. Und das passiere immer häufiger, und wenn man sich weigere, sie zu
transportieren, ziehen sie willkürlich den Führerschein ein. Das sei einem
Kollegen von ihm geschehen, der nur gegen ein »Bakshish« von 500 ägyptischen Pfund das Dokument zurückerhalten habe. Seine Enkelkinder sä-
ßen in Schulklassen von mehr als siebzig Schülern. Das seien keine Lehr-,
sondern Verwahranstalten. Andererseits beobachte er unten an der Arcadia Mall, direkt neben diesem sündhaft teuren Hotel, wie schicke Ägypte-
rinnen aus Luxuskarossen steigen, deren Anschaffungswert er in zehn Leben nicht erwirtschaften könne. Er mag gar nicht darüber nachdenken,
was sie in dieser Einkaufsmeile an einem einzigen Nachmittag ausgeben.

Als der schimpfende Mann sein Taxi vor Shahindas Neubaublock in
Nasr City stoppt, fragt sie ihn: »Sind Sie nicht der Meinung, dass all das,
worüber Sie in den letzten dreißig Minuten geschimpft haben, Gründe
genug sind, um sich dem Protest auf dem Tahrirplatz anzuschließen?
»Wozu?«, ruft er. »Glauben Sie wirklich, dass das irgendetwas bewirkt?«
»In Tunesien hat es vorletzte Woche bewirkt, dass Zine El-Abidine Ben
Ali seinen Hut genommen hat«, hält Shahinda dagegen.

Als der offenbar unbelehrbare Mann eine wegwerfende Geste macht, erklärt sie mit unüberhörbar verärgertem Unterton: »Sie erzählen mir lauter Dinge, die ich selber weiß, und ich höre mir Ihr Geschimpfe geduldig an. Es wäre viel wichtiger, dass Husni Mubarak und seine Clique endlich erfahren, was das Volk denkt. Deshalb war ich heute auf dem Tahrirplatz, und ich werde auch morgen wieder dort sein.«

Ohne seine Reaktion abzuwarten, drückt ihm Shahinda einen Geldschein in die Hand, steigt aus dem Wagen und läuft die wenigen Meter zu ihrer Haustür hinüber.

22.30 Uhr

Die Abendnachrichten des staatlichen ägyptischen Fernsehens ignorieren die Vorgänge auf dem Tahrirplatz. Stattdessen räumen sie der Berichterstattung über einen Brandanschlag in Beirut, den Anhänger der libanesischen Hisbollah auf ein Fahrzeug des TV-Senders Al-Jazeera verübten, breiten Raum ein. Für Shahinda Maklad ist dies Grund genug, um auf den Kanal von ONtv umzuschalten. Die aktuellen Nachrichten des regierungsunabhängigen Senders des koptischen Mobilfunkunternehmers Nagib Sawiris zeigen Szenen vom Einsatz von Wasserwerfern auf dem Tahrirplatz. Shahinda ist darüber nicht verwundert. Ihr war ohnehin klar, dass das Regime nicht lange tatenlos zusehen würde. Wie oft sah sich die Staatsmacht in Kamshish wegen weitaus weniger bedeutender Aktionen zu einem brutalen Vorgehen veranlasst. Nun kommt es darauf an, dass man sich nicht einschüchtern lässt und weiterhin immer mehr Leute auf die Straßen bringt.

KAPITEL 12

Meine erste öffentliche Rede

Natürlich sollte meine Mutter darüber informiert werden, dass sie Großmutter geworden war. Doch seit der gemeinsamen Reise zu Großvaters Krankenbett hatte ich zu ihr keinen Kontakt mehr. So war ich Salahs Mutter dankbar, dass sie das übernahm. Von ihr erfuhr ich, dass meine Mutter sehr freudig reagiert hatte und umgehend nach Alexandria reisen wollte, um ihren Enkel zu sehen. Von diesem Vorhaben hat sie aber sofort wieder Abstand genommen, als sie hörte, dass ich nicht in einer mondänen Privatklinik, sondern in einem staatlichen Krankenhaus entbunden hatte. Das hielt sie offenbar für nicht standesgemäß. Wie erst würde sie auf unsere bescheidenen Wohnverhältnisse reagieren? Ihr Verhalten zeigte mir, wie sehr sich unsere Welten bereits auseinanderentwickelt hatten.

Als unser kleiner Nagy eine Woche alt war, sagte ich zu Salah, dass ich mit dem Kind zu meiner Mutter fahren wolle. Er aber war dagegen. Nicht, dass ich mir die Reise hätte verbieten lassen, aber ich hätte dennoch nicht gegen seinen Willen Kontakt mit meiner Mutter aufgenommen. Immerhin hatte sie ihn einst beleidigt. Als ich neben unserem Baby auf dem Sofa lag, brach ich plötzlich in Tränen aus. Salahs Mutter, die angereist war, um mir ein wenig zur Hand zu gehen, sagte zu ihrem Sohn: »Erlaube Shahinda, zu ihrer Mutter zu reisen. Tue es für mich!«

Er antwortete: »Natürlich hat sie meine Zustimmung, aber nicht deinetwegen, sondern ihretwegen.«

In Shebin El-Kom passierte, was ich nicht für möglich gehalten hätte. Schon auf dem Bahnhof schloss meine Mutter mich in die Arme. Auf dem Weg zu ihrem Haus bestand sie darauf, selbst ihren kleinen Enkel zu tragen, der sich das auch ohne Quenge-

lei gefallen ließ. Sie entschied, für Nagy eine Al-Sebou-Feier auszurichten, jenes feierliche Ritual, bei welchem dem Kind viele
gute Segenswünsche auf den Lebensweg mitgegeben werden. Allerdings machte ich zur Bedingung, dass auch der Vater meines Sohnes dazu eingeladen würde. Ich hatte die Hoffnung, dass
meine Mutter nun endlich Salah als ihren Schwiegersohn akzeptieren würde. Eine Hoffnung, die sich in weitaus größerem Maße
erfüllte, als ich es erwartete. Die verspätete Al-Sebou-Feier (üblicherweise findet sie am siebten Tag nach der Geburt eines Kindes
statt), an der viele Familienmitglieder teilnahmen, gestaltete sich
schließlich zu einem mit großem Aufwand nachgeholten Hochzeitsfest.

Salahs Reisebeschränkungen waren mittlerweile aufgehoben
worden, und so konnte er sich auch gefahrlos in Kamshish zeigen. Viel hatte sich nicht verändert, seit Sadat eine Untersuchungskommission angekündigt, aber nie vorbeigeschickt hatte.
Die Führer der Bauernbewegung und mein Mann waren sich einig, dass dies nicht so bleiben dürfe. Gemeinsam beschlossen sie,
dass ich künftig als Kontaktperson zwischen ihm und den Bauern von Kamshish fungieren solle. Da war noch nicht davon die
Rede – und auch ich selbst hatte nicht daran gedacht –, dass ich
auf Dauer aktiv in die Bauernpolitik einsteigen würde. Und schon
gar nicht konnte irgendeiner annehmen, dass der Name Kamshish
einige Jahre später weltberühmt sein würde. Wenngleich ich auf
die Umstände, die unser Dorf in die Schlagzeilen brachten, gern
verzichtet hätte.

Wir mussten aktiv werden und für die Aussage, die der arme
Aboul Enein El-Feki damals gemacht hatte, handfeste Beweise
liefern. Gemeinsam mit den örtlichen Vertretern der Nationalen
Union, der nasseristischen Partei, riefen wir die Bauern auf, uns
die Verträge vorzulegen, zu denen sie einst von der Großgrundbesitzerfamilie genötigt worden waren. Darin waren ja die Flächen ausgewiesen, die ihnen bis dahin gehört hatten. Mit diesen
Verträgen fuhren wir dann nach Shebin El-Kom und verglichen

sie mit den Einträgen beim Grundbuchamt. Es bestätigte sich die mutige Aussage von Aboul Enein El-Feki – die durch Erpressung angeeigneten Felder waren dort tatsächlich nicht auf den Namen des Großbauern registriert. Ich konnte es kaum glauben, dass wir dafür die Beweise nun schwarz auf weiß in Händen hielten. Warum nur hatte der Großgrundbesitzer eine solch fatale Nachlässigkeit begangen? War es überhaupt eine Nachlässigkeit? Salah und die Bauernvertreter von Kamshish meinten, es spreche einiges dafür, dass Ahmed El-Feki das vom Revolutionären Kommandorat erlassene Gesetz umgehen wollte, wonach für Einzelpersonen kein Landbesitz von mehr als 50 Feddan erlaubt war und Großfamilien maximal 200 Feddan gestattet wurden.

Gemeinsam mit Salah setzten die Vertreter der Bauern ein Schreiben auf und schickten es mit beglaubigten Kopien der Grundbuchseiten sowohl an Gamal Abdel Nasser als auch an das für die Agrarreform zuständige Ministerium. Nun würde Sadat seine schützende Hand wohl nicht mehr länger über seine reichen Freunde in Kamshish halten können. Das dachte ich zumindest. Doch es geschah wieder nichts, und diese Untätigkeit der offensichtlich korrupten Behörden führte im September 1958 zu meinem ersten öffentlichen Auftritt.

Im Sportstadion von Shebin El-Kom wurde ein Kongress der Nationalen Union und des Revolutionären Kommandorats durchgeführt, an dem auch Mitglieder der Regierung teilnahmen. Das Thema des Kongresses war die »Sicherung der sozialistischen Errungenschaften in der Vereinigten Arabischen Republik«. Es war einer dieser Kongresse, auf dem enthusiastisch vorgetragene revolutionäre Propagandareden und artig verlesene Jubeladressen von der Masse beklatscht wurden. Beides hatte nur überhaupt nichts mit der Realität in Kamshish und vielen anderen Dörfern zu tun. Dort herrschten nach wie vor feudale Verhältnisse.

Mich hielt nichts mehr auf meinem Stuhl. Von hinten betrat ich die Loge, in welcher Kamal El-Din Hussein saß, der als ein Vertreter des Revolutionären Kommandorats aus Kairo angereist war. Es gelang mir, an ihn heranzukommen. Ich sagte ihm, dass ich im Namen der Bauern von Kamshish und der örtlichen Organisation der Nationalen Union ein paar Begrüßungsworte sprechen wolle. Er sah mich irritiert an und fragte, ob dies mit den Organisatoren der Veranstaltung abgesprochen sei. »Ja!«, log ich, und so ließ man mich tatsächlich ans Mikrofon.

Als ich das Gesetz für eine Agrarreform als großen Erfolg der Revolution bezeichnete, bekam ich noch Applaus. Dann aber sagte ich, dass bei uns in Kamshish weiterhin der Großgrundbesitzer Ahmed El-Feki schalten und walten könne wie zu Zeiten der Monarchie. Sofort sprangen irgendwelche Ordner herbei und versuchten mich vom Podium zu zerren. Meine Kritik passte nicht zu ihrer Jubelveranstaltung. Ich hielt mich jedoch am Pult fest und rief Kamal El-Din Hussein zu, dass ich die Beweise bei mir hätte. Von unten kam aus vielen Hundert Kehlen der Ruf: »Lasst sie reden!« Schließlich gab Kamal El-Din Hussein ein Zeichen, dass man mich fortfahren lassen solle.

Ich hob die Dokumente in die Höhe und erklärte in dem riesigen Stadion, dass die revolutionären Errungenschaften, um die es ja auf diesem Kongress gehen würde, von reaktionären Kräften mit Füßen getreten würden. Als ich fertig war, erhielt ich Applaus und wurde umgehend von Hassan Boghdadi, dem Minister für die Agrarreform, zu einem Gespräch in das Clubrestaurant gebeten. Ich war innerlich aufgewühlt, als ich ihm alle Unterlagen übergab und ihm von den Machenschaften des Ahmed El-Feki erzählte. Er hörte mir aufmerksam zu, und am Ende versprach er mir, innerhalb der nächsten Tage einen Vertreter nach Kamshish zu schicken. Gemeinsam mit einem Beamten des Grundbuchamts von Shebin El-Kom würden die von mir vorgetragenen Vorwürfe überprüft. Ich spürte, dass er es ernst meinte und im Gegensatz zu Anwar as-Sadat zu seinem Wort stehen würde. Sollte meine Rede, während der mir das Herz bis zum Hals geschlagen hatte, tatsächlich etwas bewirkt haben?

Am nächsten Tag schrieb der bekannte Kolumnist Ahmed Bahaa El-Din in der Zeitung *Akhbar el Yom* (»Nachrichten von heute«) von »einer mutigen Frau aus Kamshish«, die sich den

Platz am Mikrofon nicht streitig machen ließ und den Kongress-
teilnehmern von den unhaltbaren Zuständen in ihrem Dorf berichtet habe. Leider sei diese »tapfere Person« namens Shahinda
Maklad zwar ihm, nicht aber der Redaktion bislang bekannt, weshalb es kein Archivfoto von ihr gäbe. Aber man werde sicher noch
von ihr hören. Welch zutreffende Prophezeiung!

26. Januar 2011

10 Uhr
Nach und nach erscheinen Vertreter der verschiedenen Oppositionsgrup-
pen im Konferenzraum des Architekturbüros von Mamdouh Hamza. Anlass des Treffens sind die Festnahmen, die in der Nacht auf dem Tahrirplatz durch die Polizei und den Geheimdienst vorgenommen wurden.
Ein Mitarbeiter von Ayman Nour erklärt, dass ihnen Informationen vorlägen, wonach die Verhafteten in die Militärcamps außerhalb Kairos, an
der Straße nach Ismalija, verbracht worden seien. Irgendwer hat bereits
den Text für ein Kommuniqué vorbereitet, in dem in aller Schärfe pro-
testiert und die sofortige Freilassung der Gefangenen gefordert wird. Man
braucht einige prominente Namen unter dem Dokument, und Shahinda
Maklad willigt ein, es zu unterzeichnen. Dieser Text soll dem Büro von
Husni Mubarak, dem des Ministerpräsidenten und an den Parlaments-
präsidenten übermittelt werden. Natürlich müssen auch die Medien darüber informiert werden. Umgehend beginnt Shahinda Maklad damit,
aus dem Speicher ihres Mobiltelefons die E-Mail-Adressen von ihr bekannten Journalisten herauszusuchen. Außerdem soll das Kommuniqué
auf dem Tahrirplatz verlesen werden, weshalb Mitarbeiter von Mamdouh
Hamza vor Ort bereits damit beschäftigt sind, Podien aufzubauen und
Lautsprechertechnik zu installieren.

Die Versammlung löst sich auf, um zum Tahrirplatz zu gehen. Die
Protestaktion der Facebook-Jugend geht in die nächste Runde, und Shahinda Maklad will durch ihre Anwesenheit dazu beitragen, dass daraus
eine »Vollversammlung des Volkes« wird.

14 Uhr

Shahindas Taxi hält vor dem Café Groppi am Talaat-Harb-Platz. Schon auf dem Weg, die wenigen Meter zum Tahrirplatz hinunter, muss sie feststellen, dass deutlich weniger Menschen hier sind als am Tag zuvor. War der gestrige Protest nur ein Strohfeuer, welches kurz aufgeflammt ist und nun langsam verglimmt? Sie geht zu dem nun schon zu ihrem Stammplatz gewordenen Amr-Makram-Denkmal und läuft dort Julia in die Arme.

»Alle Organisatoren rufen die Bevölkerung für übermorgen zu einem ›Tag des Zorns‹ auf«, gibt die junge Frau eine Information weiter, die Shahinda Maklad bereits im Büro von Mamdouh Hamza bekommen hat.

»›Tag des Zorns‹ – das hört sich gut an«, meint Shahinda. »Zorn ist es, was die Menschen vereint, und wenn der Tahrirplatz ihnen ein Ventil öffnet, dann können das Mubarak und seine Clique nicht überhören.«

KAPITEL 13

Die Macht des Opportunismus

Fast 2000 Bauern hatten sich vor der Polizeistation von Kamshish eingefunden. Es herrschte eine fröhliche Stimmung, denn sie waren davon überzeugt, dass sie die geraubten Felder an diesem Tag zurückbekommen würden. Die El-Feki-Familie hatte, so schien es, ganz schlechte Karten.

Die Kommission würde bei jedem einzelnen Grundstück fragen, wem es gehört. Gaben die El-Fekis die geraubten Felder als ihr Eigentum an, würden sie die zugelassenen 200 Feddan bei Weitem überschreiten. Sollten sie aber bestreiten, dass ihnen das Land gehört, hätte der jeweilige Bauer die Möglichkeit, den Acker, den seine Familie seit Generationen bebaute, für sich zu reklamieren. Die El-Fekis würden auf der Stelle enteignet. So ähnlich hatte ich es in Talkha erlebt, und doch war ich skeptisch, dass es in Kamshish ebenso erfolgen würde. Entsprechend optimistisch wurde der Abgesandte aus Kairo erwartet.

Der Mann, der vor der Polizeistation aus dem Wagen mit dem Kennzeichen für Regierungsfahrzeuge stieg, war ein freundlicher Herr. Er stellte sich selbst als Hassan Rahmy und seine beiden Begleiter als Beamte des Vermessungsamts von Shebin El-Kom vor. Er fragte, ob jemand aus der El-Feki-Familie anwesend sei, und als sich keiner meldete, schickte er einen der Dorfpolizisten zu deren Haus. Es dauerte eine ganze Weile, ehe der Gutsverwalter des Salah El-Feki erschien. Salah El-Feki war nach dem Tod seines Vaters das Familienoberhaupt. Gemeinsam mit dem Verwalter zogen wir auf die Felder. Die beiden Beamten aus der benachbarten Distrikt-Hauptstadt hatten einen riesigen Vermessungsplan dabei. Wann immer sie auf eine der nicht registrierten Flächen zeigten und fragten, wem sie gehören würde, sagte der

Verwalter, dass sein Herr der Eigentümer sei. Hätte uns das stutzig machen sollen? Wir waren verwundert, aber nicht skeptisch. Auch nicht, als er auf die Frage, warum das Land nach dem Kauf nicht registriert worden sei, hilflos mit den Schultern zuckte. Salah sprach beruhigend auf die Bauern ein, wenn sie aufbegehren und auf das Zustandekommen dieser Verträge verweisen wollten. Die Zeit, sagte er, würde für sie arbeiten. Denn umso größer die Fläche werde, die der Bauer Salah El-Feki als sein Eigentum beanspruche, umso mehr würde dies gegen die Bestimmungen der Agrarreform sein.

Am Ende des Tages wurde auf der Polizeistation ein Protokoll aufgesetzt, das die Gesamtfläche des Großgrundbesitzers El-Feki tatsächlich auf die 900 Feddan bezifferte, von der sein armer Neffe einst gesprochen hatte. Und das nur in Kamshish, denn Salah El-Feki besaß anderswo auch noch Land. Wir glaubten uns am Ziel. Doch wir hatten nicht mit den hoch bezahlten Anwälten der Gegenseite gerechnet, die in dieser Agrarreformbehörde so manchen stillen Bewunderer hatten. Jedenfalls zogen die Advokaten das Verfahren mit immer neuen »Beweisen« und »Widersprüchen« schier endlos hin. Wir hatten wiederum die Medien auf unserer Seite, die mehrheitlich Nassers Kurs unterstützten. Ständig waren mit uns sympathisierende Journalisten in Kamshish, und nach jedem neuen juristischen Winkelzug der gegnerischen Anwälte war ihre Berichterstattung in unserem Sinne. Trotzdem bewegte sich nichts. Die Korruption in den Behörden schien größer zu sein als von uns angenommen. Schließlich animierte ich die in Kamshish ansässigen Vertreter der Nationalen Union, direkt an Gamal Abdel Nasser ein Telegramm zu schicken. Darin sprachen sie die unhaltbaren, durch die Behördenmitarbeiter verursachten Verzögerungen an, und es gipfelte in der Frage: »Warum lässt du das zu?«

Die Warnung nur wenige Tage später war ausgerechnet von meiner Mutter gekommen. Von ihrem Bekannten im Innenministerium, der Salah einst »hinter die Sonne« schicken wollte, hatte sie erfahren, dass am nächsten Morgen eine landesweite Verhaftungswelle aller Mitglieder der Kommunistischen Partei erfolgen würde. Salah meldete sich für eine Weile von seiner Arbeitsstelle ab, und wir tauchten im Haus eines politisch unverdächtigen Freundes außerhalb von Alexandria unter. Mein kleiner Nagy war zu dieser Zeit bei meiner Mutter in Shebin El-Kom. Im Radio wurde an diesem Januarmorgen 1959 davon berichtet, dass Tausende ägyptischer Kommunisten seit dem Morgen festgenommen worden seien, darunter nahezu die gesamte Parteiführung.

Am dritten Tag unseres Exils rief ich Wedad Metris Mutter an und erfuhr, dass auch ihre Tochter verhaftet worden war. Sie sitze im Frauengefängnis bei den Barragen – dort, wohin sie uns als Schülerinnen einst mitgenommen hatte. Es war für mich vollkommen ausgeschlossen, sie zu besuchen. Aber auch in Kamshish konnte ich mich vorerst nicht sehen lassen. Ich konnte froh sein, dass Salah und ich uns durch die rechtzeitige Warnung meiner Mutter der Festnahme hatten entziehen können. Aber wie lange war es möglich, in unserem Versteck zu bleiben?

Drei Wochen später wagten wir die Rückkehr nach Alexandria. Salah ging wieder arbeiten, und ich holte Nagy bei meiner Mutter ab. Dennoch schwebte das Damoklesschwert der drohenden Verhaftung auch weiterhin über uns. Wir waren zur politischen Untätigkeit verurteilt. Eigentlich sollten in einem solchen Fall die Genossen, die nicht im Gefängnis saßen, unverzüglich die illegale Parteiarbeit organisieren. Außer uns beiden kannte ich aber keinen, der noch in Freiheit war. Im Grunde war es eine Zeit der ständigen Angst. Merkwürdigerweise ist dies ein Zustand, an den man sich nicht nur gewöhnt, sondern den man sogar überwindet. Bis heute würde ich mich nicht als furchtsam bezeichnen, obgleich ich mehr als einmal dazu Anlass gehabt hätte.

18 Uhr

Auf dem Talaat-Harb-Platz herrscht eine streitbare Stimmung. Shahinda Maklad ist die wenigen Meter vom Tahrirplatz hergekommen, um ein Taxi zu finden, das sie nach Hause bringt. Nun aber hält sie die Neugier davon ab. Vor dem Café Riche, das seit jeher ein Hort des intellektuellen Lebens ist, stehen einige Menschen um zwei junge Leute herum. Sie lauschen, wie sich die beiden gegen einen älteren Herrn verteidigen. Der elegant gekleidete Mann spricht dem Protest auf dem nur 300 Meter entfernten Tahrirplatz jede Erfolgsaussicht ab. Shahinda Maklad nähert sich von hinten und hört, wie er in einem arroganten Tonfall zu den jungen Leuten sagt: »Wenn einer von euch ein General wäre oder wenigstens ein Oberst, dann würde dieses Gespräch einen Sinn machen. Veränderungen sind in diesem Land immer nur von der Armee bewirkt worden und nicht von solchen aus Biskuitteig gemachten Leuten, wie ihr es seid!«

Lautstarker Protest erhebt sich, was den Herrn zu einem weiteren Angriff animiert: »Schön, ihr wollt ernst genommen werden. Ich nehme euch ernst, und so stelle ich euch ernsthaft die Frage: Wer aus eurer Generation kann dieses Land führen?«

»Die Frage stellt sich doch auch ohne die Proteste auf dem Tahrirplatz«, ruft ein junger Mann erregt. »Oder glauben Sie, Mubarak sei unsterblich?«

Eine junge Frau mischt sich ein: »Wollen Sie uns etwa Omar Suleiman verkaufen, den Geheimdienstchef? Der ist kaum jünger als der Pharao …«

»Oder Gamal Mubarak, den korrupten Sprössling des Alten?«, brüllt eine junge Nubierin von weiter hinten.

Shahinda genießt den Augenblick, in dem junge Leute sich nicht mehr mundtot machen lassen. Trotz des Polizeieinsatzes vom Vorabend sind sie auch an diesem Tag wiedergekommen und streiten auf offener Straße für ihre Meinung.

»Ich habe keinen einzigen der von Ihnen genannten Namen ins Spiel gebracht«, verteidigt sich der elegante Herr und geht sofort wieder zum Gegenangriff über. »Sie aber können nur sagen, wen Sie nicht haben wollen, mir aber keinen einzigen Namen irgendeines Hoffnungsträgers nennen, der jünger als sechzig ist.«

Shahinda hat sich bereits nah an die diskutierende Gruppe herangeschoben, und unter den erwartungsvollen Blicken der jungen Leute wendet sie sich jetzt direkt an den Herrn: »Verzeihen Sie, mein Herr, ich nehme nicht an, dass Sie mich auch als eine aus Biskuitteig gemachte Person bezeichnen wollen?«

Alle Blicke sind plötzlich auf Shahinda gerichtet, und auch der Angesprochene sieht sie, die Arme verschränkend, stumm an.

»Ich habe nur eine Frage an Sie«, fährt Sahinda fort, »eine ganz simple Frage: Glauben Sie, dass in einem Land von achtzig Millionen Menschen keine dreißig Leute gefunden werden können, die in der Lage und auch bereit wären, das Amt des Präsidenten verantwortungsvoll zugunsten des Volkes auszuüben?«

Die jungen Frauen und Männer rundherum spenden spontanen Applaus und rufen zustimmende Kommentare. Der elegante Herr wartet, bis sich die Euphorie gelegt hat, ehe er erneut das Wort ergreift.

»Ich bin ganz sicher, dass Ägypten auch künftig geeignete Präsidenten an seiner Spitze haben wird. Allerdings bezweifle ich sehr, dass ich mich mit jemandem anfreunden könnte, der auch Ihnen gefällt.«

»Wie können Sie einen solch unverschämten Satz sagen!«, ereifert sich eine junge Frau neben Shahinda. »Sie kennen diese Dame doch gar nicht!«

Mit einer abwehrenden Handbewegung erklärt der Herr: »Das ist falsch, was Sie behaupten, junge Frau. Jeder politisch interessierte Mensch aus meiner Generation kennt diese Person. Und ich darf Ihnen sagen, es handelt sich bei ihr keineswegs um eine Dame.«

Mit dieser Bemerkung dreht er sich um und läuft in Richtung der Kasr El-Nile davon, gefolgt von nahezu der gesamten Gruppe, die schimpfend hinter ihm herzieht.

Shahinda muss schmunzeln. Wie oft schon haben sich großbürgerliche Typen in dieser Art abfällig über sie geäußert. Nun aber muss er sich gefallen lassen, dass eine Horde junger Aktivisten ihm keinen eleganten Abgang gestattet. Plötzlich wird sie von einem jungen Mann angesprochen: »Entschuldigen Sie meine Neugier, aber … wer sind Sie denn?«

KAPITEL 14

Ein erster Sieg

Am Ende des Jahres 1961 kam es wieder zur staatlichen Trennung Ägyptens von Syrien. Präsident Nasser nannte als einen Grund dafür die Weigerung der syrischen Großbauern, die Agrarreform zu akzeptieren. Salah und ich saßen gespannt vor dem Radiogerät und hörten mit wachsender Begeisterung seiner Rede zu, in der er einen flammenden Appell gegen die auch im eigenen Lande noch rückständigen Strukturen hielt.

»Hat er womöglich mit einer Verspätung von mehr als zwei Jahren das Telegramm aus Kamshish in die Hände bekommen?«, fragte ich Salah. Unwillkürlich mussten wir beide lachen.

Würde es dieses Mal Salah El-Feki an den Kragen gehen? Nach einer solchen Rede konnten doch wohl selbst die korruptesten Beamten im Ministerium für Agrarreform den Fortschritt nicht mehr blockieren. Davon waren wir an diesem Tag überzeugt. Nichts hielt mich mehr zurück. Die Bauern in Kamshish waren mir ans Herz gewachsen, und ich wollte an deren Seite sein. Salah unterstützte mich dabei. Und auch, als ich beschloss, die Mitgliedschaft in der Nationalen Union zu beantragen. Nachdem unser gemeinsames Engagement in der inzwischen ohnehin nicht mehr tätigen Kommunistischen Partei gerade ein Jahr gedauert hatte, wollte ich Nasser unterstützen. Nicht nur im Kampf gegen die Großgrundbesitzer, sondern vor allem auch gegenüber gewissenlosen und bestechlichen Leuten in den eigenen Reihen. Salah, dem wegen seines einstigen Gefängnisaufenthalts ein solcher Schritt noch immer verwehrt blieb, schlug vor, in unserem politischen Engagement künftig arbeitsteilig vorzugehen. Er würde weiterhin im Hintergrund agieren und die strategischen Überlegungen anstellen und ich die taktischen Aktionen vor Ort organisieren. Oder wie es einer der führenden Bauern später einmal sagte: »Salah ist der Kopf, und die Muskeln sind Shahinda.«

In Kamshish wurde ich herzlich empfangen, und die Vertreter der nasserschen Partei boten mir an, für einen Sitz im örtlichen Komitee der Nationalen Union zu kandidieren. Es gab eine Menge zu tun, und ich sagte den Bauern, wofür ich mich stark machen wolle. Natürlich stand die Rückgabe der Felder ganz oben auf der Liste. Aber es existierten noch andere Missstände. Den Vorstand der lokalen Koop, jener Stelle, welche die Bauern mit Saatgut und Düngemittel versorgte, hatte Salah El-Feki mit seinen eigenen Leuten besetzt, um bevorzugt beliefert zu werden. Dem musste ebenfalls ein Ende gemacht werden.

»Bald wird er auch nicht mehr so viel Saatgut und Dünger brauchen, weil sein Land viel kleiner sein wird!«, rief ich auf einer Bauernversammlung aus und bekam johlende Zustimmung. Ein solch enthusiastischer Beifall war für mich motivierend, denn ich konnte ja viel versprechen – ich musste es aber auch halten. Umso mehr, als ich gemeinsam mit Salah noch weitergehende Visionen für Kamshish entwickelt hatte. Es sollte die Krankenversorgung im Dorf verbessert werden, und langfristig war eine Landarbeitergewerkschaft geplant, die die Rechte derjenigen vertreten sollte, die kein eigenes Land besaßen. Schließlich wurde ich mit überwältigender Mehrheit als erste Frau in das örtliche Komitee der Nationalen Union gewählt. Das Vertrauen der Bauern hat mich mit Stolz erfüllt.

Gamal Abdel Nasser schien seine in der Rede verkündete Kampagne gegen die verbliebenen Großgrundbesitzer ernst zu nehmen, denn tatsächlich wurde der erneute Besuch einer Untersuchungskommission angekündigt, deren Ergebnisse man nicht mehr verschleppen wollte. »Es werden Entscheidungen getroffen und unmittelbar umgesetzt«, hieß es. Diesmal war ich nicht skeptisch, sondern optimistisch. Auch Salah war davon überzeugt, dass wir kurz vor dem Ziel standen. Offenbar strahlten wir diese Zuversicht auch aus, denn als wir die Bauern versammelten, um ihnen zu verkünden, dass bereits am nächsten Tag eine Kommission aus Kairo kommen würde, führten sie Freudentänze auf, und die Frauen des Ortes fingen an zu trillern.

Die Euphorie fand ein jähes Ende. Die Versammlung war gerade dabei sich aufzulösen, als plötzlich zwei Polizeitransporter aus Shebin El-Kom vorfuhren. Mehrere Uniformierte sprangen von der Ladefläche, schnappten sich Salah und warfen ihn in die Box. Als sie auch den Vertreter der Nationalen Union festnehmen wollten, fiel der in Ohnmacht. Sie legten den leblos wirkenden Mann in das Gras neben der Straße und fuhren mit Vollgas davon. Geistesgegenwärtig sprang ich auf die Kühlerhaube des zweiten Polizeiwagens und lehnte mich gegen die Windschutzscheibe, sodass der Fahrer nichts mehr sehen und folglich auch nicht wegfahren konnte. Der Beifahrer sprang heraus und forderte mich auf, von der Kühlerhaube herunterzusteigen. Wir alle kannten diesen Polizeioffizier, der Farid hieß.

Ich schrie: »Wir nehmen Farid als Geisel für Salah!«

Innerhalb kürzester Zeit lief das ganze Dorf zusammen. Als die Bauern einen von ihnen leblos im Gras liegen sahen, nahmen sie an, er sei tot, was ihre Wut nur anstachelte. Spontan legten sich einige von ihnen vor den Polizeiwagen, andere banden Vieh an die Stoßstangen, und wieder andere ließen die Luft aus den Reifen. Dann skandierten sie: »Die Polizei frisst Kartoffeln!« – eine Metapher für ihre Korruption. Nach einer Weile rief ich laut: »Gamal Abdel Nasser zertrete die Rückständigkeit!« Ich war und bin bis heute davon überzeugt, dass unser Präsident in seinem internen Kampf gegen käufliche und reaktionäre Beamte einen schweren Stand hatte. Er brauchte die Unterstützung des einfachen Volkes. Die Bauern verstanden diese Parole – und übernahmen sie in ihre Sprechchöre.

Einige nannten Farid mit Blick auf den im Gras liegenden Bauern einen Mörder. Offenbar nahm auch er an, dass der Mann gestorben war, sonst hätte er wohl auf dessen Ohnmacht hingewiesen. Zitternd vor Angst ergab er sich in sein Schicksal.

Als der Besinnungslose dann doch nach einer Weile erwachte, liefen einige zu ihm hin und flüsterten ihm ins Ohr: »Stell dich tot!«

Abdallah Sherif, der bei Sadats erstem Besuch als Verhandlungsführer der Bauern fungiert hatte, erschien. Sein Alter hatte ihn offenbar milde werden lassen, denn er sagte: »Lasst Farid und seinen Kollegen frei, dann wird auch Salah bald wieder hier sein!«

Er mochte seinen Kampfeswillen inzwischen eingebüßt haben, umso mehr aber erwachte meiner. Ich schrie ihn an: »Geh nach Hause, sonst demonstrieren wir gegen dich!«

Dann passierte lange nichts. Wir hielten Farid in Schach, und wahrscheinlich dachte er dasselbe wie ich: Irgendwann musste doch den Polizisten in Shebin El-Kom auffallen, dass ihr zweiter Polizeiwagen nicht zurückgekehrt war. Ein sehr alter Mann kam zu uns und sagte mit Blick auf Farid, der gegen den Wagen gelehnt stand: »Gebt ihm doch einen Stuhl.« Empört wurde dessen Ansinnen zurückgewiesen, und einige der jüngeren Bauern stießen den alten Mann zur Seite. Der lief sofort zu Farid, verpasste ihm eine schallende Ohrfeige und sagte: »Jetzt werde ich deinetwegen noch gestoßen!«

Die Dämmerung brach schließlich herein, und wir stellten Fackeln auf. Endlich kam der Polizeipräsident des Gouvernements Al-Minufiyya höchstpersönlich mit einem Transporter angefahren. Hinten in der Box erkannte ich Salah. Im Nu war der Wagen von jubelnden Bauern umstellt. Salah konnte nicht einmal die Tür öffnen, und so war er gezwungen, mühselig aus dem Autofenster zu steigen. Einige der Fellachen hoben ihn auf ihre Schultern. Mein Mann winkte mir fröhlich und rief der Menge entgegen: »Nur das Wort der Bauern gilt!«

Dann hoben sie auch den Polizeipräsidenten auf ihre Schultern, was mich verwunderte, denn augenscheinlich stand er doch mit den reaktionären Kräften im Bunde. Anders war es nicht zu erklären, dass er Salah hatte festnehmen lassen. Nun aber zwangen ihn die Leute von Kamshish, ebenfalls diese Parole zu rufen. Es war ein groteskes Bild, wie der korrupte Distrikt-Chef der Polizei auf deren Schultern durch den Ort getragen wurde und ausrief: »Nur das Wort der Bauern gilt!«

Salah El-Feki muss eine Warnung erhalten haben. Noch bevor wir über das Kommen der Untersuchungskommission informiert worden waren, hatte er damit begonnen, sein Vieh auf die Höfe selbst der entferntesten Verwandten zu treiben. Hätten die Kommissionsmitglieder nämlich dessen riesigen Viehbestand in Kamshish vorgefunden, wäre ein Großteil davon in die Obhut von staatlichen Landwirtschaftsbetrieben gegangen. Es musste also eine undichte Stelle im Ministerium für Agrarreform geben. Nicht nur in Kamshish, sondern auch in Kairo waren Stimmen zu hören, die den Minister Sayed Marei des Verrats beschuldigten. Schließlich stamme er selbst aus einer reichen Großgrundbesitzerfamilie, die seit Generationen mit den El-Fekis befreundet sei. Hatte er sie womöglich aus alter Loyalität vorab informiert? Es sprach jedenfalls einiges dafür.

Die Kommissionsmitglieder erklärten gleich nach ihrem Eintreffen in Kamshish das Verwaltergebäude der El-Feki-Familie zu ihrem vorübergehenden Amtssitz. Gemeinsam mit den anderen Vertretern der lokalen Organisation der Nationalen Union bestand ich darauf, in deren Tätigkeit einbezogen zu werden. Wir waren es schließlich, denen die Bauern vertrauten, und so begleiteten wir sie, wenn sie mit den Herren aus Kairo die Felder besuchten. Auch der Verwalter von Salah El-Feki war wieder dabei. Diesmal aber deklarierte er, anders als zuvor, die meisten der Flächen nicht mehr als Eigentum seines Herrn. Lediglich 200 Feddan, die für eine Großfamilie maximal erlaubte landwirtschaftliche Fläche, reklamierte er als Salah El-Fekis Besitz. Dies versetzte die Bauern in einen geradezu enthusiastischen Zustand. Ich aber war sehr zögerlich und fragte mich, welche Strategie wohl dahintersteckte. Niemals, davon war ich überzeugt, würde Salah El-Feki kampflos Ackerflächen aufgeben, die er für sein Eigentum hielt. Sein Verwalter sah auch ohne erkennbare Regung zu, wie das Land seines Arbeitgebers immer mehr schrumpfte.

Die Bauern aber, die einst um ihren Besitz gebracht wurden, bekamen tatsächlich die Felder bis zur gesetzlich vorgeschriebenen Höchstgrenze zurück. Das übrige konfiszierte Land wurde neu vermessen und sollte in Parzellen von fünf Feddan an die einstigen Landarbeiter verteilt werden. Hier aber gab es einige Schwierigkeiten. Die meisten von ihnen hatten für Ahmed El-Feki Dienste verrichten müssen. Diese Tätigkeit als unfreie Landarbeiter musste jedoch in jedem einzelnen Fall bestätigt werden. Der Verwalter aber schien die Beschäftigung nur für diejenigen attestieren zu wollen, die seinem Chef in der Vergangenheit keine Schwierigkeiten gemacht hatten. An Bauern, die aufsässig waren oder gar in El-Fekis Privatgefängnis gesessen hatten, wollte er sich partout nicht erinnern. Es schien die letzte Trotzreaktion einer geschlagenen Klasse zu sein. Das jedenfalls glaubten wir an diesem Nachmittag und setzten alles daran, den Landarbeitern zu ihrem Recht zu verhelfen. Am Ende kamen 199 Fellachen-Familien von Kamshish in den Genuss der Landverteilung. Geduldig warteten sie vor dem Verwaltergebäude, das die Kommission des Ministeriums für Landreform in Beschlag genommen hatte.

Zehn Jahre nachdem ich in Talkha dabei war, als Gamal Abdel Nasser den Neubauern ihre Besitzurkunden überreichte, wohnte ich einer solchen Zeremonie nun in Kamshish bei. Diesmal aber wurden keine Besitzurkunden verteilt, sondern den Bauern wurde das Land in einer Dauerpacht für einen geringen, jährlich zu entrichtenden Betrag übergeben. Weder ich noch irgendeiner aus der Bauernschaft hatte diesem Unterschied große Bedeutung beigemessen. Umso weniger, als in Aussicht gestellt wurde, dass der an den Staat zu entrichtende Pachtbetrag als Ratenzahlung auf einen späteren Erwerb des Landes angerechnet werden könne. Unsere Arglosigkeit sollte sich in einer späteren Zeit als verhängnisvoll herausstellen. An diesem Tag aber war ganz Kamshish in Feierstimmung, sieht man vom Anwesen des Salah El-Feki ab. Dort nämlich beriet man schon mit den Anwälten die nächsten Schritte, um gegen die Enteignung vorzugehen. Bald danach strengten sie gegen die Entscheidungen der Agrarreformkommission einen Prozess an. Die Advokaten legten ganz offensichtlich nachträglich gefälschte Verträge vor, nach denen die konfiszierten Flächen angeblich vor langer Zeit in kleinen Parzellen an die weit verzweigte El-Feki-Familie verteilt worden seien. Kinder, Enkel, Nichten, Neffen, Cousins und diverse Schwager waren plötzlich Eigentümer von Feldern, von denen keines größer als die erlaubten 50 Feddan war. Kein Wunder, dass der Verwalter so ruhig geblieben war. Die Bauern arbeiteten mithin auf ihren wiedergewonnenen oder neu gepachteten Feldern, und doch hing die Eigentumsfrage noch immer als Damoklesschwert über ihren Köpfen.

26. Januar 2011

18.30 Uhr
Wenige Minuten nachdem der junge Mann Shahinda angesprochen hatte, sitzen die beiden so unterschiedlichen Menschen im Teegarten hinter dem Café Riche und bestellen Sahlab, jenes warme Milchgetränk mit Mandeln, Rosinen und Kokosflocken, das nur in den Wintermonaten angeboten wird. Nachdem Shahinda ihre politische Biografie in knappen Sätzen umrissen hat, zeigt sie sich an den Motiven des jungen Mannes interessiert. »Bist du gestern auch schon auf dem Tahrirplatz gewesen?«

»Ja, aber ich kam erst spät am Abend mit meiner Kamera … Ich werde an der Filmschule zum Kameramann ausgebildet, und deshalb dachte ich, ich könnte ein paar interessante Aufnahmen machen. Das war eine ganze schlechte Idee!«

»Warum?«

»Na ja, die Polizei und der Mabaheth standen nicht drauf, gefilmt zu werden.«

»Sie haben dir die Kamera weggenommen?«

»Ja, die Kamera ist weg, und mich haben sie verhaftet. Kurz nach Mitternacht ist das gewesen.«

»Aber du bist schon wieder frei?« Shahinda zeigt sich ehrlich erstaunt.

»Das ist eine total verrückte Geschichte«, beginnt der junge Filmstudent zu erzählen. »Ich hatte gerade noch meine Eltern angerufen, die sich immer Sorgen machen, und ihnen gesagt, dass alles okay und easy sei, da wurde ich festgenommen. Man riss mir also die Kamera und auch das Mobiltelefon aus der Hand und schleppte mich zu einer Box. Das sind diese Polizeitransporter, in denen links und rechts Bänke ...«

»Oh, die kenne ich nur zu gut. Einmal wurde ich in einer Box ohne Sitze transportiert, da musste ich auf dem Boden sitzen.«

»Das musste ich auch, weil die Sitze schon besetzt waren. Sie pferchten immer mehr Leute herein. Dann fuhren wir los, aber schon nach ein paar Kilometern war erst mal wieder Schluss. Die Türe wurde aufgerissen, und ein Offizier fragte, wer von uns der Sohn von Ayman Nour sei. Der war da, weigerte sich aber, als man ihm anbot zu gehen, die Box allein zu verlassen. ›Entweder werden alle auf freien Fuß gesetzt, oder ich bleibe auch hier!‹, sagte er. Also fuhren wir los in Richtung Ismalija ...«

»Zu den Militärcamps draußen in der Wüste?«

»Das war wohl das Ziel. Aber Ayman Nours Sohn hatte sein Mobiltelefon in einer Socke versteckt und holte es nun heraus. Die Polizisten an der Hecktür schrien, er solle aufhören zu telefonieren und das Handy herausrücken. Aber weil die Box komplett mit Leuten vollgestopft war, konnten sie nicht einschreiten. Er gab die genauen Positionen durch, und kurz hinter der Stadtgrenze wurden wir von Offizieren in Zivil gestoppt. Unsere beiden Bewacher weigerten sich zunächst, die Türen zu öffnen, obwohl man ihnen Polizeiausweise vor die Scheibe hielt. Da schlug ein Zivilpolizist das Fenster ein, griff nach innen und öffnete die Hecktüren. Wir stürmten alle hinaus, und da entdeckte ich Ayman Nour und seine Frau Gamila. Er hat übrigens gleich hier um die Ecke sein Büro ...«

»Ich weiß!«, sagt Shahinda und lacht ihren Gesprächspartner freundlich an. »Da war ich oft.«

»Ah, ich verstehe! Nun ja, sie nahmen ihren Sohn in Empfang und fuhren im Wagen der Zivilpolizisten davon. Unseren beiden Bewachern war natürlich klar, dass sie uns nicht alle wieder einfangen konnten, und sie rauschten ohne uns ab. Wir liefen zurück, und als wir den Stadtrand erreichten, stiegen wir in die Sammeltaxis. Und hier bin ich wieder.«

Shahinda Maklad hatte sichtliches Vergnügen an dem Bericht des jungen Mannes.

»Deine Geschichte gefällt mir, weil sie mich an so viele Aktionen erinnert, die ich mit den Bauern von Kamshish gegen die immer wieder anrückende Staatsmacht erlebt habe ...«, beginnt sie zu erzählen.

Die beiden sitzen noch eine ganze Weile zusammen, und ihr Gespräch wird zu einem Dialog zweier Generationen, die sich im Ziel vereint finden, sich nicht mehr mit den Verhältnissen in ihrem Land abzufinden.

KAPITEL 15

Wedads Glück und Salahs Verhaftung

Endlich war meine Freundin Wedad Metri freigekommen. Sechs Monate hatte sie hinter Gefängnismauern verbracht, und da sie als politischer Häftling eingesessen hatte, war ihr anschließend die Lehrbefugnis entzogen worden. Um nicht mittellos zu sein, nahm sie das Angebot an, im Bildungsministerium niedere administrative Arbeiten zu erledigen. Ich traf sie im Haus ihrer Eltern in Kairo, die den politischen Ansichten ihrer Tochter völlig unterschiedlich begegneten. Keiner von beiden teilte Wedads Überzeugung, aber der Vater war ein liberaler Mensch, und so akzeptierte er auch abweichende Meinungen. Mit ihm hatte meine Freundin keine Probleme. Ihre Mutter hingegen sprach davon, dass die Tochter »in schlechte Gesellschaft« geraten sei. Sie war immer kurz davor, einen Nervenzusammenbruch zu erleiden, hatte sie doch geradezu panische Angst davor, ihr einziges Kind könne erneut inhaftiert oder womöglich sogar ermordet werden. Wedad setzte den Klagen der Mutter jedes Mal mit einer schroffen Bemerkung ein Ende: »Was ich tue, geht dich nichts an!«

Mir tat die ältere Dame leid, aber wer würde schon wider seine eigenen politischen Überzeugungen handeln, nur um die Mutter zu beruhigen? Meine hätte sicher ebenso lamentiert, wenn ich aus dem Gefängnis gekommen wäre. Doch sie hat meine späteren Haftstrafen nicht mehr erlebt. Auch nicht Wedads Freilassung, denn sie war wenige Wochen zuvor gestorben. So hatte sie auch ihren zweiten Enkel nicht mehr kennengelernt, den ich im Sommer dieses ereignisreichen Jahres 1962 zur Welt brachte.

Salah und ich freuten uns, dass der kleine Nagy nun einen Bruder hatte, obgleich Wassim eigentlich gar nicht geplant war. Denn zwei Kinder würden für meine politische Arbeit eine kaum zu leistende organisatorische Herausforderung darstellen. Es war eine glückliche Fügung, dass mir meine Schwester Shedia eine junge Frau namens Amareya vorstellte, die schließlich zu uns nach Alexandria zog und für meine Kinder mehr wurde als nur ein Kindermädchen. Bald nannten meine Söhne mich beim Vornamen, während sie Amareya mit »Mammy« ansprachen. Um den emotionalen Bezug zu Nagy und Wassim nicht zu verlieren, nutzte ich die wenige freie Zeit, die ich hatte, um sie gemeinsam mit den Kindern zu verbringen.

Kurz nach Wassims Geburt besuchte mich Wedad Metri in Alexandria. Bis zu diesem Zeitpunkt hatte ich sie immer Abla Wedad genannt. *Abla* ist im Arabischen ein Synonym für jemanden, dem man großen Respekt entgegenbringt, etwa einer älteren Schwester oder einer Lehrerin. Angesichts dessen, dass ich mittlerweile eine verheiratete Frau und zweifache Mutter war, hielt Wedad diese Anredeform für nicht mehr angebracht und bat mich, sie schlicht beim Vornamen zu nennen.

Schon vor ihrem Besuch in Alexandria hatte Wedad angekündigt, uns einen Freund vorstellen zu wollen. Nun brachte sie einen kleinen rundlichen Mann mit, dessen blaue Augen das Auffälligste an ihm waren. Er schien ein eher ruhiger Zeitgenosse zu sein, doch selbst an dem wenigen, was er zunächst sagte, konnte ich erkennen, dass er auf bürgerliche Konventionen Wert legte. Saad Louka, so hieß er, hatte in Harvard Elektrotechnik studiert und in diesem Fach auch promoviert. Als er mit uns ein wenig vertrauter war, zeigte sich Saad von einer sehr empfindsamen Seite. Er habe in den Vereinigten Staaten psychische Probleme bekommen, erzählte er. In der dortigen Gesellschaft habe man das Gefühl, sich auf einer Leiter zu befinden, auf der man hochsteigt, ohne jemals ein Ziel zu erreichen. Dies berge die Gefahr, abzustürzen und zertreten zu werden.

Mir gefiel diese poetische Betrachtungsweise für das, was man im Hauptland des Kapitalismus den American Way of Life nennt.

Was aber hatte Wedad mit diesem Mann zu tun? Wo hatte sie ihn kennengelernt? Welche Gemeinsamkeiten bestanden zwischen ihnen? Meine Freundin schien meine Gedanken zu erraten und bat mich, sie hinaus auf die kleine Terrasse zu begleiten. Dort fragte sie mich, was ich von ihrem Begleiter halten würde. Was sollte ich antworten? Ich kannte ihn ja kaum. Also behalf ich mir mit Floskeln. Er scheine ein sensibler und liebenswürdiger Mensch zu sein. Dabei beobachtete ich ihn, der leise vor sich hin singend durch unseren Garten spazierte. Sensibel und liebenswert – diese beiden von mir gebrauchten Begriffe seien absolut zutreffend, sagte Wedad und strahlte mich an. Sie fügte dem sogar noch eine ganze Liste weiterer positive Eigenschaften hinzu. Nun wurde ich hellhörig.

»Du bist doch nicht etwa in Saad verliebt?«, fragte ich und konnte einen argwöhnischen Unterton leider nicht vermeiden.

»Ich werde ihn heiraten!«, sagte sie.

Diese Mitteilung machte mich sprachlos. Ich hatte Mühe, meine Fassungslosigkeit zu überspielen. Was fand sie nur, abgesehen von seinen positiven Charaktermerkmalen, an diesem kleinen rundlichen Mann, der noch nicht einmal ihre politische Einstellung zu teilen schien. Gelegentlich hatte ich in der Vergangenheit darüber nachgedacht, wen Wedad wohl irgendwann einmal als Partner akzeptieren würde. Und ich hatte die Vorstellung von einem großen, attraktiven und vor allem charismatischen Mann, der an ihrer Seite die politischen Kämpfe der Zeit mittragen würde. Einen solchen zu finden wäre für diese wunderschöne Frau mit den pharaonischen Gesichtszügen überhaupt kein Problem gewesen. Die halbe Kommunistische Partei war in sie verliebt. Jemand wie Saad Louka wäre mir als ihr Ehemann jedenfalls nicht eingefallen. Wie aber sollte ich der Freundin meine Ansicht mitteilen, ohne sie zu verletzen? Ich bemühte mich um eine diplomatische Formulierung: »Nun, wenn du Saad heiratest, dann haben wir beide einen Mann, von dem die jeweils andere abgeraten hat. Du wolltest nicht, dass ich Salah heirate …«

»Davon kann gar keine Rede sein«, begehrte Wedad auf. »Ich kannte Salah damals ja gar nicht. Allerdings hatte ich etwas dagegen, dass du deine Familie verlässt, und ich muss zugeben, ich hatte mich geirrt.«

»Ich bin sicher, dass ich mich auch irre, wenn ich dir von dieser Ehe abrate«, sagte ich, und schon im nächsten Moment lagen wir uns lachend in den Armen.

Mehr als einmal habe ich mich später Wedad gegenüber zu diesem Irrtum bekannt, denn Saad stellte sich als ein geradezu idealer Partner für meine Freundin heraus. Er ging sehr respektvoll mit ihr um, unterstützte gelegentlich sogar in organisatorischer Hinsicht unsere politische Arbeit in Kamshish. Auf beruflichem Gebiet war er ein kleines Genie. Wedad begleitete ihren Mann im Laufe der Jahre in einige afrikanische Länder, wo er an Universitäten lehrte. Seine wissenschaftlichen Schriften auf dem Gebiet der Elektrotechnik gehörten bald zur Standardliteratur. Vor allem erwies sich Wedads Ehemann bei ihren Kindern, einem Sohn und einer Tochter, als liebenswerter Vater. Das alles aber war für mich nicht voraussehbar, als sie mir diesen kleinen unscheinbaren Mann damals in Alexandria vorstellte.

Im Dezember 1962 wurde die Nationale Union, jene nasseristische Partei, der ich seit einigen Monaten angehörte, in die »Arabische Sozialistische Union« (ASU) umgewandelt. Deren politisches Motto hieß: »Einheit, Freiheit, Sozialismus«, und in einer Charta wurden die Nationalisierung der Betriebe und die Fortführung der Agrarreform verbindlich festgeschrieben. Natürlich habe ich das begrüßt, aber weil auch in der neuen Partei führende Positionen mit opportunistischen Gestalten wie Anwar as-Sadat besetzt waren, hatte ich Zweifel an einer schnellen Umsetzung dieser Ziele.

In Kamshish gab es, ungeachtet der Prozessflut, die durch Salah El-Feki und seine Anwälte ausgelöst worden war, ein Heer von Bauern, deren Höfe so lange nicht rentabel arbeiteten, solange jeder isoliert für sich wirtschaftete. Durch die Vergabe kleiner Flächen konnte die Armut der ländlichen Bevölkerung kaum beseitigt werden. Gemeinsam mit Salah und den Fellachen musste eine Alternative zur Einzelfelderwirtschaft entwickelt werden – und diese Alternative hieß »landwirtschaftliche Kooperative«. Die Bauern solcher zu größeren Einheiten zusammengeschlossenen Flächen würden das Saatgut in großen Mengen zu rabattierten Preisen einkaufen, ihre Felder gemeinsam bestellen, gemeinsam die angeschafften Landmaschinen nutzen und die Ernten unter sich aufteilen können. Ein solches Vorgehen sollte eigentlich im Geist der Zeit gelegen haben. Von bestimmten Leuten aber, selbst innerhalb der Sozialistischen Union, wurden unsere Aktivitäten misstrauisch beäugt.

Ein Jahr nachdem die Kommunisten aus den Gefängnissen entlassen waren und sie sich auf Anweisung der Sowjetunion als Partei aufgelöst hatten, wurde Salah verhaftet. Es war der 9. September 1965, als in ganz Ägypten im Zuge einer Verhaftungswelle nicht nur die führenden Köpfe, sondern auch viele einfache Mitglieder der Muslimbruderschaft festgenommen wurden. Gegen Salah gab es eigentlich keine Handhabe, da es die Kommunisten ja offiziell nicht mehr gab und er schon lange kein Muslimbruder mehr war. Wer immer den Haftbefehl veranlasste, hatte es damit nicht allzu genau genommen.

An diesem Tag wollten wir von Kamshish aus zum regionalen Sitz der Sozialistischen Union ziehen und unsere Solidarität mit der Agrarreform bekunden. Das war als ein taktischer Schritt geplant, um jene Funktionäre, die eine heimliche Sympathie für die Großgrundbesitzer empfanden, zu öffentlichen Aussagen in unserem Sinne zu veranlassen. Obgleich Salah am Morgen in Alexandria verhaftet worden war, zog ich mit den Bauern von Kamshish die Aktion durch. Nachdem wir in Shebin El-Kom eingetroffen waren, sprach mich Sami Khodeir an, der Leiter der lokalen Sicherheitspolizei, und fragte, weshalb Salah nicht dabei wäre. Ich antwortete: »Der sitzt doch schon in einem eurer Gefängnisse – als kommunistischer Muslimbruder!«

An seiner irritierten Miene konnte ich erkennen, dass Salahs Festnahme nicht von Shebin El-Kom aus veranlasst worden war.

Salahs Gegner saßen offensichtlich in Kairo, und ich konnte mir denken, wer dahinterstand. Gemeinsam mit meiner Schwiegermutter schrieb ich Petitionen an Gamal Abdel Nasser und den Vorstand der Sozialistischen Union. Neun Tage später kam Salah frei und gab mal wieder komische Geschichten aus seiner diesmal glücklicherweise kurzen Haftzeit zum Besten. Er erzählte, dass er zu einigen der ihm bekannten Muslimbrüder in die Zelle gesteckt worden sei. Einer von ihnen habe ihn spöttisch begrüßt: »Willkommen im Gefängnis deines geliebten Präsidenten!« Ein anderer habe mit Bedauern festgestellt, dass Salah nicht mehr in ihren Reihen zu finden sei. Nun war Salah derjenige, der mit Spott reagierte. Er habe dem frommen Mann geantwortet: »Du kannst eher die Sterne vom Himmel holen, als mich einfangen.«

Salah erzählte und erzählte, und wie damals in Kamshish, als er nach einem Jahr, sechs Monaten und vier Tagen Haft entlassen worden war, hing ich wieder an den Lippen jenes Mannes, den ich liebte wie mein eigenes Leben.

27. Januar 2011

18 Uhr
Shahinda Maklad hat den Tag damit verbracht, zu Hause per E-Mail und SMS den Aufruf zum »Tag des Zorns« zu verbreiten. Von einer Freundin erfährt sie nun am Telefon, dass das Regime soeben sowohl Facebook als auch das Internet-Netzwerk Twitter für Ägypten abgeschaltet habe. Es würde wohl nur eine Frage der Zeit sein, erklärt Shahinda, bis auch die Mobilfunknetze blockiert werden. Noch aber funktionieren sie, und so nimmt sie sich vor, viele weitere Leute, die auf ihrer Liste stehen, über die große Protestaktion am nächsten Tag zu informieren.

22.30 Uhr
Nour el Hoda Zaki ruft bei Shahinda an, um sie darüber in Kenntnis zu setzen, dass Mohamed El-Baradei, der sich einige Wochen in Europa aufgehalten hatte, soeben nach Ägypten zurückgekehrt sei. Am nächsten

Morgen werde er in Giza, am Westufer des Nils, in einer Moschee unweit der Kairo-Universität, am Freitagsgebet teilnehmen. Die meisten Frauen aus dem »Nationalkomitee für Veränderung« werden zur Moschee fahren und dann mit El-Baradei zum Tahrirplatz marschieren. Shahinda sagt zu, auch dorthin zu kommen. Kaum hat sie das Gespräch beendet, als Olfat sich meldet und ihr dieselbe Information gibt. Shahinda bemüht sich, die eloquente Olfat zu unterbrechen, was ihr schließlich von anderer Seite abgenommen wird. Just in diesem Moment nämlich werden im ganzen Land die Mobilfunknetze abgeschaltet.

KAPITEL 16

Salahs Ermordung machte mich stark

Nicht alle Bewohner von Kamshish waren bei der Landvergabe berücksichtigt worden. Das Gesetz schrieb ja vor, dass nur diejenigen Ansprüche auf die fünf Feddan Ackerland als Neubauern hatten, die zuvor lohnabhängige Landarbeiter gewesen waren. Wir hatten völlig die Enttäuschungen bei denen unterschätzt, die leer ausgegangen waren, etwa junge Leute, die nie als Landarbeiter tätig gewesen oder zum Zeitpunkt der Landvergabe in der Armee waren. Solange wir den Kampf gegen Salah El-Feki organisierten, war sich die Bevölkerung von Kamshish weitgehend einig. Nachdem dieser Feind aber weggefallen war, brach so mancher alter Zwist wieder auf. Der eine oder andere war deshalb offen für jede Form der Korruption. Zu ihnen gehörte auch ein junger Mann, der Mahmoud hieß. Er war der Sohn des obersten Wächters von Ahmed El-Feki, als dieser noch der Bürgermeister war. Mahmouds Vater hatte zwar keine Uniform getragen, sondern die Galabeya der Fellachen, dazu aber einen Mantel sowie einen braunen Tarbousch auf dem Kopf, und natürlich besaß er ein Gewehr. Er fühlte sich als Respektsperson. Nur genügte das nicht, um vom Gesetz der Agrarreform berücksichtigt zu werden. Seine Söhne, Mahmoud und sein Bruder Sayed, waren Analphabeten. Das waren viele Bauern auch, aber sie konnten dennoch ihre eigenen Felder bewirtschaften. Was aber machten Leute wie Mahmoud, Sayed und die anderen, die sich in einer ähnlichen Situation befanden? Für Sayed hatten wir in Alexandria eine Arbeit in der Koop, der landwirtschaftlichen Handelsstelle in Alexandria gefunden, deren Leiter Salah geworden war. Sayeds Bruder Mahmoud aber ging seit einiger Zeit bei den El-Fekis ein und aus, so wie auch viele weitere arme und junge Leute, die stolz darauf waren, in deren Privatmoschee mit ihnen beten zu dürfen. Uns war klar, dass die El-Fekis irgendetwas im Schilde führten. Es wäre ja nicht das erste Mal, dass sie jemanden bezahlt hätten, um im Dorf Untaten zu begehen. Gerüchte kamen auf. Unter den Fellachen wurde darüber spekuliert, dass man es auf Salahs Leben abgesehen haben könnte. Er hatte schließlich die Bauernbewegung gegen den einst mächtigen Großgrundbesitzer organisiert, der – noch immer reich – nicht bereit war, klein beizugeben. Mahmoud galt als ein unbeherrschter und missgünstiger Kerl, aber war ihm wirklich zuzutrauen, gegen entsprechendes Honorar einen Mord zu begehen?

In dieser Zeit erwartete ich mein drittes Kind, und weil es eine komplizierte Schwangerschaft war, musste ich oft in Alexandria das Bett hüten. Ich schickte jemanden zu Sayed und bat ihn zu einem Gespräch in unser Haus. Als er mir gegenübersaß, erzählte ich ihm von diesen Gerüchten, und er reagierte sehr erschrocken. Als ich ihn direkt fragte, ob er seinem Bruder einen Mord zutrauen würde, schlug er vor, selbst nach Kamshish zu fahren, um ihn zu befragen. Was sollte ich von diesem Vorschlag halten? Mahmoud würde ja wohl kaum zugeben, dass er einem Mordauftrag zustimmen würde. Sayed aber versicherte, er kenne seinen Bruder so gut, dass er auch zwischen den Zeilen lesen könne. Mahmoud sei kein besonders guter Schauspieler. Also willigte ich ein.

Zwei Tage später kam Sayed aus Kamshish zurück. Er habe seinen Bruder ohne Umschweife auf die Gerüchte angesprochen, berichtete er. Mahmoud habe fassungslos auf diese Unterstellung reagiert. Spontan und sehr emotional habe er ausgerufen: »Wenn jemand Salah auch nur mit Wasser bespritzen würde, den würde ich mit Blut besudeln!« Sayed schien davon überzeugt zu sein, dass sein Bruder die Wahrheit sagte. Mir aber war das nicht geheuer.

Bassma wurde fast zwei Monate zu früh geboren. Salah hatte sich gewünscht, seine Tochter würde am 1. Mai zur Welt kommen, doch die Kleine wurde bereits Anfang März geboren. Am Feiertag Sham El-Nessim (»Das Riechen der Brise«) sah ihr Vater die Kleine das letzte Mal in seinem Leben. Dieses Frühlingsfest fällt traditionell auf den koptischen Ostermontag, ist aber ohne religiöse Bedeutung. Bereits in der pharaonischen Zeit vor 4000 Jahren wurde Sham El-Nessim begangen. Ägyptische Familien nutzen den Tag zu einem Picknick, bei dem üblicherweise gesalzene und geräucherte Fische gegessen werden.

Sechs Wochen nach Bassmas Geburt fuhr Salah am Morgen des Sham El-Nessims nach Kairo, um sich mit Vertretern der Bauern von Kamshish zu treffen. Im Gebäude der Sozialistischen Union setzten sie ein Schreiben an Nasser auf, in dem sie den Präsidenten um Unterstützung baten, um im Haus von Salah El-Feki ein lokales Krankenhaus und ein Kulturzentrum einzurichten. Immerhin würde es bald leer stehen, wenn dessen Besitzer sich außerhalb von Kamshish ein neues Domizil gebaut haben würde. Später habe ich erfahren, dass dieses Schreiben viel ausführlicher geworden war als anfangs beabsichtigt, weil Salah sich nicht auf dieses Anliegen beschränkt hatte. Er kritisierte darin ebenso die Korruption im Regierungsapparat. Vor allem prophezeite er einen Militärschlag Israels gegen unser Land. Danach hatte Salah mich angerufen und sagte, er werde am Abend wieder zu Hause sein. Er mache nur noch einen Abstecher nach Kamshish, um die Bauern über die Pläne für ein Kulturhaus zu informieren. Nachts um ein Uhr war er noch immer nicht zurückgekehrt.

Da mein Bruder Medhat mit seiner Frau zu Besuch war und sie in unserem Ehebett schliefen, hatte ich mich auf das Sofa im Salon gelegt. Aber ich tat kein Auge zu. Einerseits aus Sorge, aber auch, weil ich an diesem Abend ein ungewöhnlich starkes sexuelles Verlangen nach Salah verspürte. Im Radio lief das damals sehr bekannte Lied »Ich warte auf dich!«. Die ägyptische Sängerin Nagat erreichte mit dieser einfühlsamen Ballade direkt mein Herz. Der letzte Ton des Liedes war noch nicht verklungen, als jemand heftig an der Tür klopfte. Draußen stand mein Cousin Nabil. Mir war sofort klar, dass etwas passiert war. Den Gedanken an das Schlimmste verdrängend, fragte ich aufgeregt, ob Salah wieder verhaftet worden sei. Nabil schüttelte den Kopf und versuchte mich zu beruhigen. Inzwischen war mein Bruder erwacht, und Nabil bat ihn nach draußen. Als sie miteinander tuschelten, rannte ich zu ihnen und schrie: »Was ist los? Sagt mir, was passiert ist!«

Medhat nahm mich in den Arm und sagte: »Salah wurde angeschossen und liegt in Shebin El-Kom im Krankenhaus!«

Ich wusste sofort, dass es nicht stimmte. Ich machte mich von ihm los und schrie: »Salah ist tot! Warum sagt ihr mir nicht, dass er tot ist? Ein El-Feki gibt sich nie mit halben Sachen zufrieden …!«

Ziellos rannte ich aus der Wohnung, die Straße hinunter. Einige Blocks weiter hielt ich ein einsam durch die Nacht kurvendes Taxi an. Nun fuhr ich von einem Freund zum anderen, klingelte sie trotz der nächtlichen Stunde heraus und rief in meiner Verzweiflung: »Sie haben es getan! Sie haben ihn umgebracht. Die El-Fekis haben meinen Salah erschossen!«

Irgendwann stellte ich fest, dass ich zwar einen Mantel, aber keine Schuhe trug. Ich war wie in Trance, als ich barfüßig wieder zu Hause ankam. Im Salon trat Medhats Frau mit der kleinen Bassma auf dem Arm auf mich zu und sah mich voller Mitleid an. Wo waren Nagy und Wassim? Ich suchte meine Söhne. Die Sehnsucht nach ihnen ließ mich fast verrückt werden. Mein Bruder hielt mich an der Hand und erklärte in sanftem Tonfall, dass Amareya doch schon vor zwei Tagen mit ihnen ins Haus unserer Schwester nach Shebin El-Kom gefahren sei. Jetzt fiel es auch mir wieder ein. Wie konnte ich das vergessen haben?

Nach und nach kamen die von mir alarmierten Freunde in unser Haus, und wir beschlossen, auf der Stelle nach Kamshish aufzubrechen. Einige waren mit dem Auto erschienen, doch Bassmas Bettchen erwies sich für jedes dieser Fahrzeuge als zu sperrig. So lag das schlafende Kind während der gesamten Strecke auf meinem Schoß. Stumm fuhren wir durch die Nacht, und in mir tobte ein Widerstreit der Emotionen. Verzweifelte Wut wurde durch neu aufkeimende Hoffnung abgelöst. Salah könne tatsächlich nur verletzt worden sein, redete ich mir in diesen Augenblicken ein. Schließlich hatte mir niemand mein spontanes Gefühl bestätigt, dass er wirklich tot war. Der Einzige, der darüber Auskunft hätte geben können, war mein Cousin Nabil, und der saß in einem der anderen Wagen.

In Shebin El-Kom erhielt ich dann die traurige Gewissheit. Die Sonne war kurz zuvor aufgegangen, als wir ins Zentrum des Ortes kamen. Hier standen viele Bauern aus dem benachbarten Kamshish in schwarzer Kleidung herum. Als ich aus dem Auto stieg, fühlte ich mich auf eine trotzige Weise stark. Salah würde es nicht schätzen, wenn ich Schwäche zeigen würde, sagte ich mir immer wieder. Nur einen kleinen Moment war ich in Gefahr, die Contenance zu verlieren – als ich in unser Haus trat und mein Sohn Nagy weinend in der Ecke saß und rief: »Ich will zu meinem Papa!«

Wir fuhren weiter nach Kamshish, und dort brachte man die Leute zu mir, die dabei gewesen waren, als er ermordet wurde. Nicht weniger als sieben Augenzeugen berichteten mir, was sich am Nachmittag des vorigen Tages in einer schmalen Gasse von Kamshish ereignet hatte. Sie waren gemeinsam mit Salah aus dem Haus eines Freundes gekommen und gingen den Weg entlang, den sie schon oft gegangen waren. An einer Biegung lauerte Mahmoud ihnen mit zwei Kumpanen auf. Ohne Vorwarnung hat er Salah direkt in den Kopf geschossen. Dann richtete er die Waffe auch auf Salahs Begleiter, doch eine Ladehemmung rettete ihnen das Leben. Sofort hatten sie sich auf Mahmoud gestürzt. Aber dessen äußerst brutal vorgehende Kumpane konnten ihn befreien. Es war schwer für mich, mir diese detaillierte Schilderung der Mordtat anzuhören. Aber auch jetzt wollte ich keine Schwäche zeigen.

Leute, die in unmittelbarer Nähe des Tatorts wohnten, meldeten sich zu Wort. Entschuldigend erklärten sie mir, weshalb sie in ihren Häusern geblieben waren, nachdem sie den Schuss gehört hatten. Glaubwürdig, aber auch naiv versicherten sie mir, dass sie angenommen hätten, Salah hätte auf Mahmoud geschossen. Auf gar keinen Fall hatten sie zu Augenzeugen werden wollen, um nicht gezwungen zu sein, ihn zu belasten. So also konnten Mahmoud und seine beiden Freunde unbeschadet davonziehen. Da es aber die sieben Zeugen der Tat gab, waren die Täter in die Offensive gegangen. Sie liefen zur Polizeistation in Shebin El-Kom und erzählten, Salah und seine Leute hätten mit ihnen eine Schlägerei begonnen und Mahmoud habe in Notwehr gehandelt.

Gegen Mittag sagte mir Salahs Mutter, der Polizeichef von Shebin El-Kom sei im Ort eingetroffen. Er habe verboten, dass Salah in Kamshish begraben werde.

Ich lief sofort zu ihm und herrschte ihn an: »Warum soll Salah nicht hier beerdigt werden?«

Kleinlaut erwiderte er: »Niemandem kann daran gelegen sein, aus Kamshish einen Wallfahrtsort zu machen …«

»Dies ist ein revolutionäres Dorf, auch ohne ein Grab von Salah Hussein«, rief ich. »Kamshish ist ein leuchtendes Beispiel für die Fellachen Ägyptens. Salah ist hier geboren, er hat für Kamshish gekämpft. Er ist hier umgebracht worden, weil er auf der Seite der Bauern dieses Dorfes stand, und deshalb, hörst du, wird er auch in Kamshish begraben.«

Damit ließ ich den Polizeioffizier einfach stehen und bat einen meiner Freunde, mich nach Shebin El-Kom ins Krankenhaus zu fahren. Ich wollte Salah ein letztes Mal sehen. Seine Mutter aber nahm mich in den Arm und flüsterte mir ins Ohr: »Salah ist schon in Kamshish. Er ist bereits gewaschen und in die Tücher gewickelt …«

Ich verstand. Nie mehr würde ich den Mann sehen, den ich verehrte und liebte, seit ich neun Jahre alt war. Nun war ich siebenundzwanzig Jahre alt und Witwe.

Der Sarg stand auf einem zentralen Platz von Kamshish. Die Bauern hatten vier Männer aus ihren Reihen bestimmt, die die Ehre haben sollten, Salah zu seiner letzten Ruhestätte zu tragen. Als ich auf den Sarg zuging, kam mir weinend einer seiner Freunde entgegen. Ich verpasste ihm eine schallende Ohrfeige. »Niemand weint um Salah! Diesen Gefallen tun wir seinen Feinden nicht!«

Ich bat einen der Sargträger zur Seite zu treten, um an seiner Stelle den Sarg meines Mannes zu tragen. Der Zug setzte sich in Bewegung. Der Weg war gesäumt von Menschen, die sich uns anschlossen. Mit geballter Faust rief ich: »Salah hat sich für uns geopfert!« Und: »Wir werden seinen Weg weitergehen!« Die Parolen, wiederholt von Hunderten von Kehlen, schallten durch die Gassen. Der Trauerzug wurde zur politischen Demonstration. Als wir uns der Grube näherten, in die Salah gebettet werden würde, ließ mich mein Körper im Stich. Ich sackte zusammen. Als ich aus der Ohnmacht erwachte, lag ich am Straßenrand, umringt von Kindern und Jugendlichen, die skandierten: »Salah, unser Held – wir werden deinen Tod rächen!«

28. Januar 2011

11 Uhr

Shahinda wird von ihren Freundinnen Nour und Karima mit einem Taxi abgeholt. So war es am Abend zuvor abgesprochen worden. Eigentlich wollten sie auch Olfat mitnehmen, aber da die Funknetze abgeschaltet wurden, war eine Verabredung nicht mehr möglich gewesen.

Der Taxifahrer macht einen weiten Bogen um den Tahrirplatz. In Giza kommt er bis zur Universitätsstraße, dann geht gar nichts mehr. Die Straße ist voller Menschen, die von dort kommen, wo Shahinda und ihre Freundinnen nach dem Mittagsgebet Mohamed El-Baradei treffen wollen. Weil dies kaum noch möglich erscheint, lassen sie sich von dem Pulk in die entgegengesetzte Richtung treiben. An der Moschee, so wird ihnen jetzt erzählt, seien sie mit Tränengas beschossen worden. Mohamed El-Baradei sei festgenommen worden, behaupten andere. Die Flucht der Menschenmenge weg von der Moschee wird zu einem gewaltigen Demonstrationszug in Richtung Tahrirplatz.

Kurz vor dem Nil, neben dem Eingang zum Kairoer Zoo, sehen sie sich an der El-Gamaa-Brücke einem gewaltigen Polizeiaufgebot gegenüber, ausgerüstet mit Helmen und Schlagstöcken. Shahinda fühlt sich an Zeiten erinnert, als solch martialisch ausgestattete Polizeikräfte das Dorf

Kamshish umstellt hatten. Sie ist damals mutig gewesen, und so hat sie auch diesmal keine Angst. Ständig drücken die von hinten nachrückenden Menschen den ganzen Pulk nach vorn in Richtung der Polizei. Im nächsten Moment hebt die Postenkette die Schlagstöcke, und die Welle schwappt wieder zurück. Das Tor zum Zoo wird geöffnet. Junge Leute gehen darauf zu, offenbar in der Annahme, sie könnten so die Postenkette der Polizei umgehen, indem sie das Gelände auf der anderen Seite wieder verlassen. Shahinda läuft auf die jungen Leute zu und brüllt aus Leibeskräften: »Nicht hineingehen, das ist eine Falle!«

Ihre Warnung wird von anderen übernommen, doch sie können nicht verhindern, dass viele junge Menschen sich womöglich selbst im Zoo einsperren. Im nächsten Moment werden aus dem Hintergrund, über die Postenkette hinweg, Tränengaspatronen auf die Demonstranten geschossen. Sofort ziehen die meisten Leute zuckerhaltige Softdrinks hervor, mit denen sie sich die Augen auswaschen. Die tunesischen Internet-Blogger hatten ihren ägyptischen Freunden die Erfahrung aus der eigenen Revolution via Facebook weitergegeben. Andere Demonstranten streifen sich Gasmasken über.

Shahinda läuft hinüber zur Statue »Die Entwicklung Ägyptens«, die durch eine Frau mit einer Hand auf einer Sphinx dargestellt wird, und setzt sich dort auf den Bürgersteig. Plötzlich kommt ein Minibus angefahren, der als Sammeltaxi im Einsatz ist. Sie hält ihn an.

»Wohin fährst du?«, will sie vom Fahrer wissen.

»Nach Imbaba.«

Shahinda steigt ein. Vielleicht, so denkt sie, lassen sich ja die Menschen in dem Armenviertel für den Protest gewinnen. Schließlich haben sie ja am meisten unter dem Regime zu leiden. Als sie Imbaba erreichen, ruft sie aus dem Autofenster den Menschenmassen zu: »Kommt zum Tahrir, verteidigt eure Rechte!«

Auf dem Weg entdeckt sie zahlreiche ausgebrannte Polizeiautos, aber keine Polizisten. Sollte sie angesichts dieser Gewaltexzesse nicht negative Gefühle empfinden? Schließlich war nicht nur ihr Vater Polizeioffizier, sondern auch zwei ihrer Brüder. Andererseits weiß sie, wie in diesen Vierteln viele Polizisten wüten und selbst die Ärmsten der Armen noch um ihr letztes Geld erpressen. Shahinda Maklad, die Kämpferin, kann die Menschen verstehen, die davon genug haben und die Gunst der Stunde zur Rache nutzen. Als sie an einer brennenden Polizeistation vorbeifahren, sagt sie: »In keiner Revolution wird das Volk die Unterdrücker sanft streicheln« – und hat das Lachen einiger Fahrgäste auf ihrer Seite.

»Ist das, was wir hier erleben, eine Revolution?«, fragt eine Stimme von hinten.

Die Frage überrascht Shahinda Maklad, da sie bis zu diesem Moment selbst noch nicht darüber nachgedacht hat. Sie blickt auf die Menschen auf der Straße, die sich versammeln und Parolen gegen Husni Mubarak skandieren.

»Ja!«, antwortet sie schließlich. »Das hier ist eine Revolution!«

16.30 Uhr
Die junge Nubierin führt offenbar Selbstgespräche. Eben erst war Shahinda am Galaa-Platz auf der Giza-Seite aus dem Taxi gestiegen, das sie von Imbaba hierhergebracht hat. Üblicherweise müsste von hier nur ein Fußweg von zehn Minuten über zwei Brücken zurückgelegt werden, um zum Tahrirplatz zu gelangen. Doch auch die Galaa-Brücke ist von einem massiven Polizeiaufgebot abgeriegelt. Nun steht Shahinda neben der hübschen jungen Frau und hört zu, wie sie sich selbst Mut macht: »Wir müssen es schaffen, über die Brücke zu kommen. Wir dürfen uns das nicht verbieten lassen, es ist unser Land.«

»Vor allem müssen wir einen kühlen Kopf bewahren«, sagt Shahinda.

Die Nubierin sieht sie mit großen Augen an.

»Wohnst du in Kairo?«, fragt Shahinda die Frau, deren Volksgruppe überwiegend im oberägyptischen Assuan angesiedelt ist. »Ja, hinten an der Pyramidenstraße. Meine Mutter wollte mich nicht gehen lassen, aber ich habe ihr gesagt, dass ich zur Arbeit müsse.«

»Heute am Freitag – dem islamischen Feiertag? Was arbeitest du denn?«

»Ich habe einen Job im Callcenter von Mobinil, der Mobilfunk-Company dort drüben. Aber die Funknetze wurden ja abgestellt. Ich kann nicht mal zu Hause Bescheid sagen, dass es mir gut geht.«

»Du wolltest an einem solchen Tag wirklich zur Arbeit gehen?«

»Das mit der Arbeit habe ich nur gesagt, damit sich meine Mutter keine Sorgen macht. Ich hatte mich mit meinen Freundinnen in Mohandessin verabredet, um mit ihnen zum Tahrirplatz zu gehen …«

Shahinda sieht sich um und entdeckt, dass die Nubierin zu einer Gruppe von jungen Frauen gehört. Alle sind modisch-westlich gekleidet, wie es bei Kindern der Mittelschicht üblich ist. Islamische Kleidung sucht man bei ihnen vergebens.

»Ich bewundere euren Mut!«, sagt Shahinda zu ihnen und sieht sich nach einer Sitzgelegenheit um. Die Beine schmerzen, und das Alter macht sich auch in allen anderen Knochen bemerkbar. Sie beschließt, nach Hause zu fahren.

KAPITEL 17

Der traurige Ruhm des Dorfes Kamshish

Am Tag von Salahs Beerdigung rief Wedad Metri bei allen Journalisten an, die sie kannte – und sie kannte viele einflussreiche Redakteure bei verschiedenen Zeitungen, beim Radio und dem neuen
Medium Fernsehen. Einige schickten spontan Reporter oder kamen selbst bei uns in Kamshish vorbei. Auf diese Weise traf ich
Ahmed Bahaa El-Din wieder, der einige Jahre zuvor nach meinem ersten öffentlichen Auftritt in jenem Stadion in Shebin El-
Kom auch erstmalig meinen Namen in einem ägyptischen Zeitungsartikel genannt hatte. Inzwischen war er zum Chefredakteur
der Zeitung *Al-Mossawar* (»Die Illustrierte«) ernannt worden. Es
sei zwar eine traurige, im journalistischen Sinne aber auch vielver-
sprechende Story, sagte er. Ich entgegnete, dass mir nicht an einer
Heldenverehrung meines Mannes gelegen sei, sondern vielmehr
daran, dass das Anliegen der Bauern vorangebracht werde. Denn
trotz der Landverteilung stünden ja noch eine ganze Reihe politischer Ziele auf unserer Agenda. Die medizinische Versorgung in
Kamshish müsste verbessert, das Haus der El-Feki-Familie zu einem Kulturzentrum werden. Außerdem schwebe noch immer eine
Klage gegen die Enteignung über unseren Köpfen. Salahs Tod, so
sagte ich mir im Stillen, musste für irgendetwas gut sein, und so
war ich froh, als Ahmed Bahaa El-Din schon zwei Tage nach Salahs
Ermordung zwei Reporter nach Kamshish schickte. Er war es auch,
der in einem Kommentar noch vor Prozessauftakt den Verdacht
aussprach, dass Salah El-Feki hinter dem Mord stecken würde.

Von der lokalen Polizeibehörde war kein ernsthaftes Bemühen erkennbar, den Mord an Salah aufzuklären. Die Polizisten in Kamshish fürchteten, dass ihnen dasselbe Schicksal wie meinem Mann

drohen könnte, wenn sie etwas gegen Salah El-Feki unternähmen. Und die Polizeibeamten in Shebin El-Kom, die sämtliche Zeugen des Tathergangs als befangen ablehnten, waren augenscheinlich von ihm bestochen worden. Noch ehe ich mich an Gamal Abdel Nasser wenden konnte, hatte man in Kairo entschieden, diesen eindeutig politisch motivierten Mord von einer unabhängigen Kommission untersuchen zu lassen.

Drei Tage nach Salahs Ermordung tauchten drei Herren bei mir in Shebin El-Kom auf. Sie waren in Zivil, und erst der Blick auf die militärischen Kennzeichen ihrer Autos machte mir klar, mit wem ich es zu tun hatte. Die drei Offiziere drückten im Namen unseres Präsidenten dessen Beileid aus. Von ihnen erfuhr ich, dass Gamal Abdel Nasser zeitgleich Salahs Schreiben und die Nachricht seiner Ermordung in die Hände bekommen habe. Daraufhin hatte er General Abd Al-Hakim Amer, der als Stabschef dem Revolutionären Kommandorat angehörte, den Auftrag erteilt, ein Untersuchungskomitee zu bilden. Nun standen diese Herren vor mir und waren bereit, umgehend mit der Arbeit zu beginnen.

Die Ankunft des Untersuchungskomitees wurde in Kamshish von der Bevölkerung gefeiert. Die Leute saßen auf den Bäumen oder standen auf den Dächern ihrer Häuser und jubelten: »Armee und Volk sind eins!« Es gibt ein Foto von mir, das an diesem Tag aufgenommen wurde – dem Tag, an dem ich zum ersten Mal wieder lächelte.

Dann ordnete das Untersuchungskomitee eine Gegenüberstellung von mir und Salah El-Feki an. Damit sollte den Bauern vor Augen geführt werden, dass der Großgrundbesitzer tatsächlich verhaftet wurde und ein faires Verfahren zu erwarten war. Viele der Fellachen wollten mit Salah El-Feki auf der Stelle kurzen Prozess machen. Das brachte mich in die merkwürdige Verlegenheit, mich schützend vor den Großbauern zu stellen, der meinen Mann auf dem Gewissen hatte. An Lynchjustiz aber konnte mir nicht gelegen sein. Das würde ihn womöglich zum Märtyrer, meinen Mann hingegen nicht wieder lebendig machen. Ausdrücklich sprach ich der Armee mein Vertrauen aus und rief den wütenden Bauern entgegen: »Wir wollen keinen toten Großgrundbesitzer, sondern Gerechtigkeit. Wir wollen das Ende der Korruption, und diese drei Offiziere haben mit der Festnahme von Salah El-Feki bewiesen, dass sie nicht bestechlich sind!«

Stolz, mit erhobenem Kopf trat ich Salah El-Feki gegenüber. Er aber sah in Richtung seiner Schuhe. War es Angst, weshalb er den Blickkontakt mit mir mied, oder borniertes Überlegenheitsgefühl? Ich brüllte ihm wütend entgegen, dass er seine gerechte Strafe bekommen würde. Salah El-Feki aber schwieg. Rechnete er damit, dass ihm nicht nachzuweisen sein würde, den Mord in Auftrag gegeben zu haben? Dazu brauchten wir schließlich die ihn belastende Aussage des Mörders. Die aber unterblieb. Im Gerichtssaal saßen Salah El-Feki und Mahmoud nebeneinander in einem Käfig, der sie vor dem Volkszorn schützen sollte – es waren ja viele Bauern aus Kamshish zum Prozess erschienen.

Als ich den Mörder da im Käfig sitzen sah, hegte ich eigenartigerweise nicht das Bedürfnis, ihn anzuspucken, was eine extrem erniedrigende Geste gewesen wäre. Vielmehr verfolgte ich den Prozess mit kühler Gelassenheit und hoffte, dass die beiden Angeklagten die Höchststrafe bekommen würden. Natürlich hätte ich Mahmoud in Kamshish umbringen lassen können, ehe er überhaupt verhaftet worden war. Und ich hätte noch nicht einmal etwas damit zu tun gehabt. Doch solche Rachegedanken waren mir fremd. Ich wollte ihn und seinen Auftraggeber durch das Gesetz bestraft sehen.

Im Verhör wiederholte Mahmoud seine Aussage, dass Salahs Tod das Ergebnis eines Streits gewesen sei. Er blieb auch dabei, obgleich die sieben Augenzeugen der Tat etwas ganz anderes behaupteten. Bald wurde mir klar, dass er Salah El-Feki schon in seinem ureigenen Interesse gar nicht als Drahtzieher entlarven konnte. Hätte er nämlich zugegeben, in dessen Auftrag gehandelt zu haben, wäre es geplanter Mord gewesen, und das hätte definitiv die Todesstrafe bedeutet. Stattdessen stellte sein Rechtsanwalt, um Mahmouds Aussage zu stützen, meinen Mann als einen politischen Rowdy dar. Er vergaß nicht zu erwähnen, dass Salah als Kommunist im Gefängnis gesessen hatte. Dann nahm er mich aufs Korn. Schon Tage zuvor waren entehrende Gerüchte über mich in Umlauf gebracht worden. Mal soll ich ein Verhältnis mit Nassers Bruder Hussein gehabt haben, ein anderes Mal mit seinem Stabschef. Abd Al-Hakim Amer habe den Präsidenten nur wegen meiner »honigfarbenen Augen« zu dem Untersuchungskomitee überredet. Solche Gerüchte standen in keiner Zeitung, gegen die man presserechtlich hätte vorgehen können. Rechtzeitig zum Prozessbeginn waren sie auf geheimnisvolle Weise verbreitet worden. Nun nahm der Anwalt darauf Bezug, indem er mich als eine »Frau von zweifelhaftem Ruf« darstellte. Diese Verhandlungstaktik hat Salah El-Feki sicher viel Geld gekostet, denn der Strafverteidiger Abdel Aziz El-Shorbagi war der Vorsitzende des Anwaltssyndikats. Mahmoud jedenfalls hätte sich weder diesen noch einen anderen Anwalt leisten können.

In der Zeit des Prozesses war ich ständig zwischen Kamshish, wohin Reporter aus der halben Welt anreisten, und Wedad Metris Wohnung in Kairo unterwegs, die zu einem Pressezentrum geworden war. Hamdi Kandil, seinerzeit einer der bekanntesten Fernsehjournalisten Ägyptens, machte mit Salahs Mutter und mir ein viel beachtetes Interview. Der Korrespondent Jewgeni Maximowitsch Primakow, dreißig Jahre später wird er Russlands Ministerpräsident sein, kam zu uns ins Dorf und berichtete für die sowjetische Nachrichtenagentur TASS vom »Fall Kamshish«. Aus Frankreich kam Jacques Roland, ein jüdischer Exil-Ägypter, der nach wie vor privat mit Gamal Abdel Nasser befreundet war und unserer Sache in der französischen Zeitung *Le Monde* eine ganze Seite widmete. Ein Bericht, der den Besuch berühmter französischer Intellektueller zur Folge haben würde. Vor allem war die geballte Medienpräsenz nicht ohne Folgen für das Urteil geblieben, wenn es auch für uns Genugtuung wie Kränkung zugleich bedeuten sollte.

Offenbar wollte Abdel Aziz El-Shorbagi nicht nur seinem Ruf als gewiefter Advokat, sondern auch als Gentleman gerecht werden. Nach der Urteilsverkündung kam mir der Staranwalt auf dem Flur des Gerichtsgebäudes entgegen, um sich für seine Angriffe zu entschuldigen. Er habe nur seinen »Job« gemacht. Die mir dargebotene Hand ignorierend, ließ ich den prominenten Juristen einfach stehen. Ich hatte schließlich mehr als nur die dummen Gerüchte zu verkraften, an denen er sicher nicht unschuldig war – Salah El-Feki war wegen Mangels an Beweisen freigesprochen worden. Mahmoud jedoch war vom Gericht des Mordes für schuldig befunden worden. Es verhängte zwar nicht die Todesstrafe, immerhin aber eine Haftstrafe von fünfundzwanzig Jahren. Fast tat mir der Junge leid, der sich in keiner glücklichen Lebenssituation befunden hatte, als er sich von jenem Menschen zum Mord anstiften ließ, der nun als freier Mann das Gericht verlassen konnte. Letztlich war das ein zu schwerer Schlag für mich, als dass ich über Mahmouds Strafe hätte Genugtuung empfinden können. Jetzt war ich erst recht bereit, die Medienöffentlichkeit zu suchen, wie schon in den Wochen zuvor.

In dieser Zeit begann ich Wedad Metris Mann Saad sehr zu schätzen. Er fuhr mich mit seinem roten Mercedes überall hin, wohin ich wollte, und war auch nie genervt, wenn Bauern aus Kamshish kamen und sein Haus bevölkerten. Nun verstand ich, weshalb meine Freundin sich für diesen Mann entschieden hatte.

28. Januar 2011

19 Uhr
Das Taxi quält sich im Schritttempo über die 6.-Oktober-Brücke. Der Fahrer unterhält sich abwechselnd mit Shahinda und mit seinen Kollegen, die in der entgegengesetzten Richtung auch nicht schneller vorankommen. Auf dem Tahrirplatz, so erzählen sie, spielen sich entsetzliche Szenen ab. Polizeikräfte hätten zunächst Wasserwerfer eingesetzt und die Menschen dann gezielt mit Gummigeschossen ins Visier genommen.

Ein anderer berichtet vom Einsatz von scharfer Munition, von Toten und Verletzten.

»Mubaraks Parteizentrale brennt!«, ruft der Fahrer des Taxis, in dem Shahinda sitzt, und zeigt mit dem Finger in die Ferne.

Nun entdeckt auch Shahinda – rechts, auf der anderen Nilseite – das brennende Hochhaus. Flammen schlagen aus den Fenstern in die Höhe. Eine Abfolge von sehr unterschiedlichen Szenen läuft vor ihrem geistigen Auge ab, die sie in diesem Gebäude erlebt hat, als sie noch der Sozialistischen Union angehörte. Die Vorläuferorganisation von Mubaraks Nationaldemokratischer Partei (NDP) hatte auch schon dort drüben ihre Zentrale. Damals, in den sechziger Jahren, war das gewesen, ehe Anwar as-Sadat sie aus der Mitgliederliste streichen ließ. Wer aber hat jetzt das Haus angezündet? Wütende Demonstranten oder Mubaraks eigene Leute, die auf diese Weise belastende Akten vernichten wollen?

»Ich hoffe, dass die Flammen nicht auf das Ägyptische Nationalmuseum übergreifen«, sagt Shahinda, besorgt um den im benachbarten Gebäude befindlichen Kulturschatz Ägyptens.

Von den Fahrern auf der Gegenseite erfahren sie, dass es mittlerweile überall in der Stadt Brände gibt. Auch die exklusiven Boutiquen der Arcadia Mall seien geplündert und dann angesteckt worden, und nirgendwo seien Löschfahrzeuge der Feuerwehr zu sehen. Der »Tag des Zorns« scheint in blindwütigem Aktionismus zu versinken.

»Verlassen wir die Brücke hier vorn und fahren hinunter zum Platz Abd del Monem«, sagt Shahinda. Sie ist nun entschlossen, auf den Tahrirplatz zu gehen. Auf gar keinen Fall dürfe sie einen solchen Moment der Geschichte zu Hause verbringen.

»Das sollten Sie nicht tun!«, ruft der Taxifahrer erschrocken. »Ich fahre Sie zu Ihrer Wohnung. In Nasr City sind Sie in Sicherheit.«

»Nein, ich will auf den Tahrirplatz!«

»Aber ich will da nicht hin«, entscheidet der Fahrer. »Ich bin nicht lebensmüde. Zu Hause warten meine Frau und meine beiden Kinder, die will ich heute Abend noch sehen. Wenn Sie wollen, kann ich Sie am Busbahnhof absetzen. Von da aus können Sie hinüberlaufen.«

21 Uhr

Shahinda drängt sich durch die Menschen, die sich trotz des massiven Polizeieinsatzes nicht haben vertreiben lassen. Am Straßenrand gibt es provisorische Sanitätsstationen, die an den Fahnen des Roten Halbmondes oder an den »Klinik«-Schildern in Fast-Food-Restaurants zu erkennen sind. Demonstranten bilden einen Kordon um das Ägyptische Nationalmuseum. Offenbar, um es vor Plünderungen zu schützen.

Shahinda hat sich mittlerweile bis zur Mitte des Platzes durchgekämpft, als von verschiedenen Seiten Panzer der ägyptischen Armee auf den Platz fahren. Sie ist sicher, dass die Soldaten in friedlicher Absicht kommen, um die Demonstranten zu beschützen. Von verschiedenen Seiten ertönen »*Selmeya!*«-Rufe (»Friedlich!«). Es sind ängstliche Rufe von Leuten, die in Sorge sind, die Panzer könnten gegen das Volk eingesetzt werden.

»Die Armee und das Volk sind eins!«, skandiert Shahinda aus Leibeskräften. Sofort wird die Parole von den Umstehenden übernommen und pflanzt sich wellenartig über den ganzen Platz fort. Bald brüllen Zehntausende: »Die Armee und das Volk sind eins!« Menschen steigen auf die Panzer, begrüßen die Soldaten und führen Freudentänze auf. Shahinda wird von fremden Menschen untergehakt und zu den Soldaten geführt. Sie ruft den teils blutjungen Männern zu: »Ihr seid die Armee unseres Volkes! Ihr seid die Kinder Ägyptens! Armee und Volk gehen Arm in Arm!« Jeder ihrer Sätze wird von den Menschen beklatscht, und die Soldaten winken der alten Frau freundlich zu.

KAPITEL 18

Der Kampf um das Gedenken an Salah

In Ägypten ist es üblich, dass vierzig Tage nach dem Tod eines Menschen seine Familie eine Gedenkfeier abhält – und natürlich wollte ich es bei meinem Mann ebenso halten. Dann wurde ich wenige Tage zuvor in die Bezirkszentrale der Sozialistischen Union in Shebin El-Kom bestellt, wo der lokale Parteisekretär Kamal El-Shazly mir in gestelzten Worten mitteilte, man sei »nicht daran interessiert, dass diese Trauerfeier stattfindet«. Man wolle »aus Kamshish keinen Wallfahrtsort machen«. Ich sah den graugesichtigen Funktionär an, als habe er mir eben verkündet, dass mir künftig das Essen und Trinken verboten sei.

»Und mich interessiert nicht, woran ihr interessiert seid oder nicht«, gab ich ihm zur Antwort. »Es ist eine Frage der Ehre, die ich und viele Menschen in Kamshish dem ermordeten Salah Hussein erweisen werden.«

»Es ist nicht meine Entscheidung«, sagte er und wand sich dabei wie ein Wurm. »Die Entscheidung wurde in Kairo getroffen.«

»Niemand kann mir verbieten, den Gedenktag für meinen Mann abzuhalten. Wer glaubt denn, dass er so etwas tun kann?«

»Die Anweisung kam direkt aus der Zentrale. Es hieß, dass Aly Sabri es nicht wünscht …!«

Sollte wirklich der Generalsekretär der Sozialistischen Union höchstselbst ein solch unsinniges Verbot ausgesprochen haben? Immerhin galt Aly Sabri doch den kommunistischen Kräften nahe stehend. Oder hatte er gar auf einen noch höheren Befehl hin gehandelt? Es fiel mir schwer zu glauben, dass Gamal Abdel Nasser ein Untersuchungskomitee zur Aufklärung des Mordes an Salah einsetzen ließ und gleichzeitig damit einverstanden war, dass dessen Witwe die obligatorische Gedenkfeier untersagt wird. Ich beschloss, mich über diese unsinnige Weisung hinwegzusetzen und Nasser persönlich darüber zu informieren.

Wir planten, keine der üblichen Gedenkfeiern zu veranstalten, denn schließlich hatte uns Salah ein Vermächtnis hinterlassen. Das sollte im Mittelpunkt der Feierstunde stehen. Der Tag sollte zu einem Tribunal gegen die vielerorts noch ungebrochene Macht der Großgrundbesitzer und deren korrupte Hintermänner in den Verwaltungen werden. Das nämlich war es wirklich, was viele Bürokraten befürchteten, und wir waren bereit, diese Erwartung zu bedienen. Gemeinsam mit jungen Leuten aus Shebin El-Kom schrieb ich Einladungen und vervielfältigte sie mit Kohlepapier. Alle Menschen, die uns in den vergangenen vierzig Tagen Telegramme oder Briefe des Beileids geschrieben, aber auch Mut für die Fortsetzung des Kampfes zugesprochen hatten, sollten damit bedacht werden. Um zu verhindern, dass die Einladungen schon auf dem Postweg aus dem Verkehr gezogen wurden, machten sich die jungen Leute zu weiter entfernten Orten auf, um sie von dort abzuschicken. Mit Erfolg. Tatsächlich kamen zur Gedenkfeier für Salah viele Journalisten, Universitätsprofessoren, aber auch Bauern aus anderen Gegenden angereist, und einige von ihnen hielten kämpferische Reden.

Nach der Gedenkfeier, die trotz des »Verbots« ohne Störung ablief, rief ich die Teilnehmer auf, mit mir nach Kairo zu fahren. Schon vorher hatte ich mit einigen Freunden Lastwagen und Busse organisiert, in denen nun Menschen dicht gedrängt über die Landwirtschaftsstraße in Richtung unserer Hauptstadt rollten. Ich hatte doch nicht ahnen können, dass fast 2000 Leute meinem Aufruf folgen würden!

Im Vorort Shubra El-Kheima sind wir an einer Polizeibarrikade gestoppt worden, wie an anderen schon mehrfach zuvor. Diesmal aber wurden wir von behelmten Polizisten, die mit Schildern und Stöcken bewaffnet waren, an der Weiterfahrt gehindert. Ein junger Offizier fragte uns, wohin wir wollten, und ich sagte, dass wir gekommen seien, um Gamal Abdel Nasser einen Besuch abzustatten. Als er sich weigerte, uns durchzulassen, erklärte ich mit lauter Stimme: »Wenn ihr uns nicht durchlasst, werden wir uns hier hinsetzen und die Straße blockieren.«

Aufgeregt lief der junge Offizier davon, und es war klar, dass er keinerlei Entscheidungsbefugnis hatte. In Erwartung seines Vorgesetzten ließ ich unsere Leute aussteigen, und nun sah sich die Staatsmacht einer zahlenmäßigen Übermacht unbewaffneter Menschen gegenüber. Ich setzte mich direkt vor der Barrikade auf die Straße – und 2000 Leute machten es mir nach.

In Shubra El-Kheima gab es auch damals schon eine ganze Reihe von Fabriken. Die Arbeiter standen an den Fenstern und staunten nicht schlecht über unsere Sitzblockade. Einige fragten, woher wir kämen, und als die Bauern ihnen zuriefen: »Aus Kamshish!«, brauste Applaus auf, und sie skandierten: »Euch gehört unsere Solidarität!« Der Polizeioberst, der sich uns eben noch gemächlichen Schritts und mit stolz nach vorn gerecktem Kinn näherte, verwandelte sich urplötzlich. Wie ein um den Preis feilschender Basarhändler blickte er mich, sich die Hände reibend, hinterhältig aus listigen Augen an.

»Benennt eure Repräsentanten!«, forderte er mich auf, und ich wusste sofort, dass dies eine Falle war. Er wollte die Führungsleute genannt haben, die er dann als kleine Gruppe von der Masse isolieren und festnehmen lassen konnte. Danach würde er die führungslosen Bauern nach Hause schicken.

»Ich werde hundert Repräsentanten benennen!«, sagte ich.

Er aber rief erschrocken: »Das ist zu viel. Was machen wir mit so vielen Leuten?«

»Weniger akzeptiere ich nicht!«, beharrte ich.

Sein Blick ging mehrfach unschlüssig zwischen mir und den 2000 Bürgern von Kamshish hin und her. Schließlich deutete er durch eine knappe Geste mit dem Kopf an, dass er einverstanden war. Ich ging durch die Reihen und wählte immer einen der führenden Männer oder eine der führenden Frauen aus der lokalen Organisation der Sozialistischen Union aus, dazu zwei bis drei einfache Bauern. Der Offizier, der mich dabei mit misstrauischem

Blick begleitete, konnte zwischen den beiden Gruppen nicht unterscheiden, weil er meine Leute nicht kannte. Unter ihnen war auch Nawal, eine junge Lehrerin aus Kamshish. Gemeinsam machten wir uns auf den Weg, während die anderen nach Kamshish zurückfuhren.

Es war bereits später Abend, als wir endlich am Regierungspalast in Wust Al-Balad, der Stadtmitte, ankamen. Offenbar war man über unsere bevorstehende Ankunft bereits informiert. Ein Offizier der Sicherheitsgarde führte uns in ein Nebengebäude, wo uns gestattet wurde, in einem der Konferenzräume zu übernachten. Manche von uns legten sich auf den nackten Fußboden, andere saßen auf Stühlen und betteten den Kopf auf die auf dem Tisch verschränkten Arme. Es wurde für uns keine gemütliche, wohl aber eine erwartungsvolle Nacht.

Am nächsten Morgen wurde uns mitgeteilt, dass Gamal Abdel Nasser leider wegen des Besuchs eines hohen Staatsgasts keine Zeit für uns hätte. Allerdings würden wir von Abd Al-Hakim Amer empfangen. Das empfand ich nicht als enttäuschend, denn dieser Offizier hatte ja immerhin die Untersuchungskommission nach Kamshish geschickt, die Salah El-Feki ins Gefängnis stecken ließ, in dem er damals noch immer auf den Prozess wartete. Sicher würde Abd Al-Hakim Amer für das Verbot der Trauerfeier kein Verständnis haben. Um ihn zu treffen, mussten wir in das Hauptquartier der Sozialistischen Union neben dem Ägyptischen Nationalmuseum fahren – in jenen dreizehnstöckigen Betonklotz, der fünfundvierzig Jahre später während der Tahrir-Revolution in Flammen aufgehen wird.

In einem der oberen Stockwerke kam uns nun Nassers Stabschef Abd Al-Hakim Amer entgegen, der eine gewisse Ähnlichkeit mit Clark Gable hatte. Als mir später eine Affäre mit ihm angedichtet wurde, musste ich über dieses zweifelhafte Kompliment ein wenig schmunzeln. An diesem Vormittag stürzte Nawal auf ihn zu und rief, sich in den Schulterpolstern seiner Uniform festkrallend: »Reinige die Sozialistische Union von den korrupten

Kräften!« Sofort sprangen Sicherheitsleute herbei. Abd Al-Hakim Amer aber hob beschwichtigend die Hand und sagte: »Lasst sie!«

Die junge Lehrerin aus Kamshish war wie von Sinnen, klagte den Opportunismus im Lande an und wetterte gegen die korrupte Bürokratie. Dabei verkrallte sie sich so in die Uniform, dass wir schließlich jeden Finger einzeln von dieser lösen mussten. Jetzt erst hatte ich die Chance, unser Anliegen vorzutragen. Bis eben war ich innerlich noch ganz ruhig. Als ich aber zu sprechen begann, spürte ich, wie die Aufregung in mir aufstieg. Ich hatte einen Kloß im Hals, als ich vorsichtig formulierte: »Kamal El-Shazly hat mich in Shebin El-Kom darüber informiert, dass Aly Sabri uns untersagt hatte, die Gedenkfeier für meinen ermordeten Mann zu begehen.«

Verwundert hob Abd Al-Hakim Amer die Augenbrauen hoch und wandte sich stumm zu Aly Sabri um. Der schaute nervös, ja geradezu verängstigt zwischen Nassers Stabschef und unserer Delegation hin und her. Stotternd brachte er hervor: »Das ist nicht wahr!«

Ich war nicht sicher, ob er die Wahrheit sagte. Aber natürlich war es auch vorstellbar, dass Kamal El-Shazly sich selbst das Verbot ausgedacht hatte und den Generalsekretär in Kairo nur ins Spiel brachte, um seinem Plan mir gegenüber den nötigen Nachdruck zu verleihen. Da Kamal El-Shazly aber nicht anwesend war, konnte ich ihn auch nicht mit Aly Sabri konfrontieren. Plötzlich war mir nicht mehr wichtig, ob der mächtige Generalsekretär in Kairo der Urheber des Verbots war oder der Provinzfürst von Shebin El-Kom. Schließlich hatten wir die Gedenkfeier ja durchgeführt. Ich wollte jetzt, was viel wichtiger war, Abd Al-Hakim Amer vortragen, was all denen in Kamshish auf den Nägeln brannte, die durch die Landreformkommission einst geraubtes Land zurückbekommen hatten oder von Lehnsklaven zu Neubauern wurden.

»Wir kommen mit einer Forderung!«, sagte ich und blickte in die erwartungsvollen Gesichter unserer Kairoer Gesprächspartner. »Noch immer überziehen uns die Anwälte von Salah El-Feki mit

Klagen wegen des angeblich ungesetzlich enteigneten Landes. Unsere Bauern wollen Rechtssicherheit. Stattdessen werden wir schikaniert und, wie du weißt, hat man in meiner Familie selbst vor einem Mord nicht zurückgeschreckt.«

Abd Al-Hakim Amer hatte Tränen in den Augen, als er sagte: »Die Hand, die sich gegen unsere Bauern erhebt, wird abgehackt werden!«

Das war ein Satz, wie ihn auch Salah hätte sagen können. Jetzt wusste ich, dass wir in Abd Al-Hakim Amer einen Partner im Kampf gegen die Rückständigkeit hatten. Zum Abschied lagen wir uns in den Armen – eine von Herzen kommende solidarische Geste.

29. Januar 2011

0 Uhr

Shahinda Maklad sitzt todmüde auf dem Sofa ihrer Wohnung, doch sie möchte die angekündigte Rede des Präsidenten nicht verpassen. Zunächst berichtet das staatliche Fernsehen von »einigen Hundert gewaltbereiten Demonstranten auf dem Tahrirplatz«. Dann wendet sich der greise Präsident an sein Volk und verkündet mit regungsloser Miene, dass er die Regierung von Ministerpräsident Ahmed Nazif entlassen und am Morgen ein neues Kabinett berufen werde. Shahinda wendet sich kopfschüttelnd an ihren neben ihr sitzenden Sohn Nagy. »Warum sollte eine Regierung wegen ›einigen Hundert gewaltbereiten Demonstranten‹ entlassen werden? Was wir hier erleben, sind die letzten Zuckungen seines Regimes. Auf dem Tahrirplatz wurde nun ganz offen Mubaraks Rücktritt gefordert, und es wird nicht eher Ruhe im Land sein, ehe das auch geschieht.«

Der arabische Kanal von Al-Jazeera zeigt ganz andere Bilder vom Tahrirplatz als das ägyptische Staatsfernsehen, und es werden auch andere Fakten genannt. Hier ist von fast hundert Toten und Tausenden von Verletzten die Rede – die bittere Bilanz des »Tages des Zorns«.

11 Uhr

Gemeinsam mit ihrem Sohn Nagy geht Shahinda Maklad die Kasr-El-Nile-Straße hinunter in Richtung des Tahrirplatzes. Kurz hinter dem Talaat-Harb-Platz hört sie jemanden ihren Namen rufen. Sie entdeckt Nassef, den Schwiegersohn ihrer vor zwei Jahren verstorbenen Freundin Wedad Metri.

»Du bist in Kairo?«, ruft sie freudig überrascht.

»Na hör mal, meinst du, ich möchte unsere Revolution nur im französischen Fernsehen erleben?«

Shahinda umarmt den groß gewachsenen Nubier, der eigentlich in Paris lebt, wo er als Psychologe und auch als Künstler arbeitet.

»Hier, greif zu!«, fordert Nassef die beiden auf, und Shahinda blickt in einen mit Trillerpfeifen gefüllten Beutel.

Nassef hält den Beutel auch anderen Passanten hin, die näher kommen und sich daraus bedienen. Shahinda hört, wie einige ehrfurchtsvoll ihren Namen flüstern.

»Wo ist deine Frau?«, wendet sie sich wieder an Nassef.

»Riem ist schon auf dem Platz und bereitet meine Kunstaktion vor. Lass dich überraschen«, sagt er und beginnt eine Parole zu skandieren: »*Selmeya! Madaneya!*« (»Friedlich und zivil«). Dann ein schriller Pfiff aus der Trillerpfeife – und die Parole beginnt von vorn. Mit dieser als Verbrüderung mit der Armee gemeinten Losung zieht der kleine Demonstrationszug in Richtung Tahrirplatz. Kurz zuvor werden sie an einer Straßensperre gestoppt. Es sind aber keine Polizisten, die hier Ausweise kontrollieren und die Menschen nach Waffen abtasten, sondern freiwillige Ordnungskräfte der Revolution. Damit soll verhindert werden, dass bewaffnete Provokateure auf den Platz gelangen. Immerhin habe das Regime, so erfahren Shahinda und Nagy nun, in der Nacht mehr als 20 000 Häftlinge aus den Gefängnissen entlassen und offenbar gleichzeitig die Polizei zurückgezogen. Menschen aus allen Teilen der Stadt berichten, dass plündernde Horden durch ihre Viertel gezogen seien. Vielerorts hätten sich spontan Bürgerwehren gebildet.

»Das organisierte Chaos wurde ganz sicher von Mubarak höchstpersönlich angeordnet«, ruft Shahinda. »Das soll die Ägypter auf unseren Protest wütend machen. Aber wir werden nicht aufgeben, ehe nicht der alte Pharao abgetreten ist.«

Ein nicht mehr junger Mann winkt Shahinda zu sich heran, um ihr unkontrolliert den Zugang zum Tahrirplatz zu ermöglichen. Shahinda aber besteht darauf, ebenso behandelt zu werden wie alle anderen auch.

»Warum sollte ich eine Vorzugsbehandlung bekommen?«, fragt sie.

Eine junge Frau wird herbeigerufen, die nun auch Shahinda nach Waffen abtastet.

Wenig später nimmt sie wieder ihren Platz an der Statue von Omar Makram ein, wo einige jüngere Frauen aus dem »Nationalen Komitee für Veränderung« schon auf sie warten. Am Abend zuvor, so erfährt sie nun von ihren Kampfgenossinnen, habe ein Scharfschütze auf den bekannten Journalisten Ahmed Mohammed Mahmoud geschossen, der vom Balkon seines Büros den Einsatz der Polizei gefilmt habe. Er sei mit einem Kopfschuss ins Kasr Al-Ainy Hospital gebracht worden, und soweit man höre, sei sein Zustand sehr kritisch. Shahinda ringt um Fassung, denn sie kennt Ahmed Mohammed Mahmoud schon seit einiger Zeit als couragierten Journalisten, der in der Zeitung *Al-Taawun* (»Die Zusammenarbeit«) kritische Reportagen über die Lage im Lande veröffentlichte.

KAPITEL 19

Che Guevara grüßte uns mit erhobener Faust

Am Tag nach dem Treffen mit Abd Al-Hakim Amer las ich in der Zeitung, welcher »hohe Staatsgast« Gamal Abdel Nasser davon abgehalten hatte, uns zu empfangen: Es war der amerikanische Schwergewichts-Boxchampion Cassius Clay, der sich mittlerweile Muhammad Ali nannte. Meine Gedanken führten mich während der Zeitungslektüre zurück zu einem der letzten Tage, die ich mit Salah in Kamshish verbracht hatte. Auch damals hatte unser Präsident einen »hohen Staatsgast« an seiner Seite. Das aber wusste ich noch nicht am Morgen jenes Tages, als wir am Ortsrand von Kamshish auf Gamal Abdel Nasser warteten. Lag dieser Tag tatsächlich erst wenige Monate oder schon wieder einige Monate zurück? Ich empfand in diesem Moment beides. Einerseits waren meine Gefühle für Salah so präsent, als hätte ich mich erst vor wenigen Minuten aus seinen Armen gelöst. Andererseits war so vieles passiert, dass mir jener Tag, an dem uns Gamal Abdel Nasser in Kamshish leibhaftig gegenüberstanden hatten, wie einer aus einer fernen Vergangenheit erschien.

Es war die Zeit gewesen, als der ägyptische Präsident durch die verschiedenen Gouvernements gereist war, um sich über die Ergebnisse seiner Revolution zu informieren. Und als er zu uns ins Gouvernement Al-Minufiyya kam, wollte er das Mittagessen ausgerechnet im Haus von Anwar as-Sadat einnehmen, der die Ziele jener Revolution hintertrieb. Am Abend stand mal wieder ein Kongress in Shebin El-Kom auf dem Programm. Um von Sadats Dorf Mit Abu El-Kom dorthin zu gelangen, mussten sie an Kamshish vorbeifahren. Darauf waren wir vorbereitet gewesen. Wir wollten die Chance nutzen, um Nasser aufzufordern, die politische Isolierung all jener zu beenden, die einmal eine

Gefängnishaft verbüßt hatten. Leute wie Salah eben. Dadurch waren viele kluge Köpfe gezwungen, an der politischen Willensbildung außerhalb der bestehenden Institutionen, wie etwa der Sozialistischen Union, mitzuwirken. Und selbst das war ja eigentlich illegal, da ihnen jegliche politische Betätigung untersagt war.

Um Nasser auf diesen unsinnigen Umstand hinzuweisen, hatten einige der gebildeten Bauern gemeinsam mit Nawal, der Lehrerin, eigens einen Liedtext verfasst. Auch ein großes Transparent war hergestellt worden. Damit stellten wir uns am Dorfrand an die Brücke, die über jenen Kanal führte, den die Fellachen einst angezapft hatten, um Ahmed El-Feki das Nilwasser abzugraben. Hier musste Nassers Konvoi auf dem Weg nach Shebin El-Kom vorbeikommen. Schon von Weitem würde unser Spruchband zu sehen sein: »Seit Jahren hält man uns abseits. Es ist uns sogar verboten, zu dir zu sprechen, Gamal Abdel Nasser! Doch wir sind ein revolutionäres Dorf und stehen an deiner Seite!«

Schon am späten Vormittag hatten wir Position bezogen, da wir Nassers Zeitplan nicht kannten. Zunächst erschien er auch nicht, sondern Polizeikräfte aus Shebin El-Kom, die uns aufforderten, das Transparent zu entfernen. Es entspann sich eine Diskussion. Wir fragten die Offiziere, ob sie des Lesens kundig seien, denn dann würden sie ja erkennen, dass wir keine Anti-Nasser-Parolen hochhalten würden. Die Polizisten, einfache Menschen aus den umliegenden Dörfern, wirkten überfordert. Einerseits hatten sie den Befehl, jegliche politische Demonstration entlang der Reiseroute Nassers zu unterbinden, andererseits wollten sie wohl auch nicht daran schuld sein, eine Freundschaftsbekundung für den Präsidenten unterbunden zu haben.

Inzwischen hatten sich immer mehr Bürger von Kamshish um das Transparent gruppiert. Als schließlich ein herbeigerufener Offizier endgültig entschied, das Spruchband zu entfernen, war der Befehl quasi nicht mehr durchführbar, ohne eine gewalttätige Auseinandersetzung mit der Dorfbevölkerung zu riskieren. Dazu war es ohnehin zu spät, denn in der Ferne war schon Nassers Cabriolet zu sehen. Es musste uns gelingen, ihn an der Brücke zu stoppen, um ihm unsere schriftlich formulierten Forderungen zu überreichen.

Ich stellte mich dem Wagen einfach in den Weg. »Der Fahrer wird mich schon nicht überfahren!«, rief ich denen zu, die mich besorgt zurückriefen. Allerdings gab es einen Begleitschutz auf zwei Motorrädern. Was würde passieren, wenn Nassers Personenschützer in mir eine Attentäterin vermuteten? Immerhin war fünf Jahre zuvor in Alexandria von den Muslimbrüdern tatsächlich ein Anschlag versucht worden. Meine Aktion war lebensgefährlich, letztlich aber erfolgreich. Der Begleitschutz eröffnete nicht das Feuer, sondern die beiden Männer sprangen von ihren schweren Maschinen und rannten auf mich zu.

»Wir haben dir etwas zu sagen, Gamal!«, schrie ich, nachdem der Wagen gestoppt hatte.

Nasser erhob sich von seinem Sitz und rief den beiden Bodyguards zu, die mich gerade im Polizeigriff abführen wollten: »Lasst sie los!« Dann winkte er mich heran. Als ich mich dem Wagen mit dem offenen Verdeck näherte, erkannte ich das bekannte Gesicht seines Gastes. Neben Gamal Abdel Nasser saß Che Guevara. An diesem Tag wusste ich nicht, was ich heute weiß: dass der kubanische Revolutionär mit den argentinischen Wurzeln damals vorhatte, eine afrikanische Befreiungsarmee für den Kongo aufzustellen, und dafür um Unterstützung warb. Ich schüttelte beiden die Hand, und während der Chor der Bauern hinter mir das eingeübte Lied anstimmte, überreichte ich Nasser unsere schriftlich formulierten Forderungen. Dann wandte ich mich Che Guevara zu und sagte: »Hier sind die Bauern von Kamshish versammelt, die Bewohner eines revolutionären Dorfes!«

Nachdem ihm die beiden Sätze übersetzt worden waren, erhob sich Che und grüßte uns mit erhobener Faust. Frenetischer Jubel brach los, wenngleich die meisten wahrscheinlich gar keine Ahnung hatten, wen sie da vor sich hatten.

Am frühen Abend war ich mit Salah und fast 300 Bauern hinüber nach Shebin El-Kom gegangen, wo in jenem Stadion der

Kongress stattfand, in welchem ich einst meine erste politische Rede hielt. Diesmal aber wurde uns der Zutritt verwehrt. So blieb uns nichts anderes übrig, als Nassers Rede vor den Toren des Veranstaltungsorts zu lauschen, wohin sie via Lautsprecher übertragen wurde. Als er die »Auflehnung der revolutionären Bauern von Kamshish gegen die Macht der Großgrundbesitzer« würdigte, brach unter unseren Leuten erneut Jubel aus. Es war eine absurde Situation. Drinnen saßen Menschen wie Anwar as-Sadat auf dem Podium, während die von Nasser gewürdigten »revolutionären Bauern« die Rede vor verschlossenen Türen anhören mussten. Diese Szene symbolisierte bildhaft die widersprüchlichen gesellschaftlichen Verhältnisse Ägyptens, die unser Land bis heute nicht überwunden hat.

29. Januar 2011

15 Uhr

Nassef hat mit seiner Frau Riem, der Tochter von Shahindas Freundin Wedad Metri, einen riesigen Holzrahmen angeschleppt, der mit großen Papierbahnen bespannt ist. Shahinda beobachtet, wie Nassef bunte Stifte an die Leute verteilt und sie auffordert, ihre Hoffnungen, Wünsche und Visionen von einem neuen Ägypten darauf zu schreiben. Er wolle die Seele der Revolution einfangen und später in seinem Atelier in der Oase Fayyum daraus ein Kunstwerk gestalten, erklärt er.

»Das ist eine schöne Idee!«, sagt Shahinda zu Riem, die sie seit deren Geburt kennt.

»Es ist die Idee eines Künstlers und Psychologen, der in diesem Fall beides gleichzeitig ist«, bemerkt Riem.

Shahinda tritt näher heran und liest interessiert, was die Menschen dem Papier anvertrauen: »Die Polizisten dürfen sich nicht weiter an uns bereichern, sondern müssen an der Seite des Volkes stehen.« – »Ich hoffe, dass alle Ägypter irgendwann menschenwürdig leben können.« Eine ältere Frau bittet Riem, ob sie an ihrer statt etwas hinschreiben könne, da sie selbst nie Lesen und Schreiben gelernt habe. Wedad Metris Tochter erklärt sich bereit, und dann diktiert die Analphabetin der Universitätsprofessorin Riem den Satz: »Ich möchte, dass meine Enkel eine gute Schulausbildung bekommen.« Ein großer Mann mit halblangem dunklen Haar tritt heran und notiert in geschwungenen arabischen Schriftzeichen: »Freiheit für die Kunst!« Als er sich zu Shahinda umdreht, kann sie erkennen, dass sein Gesicht von Verletzungen schwer gezeichnet ist.

»Bist du ein Künstler?«, fragt sie ihn.

»Ja, Schauspieler und Regisseur.«

»Und was ist mit deinem Gesicht passiert?«

Der junge Mann lacht verlegen, ehe er antwortet: »Mubaraks Polizei hat sich bei mir als Maskenbildner versucht … aber das ist eine lange Geschichte.«

»Komm, setze dich und erzähle sie mir.«

»Warst du gestern auch hier?«, will der Schauspieler von Shahinda wissen.

»Ich bin am Abend auf den Platz gekommen …«

»Da sah ich schon so aus. Warum willst du hören, was mit mir passiert ist?«, fragt er und sieht Shahinda neugierig an.

»Nun, weil es mich interessiert, warum junge Leute sich hier der Gefahr aussetzen. Vielleicht auch, weil ich denke, dass Schauspieler immer ein wenig eitel sind … Wie heißt du eigentlich?«

»Ahmed. Eitle Schauspieler? Na ja, gestern sahen sich einige sehr junge Leute in der Heldenrolle ihres Lebens, und ich hab mich auch anstecken lassen.«

»Wie meinst du das?«

»Ich kam von dort hinten aus dem Bab el Louk-Viertel an den Tahrirplatz. Da war schon alles von der Polizei abgeriegelt. An der Straßensperre warteten ein paar Hundert Leute. Plötzlich raste hupend ein Polizeiwagen auf die Postenkette zu, und natürlich öffneten sie, um ihn reinzulassen. Wir nutzten die Chance und stürmten hindurch, und erst als wir auf dem Platz waren, stellten wir fest, dass ein junger Kerl den Polizeiwagen geklaut hatte. Er stieg nämlich aus und zeigte uns das Victory-Zeichen.«

Als Shahinda das Gelächter rundherum wahrnimmt, entdeckt sie, dass sich Ahmed ein kleines Publikum erspielt hat. Um es bei Laune zu halten, erzählt er mit getragener Stimme weiter: »Dort drüben, in der Straße neben der Amerikanischen Universität, fuhren Panzerwagen der Polizei auf. Wir rissen die Steine aus dem Pflaster vor der Mogamma heraus und bewarfen sie damit. Ich kannte keinen von den anderen, aber wir arbeiteten wie in einem Akkordteam. Die einen buddelten die Steine aus und reichten sie weiter, und wir an der Front bewarfen die Polizei. Plötzlich wurden Gummigeschosse auf uns abgefeuert. Ich wusste gar nicht, was das ist, und ich spürte auch erst einmal gar nichts. Erst nach einer Weile hatte ich Schmerzen an der Oberlippe, und als ich dort hinfasste, hatte ich plötzlich ein Stück Gummi in der Hand. Dann erst stellte ich fest, dass überall Blut war. Ein Mann verteilte Wasserflaschen. Ich ging zu ihm hin und sackte direkt vor ihm in mich zusammen. Man brachte mich in eine provisorische Klinik, die dort, im Kentucky Fried Chicken, eingerichtet wurde. Eine Krankenschwester versuchte mir die Gummigeschosse aus dem Körper zu ziehen, aber manche sind immer noch da. Danach ging ich wieder auf den Tahrirplatz zurück und erlebte, wie aus den Panzerwagen plötzlich Tränengaspatronen geschossen wurden. Ein schmächtiger Junge mit Brille, höchstens zwölf oder dreizehn Jahre alt, enterte einen der Panzerwagen, schloss die Luke und setzte sich im Schneidersitz darauf. Er wurde gefeiert wie ein Popstar. Das wollte ich auch machen. Aber bevor ich die Luke schließen konnte, wurde mir von einem Offizier Gas direkt ins Gesicht gesprüht. Ich spürte einen beißenden Schmerz in den Augen und konnte nichts mehr sehen. Dann stürzte ich ab und wurde von irgendwelchen Leuten weggeführt. Von allen Seiten wurde mir Mut zugesprochen. Manche riefen, man solle mir Wasser in die Augen schütten, aber das half nicht. Eine Frauenstimme sagte, sie müssten mit Speiseöl ausgewaschen werden. Also führten mich meine unbekannten Helfer zu einem der Casino-Schiffe unten am Nil. Der Koch wusch mir dann die Augen mit Öl aus, und nach einer Weile konnte ich tatsächlich wieder sehen. Na, und was ich da auf der Toilette im Spiegel erblickte, als ich mich waschen wollte, war die perfekte Maske für einen Horrorfilm.«

Dir größer gewordene Gruppe der Zuhörer goutiert die Pointe mit Applaus.

»Aber du hast ja eigentlich nicht meine Heldengeschichte wissen wollen, sondern mich gefragt, warum ich überhaupt hier bin«, wendet Ahmed sich an Shahinda, die ihm mit wachem Blick zunickt.

»Okay, ich könnte jetzt sagen, ich bin aus demselben Grund hier, aus dem alle hier sind. Korruption, Polizeiwillkür – das ganze Programm. Aber ich bin sicher, jeder von uns hat auch seine ganz persönlichen Gründe, warum er heute da ist. Und das sind meine …«

Ahmed steht auf und wendet sich mit Schauspielerstimme an das Auditorium: »Ich bin ein Theatermann. Eigentlich bin ich Schauspieler, aber seit ein paar Jahren inszeniere ich Theaterstücke. Nicht solche seichten Komödien wie in den Theatern oben in Wust Al-Balad, sondern … Na ja, im weitesten Sinne kann man von politischen Stücken sprechen.«

»Das ist gut«, ruft Shahinda. »Kunst kann viel bewirken in den Köpfen der Zuschauer.«

»Das wissen die Mächtigen aber leider auch«, sagt Ahmed und setzt seine Erzählung fort. »Im letzten Jahr habe ich ein Stück inszeniert, und darin gab es eine Szene, in der eine Frau vor dem Fernsehgebäude gegenüber der Corniche El-Nile sitzt und schreit, dass sie misshandelt werde: ›Mein Mann misshandelt mich, von den staatlichen Behörden werde ich misshandelt, und von der Polizei werde ich auch misshandelt … überhaupt, alle misshandeln mich. Alle, alle, alle …!‹ Dabei wirft sie sich in ihrer Verzweiflung ständig Straßenstaub auf den Kopf. Schließlich kommt aus dem Gebäude ein Fernsehteam und nimmt das auf. In den Abendnachrichten wird die Szene dann gezeigt, aber ohne Ton. Aus dem Off erklärt ein Kommentator: ›Diese verzweifelte Frau wendet sich in Sorge um die Gesundheit unseres Präsidenten an Allah und fleht, dass Allah Muhammed Husni Mubarak viele gesunde Jahre schenken möge, damit er noch lange unser Land regieren kann.‹«

Ahmed genießt sichtlich die Lacher seiner Zuhörer. Sich nach allen Seiten wendend, fragt er laut in die Runde: »Wundert sich jemand, dass die Aufführung nur einmal gespielt wurde? … Eine andere hat noch nicht mal das Ende der Premiere erlebt. Dem Stück habe ich den italienischen Titel *Alla Una, Alla Due, Alla Tre* gegeben, also nach der Ansage während einer Auktion. Darum ging es auch in dem Stück. Es wurde ein Land Stück für Stück versteigert – und schließlich auch seine Menschen … Schon im zweiten Akt kamen die Männer mit leerem Blick auf die Bühne und schickten die Zuschauer nach Hause.«

»Das ist ja unerhört!«, empört sich ein junger Mann, dessen Habitus den intellektuellen Feingeist verrät.

»Das ist es, und deshalb ist Ahmed hier!«, ruft Shahinda und erhebt sich ein wenig mühsam, um den ambitionierten Künstler zu umarmen.

.

KAPITEL 20

Jean-Paul Sartre in Kamshish

Es war eine überraschende Nachricht, die ich an einem kühlen Morgen Anfang März 1967 eher zufällig in der Zeitung *El Talia* (»Der Vordergrund«) las: Der weltberühmte Philosoph Jean-Paul Sartre und dessen Lebensgefährtin, die Feministin Simone de Beauvoir, würden Kamshish besuchen. Warum wussten wir nichts davon? Wenn schon die Zeitung darüber schrieb, mussten für diesen Besuch doch längst irgendwelche Vorbereitungen getroffen worden sein. Zum Glück kannte ich den Chefredakteur Lotfy El-Khouly, und so rief ich ihn kurz entschlossen an. Er bestätigte, dass »Jean-Paul und Simone ausdrücklich darauf bestanden« hätten, während ihres Ägypten-Besuches auch den Bauern von Kamshish einen Besuch abzustatten. Sie hatten in der *Le Monde* eine Reportage über unser Dorf gelesen.

Jacques Roland, unser jüdischer Freund aus Paris, fiel mir ein, der schon wenige Tage nach dem Mord an Salah zu uns gekommen war. Sartre und seine Lebensgefährtin hatten sicher seinen Beitrag gelesen.

»Warum aber erfahre ich erst aus deiner Zeitung von diesem Besuch? Und für wann ist er überhaupt geplant?«, fragte ich weiter.

»Kamshish steht am nächsten Freitag auf dem Programm. Wir dachten, am Feiertag würde es allen Dorfbewohnern möglich sein, die beiden zu begrüßen ...«

»Feiertag?«, unterbrach ich ihn und lachte. Das islamische Wochenende zu begehen ist muslimischen Bauern ebenso bedingt möglich, wie es christlichen Bauern möglich ist, den Sonntag als Ruhetag einzuhalten. Weder Vieh noch Pflanzen kennen Feiertage. Das also sagte ich dem großstädtischen Intellektuellen. Dennoch, so fügte ich hinzu, würden es die meisten sicher einrichten können, die berühmten Franzosen willkommen zu heißen. Das aber wäre auch an jedem anderen Tag der Fall gewesen.

»Hat dir Ibrahim Baghadady, dein Gouverneur, denn nicht Bescheid gegeben?«, fragt Lotfy El-Khouly am anderen Ende der Leitung.

Ich sagte ihm nicht, dass der Gouverneur von Al-Minufiyya zu mir schon seit längerer Zeit ein gespanntes Verhältnis hatte. Er war ganz offenbar eifersüchtig, dass Kamshish seit geraumer Zeit häufiger und an prominenterer Stelle in den Medien genannt wurde als seine Bezirkshauptstadt. Das aber durfte doch kein Grund sein, uns einen so wichtigen Besuch zu verschweigen.

Es blieben uns nur noch wenige Tage zur Vorbereitung, um den französischen Gästen einen würdevollen Empfang und einen informativen Aufenthalt in unserem Dorf zu bereiten. Ich rief im Sekretariat des Gouverneurs an, und schon am Nachmittag desselben Tages schickte Ibrahim Baghadady einen Vertreter nach Kamshish, der ein bereits perfekt ausgearbeitetes Besuchsprogramm vorstellte: »Die Gäste werden von einer Staffel von Dressurreitern empfangen. Dann geht's zum Koop-Gebäude, wo sie die Bauern nach dem System der Landkooperative befragen werden. Danach gibt's Mittagessen in Shebin El-Kom …« Natürlich war das, was er vortrug, für uns vollkommen inakzeptabel. Aber sollte ich jenem Mann, der ohnehin nichts entscheiden durfte, sagen, dass Jean-Paul Sartre bestimmt nicht nach Ägypten kommen würde, um sich tanzende Pferde anzusehen? Auch waren die Landkooperativen noch nicht realisiert. Was den linken Philosophen sicher sehr viel mehr interessierte, war der Kampf, den wir gegen die Großgrundbesitzer führten.

Mir wurde klar, dass wir das Heft des Handelns in die Hand nehmen mussten, sobald unsere Gäste den Boden von Kamshish betraten. Wieder bot sich dafür die Brücke an, an der ich einige Wochen zuvor schon Gamal Abdel Nasser und Che Guevara die Hände gedrückt hatte.

Der 10. März 1967 war ein milder Frühlingstag mit wolkenlosem Himmel. Schon seit sechs Uhr morgens hielten sich auffallend viele fremde Menschen in unserem Dorf auf. Bald fanden wir heraus, dass der Gouverneur nahezu seine gesamte Beamtenschaft nach Kamshish beordert hatte, um das Besuchsprogramm von Jean-Paul Sartre und Simone de Beauvoir in seinem Sinne ablaufen zu lassen. Aber auch wir waren nicht untätig gewesen – und wir waren fest entschlossen, ihm einen Strich durch die Rechnung zu machen.

An der Brücke hielten wir ein Transparent in die Höhe, auf dem ein Willkommensgruß in französischer Sprache geschrieben stand. Meine einstige Französischlehrerin in Shebin El-Kom hatte für uns übersetzt. Darunter standen die Kinder von Kamshish in ihren Schuluniformen. Drei von ihnen waren dazu auserkoren, den Gästen Blumen zu überreichen, denn von Lotfy El-Khouly hatte ich erfahren, dass es einen weiteren Gast geben würde: Claude Lanzmann. Er sei ein Freund des Paares und habe sich während der deutschen Besatzung Frankreichs als jüdischer Widerstandskämpfer der Résistance angeschlossen. Im Unabhängigkeitskrieg Algeriens habe er die algerische Freiheitsbewegung unterstützt. Ich freute mich, auch diesen mutigen Mann kennenzulernen.

So also warteten wir auf den Besuch, und als der Wagen dann kam, hielten wir ihn an der Brücke auf. Ich sagte zu Lotfy El-Khouly: »Lass Sartre aussteigen, die Zeremonie fängt schon hier an.« Noch ehe der Gouverneur eingreifen konnte, hatten die französischen Gäste die Autos verlassen und die Blumen der Kinder in Empfang genommen. Dann geleiteten wir sie durch ein Spalier jubelnder und applaudierender Bürger zu einem einfachen Bauernhaus. Der Gouverneur machte gute Miene zum bösen Spiel, und sein Dolmetscher übersetzte das, was wir den Gästen zu sagen hatten. Natürlich auch das, was sie uns fragten. Wie ich vermutet hatte, galt ihr Interesse vor allem dem Kampf der Bauern gegen die Großgrundbesitzer. Der Bauer, in dessen Haus wir uns aufhielten, erzählte von den Erpressungen und Drohungen, denen sie in der Vergangenheit ausgesetzt waren. Aber er berichtete auch lachend darüber, wie sie Ahmed El-Feki den Kanal mit dem Nilwasser angezapft hatten. Ich hielt mich zurück, denn dies sollte die Stunde der Fellachen sein. Ihnen galt der Besuch unserer berühmten Gäste. Danach sprach Sartre davon, dass die Zeit der Leibeigenschaft überall auf der Erde dem Ende entgegengehe, dank solch mutiger Bauern wie hier in Kamshish.

Simone de Beauvoir zeigte sich erfreut, dass bei uns offenbar auch die Frauen gleichberechtigt an der Seite ihrer Männer stünden. Sie legte ihre Hand auf meinen Unterarm und sah mir freundlich in die Augen, ehe sie fortfuhr: »Besonders hat mich beeindruckt, dass einer dieser Bauern seine Frau sogar auf den Schultern getragen hat. Es ist gut, dass bei euch Frauen und Männer den Kampf gemeinsam organisieren!«

Hätte ich ihr sagen sollen, dass ich aus keiner bäuerlichen Familie stamme und jene Frau, die vorn an der Brücke auf den Schultern eines Mannes saß, trotz ihrer Bauerntracht die Lehrerin Nawal war?

Claude Lanzmann sagte wenig, aber seinem wachen Blick und dem bedächtigen Nicken war zu entnehmen, dass er alles interessiert zur Kenntnis nahm, was hier gesprochen wurde. Ebenso wie Ibrahim Baghadady, der Gouverneur von Al-Minufiyya, seinen Ärger nur schwer darüber verbergen konnte, dass wir ihm in sein Besuchsprogramm gepfuscht hatten. Wahrscheinlich hegte Baghadady in diesen Minuten die Hoffnung, die Initiative zurückzugewinnen, wenn wir erst einmal das Haus dieser einfachen Bauern verlassen und den Versammlungsraum im Kulturhaus erreicht hatten. Schließlich hatte er für dieses Ereignis eine Hundertschaft seiner Beamten nach Kamshish befohlen. Aber auch auf diese Situation waren wir vorbereitet. Es war im Vorfeld alles so arrangiert worden, dass die Bauern durch einen Nebeneingang in das Kulturhaus geleitet werden sollten, noch ehe die Haupttüren geöffnet wurden und Ibrahim Baghadadys Beamten in den ersten Reihen Platz nehmen konnten.

Das Kulturhaus war inzwischen tatsächlich im ehemaligen

Wohngebäude der El-Feki-Familie untergebracht, das kurz zuvor in den Besitz des ägyptischen Volkes übergegangen war. In dem größten der Räume hatten wir eine kleine Bühne aufgebaut, auf der sonst Laientheatergruppen und Wanderbühnen Stücke aufführten oder andere kulturelle Aktivitäten stattfanden. Die Gäste sollten, wenn sie ins Publikum blickten, die Bauern von Kamshish sehen und nicht die Bezirksbürokraten aus Shebin El-Kom. Die Fellachen hatten diesmal Vorrang vor den·Effendis, die Bauern vor den Herren. Jahrhundertelang war es umgekehrt gewesen.

Nachdem wir das Bauernhaus verließen, wurden auch die französischen Gäste von persönlichen Betreuern, die wir für sie abgestellt hatten, zu jenem Seiteneingang des Kulturhauses geleitet. Dort wiederum standen Wächter, die aufpassten, dass keine Unbefugten hineingelangten. So taten sie eigentlich nur ihre Pflicht, als sie zwar Jean-Paul Sartre, Simone de Beauvoir und Claude Lanzmann einließen, dem Gouverneur von Al-Minufiyya hingegen den Weg versperrten. Verzweifelt rief er hinter mir her: »Shahinda, hilf mir! Deine Leute wollen mich nicht hineinlassen.«

Nun also war ich es, die ihm Zutritt verschaffte. Ibrahim Baghadady staunte nicht schlecht, als er erkennen musste, dass die vorderen Reihen bereits von Fellachen in einfachen Galabeyas besetzt waren. Hilflos sah er sich nach seinen bestellten Beamten um. In diesem Moment öffneten sich die Haupttüren, und den feinen Herren aus den Amtsstuben von Shebin El-Kom blieb nichts anderes übrig, als sich im hinteren Drittel des Saales zusammenzudrängen. Das veranlasste einige von ihnen, den Ort der Versammlung auf der Stelle wieder zu verlassen und vermutlich umgehend die Heimreise anzutreten.

Zunächst wurde die obligatorische Begrüßungsrede gehalten. Der lokale Vertreter der Sozialistischen Union, auch er ein Bauer aus Kamshish, hieß »die berühmten Gäste aus Frankreich« willkommen und äußerte die Hoffnung, sie würden »der Welt das richtige Bild von Kamshish« übermitteln. Dann machte der Gouverneur ebenfalls Anstalten, das Wort zu ergreifen. Ich aber eröffnete umgehend die Aussprache, womit gemeint war, dass die Fragen der Bauern verlesen wurden. Um den Dialog mit den Gästen ein wenig zu strukturieren, hatten wir nämlich alle, die eine Frage stellen wollten, schon vor Tagen gebeten, sie auf einen Zettel zu schreiben. Und wer nicht schreiben konnte, ging zu Nawal, die sie notierte.

Während der Begrüßungsrede hatte ich sie thematisch geordnet. Und als die Beamten in den hinteren Reihen mitbekamen, dass Fragen schriftlich eingereicht worden waren, notierten einige von ihnen welche auf einem Stück Papier und ließen sie mir zukommen. Die meisten dieser Leute aus der Clique des Gouverneurs aber stellten, wie ich schnell bemerkte, in scharfen Formulierungen sehr intime Fragen. So wollte man von Sartre und seiner Lebensgefährtin wissen, weshalb sie nicht miteinander verheiratet seien. Ein anderer forderte sie auf, ihr Verhältnis zueinander genauer zu erklären. Das waren für mich Fragen, die nicht nur die gesellschaftlichen Verhältnisse einer anderen Kultur außer Acht ließen, sondern zudem die Privatsphäre betrafen. Deshalb sortierte ich sie von vornherein aus, um eine peinliche Situation gar nicht erst aufkommen zu lassen. Die meisten unserer Bauern würden das auch gar nicht verstehen. Sie hatten wirklich andere Probleme, als sich darüber den Kopf zu zerbrechen, ob deren private Beziehung moralisch in Ordnung war oder nicht.

Schließlich verlas ich auf der Bühne die Zettel mit den Fragen der Bauern, und unsere Gäste antworteten:

»Woher haben Sie von unserem Dorf erfahren?«

»Ich habe eine Reportage in einer großen französischen Zeitung über Kamshish gelesen. Das hat mich neugierig gemacht«, sagte Sartre.

»Mit welchen Gefühlen kamen Sie nach Kamshish?«

»Meine Gefühle sind sehr unterschiedlich«, begann er seine Antwort. »Einerseits komme ich mit einem Gefühl der Trauer, da einer eurer Führer durch die Kugeln eines Großgrundbesitzers starb, der sich offenbar noch immer nicht von der unseligen Tradition der Feudalherren verabschiedet hat. Andererseits aber bewundere ich euren Mut, dass ihr trotzdem nicht aufgegeben habt. Ich empfinde es als ein großes Glück, heute hier sein zu dürfen und euch in eurem Kampfeswillen ungebrochen zu sehen.«

Applaus brandete auf in den vorderen Reihen, während sich die hinteren auffallend lichteten. Der Gouverneur rutschte erkennbar unruhig auf seinem Stuhl hin und her, während Simone de Beauvoir ihren Arm um mich legte und der Menge zurief: »Und ich bin stolz, dass ihr nach dem Mord an Salah Hussein dessen Frau als eure Führerin akzeptiert.«

Nun setzte das ohrenbetäubende Trillern der Landfrauen ein, während die Männer begeistert die Fäuste in die Höhe reckten. Nachdem wieder Ruhe eingetreten war, verlas ich den Zettel mit der Frage, die einer aus der Führungsriege der Sozialistischen Union von Kamshish aufgeschrieben hatte:

»Sie haben die algerische Revolution unterstützt. Was halten Sie vom Kampf der Palästinenser gegen die zionistische Besatzung?«

Es wurde plötzlich ganz still im Saal, und alle Augen waren jetzt auf Sartre gerichtet, der langsam und in einem bedächtigen Ton antwortete, wie jemand, der seine Worte abwägt: »Ich solidarisiere mich mit allen Freiheitskämpfern der Welt.«

Wieder brauste Applaus auf, dem sich auch der neben ihm sitzende Claude Lanzmann anschloss.

Als wir die Gastgeschenke überreichten, war fast keiner der bestellten Leute des Gouverneurs mehr im Saal. Danach war der offizielle Teil des Besuchsprogramms in Kamshish vorbei. Ibrahim Baghadady kochte innerlich vor Wut. Sein sorgsam ausgearbeiteter Plan war ihm aus dem Ruder gelaufen. Der speziell aus Kairo mitgekommene Dolmetscher hatte aber sichtlich eine Menge Spaß gehabt, die Gespräche zwischen den französischen Gästen und den Bauernführern von Kamshish zu übersetzen. So blieb dem Gouverneur nichts anderes übrig, als auch mich und einige von ihnen zum Mittagessen einzuladen.

Wir fuhren in eines der besten Lokale von Shebin El-Kom, das »Borg Al-Minufiyya« (»Turm von Minufiyya«) hieß. Das Firmenlogo stellte auch das Wappen des Gouvernements Al-Minufiyya dar, erzählte Ibrahim Baghadady, was Sartre mit freundlichem Interesse zur Kenntnis nahm. Es wurde ein schöner Nachmittag, währenddessen unsere politischen Gespräche weit über Kamshish und Ägypten hinausgingen. Und als Simone de Beauvoir sich über »dieses wunderbare ägyptische Dessert«, welches man uns serviert hatte, begeistert äußerte, machte ich ihr ein Geständnis: »Auch ich esse heute *Om Aly* zum ersten Mal in meinem Leben.«

29. Januar 2011

20 Uhr
Nachdem Olfat Abd Rabo die Tür geöffnet hat, humpelt sie ihrer Freundin durch die große Wohnung voran.

»Was ist denn mit deinem Fuß los?«, fragt Shahinda.

Nach einem tiefen Seufzer entschließt sich die redegewandte Olfat, in dem ihr eigenen, hektischen Sprachduktus zu erzählen, wie es am Vortag zu dieser Verletzung gekommen war: »Ich bin gestern mit Azza Balbaa, der Sängerin, nach Giza hinübergefahren. Dich und Nour konnte ich ja nicht erreichen, weil uns der Pharao die Telefone abstellen ließ. Wir waren also drüben bei der Moschee, zu der El-Baradei zum Beten kam. Es war eine riesige Menschenmenge um die Moschee herum. Plötzlich wurden wir von Polizeikräften umzingelt, und sie griffen uns mit Tränengasbomben und Gummigeschossen an. Die Leute stoben auseinander. Ich stolperte, fiel hin und verrenkte mir das rechte Fußgelenk. Irgendjemand hob mich auf, aber da sich jeder retten musste, flüchtete ich erst einmal in einen Hauseingang. Wie von den Tunesiern empfohlen, wusch ich mir das Gesicht mit Pepsi. Nach einer Weile humpelte ich los, in der Hoffnung, Azza irgendwo zu finden. In der Nähe des Zoos traf ich drei Franzosen … Glaub mir, ich kann Franzosen schon von Weitem erkennen, und die am Zoo waren von einem französischen TV-Kanal. Sie baten mich, bei ihren Straßeninterviews zu übersetzen. Dann machten sie auch eines mit mir, und nun wird das schon den ganzen Tag in Frankreich ausgestrahlt. Mein Mann rief mich vorhin an, und auch meine Pariser Nachbarin …«

»Gehen denn die Telefone wieder?«, fragt Shahinda verwundert und starrt auf ihr Mobiltelefon.

»Ja!«

»Mein Mobiltelefon funktioniert auch wieder«, sagt Julia, die aus einem der hinteren Räume kommt, wo sie offenbar ein Schläfchen gehalten hat. Sie gähnt und reibt sich die Augen. Noch vor drei Stunden sah Shahinda die junge Aktivistin rund um das Amr-Makram-Denkmal wirbeln. Jetzt hatte sie sich eine kleine Auszeit im atemlosen Tempo der Ereignisse gegönnt.

Die Abendnachrichten bringen für die drei Frauen nur zwei substanzielle Neuigkeiten. Die eine ist die, dass Husni Mubarak Omar Suleiman zu seinem Vizepräsidenten gemacht hat. Das bedeutet zwar einerseits, dass es für das Präsidentenamt zu keiner Erbfolge zugunsten von Gamal Mubarak kommen wird. Andererseits ist Mubaraks langjähriger Geheimdienstchef beim Volk eher gefürchtet als beliebt.

»Wir fordern doch nicht Mubaraks Rücktritt und akzeptieren *ihn!*« Shahinda spricht aus, was in diesem Moment vermutlich Hunderttausende Ägypter denken.

Die zweite Nachricht, die von den drei Frauen mit großer Spannung verfolgt wird, ist die über die Zusammensetzung der neuen Regierung, mit deren Bildung Ahmed Shafik beauftragt wurde. Der Präsident hat also mit dem Luftwaffenpiloten Shafik jemanden aus seinem eigenen Lager mit den Amtsgeschäften betraut. Es ist der Name seines Stellvertreters, der Shahinda aufhorchen lässt.

»Yehia El-Gamal wird stellvertretender Ministerpräsident? Unglaublich!«, bricht es aus ihr heraus.

»Wer ist das?«, fragt Julia und zündet sich fast gelangweilt eine Zigarette an.

»Er hat die letzten Jahre als Rechtsanwalt gearbeitet und als Hochschullehrer«, erklärt Olfat. »Ich denke nicht, dass er ein Mubarak-Mann ist, oder?«

»Nein, ganz bestimmt nicht«, bestätigt Shahinda. »Er war auch mal mein Rechtsanwalt und hat mich nach dem Anschlag auf Sadat aus dem Gefängnis geholt. Ich bin gespannt, was seine Ernennung zu bedeuten hat.«

»Das ist reiner Etikettenschwindel«, wirft Julia ein. »Schaut euch mal die restliche Kabinettsliste an. Die meisten haben auch schon der Regierung angehört, die Mubarak gestern nach Hause geschickt hat. Die Diktatur geht weiter, daran hat sich seit Gamal Abdel Nasser nichts geändert.«

Olfat will gerade aufbrausen, da schneidet ihr Shahinda das Wort ab: »Daran sicher nicht. Ich bestreite nicht, dass es auch unter Nasser keine Demokratie in Ägypten gab ...«

»Aber ihr habt ihn damals unterstützt«, ruft Julia.

»Mein Mann saß unter Nasser mehrfach im Gefängnis.« Shahinda setzt ihre Ausführungen in ruhigem Ton fort. »Aber wenn du mit mir nach Kamshish fährst, werden dir die Bauern sagen, was sie Nasser zu verdanken haben. Außerdem setzt Demokratie Bildung voraus. Sadat und Mubarak wussten das nur zu gut, und deshalb haben sie dafür gesorgt, dass das gemeine Volk nicht allzu viel davon bekam. Wer keine Parteiprogramme zu lesen vermag, kann sich auch in einer Wahl nicht frei entscheiden. Du wirst sehen, dass selbst am Tag nach dieser Revolution keine Demokratie entstehen wird, wie sie vielen von euch gebildeten Leuten vorschwebt. Das wird sehr lange dauern.«

»Ich wohne ja einen großen Teil des Jahres in Frankreich«, mischt sich nun Olfat ein, »und ich bezweifle, dass die westlichen Länder sich in Kulturen wie unserer eine wahrhaft repräsentative Demokratie wünschen. Sie wissen nämlich ganz genau, dass womöglich Volksvertreter gewählt würden, die die kapitalistische Ausbeutung durch ausländische Firmen so nicht hinnehmen werden. Die westlichen Demokratien existieren doch nur, weil sie ihren Völkern einen relativen Wohlstand bieten können – und der wiederum ist nur möglich, weil sie im Rest der Welt als Blutsauger auftreten. Würde man überall solche Demokratien mit einem relativen Wohlstand garantieren, würden die Völker im Westen gar nicht auf diesem Lebensniveau weiterexistieren. Wer von ihnen will das?«

Julia springt auf und erklärt: »Ich muss zurück zum Tahrirplatz!«

»Es ist die Revolution der Jugend!«, sagt Shahinda zu Olfat, mit der sie in den letzten fünfundzwanzig Jahren so manchen Kampf geführt hat – gegen das Regime des Husni Mubarak, aber auch gegen angepasste Funktionäre in der eigenen Tagammu-Partei.

KAPITEL 21

Die Rache des Gouverneurs

Ibrahim Baghadady war nicht nur ein eitler Mensch, sondern auch eine nachtragende Person. Der Besuch von Jean-Paul Sartre war vom Gouverneur als ein Glanzlicht seiner politischen Laufbahn geplant gewesen. Endlich sollte nicht nur das kleine Dorf Kamshish, sondern das von ihm geführte Gouvernement als Ganzes im Mittelpunkt stehen. Er hatte sich bereits an der Seite des berühmten Philosophen und dessen nicht weniger prominenten Lebensgefährtin auf den Titelseiten der ägyptischen Medien gesehen. Dann aber hatten wir ihm die Schau gestohlen, obgleich dies gar nicht unser Anliegen war. Wir hatten lediglich den Gästen aus Frankreich das geboten, weshalb sie gekommen waren – einen Einblick in unseren Kampf gegen feudale Strukturen. Natürlich berichteten die angereisten Pressevertreter darüber und lichteten Sartre mit Vertretern der Bauern oder auch mit mir ab. Noch während dieses Tages war mir deshalb klar, dass der in seiner Eitelkeit gekränkte Gouverneur Vergeltung üben würde, sobald sich dafür eine Gelegenheit bietet. Doch er musste regelrecht nach einer solchen gesucht haben, denn schon wenige Tage später begann er seinen Rachefeldzug.

Aus der Zentrale der Sozialistischen Union in Kairo erhielt ich den Hinweis, der Gouverneur habe sich darüber beschwert, dass die lokalen Vertreter in Kamshish seine Anweisungen ignorieren und ihre Kompetenzen überschreiten würden. Deshalb verlange er die Auflösung des örtlichen Komitees der Sozialistischen Union. Fortan sollten auch die kommunalen Belange des Dorfes direkt seinen Instruktionen unterliegen. Schon bald, so sagte man mir, werde der für den Bezirk Talla zuständige Generalsekretär als angeblich unparteiischer Vertreter nach Kamshish kommen, um den Wunsch von Ibrahim Baghadady in die Tat umzusetzen. Wir mussten uns also schnell etwas einfallen lassen, um das zu verhindern.

Ich rief das Komitee zusammen, das aus einer Gruppe von zehn Leuten bestand. Zunächst waren wir alle ein wenig ratlos. Dann hatte ich eine Idee. Wie wäre es, wenn wir die kommunale Verwaltung umstrukturieren würden? Jeder der zehn Mitglieder des Komitees könne doch einen der Bereiche, dessen Aufgaben bislang immer im Kollektiv entschieden wurden, eigenverantwortlich übernehmen. So entstand schließlich ein Komitee für Bewässerungsfragen, eines für die Müllentsorgung und so weiter. Jedem dieser zehn Komitees wurden wiederum zwanzig ehrenamtliche Mitarbeiter aus der Bauernschaft zugeordnet, und Kamal Attiya behielt den Vorsitz. Selbstverständlich sollte dieses groteske Gebilde einer lokalen Superbehörde nur auf dem Papier existieren, aber es würde durch sie nun viel schwieriger, wenn nicht gar unmöglich sein, die kommunale Selbstverwaltung aufzulösen.

Zwei Tage später erschien der Mann aus Talla und bat die Mitglieder des Komitees, die mittlerweile Ressortleiter von Einzelkomitees waren, zu einem Gespräch hinter verschlossenen Türen. Zunächst lehnte Kamal Attiya das noch ab, denn in Kamshish wurde bislang nie hinter verschlossenen Türen getagt, jedenfalls seit Ahmed El-Feki kein Bürgermeister mehr war. Üblicherweise wurden die Sitzungen im Freien abgehalten, sodass jeder Dorfbewohner, der Interesse hatte, an ihnen teilnehmen konnte.

Ich war an diesem Tag nicht in Kamshish, weil ich zwar auch zu dieser Zeit immer beratend im lokalen Komitee tätig war, aber keine offizielle Funktion hatte. Wäre ich anwesend gewesen, hätte ich auf jeden Fall davon abgeraten, die Bauern von Kamshish auszugrenzen. Kamal Attiya aber willigte schließlich ein. Tatsächlich wurde dem Mann aus Talla schnell klar, dass er die gigantisch anmutende lokale Verwaltung nicht zerschlagen konnte, ohne ein gewaltiges Chaos anzurichten. So zog er einen vermeintlichen Trumpf aus dem Ärmel, der eine Vorgeschichte hatte, die Monate zurücklag.

Im Sommer zuvor hatten die Jugendlichen von Kamshish in einer gemeinsamen Aktion einen Erdhügel abgetragen, um damit einen stinkenden Tümpel zuzuschütten, der bis dahin Heerscharen von Stechmücken angezogen hatte. Damit wurde nicht nur die Mückenplage beseitigt, sondern die jungen Leute hatten sich zudem einen Platz geschaffen, auf dem sie sich versammeln und Sport treiben konnten. Ibrahim Baghadady war damals in Urlaub gewesen, und auf seinem Gouverneurs-Thron saß dessen Stellvertreter Moustafa Elwany, der auch der oberste Polizeichef des Gouvernements Al-Minufiyya war. Er fand die Aktion der Jugend unterstützenswert und hatte jedem von ihnen für jeden Tag ihres Einsatzes zehn Piaster versprochen, was damals sehr viel mehr Geld war als heute.

Als der Tümpel zugeschüttet war, wurde auf dem neu errichteten Platz ein Fest gefeiert, und Moustafa Elwany sagte, durch den Einsatz sei eine Summe von 250 ägyptischen Pfund zusammengekommen, die die Jugendlichen nun untereinander aufteilen könnten. Die jungen Leute aber wollten das Geld nicht unter sich aufteilen, sondern beschlossen, es für ein Denkmal meines ermordeten Mannes zu verwenden. Mir gefiel der Gedanke nicht besonders, für Salah ein Heldendenkmal zu errichten. Da so etwas aber deutlich mehr als 250 ägyptische Pfund kosten würde und damit unrealistisch war, erhob ich keinen Einwand. Wie sich bald zeigte, reichte das Geld gerade mal für einen Sockel.

Auf jenem Fest also übergab Moustafa Elwany die Summe treuhänderisch dem Ortsvorsitzenden der Sozialistischen Union, welcher Kamal Attiya war. Damit alles seine Ordnung hatte, wurde ein Protokoll aufgesetzt, das sowohl Moustafa Elwany als auch Kamal Attiya unterschrieben. Mir erschien dieses Protokoll als eine unnötige Lappalie, doch bald sollte es sich als nützlich herausstellen. Denn jetzt erklärte der aus Talla angereiste Mann Kamal Attiya für abgesetzt, weil der angeblich jene 250 Pfund in die eigene Tasche gesteckt habe. Das war ein schwerwiegender, aber völlig aus der Luft gegriffener Vorwurf.

Das Dokument mit den beiden Unterschriften wurde hervorgeholt. Doch davon ließ sich der Gast aus Talla nicht überzeugen. Dieses Dokument bestätige lediglich, sagte er, dass die Summe ausgehändigt worden sei. Das aber stehe nicht in Zweifel, vielmehr sei die Verwendung des Geldes ungeklärt. Alles, worauf Kamal Attiya verweisen konnte, war ein Zementsockel an jener Stelle, an der Salah erschossen worden war. Dieses merkwürdige und vorläufig auch unnütze Requisit ließ der Ankläger aber nicht als Entlastung gelten. Er bestand darauf, dass Kamal Attiya seinen Vorsitz »bis zur endgültigen Klärung des Sachverhalts« auf der Stelle niederzulegen habe. Einer aus dem Komitee lief hinaus und informierte die vor dem Gebäude wartenden Bauern. Spontan wurde zu einer Protestkundgebung aufgerufen. Als der Vertreter aus Talla zu seinem Wagen ging, wurde ihm aus vielen Kehlen entgegengerufen: »Wir haben Kamal gewählt – Kamal bleibt!«

Zumindest bis zum Abschluss der Untersuchung würde Kamal Attiyas Suspendierung rechtmäßig sein, dennoch hatte man verhindern können, dass Kamshish vom Gouverneur verwaltet wurde. Uns war natürlich klar, dass hinter all dem nicht nur die persönlichen Rachegelüste von Ibrahim Baghadady steckten. Vielmehr waren dessen ungeheuerliche Anschuldigungen für manchen Opportunisten innerhalb der Sozialistischen Union geradezu willkommen, um der revolutionären Bauernschaft von Kamshish die Spitze zu nehmen. Spontan entschlossen sich fünf Fellachen, im Polizeirevier einen Sitzstreik zu machen, während Hunderte davor ihre Solidarität bekundeten. Der diensthabende Polizeioffizier war hoffnungslos überfordert.

Kamal El-Shazly, der Bezirkssekretär der Sozialistischen Union in unserem Gouvernement, rief mich zu sich. Später, in der Mubarak-Zeit, stieg er in Kairo zu einer Art grauen Eminenz auf. Damals aber saß er noch in Shebin El-Kom, und als ich in sein Büro kam, fragte er: »Was ist denn da bei euch in Kamshish los?«

Ich erzählte ihm von den ungerechtfertigten Vorwürfen gegen Kamal Attiya und legte ihm eine Kopie des Protokolls vor, das ihn entlastete. Er sah sich die Unterlagen an, dann sprang er auf und rief: »Komm mit!«

Gemeinsam fuhren wir in seinem Dienstwagen zum Amtssitz des Gouverneurs. Dort trafen wir zwar nicht Ibrahim Baghadady an, wohl aber zwei Vertreter aus der Zentrale der Sozialistischen Union in der Hauptstadt. Waren die beiden Herren zufällig hier, irgendwelcher administrativen Aufgaben wegen, oder hatte man sie hergeschickt, um das Problem mit den Sitzstreikenden im Polizeirevier von Kamshish in den Griff zu bekommen? Wo aber war der Gouverneur, der die Sache doch überhaupt erst ins Rollen gebracht hatte? Noch ehe ich eine Antwort auf diese Fragen erhalten konnte, sagte Kamal El-Shazly zu den Herren aus Kairo: »Mir liegt hier das Protokoll mit der Unterschrift des Vizegouverneurs vor. Die Beschuldigung einer Unterschlagung kann also nicht aufrechterhalten werden.«

»Na schön, dann beginnen wir mal mit der Untersuchung dieses Falles«, sagte einer der beiden Herren, ließ sich das Protokoll aushändigen und nickte mir gutmütig zu. Sein Kollege wirkte hingegen weniger freundlich. Er herrschte mich im Ton eines Befehlshabers an: »Sag deinen Leuten in Kamshish, sie sollen mit dem Streik aufhören!«

»Das kann ich ihnen vorschlagen«, erwiderte ich, »zwingen kann ich sie nicht.«

»Wir beginnen mit der Untersuchung erst, wenn sie nicht mehr streiken. Denn auch wir lassen uns nicht zwingen«, rief der Befehlshaber-Typ. Dabei beugte er sich auf eine ähnlich bedrohliche Weise nach vorn, wie ich es vor vielen Jahren in Kamshish bei Anwar as-Sadat das erste Mal erlebt hatte. Unsere Augen trafen sich – es war der Blickwechsel zweier Rivalen. Aber warum eigentlich? Wir waren doch keine Gegner. Gehörten wir nicht beide der Sozialistischen Union an und standen den politischen Visionen von Gamal Abdel Nasser nahe? Im Moment waren wir eher beide die Opfer der herrschsüchtigen Eitelkeit des Gouverneurs von Al-Minufiyya. Dem eiskalten Blick meines Gegenübers aber konnte ich entnehmen, dass mit ihm darüber nicht zu reden war. Endlich löste dessen freundlicher Kollege die stumme Konfrontation auf, indem er sagte: »Na, dann geh mal nach Kamshish und versuche es. Dann können wir hoffentlich bald mit der Untersuchung des Falles beginnen.«

Die Zahl der Streikenden im Polizeirevier war inzwischen auf zwanzig angewachsen. Gemeinsam mit einigen der führenden Bauern in Kamshish berieten wir, was zu unternehmen sei. Schließlich beschlossen wir, dass die Aktion vorerst ausgesetzt würde und zehn der Streikenden gemeinsam mit zehn Bauernführern und mir zu Verhandlungen nach Shebin El-Kom führen. Als wir ins Gebäude der Sozialistischen Union kamen, wurden wir in einen Konferenzraum geführt. Kaum hatten wir den Raum betreten, erschien ein Polizeioffizier mit einer Gruppe bewaffneter Polizisten. Er hatte eine Liste mit den Namen derer bei sich, die zu den Streikenden gehörten.

»Das ist eine Falle!«, schrie ich und wollte umgehend den Raum verlassen. Doch die Tür war ebenfalls von bewaffneten Polizeibeamten gesichert. So mussten wir miterleben, wie zehn Bauern in Handschellen abgeführt wurden.

»Wenn du diese Leute festnimmst, verlange ich, auch verhaftet zu werden«, rief ich.

Aber der Polizeioffizier bemerkte nur, dass ihm dafür kein Befehl vorliegen würde, und verließ den Raum. Das war uns anderen aber nicht möglich, da die Tür weiterhin bewacht wurde. Nach einer Weile kam Ibrahim Baghadady herein, gefolgt von seinem Vize und den beiden Untersuchungsleuten aus Kairo. Hinter ihnen betrat zu meiner Überraschung Sharaawy Gommaa, der ägyptische Innenminister, den Raum. Die Anwesenheit des obersten Vorgesetzten aller Polizisten des Landes überraschte mich, gab mir aber auch Hoffnung. Wenn es mir gelingen würde, ihn auf unsere Seite zu ziehen, kämen unsere Leute frei, und Kamal Attiya wäre rehabilitiert.

»Ich begrüße Sharaawy Gommaa«, begann Ibrahim Baghadady, »der in der ägyptischen Regierung die Funktion …«

»Wir alle kennen Sharaawy Gommaa«, unterbrach ich ihn,

»und auch wir sind froh, dass er hier ist. Ich bin sicher, dass er die Rechte und die Würde der Bauern von Kamshish respektieren wird.«

Der Innenminister musterte mich eine Weile, dann ließ er seinen Blick über meine Freunde schweifen, ehe er sagte: »Ich hatte von Kamshish immer ein schönes und friedliches Bild, und ihr habt dieses Bild zerstört.«

Stolz hielt ich ihm entgegen: »Kamshish ist ein Symbol des Kampfes und des Widerstandes, niemand kann uns in ein schlechtes Licht rücken. Meine Leute wurden mit dem Versprechen hergelockt, Verhandlungen zu führen. Wie können sie denn da verhaftet werden? Mit welcher Begründung?«

»In eurem Dorf hat es Brandstiftungen und Vandalismus gegeben, und deshalb habe ich die Verhaftung angeordnet.«

»Wer das behauptet, ist ein Lügner!«, rief ich, doch der Innenminister setzte seine Anschuldigungen fort: »Ihr werdet ferner beschuldigt, eure Vorgesetzten in der Sozialistischen Union, speziell den Gouverneur, zu ignorieren.«

»Wir haben niemanden ignoriert«, hielt ich entgegen. »Der Fall, um den es hier geht, ist nichts anderes als der Vorwurf einer Unterschlagung. Das ist vollkommen haltlos. Der Vizegouverneur hat bei der Übergabe des Geldes ein Protokoll aufgesetzt. Er sitzt hier neben dir, und du kannst ihn direkt befragen. Er hat das Protokoll gemeinsam mit Kamal Attiya unterschrieben. Der Polizeioffizier von Kamshish hat als Zeuge fungiert. Es ging alles mit rechten Dingen zu. Wir können auch den Beweis liefern, was mit dem Geld geschehen ist. So, und jetzt verlange ich noch einmal, entweder meine Leute frei zu lassen oder auch mich zu verhaften.«

Sharaawy Gommaa ging auf meine Argumente überhaupt nicht ein. Es wurde deutlich, dass er gar nicht an einer unparteiischen Untersuchung interessiert war. Offenbar stand er jenen Kräften in Kairo nahe, denen der revolutionäre Elan in Kamshish ein Dorn im Auge war. Der Innenminister zeigte überraschend auf Nawal und rief: »Du hast auf einer Kundgebung in Kamshish gerufen: ›Nieder mit der Sozialistischen Union!‹«

»Das ist nicht wahr!«, verteidigte sich die Lehrerin. »Ich rief: ›Nieder mit dem Opportunismus, der sich in die Sozialistische Union eingeschlichen hat!‹ Wer etwas anderes behauptet, lügt, und ich erwarte, dass er es mir ins Gesicht sagt!«

»Wen meinst du damit?«, fragte Sharaawy Gommaa listig.

»Zum Beispiel Ibrahim Baghadady, den Gouverneur, der neben dir sitzt.«

Der Beschuldigte blickte erschrocken zum Innenminister, der seinerseits mit hochmütigem Blick Nawal ansah, ehe er schließlich aufstand und auf dem Weg zur Tür zu mir sagte: »Du stehst mit deinen Leuten vorerst hier im Gebäude unter Hausarrest.«

Einige Stunden hielt man uns in diesem Konferenzsaal gefangen. Es herrschte eine gedrückte Stimmung angesichts dieser geradezu absurden Situation. Als wir in Kamshish den Kampf gegen die Großgrundbesitzer organisierten, mussten wir uns auf Gegenschläge, auf Verleumdungen und selbst auf Mordanschläge einstellen. Es war stets klar, wer der Feind war, und ihm war alles zuzutrauen. Nun aber wurde man von denen gedemütigt, auf deren Seite man eigentlich stand. Das war nur schwer zu ertragen. Dieses Gefühl des hilflosen Ausgeliefertseins bewirkte, dass nur wenig gesprochen wurde. Einzig Karima, die Frau von Kamal Attiya, eine eher unpolitische Frau, die lediglich mitgekommen war, weil ihr Mann verleumdet wurde, wandte sich immer wieder an die Wächter: »Bitte, ich muss meine Medikamente nehmen …!«

Am Abend wurden wir schließlich freigelassen. Mir wurde erklärt, es sei mir bei Strafe untersagt, nach Kamshish zu fahren. Also begab ich mich erst einmal ins Haus von Salahs Mutter in Shebin El-Kom. Kaum war ich dort angekommen, erreichte mich ein Anruf aus Kamshish, und ich wurde darüber informiert, dass das gesamte Dorf von mit Stöcken und Schildern bewaffneten Polizisten umstellt sei. Meinen Leuten sagte ich zu, am nächsten Morgen zu Wedad Metri zu fahren und mit ihr gemeinsam befreundete Journalisten zu informieren. Aber noch ehe ich mich auf den Weg machen konnte, erhielt ich ein Telegramm aus dem Hauptquartier der Sozialistischen Union in Kairo. Darin stand, man beabsichtige dort, den bevorstehenden ersten Jahrestag der Ermordung von Salah mit einer großen Gedenkfeier zu begehen. Was war denn das für eine verkehrte Welt?

Mein erster Weg, nachdem ich in Kairo eingetroffen war, führte mich zu jenem Parteigebäude zwischen der Corniche El-Nile und dem Ägyptischen Nationalmuseum. Es dauerte eine Weile, bis ich den Mitarbeiter gefunden hatte, der mit der Vorbereitung der Gedenkfeier für Salah beauftragt war. Ich wurde in das Büro eines jungen Mannes gebracht, der mich sehr herzlich begrüßte, nachdem ich ihm als Witwe von Salah Hussein vorgestellt worden war. Es tat mir fast leid, dem freundlichen jungen Herrn eine herbe Enttäuschung bereiten zu müssen. Als er gerade beginnen wollte, mich über den Ablauf der geplanten Veranstaltung zu informieren, sah ich mich gezwungen, ihm zu sagen: »Ich sollte mich eigentlich über den Sinneswandel in der Sozialistischen Union freuen. Die übliche Gedenkfeier vierzig Tage nach seiner Ermordung wollte man mir noch verbieten, nun lädt man mich zum Jahrestag sogar nach Kairo ein. Aber leider ist euer Angebot derzeit völlig inakzeptabel.«

Mein Gegenüber zuckte erschrocken zusammen, und seine hilflose Reaktion zeigte mir, dass er von den Vorgängen in Kamshish keine Ahnung hatte. Und so fügte ich hinzu: »Ich werde Salahs Todestag nicht in einer Feierstunde gedenken, solange ehrliche Leute aus seiner politischen Gruppe in Haft sitzen.«

Wedad Metri hatte in Erfahrung gebracht, dass ein Teil der Festgenommenen im Gefängnis neben der weltberühmten Zitadelle oberhalb von Kairo einsaß, die anderen wurden in der Polizeistation Khalifa festgehalten. In der Ausgabe des 30. April 1967 der *Al Ahram*, also am Jahrestag von Salahs Ermordung, gab ich dann auf der Seite mit den Todesanzeigen folgende Annonce auf: »SALAH HUSSEIN aus Kamshish – ich habe mich entschlossen, deines Todestages nicht zu gedenken, solange ehrliche Leute aus deiner politischen Gruppe in Haft sind.«

Am nächsten Tag saß ich wie die meisten Ägypter zusammen

mit Salahs Mutter vor dem Radio und hörte mit Spannung die alljährliche Rede von Gamal Abdel Nasser zum 1. Mai. Plötzlich wurde ich von einem unglaublichen Satz überrascht: »Vierzehn Jahre nach der Revolution ist am 30. April 1966 Salah Hussein in Kamshish, im Bezirk von Anwar as-Sadat, durch die Hände der einstigen Großgrundbesitzer umgebracht worden. Diese Mordtat vor einem Jahr war für uns der traurige Beweis, dass wir die Konterrevolution unterschätzt haben.«

Meine Schwiegermutter und ich fielen einander vor Freude in die Arme. Nicht nur, weil Salah vom Präsidenten der Republik gewürdigt wurde, sondern weil nun wohl endlich der Korruption in den Amtsstuben und der opportunistischen Beamtenschaft der Kampf angesagt werde. Das zumindest glaubten wir in diesem Augenblick.

Noch am Abend wurden die Verhafteten freigelassen und die Umzingelung des Dorfes aufgehoben. Ich ignorierte das offiziell weiterhin bestehende Verbot, Kamshish zu betreten, denn die Feierstimmung bei der Rückkehr der zuvor inhaftierten Bauern wollte ich natürlich unbedingt miterleben. Damit hatte sich das, was vom Gouverneur Ibrahim Baghadady als Rache geplant war, in Luft aufgelöst.

30. Januar 2011

Tagsüber

Es war wahrscheinlich die Idee von Nour el Hoda Zaki, den Märtyrern vom 28. Januar an einer zentralen Stelle auf dem Tahrirplatz Gesichter und Namen zu geben. Zumindest hat Shahinda am Morgen von ihr davon erfahren. Später, so sagte sie, solle aus den Fotos einmal ein Denkmal entstehen, um die Erinnerung an die Opfer vom »Tag des Zorns« wachzuhalten. Für den Abend, so hatte Nour el Hoda Zaki hinzugefügt, sei eine Kundgebung auf dem Tahrirplatz geplant, auf dem die Mütter und Frauen das Wort bekommen sollen. Die Aufgabe der Frauengruppe im »Nationalen Komitee für Veränderung« sei es nun, an die Namen der Toten und die Telefonnummern von deren Angehörigen zu gelangen. Wie auch die anderen Frauen spricht Shahinda unzählige fremde Menschen an und fragt nach, ob sie unter ihren Freunden und Bekannten Todesopfer zu beklagen haben.

Nachmittags
Hinter dem Ägyptischen Nationalmuseum tauchen mehrere Hubschrauber auf und kreisen über dem Platz. Ängstlich blicken die Menschen nach oben.

»Was hat das zu bedeuten?«, ruft einer.

»Ich nehme an, die machen Filmaufnahmen. Schließlich will ja der Mabaheth verlässliche Zahlen haben«, versucht Shahinda die Leute zu beruhigen, die erneut auf den Tahrirplatz gegangen sind.

Doch kaum haben die Hubschrauber abgedreht, rasen zwei Kampfflieger mehrfach in niedriger Flughöhe mit ohrenbetäubendem Lärm über den Tahrirplatz, verschwinden über der Kasr-El-Nile-Brücke, kehren zurück und tauchen nach einer Weile über der Mogamma wieder auf. Nun bekommt auch Shahinda Angst. In einiger Entfernung entdeckt sie einen älteren, hochdekorierten Offizier bei einer Gruppe von Soldaten. Sie läuft zu ihm hin und ruft schon von Weitem: »Will man den Platz bombardieren?«

Der Offizier macht eine beruhigende Geste und erklärt: »Immer mit der Ruhe, Shahinda. Wir sind doch auch hier. Glaubst du, sie bombardieren ihre eigenen Leute?«

Auf dem Weg zurück zum Amr-Makram-Denkmal muss sie an ihren kleinen Bruder Ashraf denken, der während des »Zermürbungskriegs« Anfang der siebziger Jahre von den Israelis am Suezkanal abgeschossen wurde. Wäre er damals nicht ums Leben gekommen, würde vielleicht er heute in einer dieser Maschinen sitzen. Würde Ashraf Bomben auf das eigene Volk werfen? Sicher nicht. Shahinda ruft den Menschen zu: »Keine Angst, sie werden uns nichts tun. Sie sind unsere Kinder und Brüder!«

Abends
An einem auf einer Mittelinsel des Tahrirplatzes installierten Mast werden seit Stunden die Fotos von Ermordeten und deren Namen angebracht. Viele ihrer Angehörigen versammeln sich vor dem Podium, das

in der Nähe der Mogamma aufgebaut und mit Lautsprechertechnik versehen wurde. Es ist dem Architekten Mamdouh Hamza zu verdanken, der, wie auch schon beim Aufstellen von Toilettenhäuschen und der Einrichtung mobiler Sanitätsstationen, tief in die eigene Tasche gegriffen hat, um all das zu finanzieren.

Shahinda hält sich vom Podium fern und beobachtet das Geschehen aus einiger Entfernung. Sie weiß, dass sie keiner dieser Mütter und auch keiner Ehefrau eines der Opfer die Hand drücken kann, ohne von Weinkrämpfen geschüttelt zusammenzubrechen. Zu nah sind da die Erinnerungen an den eigenen Ehemann und den Sohn, die beide durch Mörderhand ums Leben gekommen sind. Deshalb hat sie auch mehrfach Bitten abgelehnt, selbst auf dem Podium zu sprechen. Sie sehe sich dazu nicht in der Lage.

»Ich werde weder heute noch an einem anderen Tag auf dem Tahrirplatz sprechen«, hat sie am Mittag vor der Kamera eines arabischen Fernsehsenders erklärt. »Dies ist die Revolution der ägyptischen Jugend. Ihnen gebührt es, sich öffentlich zu äußern. Ich bin nur hier, weil ich mich mit ihren Zielen solidarisiere.«

Es herrscht gespenstische Stille auf dem Tahrirplatz, während sich die Frauen in Gedenken an ihre ermordeten Väter, Brüder, Männer und Söhne äußern. Shahinda kann schon bald die Tränen nicht mehr zurückhalten. Nach jeder Rede aber stimmt auch sie lautstark in den zehntausendfachen Ruf ein: »Nieder mit Mubarak!«

KAPITEL 22

Sechs Tage Krieg

Am 5. Juni 1967 passierte das, was Salah an seinem Todestag in dem Brief an Gamal Abdel Nasser vorausgesagt hatte – der Krieg mit Israel. Nur, dass er am 5. Juni keine wirkliche Überraschung mehr war, denn schon in den Wochen davor hatten die Spannungen zwischen den beiden Ländern zugenommen. Ägypten hatte die Schließung des Golfs von Akaba verfügt, die UN-Truppen auf dem Sinai des Landes verwiesen und eine allgemeine Mobilmachung seiner Armee angeordnet. Jeder Ägypter hatte gespürt, dass etwas passieren würde. Trotzdem war es für alle ein Schock, als letztlich tatsächlich der Beginn der Kampfhandlungen bekannt gegeben wurde. Fortan aber wurden in unseren Medien nur noch Jubelbotschaften vermeldet. Tagelang vermittelte Ägyptens damals berühmtester Nachrichtensprecher, Ahmed El-Saied, seinen Hörern das Gefühl, dass wir schon in Kürze auf den Straßen Tel Avivs tanzen würden – dann aber musste er am 9. Juni den Rücktritt von Präsident Nasser verkünden. Der Präsident würde für militärische Fehleinschätzungen die Verantwortung übernehmen. Ich war wie vor den Kopf geschlagen, als ich diese Nachricht hörte. Spontan sprang ich auf, lief aufgeregt im Wohnzimmer hin und her. Irgendetwas stimmte da nicht. Welch ein Widerspruch zwischen Ahmed El-Saieds Jubelmeldungen und Nassers Rücktritt! Niemand hatte uns gesagt, dass Israels Panzerverbände bereits den Sinai durchquert hatten und am Suezkanal standen. Auch nicht, dass unsere Militärflughäfen bombardiert worden waren und ein großer Teil unserer Luftwaffe vernichtet worden war.

In dem Haus in Shebin El-Kom, wo ich mich an diesem Tag befand, hielt ich es nicht mehr aus. Auf den Straßen, durch die ich ziellos lief, kamen mir weinende Menschen entgegen. Von einer Telefonzelle aus rief ich in meiner Wohnung in Alexandria an. Auch Amareya weinte, sagte mir aber schluchzend, dass es den Kindern gut gehe und ich mir keine Sorgen zu machen brauche. Nach dem Gespräch irrte ich weiter umher, und plötzlich stand ich vor der Bezirksverwaltung der Sozialistischen Union. Ich ging hinein und traf Kamal El-Shazly in seinem Büro an, der gerade einen Gebetsteppich ausbreitete. Es entspann sich ein knapper Dialog:

»Was wirst du tun?«, fragte ich.

»Ich werde mich jetzt erst mal waschen, um danach zu beten«, sagte er und wirkte äußerlich vollkommen ruhig.

»Und dann?«

»Dann warte ich auf Anweisungen.«

»Anweisungen? Von wem denn? Etwa vom neuen Präsidenten? Also, ich werde jetzt nach Kamshish fahren und eine Solidaritätsdemonstration für Nasser organisieren. Du kannst ja nach dem Beten nochmals überlegen, was du zu tun gedenkst.«

In Kamshish wurde ich bereits von aufgebrachten Demonstranten empfangen, die sich auf den Weg nach Kairo machen wollten. Mit Hunderten von Bauern zog ich zur Hauptstraße und hielt dort Autos, Lastkraftwagen und Omnibusse an, damit sie unsere Leute mitnahmen. Doch wenn irgendwer von uns geglaubt haben sollte, dass wir die Einzigen seien, die Nasser auffordern würden, im Amt zu bleiben, so war dies ein Irrtum. Je näher wir der Hauptstadt kamen, umso dichter wurde der Verkehr mit Autos, Bussen und Lkws voller Menschen, die dem Präsidenten ihre Solidarität versichern wollten. Das ganze Land schien sich zu dessen Wohnsitz in Heliopolis, im Nordosten von Kairo, aufgemacht zu haben. Wir schafften es gar nicht mehr bis zu Nassers Palast. Durch die Straßen hallten die Parolen: »Tritt nicht zurück, Gamal!« Und: »Gamal Abdel Nasser – unser Präsident!« Wo aber war die Sozialistische Union? Warum verteilte sie keine Flugblätter mit einer Stellungnahme? Schließlich waren in Heliopolis Zehntausende auf der Straße. Warum äußerten sich deren führende Funktionäre nicht im Radio? Ich fürchtete, dass im Verborgenen bereits ein Kampf um die Nachfolge tobte.

Schließlich entsprach Gamal Abdel Nasser dem Volkeswillen und nahm seinen Rücktritt zurück. Nun verbreitete auch die Sozialistische Union eine Erklärung, in der sie es begrüßte, dass »Gamal Abdel Nasser unserem Land als Präsident erhalten bleibt«. Aber es musste auch verkündet werden, dass man die Kampfhandlungen gegen die israelische Armee vorerst eingestellt hatte und der Sinai besetzt blieb. Eine nationale Katastrophe. In Kamshish liefen die Menschen aufgeregt auf dem Dorfplatz zusammen, wo ich ihnen zurief: »Wir sind nicht besiegt – wir haben nur eine Schlacht verloren. Wir werden wieder aufstehen und weiterkämpfen!«

Sollten das nicht nur aufmunternde Durchhalteparolen sein, mussten ihnen Taten folgen. Wir konnten doch nicht einfach akzeptieren, dass ein Teil unseres Landes besetzt war! Überall in Ägypten wurden nun Bürgerwehren gebildet, die unsere regulären Truppen am Suezkanal unterstützen und auf der östlichen Uferseite versteckte Partisaneneinsätze durchführen sollten. In Kamshish meldeten sich fünfzig Männer freiwillig zum Einsatz, aber auch viele Frauen, die elf Jahre zuvor, während des ersten Suezkriegs, nicht nur in der Ersten Hilfe, sondern auch an der Waffe ausgebildet worden waren. Ich organisierte unseren Transport nach Port Said, wo einer aus unserem Dorf, Abdel Fatah Aboul Fadl, der inzwischen zu den »Freien Offizieren« im Umfeld Nassers gehörte, unseren Einsatz koordinieren sollte.

Die Männer wurden in einem Militärlager untergebracht und wir Frauen in kleinen Bungalows in einem ehemaligen Ferienort. Wir sahen immer wieder einzelne Flugzeuge unserer Luftwaffe, die Erkundungsflüge über das von israelischen Truppen besetzte Land jenseits des Kanals unternahmen. Stolz erzählte ich meinen Mitstreiterinnen, dass in einer solchen Maschine auch mein kleiner Bruder Ashraf sitzen würde. Zu ihm hatte ich eine ganz besondere emotionale Beziehung, da er ja schon in jungen Jahren seine Eltern verloren hatte. Er war erst sieben Jahre alt, als unser Vater starb und vier Jahre später unsere Mutter. Nach dem Abitur hatte er sich bei der Luftwaffe beworben. Von den 900 Bewerbern seines Jahrgangs wurde nur jeder zehnte angenommen. Ashraf war einer von ihnen, und ein Offizier aus unserem Gouvernement nahm ihn unter seine Fittiche – Husni Mubarak.

Die Zeit verging, und wir kamen nicht zum Einsatz. Tag für Tag warteten wir in den Ferienbungalows vergeblich auf Befehle. Langsam ging uns das Geld aus. In einem Brief an Abdel Fatah Aboul Fadl schrieb ich, wir seien nicht in Port Said, um Urlaub zu machen, sondern um unser Land zu verteidigen. Doch nichts geschah. In dieser Zeit tauchte der Begriff »Zermürbungskrieg« auf, der zwar eigentlich unser Verhalten gegenüber den Israelis beschreiben sollte, aber leider auch unsere eigene Situation zutreffend charakterisierte. Schließlich fuhren wir frustriert nach Kamshish zurück.

31. Januar 2011

Mittags
Shahinda Maklad bedankt sich ausdrücklich bei den jungen Revolutionären, die sie vor dem Betreten des Tahrirplatzes nach Waffen abtasten. Durch deren freiwillige Arbeit, bemerkt sie, sei der Tahrirplatz mittlerweile der sicherste Ort in Kairo. Denn schon den dritten Tag in Folge ziehen plündernde Horden durch die Stadt, und die Polizei scheint wie vom Erdboden verschluckt.

An ihrem Stammplatz trifft sie Julia, die ihr und den anderen hier anwesenden Frauen von einer eigenartigen Wette erzählt: »Ich musste heute ein Taxi nehmen, weil es keine öffentlichen Verkehrsmittel mehr gibt. Der Fahrer, der mich hergebracht hat, sagte zu mir: ›Gott verdamme euch! Wir haben nicht genug Arbeit, und nun zerstört ihr auch noch die Wirtschaft, die die einzige Kraft in Ägypten ist, die Arbeitsplätze zur Verfügung stellt.‹ Es entspann sich eine Diskussion. Ich fragte den Mann, wie alt er sei und wie oft er seine Familie sehe. Zweiundfünfzig Jahre sei er alt, sagte er, und wenn man zwölf bis sechzehn Stunden im Taxi sitze, bliebe nicht viel Zeit für die Familie, mit der er in Boulak wohne. Ich blieb ganz ruhig und entgegnete: ›Du kannst mit deinem Leben wahrlich nicht zufrieden sein – und deine Frau auch nicht, die dich nie sieht. In deinem Alter solltest du Zeit für deine Familie haben. Du hast sicher nicht mal eine Krankenversicherung. Wie willst du eine OP bezahlen, wenn sie mal nötig wird?‹ Ich sagte ihm, dass jede Generation mit nichts als ihrer Ehre geboren werde. Mubarak aber habe uns nicht mal die Ehre gelassen. Das hat den Mann aber nicht beeindruckt. Er sagte: ›Hör mal, ich habe diese piekfeinen und wohlhabenden Mädchen und Jungen gesehen, die am 25. auf dem Tahrirplatz waren.‹ Darauf ich: ›Und sie sind verprügelt und beschossen worden. Aus Spaß?‹ Na ja, jedenfalls glaubte er nicht, dass es uns gelingen würde, Mubarak aus dem Amt zu jagen. Ich hielt dagegen. Wir tauschten Telefonnummern aus, und ich sagte ihm, dass ich ihn anrufen werde, wenn es so weit ist. Da hat er gelacht und gemeint, ich werde mich anrufen, falls der Präsident wirklich zurücktreten sollte.«

Plötzlich steht die junge Nubierin neben Shahinda, die sie am »Tag des Zorns« kennengelernt hat.

»Hi, ich bin Sara! Kennen Sie mich noch?«

»Aber natürlich. Wir haben doch am Freitag drüben am Galaa-Platz gestanden.«

Sie umarmen einander, und wieder ist Shahindas Neugier geweckt auf einen jungen Menschen, von denen sie viele in diesen Tagen kennengelernt hat.

»Warst du denn an diesem Abend noch auf dem Tahrirplatz?«

»Nein, denn kurz nachdem Sie gegangen waren, war am Galaa-Platz die Hölle los. Wir wurden mit Tränengas beschossen. Die Leute schrien und rannten wild durcheinander. Ich konnte die Situation gar nicht richtig erfassen. War es ein Traum, oder war ich in einen Krieg geraten? Merkwürdigerweise hatte ich überhaupt keine Angst – und doch gleichzeitig das Gefühl, wir werden alle umgebracht. Natürlich hätte ich nach Hause gehen können, denn in Richtung Mohandessin war der Weg ja offen, aber ich wollte nicht. Dennoch wollte ich meine Mutter verständigen. Die Mobilfunknetze waren ja abgeschaltet, aber es hieß, die Festnetze würden funktionieren. Also ging ich über die 6.-Oktober-Brücke zu unserem Büro im World Trade Center neben den Sawiris-Towers, um sie in Sicherheit zu wiegen. Viele meiner Kollegen waren da. Von meinem Bürotelefon aus erreichte ich meine Mutter und sagte ihr, dass ich wegen der chaotischen Zustände auf der Straße nicht nach Hause kommen könne. Ältere Kollegen sagten uns, wir sollten auf jeden Fall im Gebäude bleiben. Doch dann sahen wir, dass gegenüber das Restaurant Sangria brannte, und auch das Conrad-Hotel neben uns. Nun hatte ich Angst, dass das Feuer auf unsere Büroräume übergreift. Ich würde lieber durch eine Polizeikugel sterben, sagte ich zu meinen Kollegen, als in diesem Gebäude zu verbrennen. Die männlichen Kollegen haben dann beschlossen, jeweils vier Frauen im Auto nach Hause zu bringen. Als wir durch die Stadt fuhren, dachte ich: Das ist nicht das Kairo, das ich kenne. Die Arcadia Mall stand in Flammen. Die Auslagen lagen auf dem Boden. Plünderer schleppten Sachen weg und stritten sich um die Beute. In der Nähe unseres Hauses an der Pyramidenstraße sah ich Panzerwagen. Leute schmissen mit Steinen ... Es sah aus, als wäre ein Krieg ausgebrochen. Inzwischen bin ich jeden Tag hier, denn nur auf dem Tahrirplatz fühle ich mich sicher.«

»Das geht mir ganz genauso«, sagt Shahinda. »Das habe ich auch vorhin zu den Kontrolleuren gesagt.«

KAPITEL 23

Verzweiflung, Angst und Stolz

Für den 30. April 1970, den vierten Todestag von Salah, war in Kamshish ein großer Bauernkongress geplant. Fellachen sollten mit Politikern, Journalisten und Wissenschaftlern über den Stand der Agrarreform diskutieren, aber auch darüber beraten, wie die Landwirtschaft ökonomischer organisiert und die Gesundheitsversorgung in den Dörfern verbessert werden könnte. Bereits zwei Wochen zuvor war ich von Alexandria nach Kamshish gekommen, um diesen Kongress vorzubereiten, Einladungen zu verschicken und telefonisch Referenten zu gewinnen.

Am Nachmittag des 16. April trat einer der Bauern aus Kamshish an mich heran und sagte, er sei telefonisch gebeten worden, mich umgehend zu meinem Bruder Medhat nach Kairo zu bringen. Angeblich hatte man ihm keinen Grund genannt. In großer Sorge angesichts der Ungewissheit, weshalb mein ältester Bruder mich zu sprechen wünschte, machte ich mich auf den Weg. Medhat wohnte in einem der schönen Wohnhäuser in der Kasr El Nile, die zur Jahrhundertwende von europäischen Architekten gebaut worden waren und Kairo ein wenig Pariser Flair vermittelten.

Als ich den Hausflur betrat, hatte ich plötzlich das Gefühl, dass es hier nach Krankenhaus riecht. Es war dieser ganz spezielle Geruch, eine Mischung aus Desinfektionsmitteln und den Ausdünstungen kranker Menschen. Ich wusste, dass ich es mir nur einbildete, und doch nahm ich es als ein Zeichen wahr. »Es ist etwas mit Ashraf!«, rief ich aus und stürzte die Treppe hinauf. Als Medhat die Tür öffnete und mich mit Tränen in den Augen in die Arme schloss, war mir klar, dass noch etwas viel Schlimmeres eingetreten war.

Lange saßen wir stumm nebeneinander. Meine Gedanken gehörten dem fröhlichen Ashraf, der so stolz gewesen war, als er seinen Dienst bei den ägyptischen Luftstreitkräften angetreten hatte. Nun war er mit nur zweiundzwanzig Jahren während eines Einsatzes für sein Vaterland ums Leben gekommen. Als Medhat wieder sprechen konnte, berichtete er mir, was man ihm erzählt hatte. Ashrafs Maschine sei auf dem Rückflug von einem Erkundigungsflug über dem Sinai von der israelischen Luftabwehr getroffen worden. Er hatte bereits das westliche Kanalufer erreicht und hätte sich mit dem Schleudersitz retten können, ohne Gefahr zu laufen, in Gefangenschaft zu geraten. Da er sich aber über bewohntem Gebiet befand, habe er die brennende Maschine noch hinaus in die Wüste lenken wollen. Dabei sei das Flugzeug explodiert. Ich war entsetzlich traurig über den Verlust meines Bruders, aber auch unglaublich stolz darauf, dass er, um das Leben von vielen Zivilisten zu schonen, das eigene riskierte.

Der 28. September 1970 bedeutete einen tiefen Einschnitt in der Geschichte Ägyptens, auch wenn mir das nicht sofort klar war. Ich lag mit einer Sommergrippe im Bett und schaltete den Fernseher ein. Irgendetwas musste passiert sein, denn auf allen Sendern wurde der Koran rezitiert. Mein erster Gedanke: Jassir Arafat ist einem Attentat zum Opfer gefallen. Weniger als zwei Wochen war es erst her, seit die jordanische Armee gegen palästinensische Freiheitskämpfer vorgegangen war und sogar Flüchtlingslager bombardiert hatte. Jassir Arafat war nicht nur in diesen Tagen eine der am meisten gefährdeten Personen der Welt. Dann aber trat Anwar as-Sadat vor die Kamera und verkündete nicht den Tod von Jassir Arafat, sondern den von Gamal Abdel Nasser. Fassungslos starrte ich auf den Bildschirm. Die nationale Katastrophe, die mit dem Verlust des Sinai im Juni ihren Anfang genommen hatte, schien sich fortzusetzen. Was die Katastrophe in meinen Augen komplett machte, war jener Mann, der diesen Verlust im Fernsehen verkündete. Vor mehr als einem Jahr war Anwar as-Sadat zum Vizepräsidenten berufen worden. Die Ernennung war für mich und alle meine politischen Freunde ein gewaltiger Schock gewesen. Wir kannten Sadat, und deshalb wussten wir auch, dass er – sollte er jemals die Möglichkeit erhalten, Nassers Nachfolger zu werden – die Errungenschaften der Revolution verraten würde. In der Sozialistischen Union gab es viele, die damals beschwichtigend meinten, Sadats Beförderung sei eine reine Formalie. Schließlich seien er und der Präsident gleichaltrig, und Nasser wirke weitaus agiler als Sadat. Noch am Tag zuvor konnte ich in den Nachrichten verfolgen, wie Nasser einen Waffenstillstand zwischen Jassir Arafat und dem jordanischen König Hussein besiegelte. Nichts sprach dafür, dass dieser weltgewandte Mann mit seinen gerade einmal zweiundfünfzig Jahren einige Stunden später an einem Herzinfarkt sterben könnte.

Und nun würde also Anwar as-Sadat verfassungsgemäß Nassers Nachfolge antreten, wenn auch zunächst nur kommissarisch? Ich hatte die Hoffnung, dass fortschrittliche Kräfte in der Sozialistischen Union eine Präsidentschaft Sadats zu verhindern wüssten, indem sie zu der nach sechzig Tagen zu erfolgenden Volksbefragung einen eigenen Kandidaten ins Rennen schickten.

Nichts hielt mich mehr im Bett. Das Fieber ignorierend rief ich einige meiner politischen Freunde in Alexandria an, um eine spontane Kundgebung am Platz vor dem Bahnhof zu organisieren. Es war mir in diesem Moment wichtig, dass sich die Menschen nicht der Trauer hingaben. Vielmehr kam es darauf an, nach vorn zu schauen und die Zukunft des Landes nicht einem Mann wie Sadat zu überlassen. Mit einer Kundgebung konnten wir natürlich nur bedingt den Lauf der Geschehnisse beeinflussen. Sollte es aber hinter den Kulissen einen Kampf um die Macht geben, so sollten die revolutionären Kräfte wissen, dass sie mit Unterstützung der Menschen von der Straße rechnen durften. Immerhin gelang es uns, einige Hundert Leute für die Kundgebung zu mobilisieren, der sich schnelle einige Tausend Passanten anschlossen. Über Lautsprecher rief ich den Menschen zu: »Wir werden den sozialistischen Weg weitergehen und diesen Kurs mit unserem Blut verteidigen. Unser Ziel ist ein einiges und gerechtes Ägypten!«

Am nächsten Tag fuhr ich nach Kairo. Gamal Abdel Nasser war zwar in seinem Haus in Heliopolis gestorben, aber seine letzte Reise sollte er vom anderen Ende der Stadt aus antreten: Das Hauptquartier des Revolutionären Kommandorats lag in Zamalek an der Südspitze der Nilinsel Gezira. Es war ein großer Trauerzug quer durch die Stadt geplant, dem sich neben den Offizieren auch das gemeine Volk anschließen würde. Ich war zum Haus meiner Freundin Safinaz Kazem gefahren, einer strengen Muslima und Ehefrau des Poeten Ahmed Fouad Negm, die ich von verschiedenen politischen Aktionen her kannte. An ihrem Haus in der Ramses-Straße musste der Trauerzug vorbeikommen, und so wurde ihr Balkon für mich zum Logenplatz.

Schon von Weitem waren die Klagelaute des gewaltigen Trauerzugs zu hören. Später hieß es, dass fünf Millionen Menschen dem schlichten Sarg des verstorbenen Präsidenten gefolgt waren. Ich war innerlich so aufgewühlt, dass ich das Gefühl hatte, mich in meiner Verzweiflung vom Balkon stürzen zu müssen.

In den Stunden danach sprach ich mit Safinaz und telefonierte mit Wedad Metri. Beide Frauen hatten Kontakte zu Journalisten und diese wiederum Informanten im Hauptquartier der Sozialistischen Union. So erfuhr ich, dass es tatsächlich den Versuch einer Palastrevolte gegen Sadat gab. Immer wieder wurde der Name von Zakaria Mohi El-Din genannt, einem alten Kampfgefährten Nassers. Der einstige ägyptische Innenminister – der seinerzeit meinem Vater bei einer Versetzung geholfen hatte – war vor einigen Jahren einmal Vizepräsident gewesen, hatte aber vor zwei Jahren alle politischen Ämter niedergelegt. Würde es gelingen, ihn zu reaktivieren und gegen Sadat ins Spiel zu bringen? Es gelang nicht. In einer schnell angesetzten Volksbefragung konnten Sadats Leute das zweifelhafte Ergebnis von 90 Prozent Zustimmung erreichen. Als Sadat den Amtseid leistete, versuchte mich ein politischer Freund zu trösten. Dieser Mann wäre zwar auf dem Papier der Präsident, die höheren Kader der Sozialistischen Union aber würden ihn als Marionette benutzen. Andere politische Führer, so argumentierte er weiter, würden sich derzeit noch im Hintergrund halten, aber bald schon zum Befreiungsschlag ausholen. Hinter vorgehaltener Hand werde der Name von Aly Sabri kolportiert, des langjährigen Generalsekretärs der Sozialistischen Union. Diese Illusion musste ich dem politischen Gefährten leider nehmen, indem ich entgegnete: »Mein lieber Freund, ich wäre nicht Shahinda Maklad, wenn ich nicht wüsste, dass Sadat sie alle mit dem Besen hinauskehren wird.« Und genauso geschah es dann auch.

Aus der Zeitung erfuhr ich, dass der neue Präsident höchstpersönlich meine Streichung aus der Mitgliederliste der Sozialistischen Union angeordnet habe. Als mich ein Journalist deswegen anrief, sagte ich ihm, dass es für mich eine Ehre sei, von Anwar as-Sadat zur politischen Feindin erklärt zu werden. Das aber war nur der Anfang. In den nächsten Wochen und Monaten wurden nach und nach alle führenden politischen Köpfe entmachtet. Den 15. Mai 1971 erklärte Sadat zum Tag der »korrektiven Revolution«, und alle, die am Morgen noch der Regierung angehörten, waren am Abend bereits verhaftet. In den Haftanstalten trafen sie dann jene Radio- und Fernsehjournalisten wieder, die in den Wochen zuvor Sadats politischen Kurs kritisiert hatten.

Kurz darauf wurde die Sozialistische Union aufgelöst, und deren einstiger Generalsekretär Aly Sabri musste ein höchst wechselvolles Schicksal durchlaufen. Zunächst von Sadat zum Vizepräsidenten ernannt, wurde er einige Monate später verhaftet. Ihm drohte das Todesurteil. Das wurde zwar in eine lebenslange Haftstrafe korrigiert, aber der heimliche Hoffnungsträger der progressiven politischen Kräfte war damit aus dem Verkehr gezogen. Sadat gründete die ihm zur bedingungslosen Loyalität verpflichtete »Partei Ägyptens« und festigte damit endgültig seine absolute Macht.

Bald bekam auch Kamshish den neuen Wind zu spüren. Einen Monat nach Sadats »korrektiver Revolution« wurde das Dorf von einem massiven Polizeiaufgebot umstellt. Die Häuser der einstigen Ortsleitung der Sozialistischen Union wurden nach Waffen durchsucht. Und als man bei ihnen Bücher, aber keine Waffen fand, wurden die Getreidesilos zerstört, weil man sie dort zu entdecken hoffte. Die Polizisten folterten den dreizehnjährigen Sohn eines der Bauernführer. Immer und immer wieder wurde sein Kopf im Kanal unter Wasser gedrückt, um ihm das angebliche Versteck der Waffen zu entlocken. Am Ende dieses 15. Juni 1971 wurden in Kamshish 200 Leute verhaftet. Aber es wurden nicht nur diejenigen in Haft genommen, die auf der schwarzen Liste der Geheimpolizisten standen, sondern letztlich der ganze Ort. Wer aus Kamshish stammte, war von vornherein verdächtig.

Die Aktion war der persönliche Rachefeldzug von Anwar as-Sadat gegen das Dorf, das sich einst gegen seinen Freund Salah El-Feki erhoben hatte. Diesem wurde schon kurz darauf das Haus zurückübereignet, in dem sich jenes Kulturzentrum befand, in dem wir im Jahr zuvor Jean-Paul Sartre, Simone de Beauvoir und Claude Lanzmann empfangen hatten. Für Salah El-Feki eine wertlose Immobilie, denn nie wieder würde er sich wohl darin aufhalten, hatte er doch längst sein neues Haus bezogen. Und plötzlich war auch Mahmoud, Salahs Mörder, wieder auf freiem Fuß – er hatte gerade einmal vier Jahre seiner fünfundzwanzigjährigen Haftstrafe verbüßt. Die Konterrevolution Sadats, die ich für den Fall seiner Machtübernahme immer prophezeit hatte, war in vollem Gange.

Über die Vorgänge in Kamshish wurde ich telefonisch von meiner Schwester informiert. Sie las mir auch eine Verfügung vor, wonach ich bis auf Weiteres das Stadtgebiet von Alexandria nicht verlassen durfte. Die Stadt am Mittelmeer wurde zu meinem unfreiwilligen Exil. Musste ich fürchten, dass mir die Kriegerwitwenrente gestrichen würde, die nach Ashrafs Tod in Ermangelung einer Kriegerwitwe mir zugestanden wurde? Sie war neben einer kleinen Rente, die ich als Witwe von Salah bekam, mein einziges Einkommen, da ich alle meine politischen Aktivitäten ehrenamtlich verrichtete. Von diesen beiden Renten ernährte ich meine drei Kinder, Amareya und mich.

Vorerst aber beschäftigten mich andere Probleme. Im Polizeigefängnis von Shebin El-Kom wurde den 200 Verhafteten während der Verhöre wieder und wieder von Geheimdienstleuten unterstellt, dass es in Kamshish ein riesiges Waffenlager gäbe. Angeblich habe der Plan existiert, Anwar as-Sadat auf dem Weg zu seinem Heimatdorf umzubringen. Es war eine haltlose Unterstellung – leider. Doch die Geheimdienstler waren von ihrer paranoiden Fantasie nicht abzubringen. Um die Verhafteten zum Reden zu bringen, drohten sie mit Folter. Dem damaligen Polizeichef von Shebin El-Kom ist es hoch anzurechnen, dass er sich dem entgegenstellte und energischen Tons entschied: »Nicht in meinem Revier!«

Da keine Waffen gefunden wurden, konnte aus Mangel an Beweismitteln auch kein Verfahren eröffnet werden. Sadat verfügte daraufhin, dass zweiundzwanzig der besonders aktiven Leute von der Gruppe der Verhafteten isoliert werden sollten. Ihnen wurde – wie ja auch mir – nicht gestattet, nach Kamshish zurückzukehren. Das war eine diktatorische Entscheidung des Präsidenten, wofür es keine rechtliche Grundlage gab, welche aber die Betroffenen in eine existenzielle Krise stürzte. Ich hatte immerhin eine Wohnung in Alexandria, wo ich mit meinen Kindern und Amareya lebte. Die aus ihrem Heimatdorf Verbannten aber hatten außer ihren Häusern in Kamshish nirgendwo einen Wohnsitz. Und nun war es ihnen verboten, dort bei ihren Frauen und Kindern zu sein. Sie konnten ihre Felder nicht mehr selbst bestellen und waren auf das angewiesen, was ihnen ihre Familien an Lebensmitteln schickten. Ein Lehrerehepaar wurde an zwei mehr als 1000 Kilometer voneinander entfernte Schulen versetzt.

Die Gruppe der Zwangsexilanten musste also untergebracht werden. Das war nun die Aufgabe von mir und meinen Freunden in Alexandria, denen Sadat zwar die politische Heimat, nicht aber das Gefühl des Zusammenhalts nehmen konnte. Es wurden Wohnungen angemietet und in den geräumigeren Häusern Gästezimmer eingerichtet. Mit uns befreundete Lehrer brachten den Analphabeten unter den Exilanten das Lesen und Schreiben bei.

Abdel Megid El-Kholy, ein junger Bauer, war einer von ihnen, und er wohnte bei mir. Abend für Abend saßen meine Kinder und ich mit dem auffällig kleinen Mann zusammen und übten. Abdel Megids riesigen Händen war anzusehen, dass er in seinem jungen Leben schon hart gearbeitet hatte. Nun wollte er auch etwas für seinen Kopf tun, und es zeigte sich, dass er überdurchschnittlich intelligent war. Bald las er politische Literatur und brachte das, was er konnte, auch den anderen bei, die nicht untätig in Alexandria herumsitzen wollten. Unfreiwillig hatte Anwar as-Sadat bewirkt, dass die ins Exil getriebenen Bauern sich Bildung aneigneten – und deren Lehrer gehörten nicht zu seinen Freunden.

31. Januar 2011

19 Uhr
Der nächste Tag ist zum »Marsch der Million« deklariert worden. Nour hat Shahinda von dem Beschluss informiert, der auch vom »Nationalen Komitee für Veränderung« mitgetragen wird. Von einer landesweiten Mobilisierung der Massen wird ein entscheidender Durchbruch abhängen. Kurz darauf steht wieder ein Kamerateam vor ihr und bittet sie um ein Statement. Shahinda nutzt die Gelegenheit, die Fernsehzuschauer in Ägypten, wo immer sie in diesem Land leben, dazu aufzufordern, am nächsten Tag an den Demonstrationen und Kundgebungen teilzunehmen. Und sie wiederholt, was sie bereits sechs Wochen vor dem Beginn der Proteste in einer Talkshow des ägyptischen Privatsenders ONtv gesagt hatte: »Alle patriotischen Ägypter – rettet euer Land, bevor es zu spät ist!«

20.30 Uhr
Shahinda Maklad begibt sich auf den Heimweg, um von ihrer Wohnung aus via E-Mail, SMS und Telefonaten ihre umfangreiche Namensliste abzuarbeiten und auf die Bedeutung des »Marsches der Millionen« hinzuweisen.

Schon wenige Meter hinter der schützenden Postenkette gerät sie in einen Tumult. Männer gehen mit Stöcken und Lederriemen aufeinander los. Kreischende Frauen stehen am Straßenrand. Es sind unverkennbar bezahlte Rowdys, die auf friedliche Demonstranten einschlagen. Shahinda kennt das seit Jahrzehnten. Sie hatte solche Typen erlebt, als diese, im Auftrag des Großgrundbesitzers El-Feki, in Kamshish für Angst und Schrecken sorgen sollten. Sie hatten die Wahlkampfveranstaltungen gestört, als sie in Talla für Al-Tagammu kandidierte. Die Brutalität aber, mit der die Schläger hier vorgehen, ist kaum zu überbieten. Shahinda flieht in eine der Nebenstraßen und läuft Tahani El Gebali in die Arme. Die Juristin, die einst als erste Frau an Ägyptens Obersten Gerichtshof berufen worden war, ist von der Begegnung ebenso überrascht wie sie.

»Was machst du denn hier, Shahinda?«, ruft die Richterin aus.

»Nun, dass ich während einer Revolution nicht zu Hause sitzen würde, hättest du dir denken können.«

Die prügelnden Rowdys kommen immer näher. Ein Antiquitätenhändler zieht blitzschnell die beiden Frauen in seinen Laden und lässt das Gitter herunter.

»Wenn es ruhiger wird, hole ich meinen Schwager. Er fährt euch dann nach Hause«, sagt er.

Für Shahinda Maklad und Tahani El Gebali, die sich oft im ägyptischen Anwaltssyndikat begegnet sind, bietet der unfreiwillige Rückzug in ein Antiquitätengeschäft Gelegenheit, sich auszutauschen. Die Juristin vertritt auch jetzt, im privaten Gespräch, dieselben Positionen, die sie im März 2007 in einem spektakulären Report der Öffentlichkeit vorgelegt hatte. Und die darin enthaltenen Forderungen wurden von der Zeitung *Al Ahram* abgedruckt: Einhaltung demokratischer Prinzipien, Gleichheit vor dem Gesetz und Respekt vor den universellen Menschenrechten. Für diese Ziele also ist Ägyptens berühmteste Juristin in diesen Tagen auf dem Tahrirplatz anzutreffen.

KAPITEL 24

Das taktische Manöver des Anwar as-Sadat

Dem Kriegsbeginn gegen Israel im Oktober 1973 sah ich mit gemischten Gefühlen entgegen. Natürlich sprach ich meinem Land nicht die Legitimation ab, den besetzten Sinai zurückzuerobern, doch schon in den ersten Kriegstagen tauchte unter politischen Leuten ein Wortspiel auf: Sadat führe keinen Tahrir-Krieg (Befreiungskrieg), sondern einen Tahrik-Krieg (Bewegungskrieg). Ein Satz des Dichters Sayed Hegab fiel mir ein, den ich vor einiger Zeit gelesen hatte: »Ich fürchte, dass wir an unserem Siegestag entdecken werden, dass wir den Sinai bekommen, aber Ägypten verloren haben.« War der Überraschungsangriff vom 6. Oktober also nicht mehr als ein Zug in einer Schachpartie, die ein ganz anderes Ziel verfolgte? Hatte Sadat von Anfang an lediglich vor, sich eine gute Verhandlungsposition zu erkämpfen, und war er dafür bereit, die Rechte der Palästinenser preiszugeben? Diese Fragen wurden unter seinen politischen Gegnern diskutiert. Doch wir beschlossen, dies nicht öffentlich zu tun, um die Kampfkraft der Armee nicht zu unterminieren.

Spätestens am 24. Oktober aber, dem Tag des von Sadat akzeptierten UN-Waffenstillstands, wurden unsere Befürchtungen bestätigt. Niemals hätte der Präsident die Verhandlungen mit Israel, wie er sie in den folgenden Jahren führte, unter Verzicht einer militärischen Initiative beginnen können. Zu groß nämlich wäre die Gefahr gewesen, im eigenen Volk auf massiven Widerstand zu stoßen. Er war vielmehr darauf angewiesen, bei den tief demoralisierten Ägyptern Sympathien zu wecken, denn sie würden schon bald eine Menge schlucken müssen.

Sadat öffnete nämlich den ägyptischen Markt für ausländische Investoren und setzte damit den sozialistischen Visionen von Gamal Abdel Nasser endgültig ein Ende. Visionen, die Sadat und andere schon immer torpediert hatten. Die Folgen waren klar: Einige Ägypter würden unermesslich reich, die große Mehrheit des Volkes würde zu Sklaven ausländischer Interessen werden und in tiefer Armut versinken. Sadat würde den Sinai zurückbekommen und hinnehmen, dass die anderen von Israel 1967 eroberten Gebiete auch weiterhin annektiert blieben, obgleich er bei seiner Rede vor der Knesseth in Jerusalem deren Räumung als Vorbedingung für Vertragsverhandlungen genannt hatte.

Als die Exilanten aus Kamshish bereits das vierte Jahr in Alexandria festsaßen, fuhr ich mit einigen von ihnen nach Kairo. Unweit des Tahrirplatzes suchten wir das Innenministerium auf. Den Mann an der Pforte ließ ich wissen, dass wir den Minister zu sprechen wünschten. Das ist damals Mamdouh Salem gewesen, den ich einst durch meinen Onkel Fayek kennengelernt hatte, als der noch sein Vorgesetzter gewesen war. Nur konnte der Pförtner das nicht wissen. Als er mich und die Gruppe misstrauisch beäugte, forderte ich ihn auf: »Sag zu Mamdouh Salem, dass Shahinda Maklad ihn zu sprechen wünscht.«

Schließlich erschien ein Mitarbeiter des Ministers, der mich aufforderte, zwei Vertreter aus der Gruppe als deren Sprecher auszuwählen. Auf gar keinen Fall könne ich mit allen meinen Leuten im Büro des Ministers auftauchen. Ich entschied mich für Abdel Megid El-Kholy und einen Lehrer, sie sollten mich begleiten. Bei meinem Eintreten erkannte ich Mamdouh Salem sofort, aber ich erkannte auch den Mann, der an seiner Seite saß. Es war der Chef der Geheimpolizei. War er zufällig anwesend, oder wurden unten in der Lobby gerade mal wieder meine Leute verhaftet, während man mich hier oben empfing? Immerhin hätte man einen Grund dafür gehabt, denn unsere Reise nach Kairo war ja illegal. Ich aber erklärte nun den beiden Männern, dass unsere auf Alexandria beschränkte Freizügigkeit illegal sei. Es gäbe kein Gesetz, wonach es Ägyptern verboten werden könne, sich in ihrem Lande frei zu bewegen. Meine beiden Gesprächspartner hörten sich an, was ich zu sagen hatte, dann beugte sich auch der Geheimdienstchef wieder bedenklich nach vorn. »Sind nicht auch deine beiden Brüder Ali und Kamal in unserem Polizeidienst?«, fragte er.

Nun war klar, dass auch er mir drohen wollte, wie ich seinem Tonfall entnehmen konnte.

»Ich mache dir einen Vorschlag: Wirf sie einfach raus!«, konterte ich. »Aber versuche nicht, mich mit meinen Brüdern zu erpressen.«

Die Worte verfehlten ihre Wirkung nicht. Überrascht riss der Geheimdienstchef die Augen auf, und der Minister erklärte, sich dabei unsicher die Hände reibend: »Ich sehe für mich gar keine Möglichkeit, euch zu helfen, denn das ist Sache des Präsidenten. Anwar as-Sadat hat das damals verfügt, und nur er kann diese Anordnung wieder aufheben. Was meine Behörde aber tun kann ... wir können deinen Leuten in Alexandria eine finanzielle Unterstützung zukommen lassen.«

»Was sollen sie damit anfangen?«, empörte ich mich. »Es sind Bauern. Was sollen sie in Alexandria anbauen – die Luft? Sollen sie im Mittelmeer etwas anpflanzen?«

Und Abdel Megid El-Kholy fügte stolz hinzu: »Wir sind Fellachen und keine Bettler!«

Am Ende zogen wir unverrichteter Dinge wieder ab.

Wenige Monate später wurde das Verbot, sich in Kamshish aufzuhalten, jedoch überraschend aufgehoben – für die zweiundzwanzig Exilanten, nicht aber für mich. Es war offensichtlich, dass Sadat einen Keil zwischen mich und die Bauern treiben wollte. So wie er auch sonst die verschiedenen Gruppen gegeneinander ausspielte. Mal berief er ehemalige Kommunisten in die Regierung, dann verfügte er deren Verhaftung und entließ stattdessen die Muslimbrüder aus den Haftanstalten. Er nahm sogar den Namen des Propheten Mohammed als zweiten Vornamen an und verfügte, dass ein neuer Artikel in die Verfassung aufzunehmen sei, wonach Ägypten nicht länger eine sozialistische, fortan hingegen eine »islamische Republik« sein würde. Trotzdem trafen sich auch die führenden Muslimbrüder eines Tages in den Gefängnissen wieder.

Ich war also weiterhin auf Nachrichten aus Kamshish angewiesen, ohne mir selbst vor Ort ein Bild machen zu können. In einer Hinsicht verursachte der Gedanke, nach Kamshish zu reisen, bei mir widersprüchliche Gefühle. Dort würde ich womöglich dem Mörder von Salah begegnen. Mir wurde zugetragen, dass Mahmoud gesagt habe: »Ich wünschte, meine Hand sei gelähmt gewesen – und ich hätte Salah nicht umgebracht.« Doch auch wenn er seine Tat inzwischen tatsächlich bereuen sollte, so weigerte er sich noch immer, Salah El-Feki als den Drahtzieher hinter dem Mord zu benennen. Der führte inzwischen einen Prozess gegen das seinerzeit von Gamal Abdel Nasser eingesetzte Untersuchungskomitee, dem er vorwarf, ihn gefoltert zu haben. Dies ist nur eine von vielen Maßnahmen, die eindeutig von unsichtbarer Hand gesteuert wurden, die Person Nassers zu diskreditieren. Eine andere war die Veröffentlichung einer Nasser-Biografie, auf deren Cover als Autor Omar Al-Telmessany stand, der Führer der Muslimbrüder. Nun war ich auch damals schon der Meinung, dass die Person Gamal Abdel Nassers durchaus kritisch beurteilt werden kann und muss – dieses Buch aber war eine undifferenzierte und von Hass bestimmte Tirade, die zudem mit bösartigen Unterstellungen arbeitete. Das konnte ich schon deshalb beurteilen, weil darin über mich Ungeheuerlichkeiten behauptet wurden, die während des Prozesses gegen Salah El-Feki in Umlauf gebracht worden waren. Das Harmloseste war dabei noch die Spekulation, Präsident Nasser habe jenes Untersuchungskomitee nur meiner »honigfarbenen Augen« wegen nach Kamshish gesandt. Aber es wurde mir eben auch eine Affäre mit Nassers Bruder angedichtet und eine mit Abd Al-Hakim Amer, einem Offizier, dem man die Niederlage im Sechstagekrieg anlastete und den man zum Selbstmord gezwungen hatte.

Meine Freundin Safinaz rief Omar Al-Telmessany an und fragte ihn, ob er seriöse Quellen für diese ungeheuerlichen Behauptungen habe. In dem Telefonat leugnete der oberste Muslimbruder, das Buch geschrieben zu haben. Vielmehr habe ein anderer seinen Namen missbraucht. Dies war ganz sicher eine Schutzbehauptung, denn auch wenn in Ägypten nicht gerade rechtsstaatliche Verhältnisse herrschten, so hätte es durchaus Mittel und Wege gegeben, sich gegen einen solchen Namensmissbrauch zu wehren.

Natürlich hätte ich wiederum die entehrenden Behauptungen öffentlich dementieren können. In einem Land aber, in dem das Lesen von Büchern nicht allzu verbreitet ist, würde man mit einem solchen Dementi überhaupt erst zur Verbreitung der Gerüchte beitragen. Einer anderen in dieser Biografie enthaltenen Behauptung aber wollte ich unbedingt entgegentreten. Angeblich nämlich, so hieß es da, würde ich gar nicht mehr in Ägypten, sondern in der Sowjetunion leben. Durch eine öffentliche Präsenz wollte ich all jenen, die das Buch gelesen hatten, beweisen, dass es unwahre Behauptungen enthielt. Diesen Plan aber machte vorerst die Staatsmacht zunichte.

1. Februar 2011

14 Uhr

Der Tahrirplatz erscheint Shahinda mittlerweile so voll, als ob keine einzige Person mehr darauf passen würde. Auch die Seitengassen sind bis weit nach Wust Al-Balad voller Menschen, ebenso die Straße ins benachbarte Bab El-Louk und die Nilbrücken. Es waren Gerüchte aufgekommen, die Armee könne am Abend ihre neutrale Position aufgeben und die Waffen gegen das Volk richten. Sofort waren koptische und muslimische Würdenträger auf die am Platz präsenten Offiziere zugegangen und hatten sich von ihnen zusichern lassen, dass die Menschen nichts von der Armee zu befürchten hätten. Shahinda wurde davon über ihr Mobiltelefon in Kenntnis gesetzt. Umgehend gab sie diese Information an die Umstehenden weiter. Für eine kurze Weile wurde wieder die Parole »Armee und Volk – Arm in Arm« laut und pflanzte sich nach allen Seiten fort.

Zwischen den dicht gedrängten Menschen zwängt sich ein kleiner kräftiger Mann hindurch. Als er Shahinda erreicht, fallen sie einander um den Hals. Abdel Megid El-Kholy war noch ein junger Mann gewesen, als er vor fast vierzig Jahren zu den Zwangsexilierten gehörte, die nicht nach Kamshish zurückkehren durften. Er hatte damals bei Shahinda in Alexandria gewohnt, wo sie ihm das Lesen und Schreiben beibrachte. Später studierte er dann viele politische Bücher und war in der Bauernbewegung von Kamshish ganz vorn mit dabei.

»Du hast also meine SMS bekommen, wo du mich finden kannst!«, sagt Shahinda und sieht sich um. »Wo sind die anderen?«

»Wir sind überall verstreut. In Kamshish waren wir noch zusammen mit dem Bus losgefahren, aber an der Stadtgrenze wurden wir gestoppt. Nicht nur wir, auch die Busse aus anderen Dörfern. Man ließ überhaupt keine mehr in die Stadt. Manche von uns liefen einfach los oder nahmen wie ich ein Minitaxi …«

»Hättest du dir träumen lassen, dass wir auf unsere alten Tage noch eine Revolution in Ägypten erleben werden?«, fragt Shahinda unvermittelt.

»Soll ich ehrlich sein?«, fragt Abdel Megid El-Kholy und sieht sie mit einem verschmitzten Lächeln an: »Ja! – Ich war sogar felsenfest davon überzeugt!«

Die beiden so unterschiedlichen Bauernführer aus Kamshish lachen, bis ihnen die Tränen kommen.

»Deinen Optimismus habe ich immer geliebt!«, sagt Shahinda und empfindet ein wahres Glücksgefühl, dass der alte Freund und Weggefährte sie auf diesem riesigen, völlig überfüllten Platz gefunden hat.

Eine neue Nachricht macht die Runde. Gegen 23 Uhr werde Mubarak im staatlichen Fernsehen eine Rede an das Volk halten. Sofort beginnen rundum wilde Spekulationen, was er denn wohl mitzuteilen habe.

»Ich werde auf jeden Fall vor ihm auf dem Bildschirm erscheinen«, erklärt Abdel Megid El-Kholy. »Ich bin heute nämlich zu Mona El-Shazly in ihre Sendung *Al Ashira Masa'an* (»Zehn Uhr abends«) eingeladen.«

»Wirklich?«, ruft Shahinda ehrlich überrascht, denn diese tägliche Talkshow ist ein Format, in dem üblicherweise prominente Autoren, Nobelpreisträger und internationale Politiker zu Gast sind. »Damit ist die Revolution endlich auch bei Mona El-Shazly angekommen. Das werde ich mir auf jeden Fall ansehen. Für Mubarak würde ich nicht nach Hause gehen, aber für deinen Auftritt verlasse ich den Tahrirplatz.«

22 Uhr

In Heba Raoufs Frauenwohnung gegenüber dem Ägyptischen National-museum hat es sich Shahinda auf dem Sofa bequem gemacht. Mit echter Bewunderung verfolgt sie, wie der Bauer Abdel Megid El-Kholy aus Kam-shish der Königin des ägyptischen Polittalks die Welt erklärt. Er legt da-bei den Finger in die Wunden, spricht von einer elitären Klasse rund um Mubarak, die jeden Bezug zum Volk, vor allem auf den Dörfern, verloren habe. Am Ende der Sendung stellt ihm die sichtbar beeindruckte Modera-torin die Frage: »Sind Sie sicher, dass Sie wirklich ein Fellache sind?«

Husni Mubarak hat diesmal nicht bis nach Mitternacht gewartet, ehe er im Staatsfernsehen seine Ansprache hält. Gegen 22.45 Uhr verkündet der Zweiundachtzigjährige, dass er mit Ablauf seiner Amtszeit im kommen-den Herbst nach einer einunddreißigjährigen Präsidentschaft in Rente zu gehen gedenke. Auf diese Weise wolle er eine friedliche Übergabe der Macht ermöglichen. Im Moment aber würde ohne ihn das Land im Chaos versinken. Und dann wird Mubarak poetisch, spricht davon, dass er in Ägypten, dem Land, in dem er geboren wurde, auch zu sterben ge-denke.

»Sicher gelingt es ihm mit einem solchen Satz, bei einem Teil des Vol-kes Mitleid zu erregen«, sagt Heba Raouf, die neben Shahinda auf dem Sofa sitzt.

»Die Leute vom Tahrirplatz fallen jedenfalls nicht darauf rein«, erklärt Shahinda Maklad kategorisch. »Das Ganze ist doch nur ein Manöver, da-mit die Leute nach Hause gehen.«

Trotz vorgerückter Stunde hält sie nun nichts mehr in der Wohnung ihrer Freundin. Shahinda will die Stimmung auf dem Platz erkunden.

Überall stehen Leute in Gruppen beieinander und diskutieren über die Rede des Präsidenten. Tatsächlich ist hier und da eine Stimme zu hören, die Mitleid mit »dem alten Mann« hat. Zumindest auf dem Tahrirplatz aber sind sie eine verschwindende Minderheit.

Schräg gegenüber der Amerikanischen Universität hat eine Gruppe von Künstlern ein Zeltdorf aufgebaut. Auf einem riesigen Transparent bekennen sie sich dazu, an der Seite des Volkes zu stehen. Shahinda läuft ein Stück in das Hauptzelt hinein und beobachtet, dass einige der Künstler – darunter auch Ahmed, der Schauspieler – sich gerade den Kopf über eine wirksame Parole als Antwort auf Mubaraks Rede zerbrechen. Dann scheint sie fertig zu sein. Ahmed und seine Künstlerkollegen laufen an Shahinda vorbei nach draußen und skandieren mit lauten Stimmen: »*Estakil, estakil, / echna hanehmi arde Nil!*« (»*Tritt zurück! Wir werden das Land am Nil schützen!*«) Schon nach wenigen Minuten hallt die Losung über den gesamten Tahrirplatz, die sich einige Künstler eben erst in dem Zelt neben der Amerikanischen Universität ausgedacht haben.

KAPITEL 25

Meine erste Verhaftung

Es war an einem Tag im Januar 1975. Am späten Nachmittag war Ahmed Ragab, ein Bauer aus Kamshish, zu mir nach Alexandria gekommen, um mit mir über einige Fragen zu beraten, die im Dorf anstanden. In dieser Zeit hatten die von Nasser teilenteigneten Großgrundbesitzer Hoffnung geschöpft, ihr an die Bauern verteiltes Land zurückzubekommen. In dem Amt, das für die Agrarreform zuständig war, saßen jede Menge korrupter Beamter, die zudem sicher sein konnten, dass Sadat den Wünschen der Großbauern aufgeschlossen gegenüberstand. So wurde in einer Reihe von ländlichen Gebieten tatsächlich eine Rückübereignung eingeleitet.

Bald war auch Salah El-Feki aktiv geworden. Wenige Wochen bevor Ahmed Ragab mich in Alexandria aufsuchte, hatten Polizeikräfte in Kamshish einen ersten Versuch unternommen, Land zu beschlagnahmen. Sie hatten aber nicht mit dem revolutionären Elan der Bauern in diesem Dorf gerechnet. Ganz Kamshish hatte sich auf den Feldern versammelt, und weil die Polizisten den Einsatz von Waffen scheuten, waren sie schließlich wieder abgezogen. Danach gab es aber ein anderes Problem. Bisher hatten die Koop-Läden auf den Dörfern das Saatgut und den Dünger immer zu reellen Preisen an die Bauern geliefert – und die jeweilige Sendung musste erst später aus den Ernteeinnahmen bezahlt werden. Jetzt aber verlangte man überhöhte Preise, die auch sofort fällig wurden. Dazu sollten von den Bauern bei einer Landwirtschaftsbank Kredite zu hohen Zinsen aufgenommen werden, die einen großen Teil der Erträge auffraßen.

Zusammen mit Ahmed Ragab überlegte ich, wie man dagegen vorgehen könne. Am Ende unseres Gesprächs versprach ich, mich auch mit befreundeten Juristen und Politikern zu beraten. Und weil es spät geworden war, richtete ich ihm das Sofa im Salon als Schlaflager her. Dort hatten auch schon Abdel Megid El-Kholy und viele andere während der ersten Zeit des Exils genächtigt. Die Wohnung war groß genug, und außerdem war ich nie allein im Haus, denn Amareya und meine drei Kinder lebten ja mit mir. Kurz nach zwei Uhr nachts klingelte es. Schlaftrunken öffnete ich das kleine Fenster in der Wohnungstür und entdeckte draußen einen jungen Polizeioffizier. Er streckte mir seine Dienstmarke entgegen und sagte nur: »Sittenpolizei!«

Irritiert erwiderte ich: »Du bist hier falsch.«

»Ist dies hier nicht die Wohnung von Shahinda Maklad?«, fragte er im strengen Ton.

Nun war ich schlagartig wach. Sollte etwa kurz nach dem Erscheinen der Nasser-Biografie mit den diskriminierenden Behauptungen ein weiterer Versuch des Rufmordes unternommen werden? Immerhin beherbergte ich einen Mann, mit dem ich nicht verheiratet war.

»Geh nach Hause!«, rief ich. »Niemand von der Sitte wird seinen Fuß über Shahinda Maklads Schwelle setzen.«

»Dann treten wir die Tür ein!«, erhielt ich zur Antwort.

»Tu das!«, forderte ich den jungen Polizisten auf, der nervös auf seiner Unterlippe kaute.

In diesem Moment tauchte ein hochrangiger Offizier aus dem Dunkel des Treppenhauses auf. Höflich erklärte er mir die Situation in einem ruhigen, geradezu sachlichen Ton: »Wir haben von der Geheimpolizei den Auftrag, dich zu verhaften. Dieser junge Offizier von der Sittenpolizei hat damit nichts zu tun ...«

»Hast du einen Haftbefehl?«, fiel ich ihm ins Wort.

»Nein!«

»Dann lass ich dich nicht herein!«

»Aber, äh ... wir können ...«, stotterte er, mühsam nach Worten suchend.

»Dein Präsident hat erst vor wenigen Tagen öffentlich verkündet, dass es keine illegalen Verhaftungen im Morgengrauen mehr geben würde«, unterbrach ich jetzt ihn.

Nun kam ich richtig in Fahrt. Es machte mir Spaß, die beiden Polizeioffiziere durch das kleine Fenster abzukanzeln. Umso mehr, als ich ahnte, dass im Treppenhaus einige einfache Polizisten stehen würden. Offiziere befehlen üblicherweise eine Verhaftung, machen sich aber nie selbst die Hände schmutzig.

»Ich habe einen Haftbefehl!«, sagte der junge Offizier und kramte ein Schriftstück aus der Brusttasche seiner Uniformjacke.

»Auch wenn ich mich wiederhole: Die Sitte wird keinen Fuß über meine Schwelle setzen. Weder mit noch ohne Haftbefehl.«

Inzwischen war Ahmed Ragab wach geworden und schlurfte von hinten heran. Es war definitiv der falsche Augenblick für sein Auftauchen.

»Was ist denn hier los?«, fragte er. Der junge Sittenpolizist riss überrascht die Augen auf.

»Wer bist du?«, fragte er.

»Mein Name ist Ahmed Ragab. Ich bin ein Bauer aus Kamshish ...«

»Das kommt mir sehr gelegen«, sagte der höhere Offizier. »Du stehst auch auf unserer Liste. Somit erkläre ich auch dich für verhaftet.«

»In meinem Haus wird niemand festgenommen!«, rief ich erneut aus.

Der Offizier aber ignorierte meine Bemerkung. Stattdessen beriet er sich flüsternd mit seinem Kollegen: »Ist das Haus umstellt?«

»Keine Sorge, es hat nur diesen einen Ausgang.«

So erfuhr ich, dass den Polizisten die Tür, die von meiner Küche in den Garten führte, nicht bekannt war. Von dort aus konnte man über das Nachbargrundstück fliehen. Dabei dachte ich an Ahmed Ragab, nicht an mich.

»Gebt mir einen Moment Zeit, damit ich mich anziehen und eine kleine Tasche packen kann«, sagte ich zu den Offizieren, als hätte ich mich eines Besseren besonnen. Zu meiner Überraschung nickten beide zustimmend.

In aller Eile musste jetzt einiges bedacht und organisiert werden. Sofort lief ich in den Salon, wo ich Papiere aufbewahrte, die der Polizei nicht in die Hände fallen sollten. Da gab es brisante Tagebucheintragungen von konspirativen Treffen mit Leuten, die wie ich den außenpolitischen Kurs von Sadat bekämpften. Darin hatte ich geplante Aktionen notiert. Auch Papiere von Salah waren hier aufbewahrt. Wie leichtsinnig, das alles in der Wohnung zu haben! Offenbar hatte ich mich in den letzten Monaten zu sicher gefühlt.

Inzwischen kam auch Amareya aus dem Kinderzimmer und rieb sich die Augen. Das brachte mich auf eine Idee. Ich bat sie, den schlafenden Kindern die Unterlagen in die Pyjamas zu stopfen. Falls eines der Kinder wach werden sollte, so möge sie sagen, dass es sich schlafend stellen soll, sollten fremde Männer ans Bettchen treten. Ich drückte ihr die Papiere in die Hand, die für mich gefährlich werden konnten. Dann wandte ich mich an Ahmed Ragab: »Komm mit, es gibt einen Hinterausgang, da kannst du verschwinden.«

Ahmed schlug vor, die Unterlagen an sich zu nehmen und in Sicherheit zu bringen. Das aber lehnte ich ab. »Nein, wenn man dich verhaften sollte und die Papiere bei dir fände, würde dich das erst recht belasten.«

Nachdem Ahmed Ragab die Wohnung durch den Hinterausgang verlassen und Amareya aus dem Kinderzimmer zurückgekehrt war, warf ich hektisch ein wenig Wäsche und Hygieneartikel in eine Tasche. Dann trat ich vor die Tür und begann mit den beiden Offizieren eine Diskussion. Ich fragte, was man mir konkret vorwerfe. Sie beteuerten, es nicht zu wissen. So ging es ein paar Mal hin und her. Ich war an deren Antworten gar nicht interessiert, sondern wollte damit Ahmed lediglich einen Vorsprung ermöglichen. Denn sicher würde ihm einer der beiden Polizisten, die ich nun im dunkleren Teil des Hausflurs erkennen konnte, nacheilen.

Als die Offiziere ungeduldig wurden, gab ich die Tür frei. Die Polizisten stürzten an ihren Vorgesetzten vorbei in die Wohnung.

Danach marschierte der ranghöhere Offizier erhobenen Hauptes in den Salon und sah sich um. Irritiert fragte er mich: »Wo ist Ahmed Ragab?«

»Wer?«

»Der Mann, der vorhin hier war.«

»Welcher Mann?«, fragte ich und sah zu Amareya, die in gespielter Ahnungslosigkeit mit den Schultern zuckte.

Aus der Küche rief einer der Polizisten: »Hier gibt es einen Hinterausgang.«

Der Offizier rannte hinüber, und als er die geöffnete Tür sah, trat er wütend gegen die Wand. Mit schmerzverzerrtem Gesicht brüllte er den Polizisten an: »Na, lauf ihm nach, du Idiot!«

Der junge Mann wollte lossprinten, war aber so erschrocken, dass er dabei unglücklich über die Schwelle stolperte und wimmernd liegen blieb. Nun schrie der Offizier mich an: »Da hattest du ja einen wahren Kavalier im Haus. Ist das sein Verständnis von Männlichkeit? Läuft weg und lässt eine Frau allein zurück!«

Ich sah den schwer atmenden Mann an und entgegnete in aller Ruhe: »Ist es ein Zeichen von Männlichkeit, morgens um drei Uhr das Haus einer alleinstehenden Frau zu überfallen?«

»Wir werden eine Hausdurchsuchung durchführen!«, entschied er mit hochrotem Kopf und lief in den Salon zurück, während sich der verletzte Polizist mühsam zu einem Küchenstuhl schleppte.

»Also bitte, durchsuche mein Haus, aber Zimmer für Zimmer. Ich werde danebenstehen«, sagte ich.

Einer der Polizisten reichte dem Offizier einen Ordner mit Zeitungsausschnitten, der zu groß gewesen war, um ihn einem der Kinder in den Pyjama zu stopfen.

»Was ist das?«, fragte er.

»Na, was ist das wohl – was meinst du?«

»Das sind Ausschnitte aus Zeitungen …«

»… wie sie jeder Ägypter kaufen und lesen kann. Und einige Artikel, die besonders gut geschrieben sind, habe ich eben aufbewahrt.«

Was ich dem Offizier nicht sagte, war der Grund, weshalb ich diese Zeitungsartikel gesammelt hatte. Ich hatte nämlich vor, die opportunistische Wendigkeit bestimmter führender Journalisten des Landes zu dokumentieren. Vor einigen Jahren würdigten sie noch den Kampf der Bauern von Kamshish gegen die Großgrundbesitzer in ganzseitigen Reportagen. Nachdem Sadat den politischen Kurs änderte, wechselten sie ihre Meinung wie Fellachen ihre verschwitzten Galabeyas. Noch war vom Präsidenten kein Gesetz erlassen worden, die Landreform rückgängig zu machen, da stellten dieselben Journalisten, die die Neuordnung einst enthusiastisch feierten, sie in vorauseilendem Gehorsam bereits in Frage.

Der Offizier hielt die Beiträge aus den ägyptischen Massenmedien glücklicherweise nicht für einen Beweis – für was auch immer – und legte sie wieder dorthin zurück, wo er sie gefunden hatte. In diesem Augenblick hielt ihm der unverletzte Polizist einen kleinen Zettel entgegen – das einzige Dokument, das meine Handschrift trug. Darauf hatte ich ein Zitat des palästinensischen Poeten Mahmoud Darwish notiert, welches der Offizier nun laut vorlas: »Es ist möglich, einen Elefanten durch ein Nadelöhr zu fädeln, aber nicht, uns von unseren Ideen auch nur um eine Haaresbreite abzubringen.«

»Na, was fängst du damit an?«, fragte ich provozierend den Offizier.

»Das werde ich als Beweisstück mitnehmen.«

»Beweist es nicht etwas, was ihr nicht längst schon wisst? Nämlich, dass ich meinen Ideen treu bleibe. Das ist doch der Grund, weshalb du mich verhaften sollst.«

Ohne darauf einzugehen, steckte der Offizier den Zettel ein und setzte seinen Streifzug durch die Wohnung fort, gefolgt von seinem Kollegen von der Sitte und dem Polizeibeamten. Dessen Kollege saß noch immer in der Küche und rieb sich seinen Fuß.

Vor dem Kinderzimmer baute sich Amareya auf und bat höflich darum, die Kinder nicht zu wecken, denn sie müssten in wenigen Stunden zur Schule. Der Offizier schob das Kindermädchen zur Seite, öffnete ganz vorsichtig die Türe und lugte hinein. Nur durch einen schmalen Lichtstreif aus dem Flur beleuchtet, sah er meine drei Kinder »schlafend« in ihren Bettchen. Beruhigt schloss er leise wieder die Tür und sagte zum Polizisten: »Das Kinderzimmer lassen wir aus.«

Mir fiel ein Stein vom Herzen, und ich musste mich zwingen, nicht erleichtert aufzuatmen. Amareya hauchte leise: »Vielen Dank!«

Obgleich außer dem Zitat eines palästinensischen Poeten keine weiteren »belastenden Indizien« gefunden wurden, nahm man mich schließlich fest. Unter den gegebenen Umständen konnte ich mich nicht von meinen Kindern verabschieden, was mich sehr schmerzte. Wie schon oft zuvor stellte ich mir die Frage, ob ich mich der Politik willen zu wenig um meine Kinder kümmerte. Sie hatten zwar in Amareya eine liebevolle Bezugsperson, dennoch war ich ihre Mutter. Vor allem der kleine Wassim hing sehr an mir. Erst vor kurzem konnte ich ihm abgewöhnen, mit mir in einem Bett zu schlafen. Der sehr sensible Junge würde besonders unter meiner Verhaftung leiden, mehr als sein raubeiniger Bruder Nagy. Aber auch die stille Bassma hatte mir immer wieder gezeigt, dass sie nichts gegen mehr mütterliche Zuneigung hätte.

Dies waren Gedanken und Empfindungen, die mir das Herz zuschnürten, als ich vor dem Haus das Polizeiauto zu einer Reise ins Ungewisse bestieg. Als der Wagen am Bab Shark, am östlichen Tor, hielt, fühlte ich zum ersten Mal seit vielen Jahren, wie sich Angst meiner bemächtigte. Ich wusste, dass sich am Bab Shark ein berüchtigtes Polizeirevier befand. Niemals zuvor war ich hier gewesen, hatte aber von schrecklichen Dingen gehört, die sich hinter diesen Mauern abspielen sollen. Ich musste befürchten, dass Sadat, wenn er mich erst einmal in seinen Klauen hatte, an mir ein Exempel statuieren würde.

Der Polizist führte mich ein paar Stufen hinunter, wo ich von einem anderen Uniformierten empfangen, einen düsteren Gang entlanggeführt und schließlich in eine Zelle geschoben wurde.

Meine Augen gewöhnten sich schnell an die Dunkelheit, und nun entdeckte ich, dass die meisten der anderen hier festgehaltenen Frauen Prostituierte waren. Nach einer Weile öffnete sich die Tür erneut, und wieder wurde eine Frau hereingestoßen. Schnell wandte ich mich an den Polizisten und bat ihn, einen meiner Brüder anzurufen, die Kollegen von ihm seien. Ich schrieb deren Telefonnummern auf und hielt dabei sichtbar eine Fünf-Pfund-Note in der Hand. Sein gieriger Blick auf das Geld ließ ihn achtlos werden. Mit einem kräftigen Schubs stieß ich ihn zur Seite, rannte in die Haupthalle und fing an zu schreien: »Ihr Hurensöhne, warum sperrt ihr mich ein? Ohne irgendeinen Beweis einer Schuld! Ihr tretet das Recht mit Füßen!«

Ein Polizeikommissar stürzte herbei und fragte, was denn hier los sei.

Ich antwortete: »Warum werde ich eingesperrt, ohne vorher verhört zu werden? Ich bin die Tochter eines Polizeioffiziers und weiß, dass dies kein korrektes Verhalten ist!«

Der Kommissar fasste mich sanft an der Schulter und führte mich zu seinem Büro. Dabei schimpfte er lautstark: »Wer hat Shahinda Maklad einfach in die Zelle gesteckt, ohne sie vorher zu mir zu bringen?«

Die verschämten Blicke der umherstehenden Polizisten genießend, folgte ich dem Kommissar in sein Büro. Dabei raunte er mir zu: »Ich habe deine Brüder verständigt, sie werden dir einen Rechtsanwalt besorgen.«

Erleichtert nahm ich zur Kenntnis, dass es sich bei ihm offenbar nicht um einen Hardliner handelte. Am Morgen gestattete er sogar meinem ältesten Sohn, dass er mich in seinem Büro besuchte, in dem ich auch den Rest der Nacht zugebracht hatte. Nagy wirkte eingeschüchtert, als er mir Kleidung übergab, die Amareya für mich herausgesucht hatte, und auch etwas Geld. Ich strich ihm liebevoll über den Kopf und sagte: »Hab keine Angst, Nagy, ich bin bald wieder bei euch. Passe schön auf Wassim und Bassma auf, und streite dich nicht mit ihnen.«

Diese Bitte war mehr als eine Floskel, denn in dieser Situation

musste der Junge Verantwortung für seine Geschwister übernehmen.

»Versprichst du mir das?«, fragte ich besorgt nach.

Nagy nickte.

Kurz darauf kam ein Rechtsanwalt, den ich flüchtig kannte.
Von ihm wusste ich, dass er in Opposition zum politischen Kurs
von Anwar as-Sadat stand. Meine Brüder hatten die richtige Wahl
getroffen.

Der weltgewandte Jurist trat gegenüber dem Kommissar mit
ausgezeichneten Manieren auf. Höflich bat er um Verständnis,
dass er zunächst mit seiner Mandantin unter vier Augen zu sprechen wünsche – was ihm auch gewährt wurde. Als wir allein waren, sagte der Anwalt, er habe aus Sadats Umfeld erfahren, dass
für die Gegner seines außenpolitischen Kurses harte Strafmaß-
nahmen geplant seien. Sogar von einer entsprechenden offiziellen
Verfügung sei bereits die Rede, die Sadat erlassen wolle, um Oppositionelle willkürlich verhaften lassen zu können. Der Präsident
habe also vor, seiner derzeit rechtswidrigen Praxis einen legalen
Anschein zu geben.

»So viel Gefängnisse hat er nicht«, bemerkte ich, »das ganze
Volk ist dagegen.«

Mein Anwalt nickte nachdenklich. Dann versprach er, alles Er-
denkliche zu unternehmen, um mich vor einer langen Gefängnishaft zu bewahren. Fünfundvierzig Tage aber, die ein Haftrichter ohne jede Begründung ansetzen könne, würde ich wohl hinter
Gittern verbringen müssen.

Wenige Minuten nachdem der Anwalt gegangen war, wurde ich
zu einem Polizeitransporter gebracht, aus dem die Sitze ausgebaut
waren. Offenbar wollte man die Gefangenen erniedrigen und
sie zwingen, auf dem Boden zu sitzen. Ich war die einzige Frau
unter lauter Männern. Keiner der anderen Gefangenen war mir
bekannt, und noch ahnte ich nicht, dass ich mit einem von ihnen – Aboul Ezz el Hariri hieß er – noch viele politische Aktionen unternehmen würde. Wir fuhren zunächst Abu Zaabal an,

eines der großen Männergefängnisse im Vorort Helwan, und danach die Haftanstalt Tora im Kairoer Stadtbezirk Maadi. Mehr als sechsunddreißig Jahre später werde ich an jenes Gefängnis erinnert, dessen Hof ich nur dieses eine Mal betreten hatte – als nach der Tahrir-Revolution die Söhne von Sadats Nachfolger, Gamal und Alaa Mubarak, hier eingesperrt wurden.

An jenem Tag im Januar 1975 verließ ich schließlich allein in dem sitzlosen Polizeitransporter diese Strafanstalt. Nach einer längeren Fahrt fand ich mich neben der von Touristen vielbesuchten Zitadelle hoch über den Dächern Kairos wieder. Da gab es damals noch ein weiteres Gefängnis, in welchem nach Salahs Tod auch ein Teil der in Kamshish verhafteten Bauern eingesessen hatte. Es war ein dunkles, furchterregendes Gebäude mit winzigen Zellen, in die bis zu sechs Häftlinge gepfercht wurden.

Als ein Polizeioffizier eine Zellentür öffnete, staunte er nicht schlecht, als ich einer der Insassinnen um den Hals fiel. Es war Safinaz, auf deren Balkon ich Nassers Trauerzug erlebt hatte und die durch den Anruf bei Omar Al-Telmessany meine Ehre retten wollte. Ihre religiös motivierte Gegnerschaft zu Sadat hatte sie schon mehrfach hinter Gitter gebracht. Safinaz hatte bis dahin in Kairo als Theater-Professorin und als Journalistin gearbeitet – zwei berufliche Positionen, in denen sie ins Fadenkreuz des ägyptischen Geheimdiensts geraten war.

»Ist das hier ein Club, oder was?«, fragte der Offizier und löste bei uns ein geradezu fröhliches Lachen aus.

Ich war sehr müde, und obgleich es in der mit vier Insassen überbelegten Zelle nur zwei Pritschen gab, drängten sich meine drei Zellengenossinnen auf einer Pritsche zusammen und überließen mir die andere. Doch kaum war ich eingeschlafen, wurde die Zellentür schon wieder geöffnet. Man sagte, wir würden nun in die Frauenhaftanstalt bei den Barragen verlegt werden.

»Das passt mir aber gar nicht«, maulte Safinaz. »Hier ist das Essen viel besser.«

»Ich sehe schon, du bist Expertin für Kairos Knäste«, sagte der Offizier und brachte uns damit wieder zum Lachen.

Die Ankunft an den Barragen versetzte mich in eine sentimentale Stimmung. Als junges Mädchen war ich zuletzt hier gewesen, mit meinen Klassenkameradinnen und der Lehrerin Wedad Metri, die kurz darauf meine Freundin und politische Mentorin geworden war. Sie saß später selbst hier ein. Nun würde dieser Ort wohl für eine Weile auch für mich zur unfreiwilligen Heimat werden.

Erneut legte ich mich hin – und wieder wurde ich kurz darauf geweckt. Offenbar war man nicht an ausgeschlafenen Häftlingen interessiert. Was ich an diesem Tag vermutete, wurde später zur Gewissheit: Man ließ die Neuankömmlinge nicht zur Ruhe kommen, durch Schlafentzug wollte man sie gefügig machen. So wurde ich jetzt zum Verhör in den Männertrakt gebracht. Hierzu musste ich, streng bewacht, eine kleine Strecke zu Fuß zurücklegen. Als ich in die Eingangshalle kam, lief das Wachpersonal zusammen und gaffte mich an. Ich fragte meinen Begleiter, was das zu bedeuten habe, und er raunte mir zu: »Es hat sich herumgesprochen, dass Shahinda Maklad verhaftet worden ist.«

Im Verhörraum sah ich mich zu meiner Überraschung dem ägyptischen Generalstaatsanwalt gegenüber. Er wollte schon mit der Befragung beginnen, als ich ihm sagte: »Ich akzeptiere kein Verhör hinter Gefängnismauern, und zwar aus Respekt vor Ihnen!«

Irritiert hob er die Hände und machte eine Geste, die mich aufforderte, eine Begründung nachzuliefern. Dem kam ich auch umgehend nach: »Es ist eine Schande, dass der ägyptische Generalstaatsanwalt sich meinetwegen in eine Strafanstalt begeben muss! Eigentlich müsste ich zum Verhör zunächst in Ihr Büro und erst danach ins Gefängnis gebracht werden. Im Übrigen akzeptiere ich ein Verhör nur in Anwesenheit meines Anwalts. Hat Anwar as-Sadat nicht immer behauptet, wir seien ein Rechtsstaat? Werden hier in diesem Moment etwa rechtsstaatliche Prinzipien eingehalten? Bitte dokumentieren Sie nicht nur meine Verweigerung, sondern auch ihre Gründe. Und protokollieren Sie, dass die Sittenpolizei in mein Haus gekommen ist – zu mir, einer anständigen Frau!«

Tatsächlich wurde meine Aussage genau in diesen Worten von ihm aufgenommen, und beim Abschied hatte ich das Gefühl, dass ihm meine Haltung imponiert hat. Dennoch blieb ich weiter in Haft.

Ehe ich nach den obligatorischen fünfundvierzig Tagen dem Haftrichter vorgeführt wurde, brachte man mich in das Gebäude der Geheimpolizei. Mir wurde das Zitat von Mahmoud Darwish vorgelegt, das man in meiner Wohnung gefunden hatte. Ich erklärte, den Satz aus einer Zeitung abgeschrieben zu haben, weil er mir gut gefallen hätte. Als man mich fragte, welcher politischen Organisation ich angehöre, sagte ich wahrheitsgemäß: »Nachdem mich Sadat aus der Mitgliederliste der Sozialistischen Union gestrichen hat, gehöre ich nur noch zur ›Kamshish-Partei‹. Aber in Kamshish konnte ich in den letzten fünf Jahren nicht aktiv politisch tätig sein, weil man mich in Alexandria festgehalten hat.«

Der mich vernehmende Offizier notierte schließlich, dass ich einer »neuen Linksbewegung« angehören würde. Dieses Protokoll wurde dem Haftrichter vorgelegt, der mich daraufhin zu weiteren fünfundvierzig Tagen verurteilte.

Auch Safinaz wurde an diesem Tag verhört und erneut verurteilt. Als sie in unsere Zelle zurückkam, fragte sie mich: »Sag mal Shahinda, gibt es eigentlich so etwas wie eine Kommunistische Arbeiterpartei?«

Die Frage erstaunte mich. Seit wann interessierten sich gläubige Muslime für kommunistische Organisationen? »Warum fragst du das?«, wollte ich von ihr wissen.

»Man beschuldigt mich, diese Partei gegründet zu haben.«

Ich brach in schallendes Gelächter aus. War der Richter ein vollkommener Idiot? Safinaz legte nicht nur Wert auf das Kopftuch, sondern auf einen kompletten Hijab – also auf ein bodenlanges Gewand nach islamischer Vorschrift. Seit wann sahen so Kommunistinnen aus?

Nach weiteren fünfundvierzig Tagen, die wir gemeinsam hinter Gittern verbrachten, wurde ich abermals einem Haftrichter vorgeführt. Diesmal war mein Anwalt anwesend, der darauf hinwies, dass es keinen gerichtsverwertbaren Beweis gäbe, der eine Haftstrafe rechtfertige. Nun wurde ich freigesprochen – vorausgesetzt, der Präsident der Republik mache gegen die Freilassung nicht von seinem Vetorecht Gebrauch. Der Jurist nahm mich zur Seite und erklärte, es sei definitiv damit zu rechnen, dass Sadat dem Freispruch nicht zustimmen werde. Das Gesetz aber besage, dass dies lediglich noch einmal fünfundvierzig Tage Haft bedeute, denn einen zweiten Widerspruch könne nach geltendem Recht dann auch der Präsident nicht mehr einlegen. Wie also erwartet, wurde ich erneut in das Gefängnis bei den Barragen gebracht, das ich erst im Juli 1975 als freie Frau verlassen konnte. Doch es sollte nicht mein letzter Aufenthalt hinter Gittern bleiben.

2. Februar 2011

11 Uhr
»Das müsst ihr filmen«, ruft Shahinda Maklad und zerrt den Kameramann des Senders Al-Jazeera in Richtung des kleinen Parks an der Mogamma, wo ein koptischer Priester einen christlichen Gottesdienst abhält. Ein islamischer Sheikh steht neben ihm, um mit dem koptischen Amtsbruder gemeinsam das gewaltige Holzkreuz aufzurichten.

»Das ist das wahre Ägypten!«, ruft Shahinda.

Die Kamera nimmt sie wieder in den Fokus. Der Reporter hält ihr das Mikrofon hin und fragt: »Ist das hier nicht eher die Ausnahme als die Regel?«

»Seht euch um – und ihr werdet viele solche Szenen finden. Am Freitag konnte ich beobachten, wie eine junge Ägypterin mit einem Kreuz um den Hals einem alten Muslim, der sich vor dem Gebet waschen wollte, Wasser über Hände und Füße goss. Oder hier …« Shahinda winkt Riem zu sich heran. »Dies ist die Tochter meiner verstorbenen Freundin und politischen Lehrerin Wedad Metri. Sie hören schon am Namen, dass es eine koptische Familie ist. Ich aber heiße Shahinda Maklad, und ich bin von Geburt an Muslima. Diese junge koptische Frau hier, die ich vom ersten Tag ihres Lebens an kenne, ist für mich wie eine

Tochter. Wenn Kopten und Muslims aufeinander losgehen, steckt immer jemand dahinter, dem das nutzt. Solcher Hass wird geschürt, aber das wahre Ägypten sieht anders aus!« Shahinda nimmt Rims Kopf in die Hände und küsst ihre Stirn. Dann spricht sie direkt in die Kamera: »Als vor vier Tagen Innenminister Habib Al-Adli seinen Polizisten befahl, hier am Tahrirplatz auf die Leute zu schießen – hat er da seine Scharfschützen angewiesen, einen Unterschied zwischen Kopten und Muslims zu machen?«

12 Uhr

Eigentlich wollte sich Julia neben Shahinda am Fuß des Denkmals für Omar Makram ein wenig ausruhen. Die ganze Nacht hatte sie zusammen mit anderen die Zelte neben dem Treffpunkt der Künstler bewacht. Aber noch immer kann sie kein Auge zumachen. Sie sei von einer inneren Unruhe erfasst, sagt sie. Ihr Mobiltelefon klingelt. Julia blickt auf das Display. »Der Taxifahrer …«, murmelt sie irritiert.

»Sag ihm, dass er zu früh anruft!«, wirft Shahinda ein.

Nachdem sich Julia gemeldet und einen Moment dem gelauscht hat, was der Anrufer ihr zu sagen hat, springt sie plötzlich erregt auf.

»Wir werden angegriffen. Leute, wir brauchen starke Männer drüben hinter dem Museum, nehmt Stöcke und Steine …«, ruft sie und bewirkt sofort einen Auflauf von Freiwilligen. »Ich hab eben einen Anruf von einem Mann bekommen, der gebeten wurde, fünfzig Taxis zu organisieren, um Leute heranzukarren. Er dachte erst, das seien Leute von uns. Dann aber sah er, wie man ihnen Geld gab und Waffen … Also, kommt mit, wir müssen uns wehren.«

Einem Kometen gleich stürmt die junge Frau los und zieht einen Schweif wehrbereiter Männer hinter sich her. Shahinda bedauert, nicht mehr in Julias Alter zu sein. Keine Sekunde länger würde es sie dann hier auf den Stufen des Denkmals aushalten. Schließlich läuft auch sie aufgeregt und ziellos über den Platz. In der Nähe von Heba Raoufs Haus beobachtet sie, wie schwer verletzte, blutende Menschen zu den Stützpunkten der Sanitäter gebracht werden. Sie erkennt die junge Ärztin, die sich in der in einem Fast-Food-Lokal provisorisch eingerichteten Klinik bis zur Erschöpfung um die Verwundeten kümmert. Es ist Fakhri Labib, deren

Stiefvater einst zum Führungskader der Kommunistischen Partei gehörte und sich 1976 der von staatswegen gegründeten linken Sammlungsbewegung Al-Tagammu anschloss.

Hinter dem Museum entsteht plötzlich eine noch größere Unruhe. »Es gibt einen Angriff mit Kamelen und Pferden!«, schreit jemand hysterisch.

Nun sieht Shahinda es auch. Reiter unterschiedlichen Alters jagen Tiere mit angstvoll aufgerissenen Augen über den Platz und schlagen mit langen Stöcken willkürlich auf die Menschen ein. Shahinda presst sich gegen eine Hauswand und beobachtet, wie junge Burschen geschickt zu den Schlagstöcken greifen und die Angreifer von den Tieren ziehen. Andere hängen sich an die Schwänze der Pferde. Die Tiere bäumen sich auf und entledigen sich so ihrer Reiter. Sofort sind die aus den Sätteln gehobenen Männer von Demonstranten umringt, die sie festnehmen und der Armee übergeben. Die eingefangenen Kamele und Pferde werden zu den Begrenzungszäunen der Bürgersteige gebracht und dort festgebunden. Rundum wird die Frage diskutiert, woher die Reiter wohl gekommen sein mögen. Vermutungen werden ausgesprochen. Etwa, dass es sich bei ihnen um jene Männer handelt, die drüben an den Pyramiden von Giza ihre Kamele und Pferde üblicherweise an Touristen vermieten. Seit Beginn der Proteste, so heißt es ja schon seit Tagen in den Medien, sei der Städtetourismus in Kairo und Alexandria weitgehend zusammengebrochen. Ägypter, die vom Tourismus leben, seien in einer solchen Situation korrumpierbar und würden jede Chance nutzen, ein paar Pfundnoten zu verdienen. Mittlerweile gehen am Busbahnhof hinter dem Ägyptischen Nationalmuseum die blutigen Auseinandersetzungen unvermindert weiter. Von der 6.-Oktober-Brücke werden Brandsätze auf die protestierende Jugend hinuntergeworfen. Es herrscht Krieg, von Ägyptern gegen Ägypter – es ist der Kampf des Alten gegen das Neue.

KAPITEL 26

Sadats »Demokratie« – eine ägyptische Farce

Im Jahre 1976 begann Sadat damit, der westlichen Welt Sand in die Augen zu streuen. Um sich dem Weißen Haus in Washington und dessen europäischen Verbündeten als arabischer Adoptivsohn anzudienen, musste er ein »demokratisches Ägypten« präsentieren. Und weil man in den USA und der EU unter Demokratie zumindest den Anschein von pluralistischer Meinungsvielfalt verstand, wurde die Sozialistische Union in eine Reihe von Parteien unterschiedlicher inhaltlicher Richtungen aufgesplittet. Sie entstanden also nicht aus den oppositionellen Bewegungen heraus, sondern wurden diesen vielmehr auf dem Silbertablett dargereicht. So wurde eine »liberale« Partei gegründet, ferner eine mit eher rechts-nationalistischer Ausrichtung, auch eine »Arbeiterpartei«, deren namentlich genannte Führer auf einen religiösen Hintergrund schließen ließen und wohl den Muslimbrüdern eine politische Heimat bieten sollten. Für die politische Linke wiederum war ein Sammelbecken vorgesehen – ein Konzept, welches schon in dem Namen »Al-Tagammu« (»Ansammlung«) seinen Ausdruck fand. Ich erfuhr davon aus der Zeitung und war zunächst wenig geneigt, an dieser von oben verordneten »Demokratisierung« mitzuwirken. Denn es war ja nicht zu erwarten, dass Anwar as-Sadat seine Politik in freien und geheimen Wahlen zur Abstimmung stellen würde. Warum also sollten sich seine Gegner an diesem Täuschungsmanöver beteiligen?

Bald aber musste ich feststellen, dass viele meiner Freunde anders dachten als ich. Auch wenn die angekündigten Parteigründungen Sadat als Feigenblatt dienen würden, so argumentierten sie, dürfe man diese Chance einer legalen politischen Betätigung nicht ungenutzt lassen. Der Grund, der mich schließlich veran-

Shahinda Maklad während der Revolution auf dem Tahrirplatz in Kairo

Wiedersehen nach der Revolution mit dem Theatermann Ahmed

Wiedersehen nach der Revolution mit der Sängerin Sara

Wiedersehen
nach der
Revolution mit
dem Katholiken
Karim

Shahinda Maklad mit ihrem Co-Autor Gerhard Haase-Hindenberg auf dem Tahrir-platz

Die Menschen auf dem Tahrirplatz formulieren ihre Forderungen an das Regime

Die Zeltstadt der ägyptischen Künstler auf dem Tahrirplatz

Die Menschen auf dem Tahrirplatz formulieren ihre Forderungen an das Regime

Die Zeltstadt der ägyptischen Künstler auf dem Tahrirplatz

Mit der Revolution lässt sich auch ein Geschäft machen

Die ausgebrannte Ruine von Mubaraks Staatspartei NDP

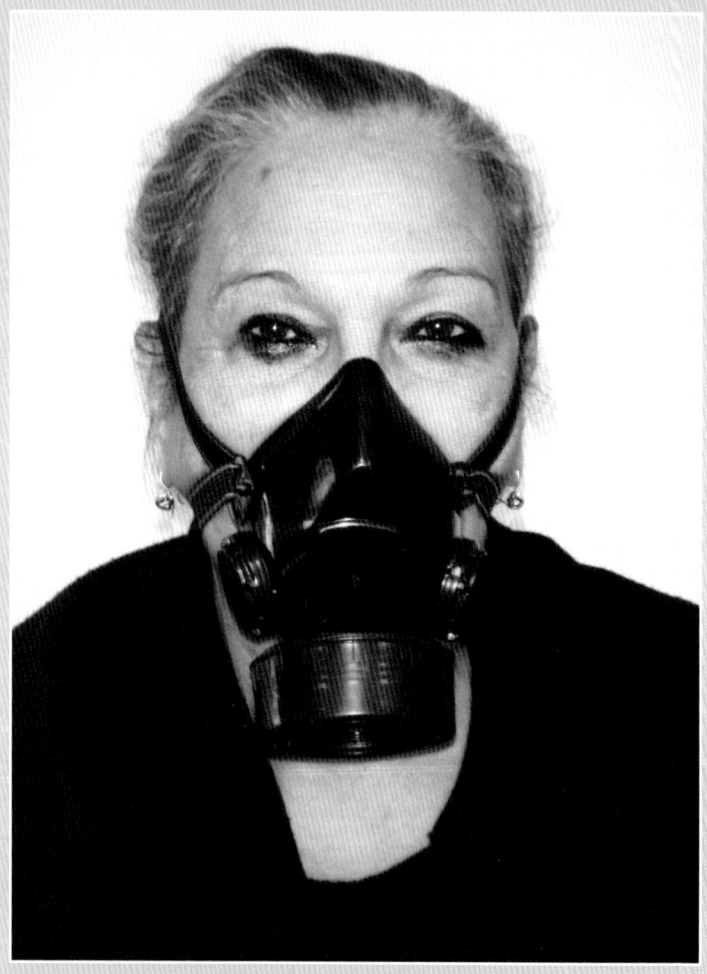

Auch gegen Tränengas ist die erfahrene Aktivistin gerüstet

lasste, dem Gründungskongress von Al-Tagammu beizuwohnen, hatte einen Namen: Khaled Mohieddin. Dahinter verbarg sich ein kluger politischer Kopf, der die zwei Jahrzehnte zuvor ein wechselhaftes Schicksal erfahren hatte. Doch obgleich ich ihm schon mehrfach begegnet war, erfuhr ich erst jetzt von meinen Freunden einige Details seiner Biografie. Khaled Mohieddin hatte bereits in den vierziger Jahren der Gruppe der »Freien Offiziere« um Gamal Abdel Nasser angehört und beim Staatsstreich gegen König Faruq I. die Panzerverbände befehligt. Er stammte aus einer Großgrundbesitzer-Familie aus dem Nildelta, dennoch unterstützte er aktiv Nassers Landreform. Doch nach dem Frühjahr 1954 musste er, der bis dahin ein führendes Mitglied des Revolutionären Kommandorats gewesen war, in Alexandria untertauchen. Zur selben Zeit, als mein Vater sich als Polizeichef von Bani Suwaif weigerte, den Sturz von Präsident Muhammad Nagib zu unterstützen, hatte auch Khaled Mohieddin diesem die Treue gehalten. Während des Suezkrieges 1956 tauchte er wieder auf und wurde nun mit hohen Regierungsaufgaben betraut. Im März 1959 aber wurde er verhaftet, weil ihm von Nasser unterstellt worden war, einen kommunistischen Aufstand im irakischen Mosul unterstützt zu haben. Fast zwei Jahre saß er im Gefängnis. Mitte der sechziger Jahre war ich ihm wieder begegnet, als er Pressechef der Sozialistischen Union war. Nach Sadats Machtübernahme wurde Khaled Mohieddin eines der prominenten Opfer der »korrektiven Revolution« von 1971 und musste abermals ins Gefängnis. Ein solch wechselhaftes Schicksal war in Ägypten ein Zeichen von charakterlicher Stärke. Nur Opportunisten, die sich jeder Kursänderung chamäleongleich anpassten, blieben Repressalien und Gefängnishaft erspart.

Auf dem Gründungskongress von Al-Tagammu sagte ich zu Khaled Mohieddin, dass erst sein Name mich davon überzeugt habe, mitzumachen. Lachend nahm er mich in den Arm und sagte: »Machen wir das Beste daraus, für das Land und auch für unsere Bauern. Willst du nicht unsere Referentin für Bauernfragen werden?«

Es stimmte mich fröhlich, ja geradezu enthusiastisch, dass ich endlich wieder – wenngleich unter dem wachsamen Auge von Sadats mächtigem Geheimdienst – in einer politischen Organisation legal würde tätig sein können. Während des Kongresses traf ich auch meine Freundin Wedad Metri, die hier ebenfalls eine neue politische Heimat fand, und Aboul Ezz el Hariri, dem ich zuletzt auf dem Boden eines Polizeitransporters gegenübergesessen hatte. Die sehr eloquente Französischlehrerin Olfat Abd Rabo stellte sich mir als eine »Bewunderin« vor. Seit Jahren verfolge sie meine Aktivitäten in Kamshish und nannte mich gar ein Vorbild. Ich sagte ihr, dass mir eine solche Idealisierung unangenehm sei. Nichts sprach an diesem Tag dafür, dass Olfat für mich eine wichtige Freundin werden würde.

Am Ende jenes Gründungskongresses war ich nicht nur die Referentin für Bauernfragen, sondern auch Mitglied des Zentralkomitees und Generalsekretärin der Tagammu-Partei für das Gouvernement Al-Minufiyya. Ab sofort würde ich das Exil von Alexandria ignorieren – und die staatlichen Behörden würden gut beraten sein, dies auch zu tun, wollten sie nicht den Anschein ihrer »Demokratie« in Gefahr bringen.

Einer meiner Arbeitsplätze war nun im Kairoer Parteigebäude der Tagammu, direkt gegenüber dem berühmten Café Groppi unweit des Tahrirplatzes. Hier wurde beraten, auf welche Weise die sozialen, wirtschaftlichen und politischen Belange des ägyptischen Volkes wirksam vertreten werden könnten. Und wie das in einem politischen Sammelbecken nicht anders sein konnte, gab es darüber mehr als eine Meinung. Die Leute, die aus der einstigen Kommunistischen Partei zur Tagammu gekommen waren, stellten immer die Verhältnisse in der Sowjetunion als leuchtendes Beispiel dar. Natürlich fand ich es interessant, etwas über die Kolchosen zu erfahren. Uns schwebten ja auch für die Fellachen auf unseren Dörfern landwirtschaftliche Kooperativen vor, wenngleich sie unter dem Sadat-Regime kaum in unserem Sinne zu realisieren waren. Ich hörte aber auch aufmerksam zu, wenn andere von den opportunistischen Kräften sprachen, von denen die sowjetische Administration durchsetzt sei, wie wir es unter Nasser erlebt hatten und erst recht unter Sadat in Ägypten erlebten. Irgendwann aber wies ich in diesen Diskussionen darauf hin, dass in unserem Land schon historisch gesehen gänzlich andere gesellschaftliche Bedingungen und Mentalitäten vorlägen, weshalb uns die Sowjetunion vielleicht Anregungen liefern, kaum aber als »leuchtendes Beispiel« dienen könne.

Eine wesentliche Frage, die uns beschäftigte, war auch, ob wir uns an den Parlamentswahlen beteiligen sollten. Schließlich konnten wir kaum mit fairen Wahlen rechnen. Ich erinnerte mich daran, wie mein Vater einst in Deir Mouass die Wahlmanipulation verhindert hatte. Die Teilnahme an den Wahlen war also nur die eine Sache, die Verhinderung der Manipulation eine andere. Und falls es uns nicht gelingen sollte, die Fälschung abzuwehren, so musste sie von uns öffentlich angeprangert werden. Während des Wahlkampfs aber würden wir die Möglichkeit haben, einige unserer politischen Vorstellungen in die Bevölkerung zu tragen. Für uns Grund genug, an den Wahlen teilzunehmen.

Ich kandidierte im Wahlkreis Talla, in dem auch Kamshish lag. Noch bevor wir uns in die Liste der Wahlkreiskandidaten eintragen ließen, hörten wir, dass Jehan as-Sadat, die Frau des Präsidenten, ebenfalls in diesem Wahlkreis kandidieren würde. Es hieß, sie wolle nach ihrer Wahl Parlamentspräsidentin werden, ein Amt, das vor Jahren auch ihr Mann ausgeübt hatte. Um Al-Tagammu nicht zu kompromittieren, ließ ich mich als unabhängige Kandidatin aufstellen, denn es war zu erwarten, dass Sadat ansonsten die Partei auffordern würde, mich von der Liste zu streichen. Dann aber kam es anders. Als Jehan as-Sadat erfahren hatte, dass sie gegen mich antreten würde, zog sie ihre Kandidatur zurück. An ihre Stelle wurde ein anderer Kandidat aus Sadats Partei sowie ein Unabhängiger nominiert.

Mir war klar, dass ich keine Chance hatte, ins ägyptische Parlament einzuziehen, da es uns personell kaum möglich sein würde, in allen Wahllokalen die sicher längst geplanten Manipulationen abzuwenden. Meine Kandidatur verfolgte daher andere Ziele. Manche Leute aus Sadats Umfeld hatten schon im Vorfeld großspurig verkündet, dass mir von den Wählern in Kamshish eine Schlappe bereitet würde. Mir ging es darum, das Gegenteil zu beweisen, was am Wahltag unsere ganze Konzentration erfordern würde. Außerdem wollte ich den Wahlkampf als Plattform für unsere politischen Ideen nutzen. Da weder mir noch der Partei größere finanzielle Mittel zur Verfügung standen, war ich hauptsächlich auf die Unterstützung von fünfzig jungen ehrenamtlichen Helfern angewiesen, die mit ihren Fahrrädern durch die Dörfer fuhren, unser Wahlprogramm verteilten und meine Auftritte vorbereiteten. Ein aktuelles Thema in diesem Jahr 1976 waren neben einer Abwehr der Rücknahme der Landreform der Kampf gegen die »Open Door«-Politik, die zu einem hemmungslosen Kapitalismus in Ägypten führen würde, wie es dann ja auch geschah. Und auf außenpolitischem Gebiet waren wir gegen einen Friedensvertrag mit Israel, der die Rechte der Palästinenser außer Acht lässt.

Natürlich würden Sadats Leute in diesem Wahlkampf alles tun, um uns schon im Vorfeld auszubremsen – das war uns klar. Ich erinnere mich an einen geplanten Wahlkampfauftritt in einem Dorf unweit von Kamshish. Die Fahrradhelfer hatten mein Kommen schon Tage zuvor angekündigt, ehe ich in Begleitung von etwa fünfzig Bauern eintraf. An einem großen Platz hatte eine Familie den Balkon ihres Hauses für meine Rede zur Verfügung gestellt. Meine Begleiter und einige ortsansässige Bauern nahmen, mit Gewehren und Stöcken bewaffnet, vor dem Haus Aufstellung, denn es musste immer mit bestellten Provokateuren bis hin zur körperlichen Gewaltanwendung gerechnet werden. Wir hatten in anderen Ortschaften bereits in Erfahrung gebracht, dass Sadats Leute einige Summen dafür ausgaben.

Auch diesmal ließen die bezahlten Störer nicht lange auf sich warten. Ich hatte kaum zu reden begonnen, als sie erst lautstark grölten und schließlich meine Leute angriffen. Um sie zu verschrecken, schossen die Bauern aus Kamshish in die Luft. Nun aber ging der Tumult erst richtig los. Die mir bis dahin unbekannte Hausherrin zerrte mich vor Schreck in die Wohnung und schloss die Balkontür. Bleich vor Entsetzen flehte sie mich an: »Shahinda, ich habe sieben Kinder ... aber ich bin bereit, dir zu helfen. Hast du den Mut, mit meinen beiden ältesten Söhnen hinauszugehen und das Dorf zu verlassen?«

Ich überlegte einen Moment. Durfte ich mir eine feige Flucht leisten? Dann beschloss ich, meinen Abgang als politische Demonstration zu nutzen – und willigte ein. Bei meinen Begleitern hakte ich mich unter und rief, während wir in Richtung Kamshish zogen: »Es gilt das Wort der Bauern – Fellachen halten zusammen.« Zunächst wiederholten nur meine Leute die Parole, mehr und mehr aber fielen auch die meisten von denen ein, die eines Bakshishs wegen zuvor zu den Störern gehörten.

Wir kamen an Mit Abu El-Kom vorbei, woher Sadat stammte und wo noch immer ein Teil seiner Familie lebte. Ich hatte gar nicht vor, dort im Wahlkampf aufzutreten, aber einige junge Leute, denen ich am Wegesrand begegnete, erkannten mich und luden mich ein, in ihr Dorf zu kommen. Also gingen wir nach Mit Abu El-Kom und hielten auf dem zentralen Platz eine spontane Kundgebung ab, in der ich gegen die Politik des »großen Sohnes dieses Ortes« zu Felde zog. Erstaunlicherweise wurde ich nicht gestört, und die Vorstellung, dass Sadat von meinem Auftritt in seinem Heimatdorf erfahren würde, bereitete mir eine klammheimliche Freude. Ich hatte ihn als Choleriker kennengelernt, und eine solche Nachricht konnte ihn nicht gleichgültig lassen. Umso mehr würde er alles daransetzen, dass mir in meinem Dorf kein Wahlerfolg beschieden sein würde. Das galt es zu verhindern.

Am Wahlabend standen in Kamshish einige Bauern bewaffnet neben der Wahlurne, denn es war nicht unüblich, diese auf dem Weg zur Auszählung gegen eine bereits präparierte Urne auszutauschen. Es hieß, sie würde zur Auszählung nach Talla geliefert. Wir aber bestanden darauf, dass die Stimmen schon auf der Polizeistation von Kamshish gezählt würden.

Die Zustimmung von 99,9 Prozent der Wähler für mich war mir peinlich. Mit solchen Ergebnissen lassen sich sonst nur Diktatoren im Amt bestätigen. Ich sagte zum anwesenden Polizeioffizier: »Du bist Zeuge, dass dieses Ergebnis in einer freien und geheimen Wahl zustande gekommen ist.« Und als er nickte, bat ich: »Dann setze ein Protokoll darüber auf!« Natürlich war es den Medien untersagt, das Wahlergebnis aus Kamshish zu veröffentlichen. Dieser Ort tauchte in der Berichterstattung nur in einer einzigen Zeitung vor: in der *El Ahaly* (»Das Volk«) – dem Organ der Tagammu-Partei. Die restliche ägyptische Presse hatte meinen Wahlerfolg in Kamshish nicht etwa verschwiegen, weil sie von staatlicher Seite dazu aufgefordert worden wäre. Vielmehr hatten deren Redakteure in lammfrommer Anhängerschaft zu Sadat im Vorfeld der Wahl die Prognose in Umlauf gebracht, dass nur eine verschwindende Minderheit der Bewohner des Dorfes je zur Anhängerschaft von Salah und mir gehört hätte. Inzwischen stünde selbst diese Minderheit kaum noch auf meiner Seite. Diesen Unterstellungen hatte die Wählerschaft von Kamshish in freier und geheimer Wahl eine Abfuhr erteilt.

Da bei meiner Verhaftung in Alexandria die von mir gesammelten Zeitungsausschnitte nicht beschlagnahmt worden waren, konnte ich in einem eigenen Beitrag in *El Ahaly* nun den Beweis antreten, dass dieselben Journalisten noch vor einem Jahrzehnt eine komplett gegensätzliche Haltung eingenommen hatten. Nun aber hatte einzig der Kolumnist Philip Gallab in der Zeitschrift *Rosa el Youssef* in einem mit »Wer brachte wen um in Kamshish?« überschriebenen Beitrag gezeigt, dass es in Ägypten auch noch ehrenwerte Publizisten gab.

2. Februar 2011

15 Uhr

Nagy ist besorgt um seine Mutter, und angesichts der dramatischen Fernsehbilder ist das auch verständlich. Shahinda aber macht ihm am Telefon klar, dass die Ausschreitungen hinten in Abdel Monem stattfinden, sie sich hingegen am anderen Ende des Platzes aufhalte. Nagy aber gibt keine Ruhe und ruft schließlich seinen Cousin Ashraf in Zamalek an. Als der sich bei ihr meldet, sagt Shahinda: »Mach dir keine Sorgen, ich bin an einem sicheren Ort! Aber wenn du mir etwas Gutes tun willst, bring mir eine warme Jacke. Du findest mich beim Amr-Makram-Denkmal.«

Eine halbe Stunde später ist Ashraf bei seiner Tante und will sie überreden, für heute den Platz zu verlassen. Es werde noch immer befürchtet, gibt er ihr zu verstehen, dass die blutigen Auseinandersetzungen zwischen Mubarak-Gegnern und Mubarak-Befürwortern auf den Platz überschwappen könnten. Die Frauenrechtlerin Azza Soleiman bietet Shahinda an, sie nach Hause zu fahren. Unwillig erhebt sie sich und folgt den beiden in Richtung der Kasr-El-Nile-Brücke. Sie haben fast schon den Platz verlassen, als ihnen am Gebäude der Arabischen Liga Mohamed El-Baradei entgegenkommt. Er ist umgeben von einem Pulk von Ordnern und privaten Sicherheitskräften.

»Da ist Shahinda!«, rufen einige, und die Ordnungskräfte öffnen den Kordon, um sie hineinzulassen. Sie geht auf El-Baradei zu. Ashraf will ihr folgen, doch ehe auch er in den Kreis treten kann, haben die Ordnungskräfte den Kordon schon wieder geschlossen. Mohamed El-Baradei reicht der alten, von ihm sehr geschätzten Freiheitskämpferin Shahinda Maklad die Hand. Hand in Hand marschieren sie nun auf den Tahrirplatz. Pressefotografen heben ihre Kameras, um das ungleiche Paar abzulichten. Nachdem sie das Podium erreicht haben, legt Mohamed El-Baradei seinen Arm um seine Begleiterin und sagt: »Shahinda, es ist gut, dich an meiner Seite zu wissen.« Dann tritt er auf das Podium. Zum ersten Mal während dieser Revolution wendet sich jener Mann, den Shahinda und viele andere als Hoffnungsträger empfinden, direkt an die Menschen auf dem Tahrirplatz.

21 Uhr

Das Telefon in Shahindas Wohnung läutet. Amina Rashid, eine befreundete Professorin für französische Literatur, informiert sie über Neuigkeiten, die ihr zugetragen wurden. So habe sie erfahren, dass sich der Leiter der Pferdestaffel der Polizei geweigert habe, seine Tiere gegen die Demonstranten auf dem Tahrirplatz einzusetzen. Danach erst sei die Idee geboren worden, die Leute von den Pyramiden mit ihren Kamelen und Pferden dafür zu benutzen. Und das sei der Vorschlag von Safwat El-Sherif gewesen, dem Vorsitzenden des Schura-Rats – der zweiten Kammer des ägyptischen Parlaments. In einer Nachrichtensendung auf ONtv hatte Shahinda zuvor gehört, dass die Kamel- und Pferdebesitzer aus Giza gegenüber den vernehmenden Offizieren ausgesagt hätten, es seien die Parlamentsabgeordneten ihres Distrikts gewesen, die sie für 50 Pfund angeworben haben. Nun, wer immer auch dahintersteckte – der Einsatz konnte verhältnismäßig schnell und ohne größeres Blutvergießen beendet werden. Das war, wie die Fernsehbilder zeigen, bei den Zusammenstößen mit den Mubarak-Anhängern am Busbahnhof hinter dem Ägyptischen Nationalmuseum leider nicht der Fall gewesen. Der arabische Fernsehsender Al-Jazeera spricht von dreizehn Toten und fast 1500 Verletzten, überwiegend auf Seiten der unbewaffneten Mubarak-Gegener. Mohamed El-Baradei wird zitiert, der die Armee aufgefordert habe, einzuschreiten und die Kämpfe zu stoppen.

22 Uhr
Al-Jazeera zeigt eine Zusammenfassung der »Ereignisse des Tages auf dem Tahrirplatz in Kairo«. Überraschend sieht Shahinda Maklad sich selbst im Fernsehen, wie sie über den Platz wirbelt und in Richtung des koptischen Priesters weist, der gemeinsam mit dem islamischen Sheikh das große Holzkreuz aufrichtet. »Seht euch um – und ihr werdet viele solche Szenen finden«, hört Shahinda sich selbst zu. Die Szene mit ihr dauert kaum zwei Minuten, dann wird auf eine Bilderfolge geschnitten, in der zu sehen ist, wie sich die Kamele und Pferde über die 6.-Oktober-Brücke dem Tahrirplatz nähern.

Das Mobiltelefon läutet. Shahinda blickt auf das Display, auf dem eine Nummer angezeigt wird, die zu niemandem in ihrem Telefonspeicher gehört. Sie stellt den Ton des Fernsehers ab und meldet sich: »Ja, bitte?«

»Ist dort Shahinda … Shahinda Maklad?«, fragt eine Stimme, die ihr nicht gänzlich unbekannt vorkommt.

»Wer spricht dort?«

»Hier ist Manal aus Qena … Kennst du mich noch? Es ist mehr als fünfzig Jahre her, seit wir …«

»… uns dort regelmäßig im Club getroffen haben. Natürlich erinnere ich mich an die schöne Manal«, ruft Shahinda in den Hörer und vernimmt ein verlegenes Lachen.

»Ich habe dich in den letzten Tagen einige Male im Fernsehen gesehen«, sagt die Stimme aus der Ferne.

»Ja, hier in Kairo ist eine Menge los …«

»Aber musst du unbedingt dabei sein?«

»Wie bitte?«

»Shahinda, ich bitte dich, wir sind keine Kinder mehr. Ich finde, du bist langsam zu alt für solche versponnenen Ideen von einer Revolution. Bleib doch mal zu Hause und tritt etwas kürzer …«

Die Frau, die einmal das Mädchen Manal gewesen war, spricht am anderen Ende unaufhörlich weiter. Shahinda drückt das Gespräch weg und stellt den Ton des Fernsehgeräts wieder an. Gerade rechtzeitig, um die Rede von Mohamed El-Baradei vom Nachmittag noch einmal zu hören.

KAPITEL 27

Verrat und Flucht

Am zwölften Jahrestag von Salahs Ermordung fand wie in jedem Jahr auch 1978, am 30. April, in Kamshish ein Kongress statt. Wir versammelten uns diesmal im großen Garten des Geburtshauses meines Vaters, denn das einst enteignete Haus der El-Feki-Familie stand uns ja nicht mehr zu Verfügung. Wir tagten also an derselben Stelle, an der Sadat einst Abdallah Sherif und die fünfundzwanzig Bauern hatte festnehmen lassen. Abermals würde es um die soziale Lage der Fellachen gehen. In Kamshish war dies ein Thema von brennender Aktualität, da die dortigen Bauern mittlerweile bereits dreimal mit Erfolg die Versuche abgewehrt hatten, die Landreform zugunsten von Salah El-Feki rückgängig zu machen. Doch es würde wieder versucht werden. Es kam also darauf an, den revolutionären Elan nicht erlahmen zu lassen. Aber auch Sadats außenpolitischer Kurs gegenüber Israel wurde auf den Prüfstand gebracht. Ein halbes Jahr zuvor war Ägyptens Präsident nach Jerusalem gereist und hatte vor der Knesset eine Rede gehalten. Dabei hatte er eine ganze Reihe von Vorbedingungen für einen Friedensvertrag genannt: die Rückkehr der palästinensischen Flüchtlinge in ihre Heimat, Reparationszahlungen für die arabisch-israelischen Kriege bis hin zum vollständigen Rückzug aus den 1967 besetzten Gebieten. Zumindest die letzte Forderung war bereits zehn Jahre zuvor vom UN-Sicherheitsrat in der historischen Resolution 242 gestellt worden. Historisch war diese Resolution deshalb, weil die Zustimmung einstimmig erfolgte. Immerhin hätte eine der Großmächte dagegen ein Veto einlegen können. Ich hatte dies als einen politischen Erfolg gefeiert, ungeachtet dessen, dass ich damit die Existenz des Staates Israel in den Grenzen von 1967 anzuerkennen bereit war. Längst wusste ich, dass es auch unter den jüdischen Bewohnern von Tel Aviv, Haifa und West-Jerusalem eine, wenngleich kleine Friedensbewegung gab, die diese Resolution gegen die eigene Regierung begrüßte.

Warum also hatte ich Sadats Reise dennoch nicht gutgeheißen? Weil ich – wie die Mehrheit der politisch denkenden Ägypter – nicht daran glaubte, dass Sadat glücken würde, was dem UN-Sicherheitsrat nicht gelungen war. Ich war sogar davon überzeugt, dass die in der Knesset vorgetragenen Forderungen für Sadat lediglich Lippenbekenntnisse waren, um die arabischen Bruderstaaten zu beruhigen, was ihm bekanntlich nicht gelang. Denn wer Sadat kannte und in politischen Zusammenhängen dachte, wusste, dass der ägyptische Präsident einen nationalen Alleingang im Sinn hatte, um den Sinai zurückzubekommen. Dafür würde er bereit sein, einen Vertrag zu unterschreiben und auf alle anderen Forderungen zu verzichten. Wer, heute, mit dem Abstand von dreieinhalb Jahrzehnten zurückblickt, wird erkennen, dass die Geschichte uns recht gab, die wir diese Entwicklung schon im Vorfeld des Kongresses vom 30. April 1978 prophezeiten. Wir waren daher nicht verwundert, dass unser Treffen verhindert werden sollte. Wieder hatte Sadat das Dorf von Polizeikräften umstellen lassen. Sie kontrollierten die Zufahrtsstraßen und versteckten sich in den Getreidefeldern.

Meine zwölfjährige Tochter Bassma hatte die Nacht bei Freunden in Mansura verbracht und wollte nun nach Kamshish kommen. Das sagte sie auch den Polizisten, die das Kind oben an der Brücke aufhielten. Ich erfuhr davon – und zog mit etwa hundert Bauern dorthin. Es kam zu einem Streit mit den Polizisten, bis schließlich einer der Offiziere entschied, dass Bassma an der Gedenkfeier für ihren Vater teilnehmen konnte. Der Tumult, der zeitweilig entstanden war, hatte, wie sich bald zeigte, einen erfreulichen Nebeneffekt. Durch unser Auftauchen abgelenkt, war den Polizisten entgangen, dass ein Herr im eleganten Anzug hinunter in den Kanal kletterte und diesem auf der anderen Seite klatschnass wieder entstieg. Es war Professor Sayed Ashmawi, der an der

Kairoer Universität arabische Literatur lehrte und ein engagierter Gegner Sadats war. Für den Kongress war seine Teilnahme eine große Bereicherung, da er in der Lage war, große politische Zusammenhänge in Worte zu fassen, die auch einfache Bauern verstehen konnten.

Meine Freundin Safinaz hätte ich auch gern auf diesem Kongress gesehen, doch sie war nach ihrem letzten Gefängnisaufenthalt gemeinsam mit ihrem Ehemann, dem Poeten Ahmed Fouad Negm, untergetaucht. Niemand aus meinem Umfeld wusste, wo die beiden sich zu diesem Zeitpunkt aufhielten. Ich würde es bald unter kuriosen Umständen erfahren.

Der Musiker Sheikh Imam, ein bekannter Oud-Spieler, wollte mit der Sängerin Azza nach Kamshish kommen. Außerhalb des Dorfes hatten sich Bauern mit den beiden getroffen und ihnen Galabeyas gebracht sowie ein Kopftuch für Azza. Allerdings konnte Sheikh Imam sein Instrument nicht mitnehmen. Damit wäre er bei der Polizeikontrolle sofort aufgefallen. Als Fellachen verkleidet, ritten sie auf einem Esel daran vorbei ins Dorf. Zum Abschluss des Konzerts sangen die beiden a cappella, und am Ende rief Sheikh Imam den begeisterten Teilnehmern zu: »Dies war das beste Konzert in meinem ganzen Leben!«

Am Abend nutzte ich mit meiner Tochter Bassma eine Mitfahrgelegenheit, die uns von einem Kongressteilnehmer nach Alexandria angeboten wurde. Spät nachts kamen wir in der Stadt am Mittelmeer an. Heba, eine befreundete Kunstlehrerin, hatte auch mit uns im Auto gesessen, und als wir zunächst ihr Stadtviertel erreichten, bat sie mich, die Nacht in ihrem Haus zu verbringen. Ich willigte ein und bezog mit Bassma ein Quartier in Hebas Gästezimmer. Obgleich ich nie sehr schicksalsgläubig war, bin ich später manchmal geneigt gewesen, bei manchen Situationen davon auszugehen, dass eine höhere Macht die Hand im Spiel hatte. Dies war auch am nächsten Morgen der Fall. Ehe Heba zu ihrer Schule fuhr, hielt sie mir die Zeitung *Al Gomhoria* (»Die Republik«) hin – und ich las die Schlagzeile: »Shahinda Maklad verhaftet!«

»Was sagst du dazu?«, fragte mich Heba.

»Ich kann dir versichern, dass diese Meldung nicht der Wahrheit entspricht«, antwortete ich, und wir mussten beide lachen.

Dennoch war diese Schlagzeile natürlich ernst zu nehmen. Offenbar hatten die Polizeibehörden, überzeugt dass ihnen der Zugriff gelingen würde, rechtzeitig vor Redaktionsschluss eine entsprechende Pressemitteilung herausgegeben. Auf gar keinen Fall also durfte ich nach Hause fahren, wo man sicher schon auf mich wartete. Von unterwegs rief Heba meinen Bruder Ali an, der seinen Polizeidienst im benachbarten Gouvernement leistete. Sie wies ihn auf die Zeitungsmeldung hin und bat ihn, zu recherchieren, ob ein Haftbefehl gegen mich vorlag. Am Nachmittag meldete sie sich erneut bei ihm. Inzwischen hatte Ali in Erfahrung gebracht, dass ich tatsächlich gesucht wurde, und auch, dass am Vorabend in Kamshish noch Sheikh Imam, die Sängerin Azza und zahlreiche Bauern festgenommen worden waren. Als Heba mir das erzählte, gab ich ihr die Telefonnummern von zuverlässigen Rechtsanwälten in Kairo. Sie sollten sich um die Verhafteten kümmern. Mich selbst holte mein Bruder am Abend in einem Jeep ab. Er hatte einen Plan entwickelt, wie ich für eine Weile untertauchen konnte. Bei Heba konnte ich jedenfalls nicht bleiben. Das Problem war Bassma. Sie wollte auf gar keinen Fall von mir getrennt werden, und mir blieb nichts anderes übrig, als das Kind zu jenem Versteck – wo immer das sein würde – mitzunehmen.

Während der Fahrt klärte mich Ali auf, was er mit mir vorhatte. Wir seien unterwegs zum Haus eines älteren Ehepaares, weit außerhalb von Alexandria. Die Leute seien mit einem entfernten Verwandten von uns befreundet. Es handle sich um einfache Bauern, die keine Zeitung lesen und mich daher nicht kennen würden. Am Telefon habe er ihnen erzählt, seine Schwester habe sich mit ihrem gewalttätigen Ehemann verkracht und wolle sich mit der Tochter eine Weile vor ihm verstecken. Er selbst würde sich meinen Mann zur Brust nehmen und auf eine baldige Versöhnung hinwirken.

Das Haus der alten Leute lag in der Nähe von Baltim, einem

etwas armselig wirkenden Badeort am Mittelmeer. Glücklicherweise stellten sie keine Fragen. Es waren freundliche, sehr bescheiden lebende Menschen, die nur eine einzige Kuh im Stall hatten, drei Schafe und zwei Truthähne besaßen sowie ein kleines Stück Land. Tag für Tag brachten sie mir die Zeitung, die sie tatsächlich selbst nicht lesen konnten. Mit großem Interesse und auch mit Bedauern, so weit entfernt zu sein, verfolgte ich das Geschehen um die Verhafteten von Kamshish. Gelegentlich tauchte in der Berichterstattung der Name eines Anwalts auf, den ich ihnen vermittelt hatte. Nach einer Weile begann für mich die erzwungene Untätigkeit zu einer Belastung zu werden. Wie lange sollte ich denn noch im Haus dieses unpolitischen Bauernehepaars herumsitzen? Außerdem musste Bassma ja auch wieder zur Schule gehen.

Eines Tages tauchte mein Bruder in seinem Jeep auf und erzählte den Bauern, mein Ehemann sei zu einer Versöhnung bereit. Freude breitete sich auf den Gesichtern meiner Gastgeber aus, und sie bestanden darauf, mir ein Abschiedsgeschenk zu machen. Ich wusste nicht, wohin mich Ali bringen würde. War man mir auf die Spur gekommen, war womöglich Eile geboten? Was ich in dieser Situation am wenigsten gebrauchen konnte, war ein lebendiges Schaf, das man mir schenken wollte. Ganz abgesehen davon, dass ich ein solches für arme Leute wertvolles Geschenk nicht annehmen konnte. Es ging einige Male hin und her, bis ich schließlich akzeptierte, dass man einen der Truthähne für mich schlachtete.

Das gewaltige tote Tier auf dem Schoß, zuckelten wir in einer beschwerlichen Odyssee über Feldwege, da wir die Hauptstraßen meiden mussten. Dabei hatte ich weniger Angst um mich, als vielmehr um meinen Bruder. Immerhin war er ein Polizeioffizier im gehobenen Dienst. Nun erst erfuhr ich, wohin es gehen würde. Ali sprach leise, damit die auf dem Rücksitz schlafende Bassma es nicht mitbekam. Während wir uns in dem entlegenen Kaff am Mittelmeer aufgehalten hatten, hatte Husni Amin, ein Freund von Wedad Metri, diese aufgesucht und ihr mitgeteilt, dass er ein sicheres Versteck für mich habe. Er würde mich bei sich unterbringen.

Es war früher Morgen, als wir an Husni Amins Haus im Kairoer Stadtbezirk Mohandessin vorfuhren. Hier nun musste ich der kleinen Bassma klarmachen, dass sie mit Ali nach Alexandria zu Amareya und ihren beiden Brüdern fahren müsse. Es zerriss mir fast das Herz, als das Mädchen zu weinen und zu flehen begann, ich solle sie doch bei mir behalten. Doch ich musste Stärke zeigen, auch wenn es in meinem Innern völlig anders aussah. Ich blickte Alis Wagen hinterher, aus dessen Rückfenster mir die traurige Bassma zuwinkte. Dann folgte ich Husni Amin ins Haus und geriet in die merkwürdige Situation, mit einem Mann in dessen Wohnung allein zu sein. Er sagte mir, seine Frau Kawthar käme erst am Nachmittag zurück. Ich fragte mich, ob sie überhaupt wusste, dass ich hier sein würde. Wie würde sie wohl reagieren? Auf jeden Fall musste ich ihr Vertrauen gewinnen.

Als sie schließlich erschien, lösten sich alle meine Befürchtungen in Luft auf. Obgleich Kawthar sich als eine unpolitische Frau herausstellte, hatte sie eingewilligt, einer bedrängten Person Unterschlupf zu gewähren. Ich bekam mein eigenes Zimmer, und sie kümmerte sich rührend um mich. Es war klar, dass ich die Wohnung nicht verlassen durfte. Eine weitere Schwierigkeit bestand darin, dass das Haus von Husni Amin und seiner Frau ein sehr gastfreundliches war. Nun war ich ja keine unbekannte Person und durfte daher mit den Gästen nicht zusammenkommen. Bei kleineren Gesellschaften konnte ich in meinem Zimmer bleiben, bei größeren aber wurde auch dieses gebraucht. Mir blieb dann nichts anderes übrig, als den ganzen Abend auf der Toilette meiner Gastgeber zu verbringen, da deren Gäste eine eigene benutzen konnten. Oftmals saß ich bis spät in der Nacht still auf der Kloschüssel, ehe ich mein Bett aufsuchen konnte.

Nach einiger Zeit fiel mir sprichwörtlich die Decke auf den Kopf. Ich hatte das Gefühl, verrückt zu werden, wenn ich nicht ab und zu wenigstens ein wenig durch die Nebenstraßen von Mohandessin streifen konnte. Aber ich durfte diejenigen nicht gefährden, die mir Unterschlupf gewährten. Als ich Kawthar, mit der ich mich zwischenzeitlich angefreundet hatte, mein Problem schilderte, kam sie auf eine eigentlich naheliegende Idee. Sie lieh mir eines ihrer bunten Kleider. Die Öffentlichkeit assoziierte Shahinda Maklad seit dem Tode von Salah nur mit schwarzer Kleidung. Im Kreis von politischen Freunden hatte ich mehrfach gesagt, erst am Todestag von Anwar as-Sadat oder nach einer siegreichen Revolution würde ich wieder farbige Kleidung tragen. Nun also machte ich eine Ausnahme. Außerdem setzte ich eine Perücke auf, die mir Kawthar besorgte, und vor allem schminkte ich mich, was ich sonst niemals tat.

So »kostümiert« schlenderte ich von nun an immer mal wieder durch die Gegend. Auch an jenem Tag, als mir Husni Amin am Morgen sagte, es sei keine Zeitung gekommen. Ich glaubte ihm nicht, war vielmehr davon überzeugt, dass mir irgendein Todesfall verheimlicht werden sollte. An einem Zeitungskiosk las ich dann die Schlagzeile: »Shahinda Maklads Sohn Nagy verhaftet!« Mir fiel ein Stein vom Herzen, dass niemand, der mir nahestand, gestorben war. Ich kaufte mir die Zeitung und las nun, dass auch ein Bruder meines Vaters und ein Cousin von mir verhaftet worden waren. Es war offensichtlich, dass mich das Regime mit diesen willkürlichen Festnahmen veranlassen wollte, mein Versteck aufzugeben. Ich ging zurück zu Husni Amin und seiner Frau, legte die Zeitung auf den Tisch und sagte: »Das hättet ihr mir nicht verschweigen müssen. Nagy ist nicht besser als all die anderen, die unschuldig in den Gefängnissen sitzen.«

Danach gab ich Kawthar die Telefonnummern jener Rechtsanwälte, deren Namen regelmäßig in der Berichterstattung der ägyptischen Medien auftauchten. Immer dann nämlich, wenn über den »Fall Kamshish« berichtet wurde. Die Anwälte sollten sich nun auch um Nagy und die anderen kümmern, die meinetwegen eingesperrt waren. Tatsächlich waren schon wenige Tage später alle wieder »aus Mangel an Beweisen« freigekommen. Nun wollte auch ich nicht länger in jener Wohnung bleiben, die längst zu einem Gefängnis geworden war. Meine Anwälte boten sich an, mich zu einem Polizeirevier zu begleiten. Das aber lehnte ich ab, da die Bauern von Kamshish nie verstanden hätten, wenn ich mich freiwillig gestellt hätte. Nach allem, was ich hörte, waren sie ja gerade glücklich darüber, dass das Sadat-Regime meiner nicht habhaft werden konnte. Also beschloss ich, nach Kamshish zu fahren, wo die Staatsmacht die Festnahme sicher umgehend vornehmen würde. Für diesen Plan aber musste ich unbemerkt ins Dorf gelangen, um nicht schon auf dem Weg dorthin verhaftet zu werden.

Am 22. November 1978, wenige Tage nach meinem vierzigsten Geburtstag, erwarteten mich noch vor Sonnenaufgang einige Bauern aus Kamshish vor Husni Amins Haus. Sie staunten nicht schlecht, als ich ihnen in derselben Verkleidung gegenübertrat, in der ich auch an manchem Tag hier durch die Gegend gestreift war. Nach meiner Ankunft in Kamshish öffnete ich im Elternhaus meines Vaters die Fensterläden, um zu demonstrieren, dass jemand zu Hause war. Ich zog mich um, packte eine Tasche und wartete, dass jemand kommen würde, um mich zu verhaften. Aber nichts geschah. Am nächsten Tag schickte ich einen Freund zu einem der uns bekannten Polizeispitzel, damit er mich bei ihm »denunziert«. Als der Freund zurückkehrte, erzählte er, dass es nicht leicht gewesen sei, den Spitzel dazu zu bewegen, mich anzuzeigen. Er habe Sätze gesagt wie: »Eher schneide ich mir die Zunge ab, als Shahinda zu verpfeifen.« Erst als mein Freund ihn hatte wissen lassen, dass ich überhaupt nur deshalb nach Kamshish gekommen sei, um verhaftet zu werden, war er quasi mir zuliebe bereit, die Polizei in Shebin El-Kom zu informieren.

Ich setzte mich vor das Haus und wartete. Nach einer Weile sah ich eine gewaltiges Aufgebot an Polizeikräften auf mich zufahren, mit mehreren Transportern. Wollten sie das halbe Dorf verhaften? Als die Fahrzeuge vor mir hielten, sprang ein Dutzend Uniformierte heraus.

Ich sagte: »Was treibt ihr denn für einen Aufwand? Ich sitze hier und warte auf euch!«

Dann hielt ich ihnen Schokolade entgegen, die ich von Kawthar zum Geburtstag geschenkt bekommen hatte, und forderte sie auf, sich zu bedienen. Die jungen Polizisten blickten schüchtern, aber keineswegs abgeneigt auf die Süßigkeit in meinen Händen. Nun aber baute sich ein hoher Polizeioffizier vor mir auf und befahl: »Koffer packen!«

Ich entgegnete: »Bist du blind? Sieh mal, was hier neben mir steht. Ich sagte doch, dass ich auf euch gewartet habe. So, und nun lass uns gehen.«

Mit erhobenem Haupt lief ich an ihm vorbei und stieg in die Box. Auf der Polizeistation von Shebin El-Kom, wo ich am nächsten Morgen dem Bezirksrichter vorgeführt werden sollte, öffnete jener hohe Offizier eine Zellentür – und ich blickte in einen düsteren, unmöblierten Raum.

»Wo kann ich denn da sitzen?«, fragte ich.

»Auf dem Fußboden!«, erhielt ich zur Antwort, ehe er mich unsanft in die Zelle hineinschubste und hinter mir krachend die Tür schloss.

Es dauerte nicht lange, da wurde die Tür wieder geöffnet. Drei junge Offiziere erschienen, und einer von ihnen sagte: »Der Kommissar, dieser Vollidiot, ist nach Hause gegangen zu seiner Frau, die ihm die Pantoffeln um die Ohren haut.«

Alle lachten, dann boten sie mir an, mit ihnen ins Büro zu kommen. Sie hatten auf dem Haftbefehl entdeckt, dass ich kurz zuvor Geburtstag hatte. Deshalb hatten sie Kuchen besorgt und Tee gekocht, um für mich eine kleine Feier zu gestalten. In die Mitte des Tisches hatten sie einen Blumenstrauß gestellt. Es stellte sich heraus, dass einige der Polizeioffiziere in Talla zur Schule gegangen waren. Dort hatten sie als Jugendliche an Demonstrationen teilgenommen, die Salah und ich organisiert und angeführt hatten. Ein junger Leutnant sagte: »Wie du siehst, sind nicht alle Polizisten gegen dich und deine Leute.«

Und ich antwortete: »Das weiß ich, schließlich sind zwei meiner Brüder bei der Polizei.«

Eine vertraute, ja, geradezu freundschaftliche Stimmung verbreitete sich im Raum. Ich fühlte mich sehr wohl bei diesen jungen Leuten, die nur wenige Jahre älter waren als mein Sohn Nagy. Überlegend, wie ich diese ungewöhnliche Atmosphäre festhalten konnte, fiel mein Blick auf eine besonders schöne Blume. Ich brach die Blüte ab und presste sie in eines der Bücher, die ich mitgebracht hatte. Später schenkte ich die gepresste Blume Wedad Metris Tochter Riem zum Geburtstag und erzählte ihr deren Geschichte. Wedad rahmte sie, und bis heute hängt dieses Bild in Riems Wohnzimmer. Wann immer ich sie besuche und die Blume an der Wand sehe, bemächtigt sich meiner jenes angenehme Gefühl, das ich auf der improvisierten Nachfeier meines vierzigsten Geburtstags auf der Polizeistation von Shebin El-Kom erleben durfte.

Der Haftrichter verurteilte mich erst einmal wieder zu den obligatorischen fünfundvierzig Tagen, die ich in der Polizeistation von Shebin El-Kom absaß. Das hatte den Vorteil, dass ich mich oft innerhalb des Gebäudes frei bewegen konnte, da die meisten Polizisten meine Freunde waren. Bauern aus Kamshish brachten mir auch so reichlich zu essen, dass ich mit anderen Häftlingen teilen konnte. In der Zelle mir gegenüber saß eine junge Mörderin. Von den Polizisten hatte ich erfahren, dass sie den kleinen Sohn einer Freundin umgebracht, auf grausame Weise zerstückelt und im Ofen verbrannt hatte. Angeblich sei dies die Reaktion darauf gewesen, dass die Freundin sie mit einem üblen Schimpfwort beleidigt hatte. Diese Geschichte hatte mich so entsetzt, dass ich ihr nichts vom Essen abgab. Ich wollte einen solchen Menschen nicht sehen.

Eines Tages aber hörte ich das Mädchen in seiner Zelle herzzerreißend weinen und Allah um Vergebung anflehen. Plötzlich tat sie mir leid, und ich suchte das Gespräch mit ihr. Da ihre Zellentür auch dann nicht geöffnet wurde, wenn alle anderen Häftlinge sich im Zellentrakt für eine Stunde treffen konnten, sprach ich mit ihr durch das Fensterchen in der Tür. Die Wachhabenden schauten großzügig über die Anordnung hinweg, wonach politische und kriminelle Häftlinge nicht miteinander sprechen durften. Die junge Frau schilderte mir unter Tränen, dass sie durchgedreht sei, nachdem ihre Freundin sie wüst beschimpft habe. Mittlerweile könne sie selbst nicht mehr verstehen, warum sie in ihrer blinden Wut derart Furchtbares angerichtet hatte. Da niemand aus ihrer Familie sie besuchte, besorgte ich ihr einen Anwalt für den bevorstehenden Prozess. Nach der Verhandlung kehrte sie freudig trällernd zurück und bedankte sich überschwänglich bei mir. Vom Gericht war sie zu fünfundzwanzig Jahren Haft verurteilt worden – sie selbst hatte mit der Todesstrafe gerechnet.

Kurz vor dem Ablauf meiner fünfundvierzig Tage wurde in meine Nachbarzelle eine Hagama eingeschlossen, wie man professionelle Einbrecherinnen nennt. Die Frau provozierte die Offiziere so sehr, bis sie von ihnen verprügelt wurde. Als sie blutüberströmt und schreiend aus dem Verhörraum zurückgebracht wurde, sprach ich sie darauf an. Ich war verärgert, denn hatte sie sich die Verletzungen durch ihr provozierendes Verhalten nicht letztlich selbst zuzuschreiben? Nun sagte sie mir, das habe sie nur gemacht, weil sie kein Tramadol bei sich habe. Ich musste sie ziemlich verblüfft angesehen haben, denn trotz ihrer Blessuren fing sie zu lachen an. Nun erfuhr ich, dass die Hagamas beim Verhör immer geschlagen werden. Um die Schmerzen nicht zu spüren, würden sie bei einer Festnahme dieses Medikament vorbeugend einnehmen. Sie habe nur deshalb derart heftig provoziert, um so geschlagen zu werden, dass sie bald nichts mehr spüren würde.

»Warum aber brichst du bei Leuten ein und raubst sie aus?«, wollte ich von ihr wissen.

»Seit Generationen ist jeder bei uns in der Familie Hagama. Ich habe nie etwas anderes gelernt.« Die Antwort erschütterte mich. Dann bat mich die Frau um meine Adresse.

»Willst du also auch bei mir einbrechen?«, fragte ich.

»Im Gegenteil. Die Leute, mit denen wir Brot und Salz essen, werden von uns Hagama geschützt. Ich setze deine Adresse auf unsere Liste.«

Trotz der Schläge und der Haftaufenthalte schien sie nicht gewillt zu sein, sich künftig einen ehrlichen Broterwerb zu suchen. Der Gedanke amüsierte mich, dass ich durch Zuteilung aus meiner zusätzlichen Essensration an diese Frau quasi eine Versicherung für mein Hab und Gut abschloss. Eine verkehrte Welt, wie ich sie nur hinter Gittern erlebte – das Gefängnis wurde für mich zur Lehranstalt.

Nach Ablauf der fünfundvierzig Tage wurde ich freigesprochen. Zum ersten Mal seit langem sah ich meine Kinder wieder. Mein ältester Sohn Nagy, er war mittlerweile sechzehn Jahre alt, hatte die Möglichkeit genutzt, mit seinen Geschwistern im Gerichtsgebäude von Shebin El-Kom zu erscheinen, in dem ich meinen Prozess hatte. Noch aber durfte ich sie nicht in die Arme schließen, da ich weitere vierundzwanzig Stunden in Haft verbleiben musste, um abzuwarten, ob der Präsident der Republik sein Veto einlegen würde. Als ich zur Box zurückgeführt wurde, lief mein Sohn Wassim, nach seiner Mutter rufend, hinter dem Polizeiwagen her. Mir liefen Tränen über das Gesicht, da ich wusste, dass Sadat abermals von seinem Widerspruchsrecht Gebrauch machen würde und ich die Kinder eine Weile nicht sehen würde.

Tatsächlich saß ich erneut anderthalb Monate ein, ehe man mich endgültig mit der Verfügung entließ, mein Bewegungsradius müsse wieder auf Alexandria beschränkt bleiben. Das war reine Willkür, denn ich war ja freigesprochen worden. Dahinter stand die Absicht, meine Tätigkeit im Kairoer Hauptquartier von Al-Tagammu zu verhindern. So wurde ich in einen Polizeiwagen gesetzt, gemeinsam mit Nagy, der zu meiner Entlassung nach Shebin El-Kom gekommen war. Wir unterhielten uns leise, und ich konnte erkennen, dass mein Sohn durch seine eigene Inhaftierung ein erwachsener Mensch geworden war.

An der Grenze eines jeden Gouvernements musste ich den dort zuständigen Polizeibehörden zum Weitertransport übergeben werden. Die letzte derartige Grenze war die zum Gouvernement Al-Buhaira, in dem mein Bruder Ali Dienst tat. Natürlich konnte er mich nicht selbst in Empfang nehmen, denn es war für ihn als Offizier im gehobenen Dienst ohnehin heikel, der Bruder einer prominenten politischen Gefangenen zu sein. Bei Beförderungen war er mehrfach übergangen worden, da er nicht bereit war, sich von den politischen Zielen seiner Schwester zu distanzieren.

Als wir das Stadtgebiet von Alexandria erreichten, stellte ich fest, dass der Polizeiwagen nicht in Richtung meiner Wohnung fuhr. Wir hielten auf dem Hof des zentralen Polizeireviers, und ich nahm an, dass man mir hier die Entlassungspapiere aushändigen würde. Nagy setzte sich auf die Eingangsstufen, um hier auf mich zu warten. Kaum aber hatte ich das Gebäude betreten, wurde ich in den Keller geführt, vorbei an Verliesen, in denen ich das Rasseln von Ketten zu hören glaubte. War ich paranoid, oder wollte man mir damit Angst machen? Schließlich wurde ich in eines der düsteren Verliese geführt, und der Polizist befahl mir, mich auf den Boden zu setzen, ehe er die Tür hinter mir verriegelte. Danach erhob ich mich wieder. Eine Treppe führte tief in einen Raum hinunter. Durch einen schmalen Spalt weit über mir drang ein wenig Tageslicht herein, und ich sah um mich herum ein Gewimmel von Ratten und Kakerlaken. Ich hatte Angst, dass in den Fugen zwischen den großen Steinen der Wände Schlangen sein könnten.

Nachdem ich die Treppe hinuntergestiegen war, wurde ich müde. Auf dem Fußboden breitete ich eine Zeitung aus, legte einen Teil der mitgeführten Kleidung für meinen Kopf als Unterlage zurecht und deckte mich schließlich mit meinem Mantel zu. Dann stellte ich das kleine Transistorradio an, das man mir in Shebin El-Kom gelassen hatte, und vernahm die mir vertraute Stimme von Safinaz. Ich hatte einen irakischen Sender erwischt, der deren leidenschaftliches Plädoyer gegen Sadats Politik ausstrahlte. Es war eine freudige Überraschung, auf diese Weise zu erfahren, dass sich die Freundin im sicheren Exil befand. Was aber würde mit mir geschehen? Am Morgen noch hatte ich mich darauf gefreut, schon in wenigen Stunden meine Kinder in die Arme schließen zu können, und nun befand ich mich in diesem Verlies. Die vertraute Stimme von Safinaz und deren Anklage gegen meine politischen Feinde vermittelten mir ein wenig Trost.

Nach einer Weile wurde die Tür geöffnet, und im schwachen Schein des von oben eindringenden Tageslichts erkannte ich die Umrisse einer Frau. In der Hand hielt sie eine Gasfunzel, und als sie langsamen Schritts die Treppen zu mir herunterstieg, wirkte sie auf mich wie die bedrohliche Erscheinung eines bösen Geistes. In Erwartung eines Kampfes erhob ich mich und spannte alle meine Muskeln an. Die Person blieb abrupt stehen und rief: »Mama Shahinda?« So nannten mich ausschließlich jüngere Mithäftlinge. Wer aber war diese Person?

»Erkennst du mich nicht?«, sagte eine Stimme, die mir nicht unbekannt vorkam. »Ich bin Shadia Dollar!«

Diesen Namen hatte ich zuletzt 1975 in der Haftanstalt an den Barragen gehört. Natürlich hieß niemand in Ägypten Shadia Dollar. Vielmehr war dies der Spitzname einer jungen Frau, die als Devisenschwarzmarkthändlerin verurteilt war. Aber sie hatte nicht nur ausländische Währungen verschoben, sondern war auch der Prostitution nachgegangen. Ich erinnerte mich sehr gut an das Mädchen, dem ich damals ins Gewissen geredet hatte. Es sei nicht gut für ihre Seele, wenn sie ihren Körper verkaufe, hatte ich gesagt und ihr das Versprechen abgenommen, sich nach ihrer Entlassung nicht mehr zu prostituieren. War diese Person dort im Halbdunkeln wirklich jene einstige Mitgefangene? Ich trat ganz dicht an sie heran, und als ich ihr ins Gesicht blickte, bekam ich einen gewaltigen Schreck. Das damals auffallend hübsche Mädchen sah grauenvoll aus.

»Was ist denn mit deinem Gesicht passiert?«, entfuhr es mir.

»Daran bist du schuld«, antwortete sie, und ihr Versuch zu lächeln machte aus dem ohnehin entstellten Gesicht eine unansehnliche Fratze. »Als ich aus dem Knast kam, wollte ich mich an deinen Rat halten und mit der Prostitution aufhören. Da hat mir mein Zuhälter Säure ins Gesicht geschüttet.«

Es fiel mir schwer, angesichts solch einer unmenschlichen Brutalität meine Fassungslosigkeit zu überspielen.

»Und … äh … warum bist du jetzt hier?«, stammelte ich.

»Man hat mich geholt, damit ich dich verprügele. Aber hab keine Angst, Mama Shahinda, niemals würde ich dir auch nur ein Haar krümmen.«

Shadia Dollar begann zu weinen. Ich nahm sie in den Arm und versprach, ihr einen guten Rechtsanwalt zu besorgen, sobald ich wieder auf freiem Fuß sein würde.

Am Abend erfuhr ich, dass Nagy meinen Rechtsanwalt darüber informiert hatte, dass ich zwar in das Polizeirevier von Alexandria geführt, aus diesem aber nicht wieder herausgekommen sei. Der Jurist hatte alle Hebel in Bewegung gesetzt, dabei auch die zuständigen Abteilungen im Innenministerium aufgescheucht. Schließlich wurde ich endgültig entlassen. Vor dem Polizeirevier suchte ich nach einem Taxi, da hielt neben mir ein Auto. Darin erkannte ich den Polizeioffizier, der mir soeben die Entlassungspapiere ausgehändigt hatte.

»Ich habe gerade Feierabend«, sagte er. »Kann ich dich nach Hause fahren, Shahinda?«

»Kommst du da nicht in Teufels Küche?«, fragte ich lachend.

»Steig ein!«, antwortete er in einem gespielten Befehlston.

Auf der Fahrt erzählte er mir, dass er vor einiger Zeit die Direktive erhalten hätte, meinen Sohn zu verhaften. Vor meinem Haus bedankte ich mich bei ihm – für die Fahrt und dafür, dass er dazu beigetragen hat, aus Nagy einen politischen Menschen zu machen.

3. Februar 2011

13 Uhr

Mehr und mehr Künstler bekennen sich mittlerweile zu den Zielen der Revolution, während sich manche prominente Stars aber auch ängstlich ins Private zurückgezogen haben. Auf dem Weg zum Amr-Makram-Denkmal macht Shahinda einen Stopp am Zelt jener Künstler, die schon seit Tagen auf dem Tahrirplatz ausharren. Ahmed, der Theatermann, kommt strahlend auf sie zu. Die Verletzung in seinem Gesicht sieht längst nicht mehr so schlimm aus wie bei ihrer ersten Begegnung. Sie begrüßen einander herzlich, und Ahmed macht Shahinda mit anderen Künstlern bekannt – Theaterleute, Maler, Autoren und selbst eine Sopranistin des Kairoer Opernhauses sind darunter. In einer Ecke des Zeltes entstehen Fotocollagen und Karikaturen, die sowohl als Flugblätter verteilt als auch den Printmedien zur Veröffentlichung gestellt werden. Auf einem der Fotos ist Husni Mubarak mit US-Präsident Barack Obama zu sehen. In Sprechblasen sagt der Amerikaner zu seinem ägyptischen Amtskollegen: »Sie sollten Ihrem Volk einen Abschiedsbrief schreiben.« Und Mubarak fragt: »Wieso? Wohin geht denn das Volk?« Daneben hängt eine Karikatur, auf der Mubarak vor einem Fernsehgerät sitzt und sich einen Bericht von den Protesten auf dem Tahrirplatz ansieht. Ein Off-Kommentar: »Das Volk fordert den Sturz vom Regime.« Mubarak sagt zu sich selbst: »Allah sei Dank, ich heiße nicht Regime.«

Auf dem Weg zu ihrem Stammplatz hört Shahinda das Lied *Ezzai*, welches via Lautsprecher über den Tahrirplatz geschickt wird. Mohamed Mounir, Ägyptens berühmtester Popstar, hatte es aufgenommen und wird es wenig später unterlegt mit Schnittbildern vom »Tag des Zorns« auf die Internet-Plattform YouTube ins Netz stellen. Plötzlich bekommen die poetischen Zeilen um enttäuschte Gefühle, Verletzungen und Zurückweisungen genau jene Bezüge, derentwegen der Song Monate zuvor von Mubaraks Zensurbehörde auf den Index gesetzt worden war. Die Menschen auf dem Platz bewegen sich zu den harten Rockrhythmen. Obgleich der Song erst vor kurzem Stunden das Licht der Öffentlichkeit erblickt hat, singen erstaunlich viele den Text mit. Plötzlich taucht auch Sara wieder am Amr-Makram-Denkmal auf und überrascht Shahinda mit einer schönen Sopranstimme.

Nachdem die letzten Takte verklungen sind, sagt Shahinda: »Du hast eine sehr schöne Stimme.«

Sara bedankt sich und erklärt: »Ich nehme Gesangsunterricht. Ein Teil des Geldes, das ich im Callcenter verdiene, geht dafür drauf.«

»Vielleicht singst du ja mal irgendwann ein Duett mit Mohamed Mounir«, scherzt Shahinda.

»Er hält wohl nichts davon, dass ich Sängerin werde. Unterstützung bekomme ich von ihm jedenfalls nicht«, sagt Sara, und als sie Shahindas irritierten Blick bemerkt, schickt sie als Erklärung nach: »Er ist mein Onkel!«

Zwei junge Frauen, die eher zufällig das Gespräch mitbekommen haben, reißen die Augen auf.

»Waaaas?«, rufen sie unisono. »Mounir ist …«

»… mein Onkel, ja. Eigentlich noch mehr. Seit mein Vater gestorben ist, fühlt er sich als mein Vormund. Aber ich brauche so was nicht.«

»Dieses Problem kenne ich von meinen Kindern«, sagt Shahinda lachend. »Grüße deinen Onkel von mir, wir sind uns einige Male begegnet.«

»Gern. Wie heißen Sie denn?«

»Sag ihm, Shahinda Maklad weiß es sehr zu schätzen, dass er sich auf die Seite der Revolution gestellt hat. Und wenn du wiederkommst, findest du mich fast immer hier an diesem Denkmal.«

KAPITEL 28

Der Druck nimmt zu

Ein halbes Jahr nach dem Camp-David-Abkommen unterzeichnete Anwar as-Sadat gemeinsam mit Menachem Begin am 26. März 1979 in Washington einen »Friedensvertrag«. Wie von den linken Kräften vorausgesagt, wurde es ein Separatvertrag zwischen Ägypten und Israel, in dem keine einzige der Vorbedingungen, die Sadat in seiner Rede vor der Knesset genannt hatte, ihren Niederschlag fand. Ägypten bekam den Sinai zurück und hatte fortan nicht nur die Palästinenser, sondern alle arabischen Bruderstaaten gegen sich. Dies auszusprechen wurde den Ägyptern nun per Dekret des Präsidenten unter Strafandrohung verboten.

In diesen Tagen hielt ich mich im Kairoer Anwaltssyndikat auf, wo ich regelmäßig Vorträge über die Forderungen der Bauern hielt. Dort entdeckte ich einen Mann im Rollstuhl, den ich nicht sofort erkannte. Er schickte jemanden zu mir und ließ mir ausrichten, dass er mich zu sprechen wünsche. Nachdem ich zu ihm gegangen war, stellte ich fest, dass der Gelähmte Abdel Aziz El-Shorbagi war, der Rechtsanwalt, der nach der Ermordung meines Mannes Salah El-Feki verteidigt hatte. Er hielt meine Hand fest und sagte laut zu den Umstehenden: »Vor euch allen, vor all diesen Menschen hier nehme ich zurück, was ich damals im Prozess gegen diese Frau vorgebracht habe. Shahinda Maklad ist eine tapfere und heldenhafte Person.« Ich war sehr gerührt und musste doch gleichzeitig darüber schmunzeln, welch unterschiedliche Bündnisse Anwar as-Sadats nationalistische Außenpolitik bewirkte. Selbst in seinen eigenen Reihen fand der Präsident kaum noch breite Zustimmung. Drei Außenminister hatten mittlerweile ihr Amt zur Verfügung gestellt. Das Redeverbot per Dekret war der hilflose Versuch, die wachsende Zahl der Kritiker mundtot zu machen.

Von einem Mitarbeiter im Innenministerium bekam ich den Hinweis, dass abermals eine Festnahme von Nagy geplant sei. Mit der Verhaftung meines Sohnes sollte ich unter Druck gesetzt und gefügig gemacht werden. Noch scheute man offenbar davor zurück, einem Mitglied des Zentralkomitees der Tagammu-Partei einer brisanten politischen Frage wegen den Prozess zu machen. Ein Verfahren gegen mich würde natürlich eine andere Medienöffentlichkeit finden als gegen den Jungen. Ich aber musste meinen Sohn schützen. Schon durch den letzten Gefängnisaufenthalt hatte Nagy so viele Unterrichtsstunden verloren, dass er eine Klasse wiederholen musste. Jetzt stand er ein Jahr vor dem Abitur, und ich hatte die Befürchtung, dass ihm durch eine erneute Haft die Zukunft verbaut sein würde.

Über die Zentrale meiner Partei hatte ich politische Kontakte in den Jemen und konnte so erreichen, dass Nagy dort ein Stipendium erhielt. Glücklicherweise hatte mein Sohn einen Reisepass, da er während der Schulzeit einmal einen entfernten Verwandten in Holland besucht hatte. Allerdings unterlagen fast alle, die in der Vergangenheit aus politischen Gründen inhaftiert gewesen waren, einem strikten Ausreiseverbot. Galt dies auch für Nagy, der doch schließlich mangels Beweisen freigesprochen worden war? Ich wandte mich an einen Freund, der bei der Ausreisebehörde auf dem Kairoer Flughafen arbeitete. Da Nagys Verhaftung unmittelbar bevorstand, war Eile geboten. Tatsächlich wurde mir bestätigt, dass sein Name auf der Liste stand. Der Freund hatte aber auch eine gute Nachricht. Es sei ihm gelungen, den Namen und die Passnummer zu manipulieren.

Nagy fuhr mit einer Reisetasche zum Flughafen, während ich, innerlich vor Sorge aufgewühlt, zu Hause wartete. Würde Nagy auffliegen, so brächte dies womöglich auch unseren Freund von der Ausreisebehörde in Gefahr. Die Stunden vergingen, in denen ich aufgeregt im Zimmer auf und ab ging. Endlich kam der

erlösende Anruf aus Aden, der damaligen Hauptstadt der Volks-
demokratischen Republik Jemen – Nagy war in Sicherheit. Nur
wenige Stunden später stand ein Polizeioffizier mit zwei Unter-
gebenen vor meiner Tür und fragte nach meinem Sohn. Ich erklärte ihm, mich äußerlich um einen ruhigen Eindruck bemü-
hend, dass Nagy am Vortag weggefahren sei. Allerdings wüsste
ich nicht wohin. Soweit ich es mitbekommen habe, sei er mit
seinem Reisepass in der Tasche in Richtung Flughafen gefahren. Der Offizier erklärte, dass für Nagy ein Ausreiseverbot
bestehe.

»Na, dann wird er ja bald wieder hier sein«, sagte ich und blickte
in die Augen eines zutiefst verunsicherten Mannes.

Im Sommer ließ mich Nagy wissen, dass er das Abitur bestanden
und die Möglichkeit habe, in Moskau Architektur zu studieren.
Er habe sich, obgleich er Ägypter sei, mit Erfolg um ein Stipendium für jemenitische Studenten in der Sowjetunion beworben.
Zunächst würde er einen Sprachintensivkurs in Odessa absolvie-
ren. Sosehr ich mich für meinen Jungen freute, sosehr hatte ich
Sorge, dass sich die staatlichen Stellen an seiner statt nun dessen
Bruder holen würden. Wassim war gerade achtzehn Jahre alt geworden, und nun stand er kurz vor dem Abitur. Mir gelang es,
auch für ihn ein Stipendium in Aden zu besorgen.

Bald danach begann mir meine Tochter Sorgen zu machen.
Das Mädchen wurde phlegmatisch und saß oft stundenlang lust-
los zu Hause herum, was ihrem Namen Bassma (»Lächeln«) wenig
Ehre machte. Weder ich noch Amareya kamen an sie heran. Es
war offensichtlich, dass ihr Nagy und Wassim ebenso fehlten wie
mir. Wie lange würde es wohl dauern, bis wir die beiden wieder-
sähen? Fünf Jahre? Zehn Jahre oder womöglich noch länger? Da
das Ausreiseverbot auch für mich bestand, hatte ich keine Möglichkeit, gemeinsam mit Bassma meine Söhne zu besuchen. Nagy
und Wassim wiederum konnten nicht nach Kairo kommen, ohne
Gefahr zu laufen, am Flughafen festgenommen zu werden. Tagsüber lenkte mich die politische Arbeit von der tiefen Sehnsucht

nach ihnen ab, in vielen schlaflosen Nächten aber litt ich seelische Qualen.

Das Jahr 1981 begann für mich mit einer erneuten Festnahme, die in den Morgenstunden des 1. Januar erfolgte. Als ich dem Haftrichter vorgeführt wurde, hielt der Bezirksstaatsanwalt ein merkwürdiges Plädoyer. Er sagte, ich flöge »wie ein Vogel im kommunistischen Himmel«.

Was war das denn für eine merkwürdige Anschuldigung?

»Verzeihung, sind Sie Jurist?«, fragte ich und beobachtete, wie der Staatsanwalt vor Zorn rot anlief.

»Was sagst du?«

»Ich möchte wissen, ob Sie Jura studiert haben!«

Er rang nach Luft und presste schließlich hervor: »Was …? Was bedeutet diese … Frage?«

»Na, was ist denn das für eine Anklage: Ich fliege wie ein Vogel im kommunistischen Himmel?«

Unbeeindruckt sprach der Haftrichter sein Urteil. Wieder wurde ich zu fünfundvierzig Tagen Haft verurteilt – diesmal gesetzeswidrig mit anschließender Gefängnishaft, weil ansonsten die Gefahr bestand, wieder freigesprochen zu werden. Monatelang saß ich nun in der Strafanstalt an den Barragen, ohne dass mir eine konkrete Dauer für meinen Gewahrsam hier genannt wurde. Bald wurde das Gefängnis zu meinem zweiten Zuhause und die anderen Häftlinge zu einer Ersatzfamilie. Die Wärterinnen waren gegen regelmäßige finanzielle Zuwendungen bereit, die Zellentüren den ganzen Tag über geöffnet zu halten. Die politischen Häftlinge mussten nicht arbeiten, und da für uns Bücher eingeschmuggelt wurden, redete ich mir ein, auf Kur zu sein. Tatsächlich ging es mir physisch gut, im Gegensatz zu meinem hektischen Leben im politischen Getriebe außerhalb der Gefängnismauern sogar besser. Es gab regelmäßig Mahlzeiten, ich hatte Muße, um Gymnastik zu treiben, und ich war gezwungen, zu bestimmten Zeiten zu schlafen, da das Licht abgestellt wurde.

In den ersten Monaten des Jahres überwogen zahlenmäßig noch die kriminellen gegenüber uns politischen Häftlingen. Obgleich ich mit den kriminellen Gefangenen nicht sprechen durfte, suchte ich deren Nähe. Es interessierte mich, zu erfahren, unter welchen persönlichen Umständen jemand mit dem Strafgesetz in Konflikt gerät – so wie es mich auch bei meinem letzten Haftaufenthalt drei Jahre zuvor bei der Hagama und nach anfänglicher Ablehnung bei der jungen Frau interessiert hatte, die das Kind ihrer Freundin auf so grausame Weise getötet hatte.

Es herrschte eine gewisse Hierarchie unter den Häftlingen, wobei wir politischen Gefangenen einen geachteten Sonderstatus hatten. Das höchste Prestige hatten die Mörderinnen, die meist aus Oberägypten kamen, wo es noch die Blutrache gab. Nicht zuletzt deshalb, weil sie in aller Regel gar keine Mörderinnen waren, sondern Taten ihrer Brüder auf sich nahmen. Das machte sie in ihren Kreisen zu Heldinnen. An zweiter Stelle rangierten die Drogenhändlerinnen, und ganz unten auf der Werteskala standen die Prostituierten.

Eines Tages hörte ich von einer sehr berühmten Drogenhändlerin, die sich bei ihrer Festnahme mannhaft gewehrt habe. Es wurde erzählt, dass sie Propangasbomben gezündet und sich mit diesen brennenden Geschossen der Polizei widersetzt habe. Wahrscheinlich, so sagte ich mir, muss man sich sehr taff in der Männerwelt behaupten, wenn man diesen eigenartigen Beruf ausübt. Mir imponierte das, und ich wollte sehen, wie diese Frau aussieht und wer sie ist. Nun konnte ich nicht direkt zu ihr spazieren, da sie es mit den ihr zur Verfügung stehenden finanziellen Mitteln geschafft hatte, sich ein Stockwerk über uns einzukaufen, in die komfortable Krankenabteilung. Die Wärterinnen waren nun einmal korrupt und ließen sich solche Privilegien gut bezahlen. Da ich wiederum von den Bauern aus Kamshish mit guten landwirtschaftlichen Produkten versorgt wurde, ließ ich der Drogenhändlerin in der Küche eine leckere Mahlzeit zubereiten. Durch eine Gefangene, die mit der Essensausgabe beschäftigt war, ließ ich ihr diese Speise mit der Nachricht zukommen, dass Shahinda Maklad sie gern kennenlernen wolle. Sie willigte ein – und man brachte mich zu ihr.

Nach allem, was ich von der Frau gehört hatte, rechnete ich damit, einer Art Monster zu begegnen – oder zumindest der starken charismatischen Führerin einer Gang. Doch was mich in dem geräumigen Krankenzimmer erwartete, welches sie alleine bewohnte, war das genaue Gegenteil. Mir kam eine kleine Person mit sanften, liebenswerten Gesichtszügen entgegen, die zudem auch noch auffallend gut aussah. Als ich sie fragte, weshalb sie diese merkwürdige Arbeit mache, erhielt ich die gleiche Antwort wie damals von der Hagama. Seit Generationen würde ihre Familie mit Drogen handeln, und als ältestes Kind ihrer Eltern habe sie das Geschäft vom Vater übernommen.

»Aber ihr Drogendealer hattet doch immer ein sehr gutes Verhältnis zur Polizei«, sagte ich. Seit Tagen hatte mich dieser Gedanke beschäftigt. Schon länger wusste ich, dass viele Polizisten von ihnen einen regelmäßigen Zuschuss zum Lebensunterhalt bekamen, wie man jene Korruption freundlich umschreiben könnte, die bis in höchste Kreise reichte.

»Das stimmt!«, bestätigte mir die Mitgefangene. »Aber der Innenminister schraubte seine Forderungen immer weiter in die Höhe. Und weil mir das zu viel wurde, hat man mich verhaftet.«

Auf meiner Etage waren eines Tages zwei gerade inhaftierten Muslimas und einer koptischen Christin eine gemeinsame Zelle zugewiesen worden. Eine der Muslimas – sie war schwanger – befürchtete, dass die angebotenen Speisen nicht den religiösen Vorschriften entsprechen könnten, und aß folglich gar nichts. Wir redeten auf sie ein, aber sie weigerte sich standhaft. Da ich inoffiziell so etwas wie die Sprecherin der Insassen war, verschaffte ich mir einen Termin beim Gefängnisdirektor und trug ihm das Problem vor. Obgleich sich der Mann mir gegenüber nie politisch positionierte, hatte ich schon bei vorherigen Treffen gefühlsmäßig mitbekommen, dass er mit meinen Anschauungen sympathisierte. Diesmal aber wollte ich mit ihm sprechen, weil eine muslimische Gefangene aus religiösen Gründen das Essen verweigerte.

»Was kann ich tun?«, sagte er und hob bedauernd die Arme, nachdem ich ihm das Problem geschildert hatte.

»Die Frau ist schwanger und muss essen«, argumentierte ich. »Sie sind doch sicher auch Vater und können sich vielleicht in die Situation dieser Frau und vor allem des werdenden Kindes versetzen.«

»Soll ich vielleicht ein lebendes Huhn besorgen, das ihr dann drüben rituell schlachtet?«, fragte er sichtlich gereizt.

»Das ist eine gute Idee!«, rief ich.

Der Gefängnisdirektor sah mich verblüfft an. Offenbar hatte er den Vorschlag gar nicht ernst gemeint. Schließlich wandte er den Blick ab, starrte eine kleine Weile an die Wand hinter mir, ehe er entschied: »Na schön, dann lass ich mal ein Huhn besorgen.« Fortan wurde die Frau bis zur Geburt ihres Kindes mit rituell geschlachtetem Geflügel versorgt – und danach wurde sie entlassen.

Ein anderes Mal ließ ich mich ins Büro des Gefängnisdirektors bringen und übergab ihm eine Liste von Forderungen: eine neue Matratze für eine Gefangene, frische Decken für alle, und in der einen oder anderen Zelle war ein neuer Wandanstrich vonnöten. Mein Gesprächspartner beugte sich nach vorn, was diesmal nicht bedrohlich wirkte, um mir zu sagen: »Ich würde gern eine kleine Bemerkung machen, Shahinda. Ihr befindet euch hier in einem Gefängnis und nicht in einem Hotel.« Dennoch wurden die Forderungen erfüllt. Doch im September 1981 wurde plötzlich alles anders.

4. Februar 2011

13 Uhr
Das Freitagsgebet auf dem Tahrirplatz geht zu Ende. Als Shahinda am Amr-Makram-Denkmal erscheint, trifft sie dort eine junge Frau an, die sie in der Vergangenheit schon des Öfteren im »Nationalen Komitee für

Veränderung« gesehen hat. Sie schreibt regelmäßig Kommentare auf verschiedenen Internet-Plattformen. Mehrfach schon hat sie sich dort zum gemeinsamen Auftreten von Kopten und Muslimen auf dem Tahrirplatz geäußert: Solch eine »Verbrüderung« käme ihr »ziemlich aufgesetzt« vor.

»Ich möchte nicht, dass die Scharia in unserem Lande zum allgemeinen Gesetzbuch wird«, erklärt sie gerade einigen jungen Leuten, die ihr Applaus spenden.

»Die islamischen Gesetze schränken unsere individuellen Freiheiten ein!«, ruft eine andere junge Frau.

»Ich verstehe euch gut«, mischt sich Shahinda ein. »Aber im Moment sind das sekundäre Probleme. Unsere Gesellschaft befindet sich im Umbruch. Irgendwann werden wir diese Fragen auf die Tagesordnung setzen ...«

»Und bis dahin muss ich mir dumme Sprüche anhören, wenn ich mit einem kurzärmeligen T-Shirt durch Wust Al-Balad laufe?«, wirft eine Frau ein.

»Wust Al-Balad? Das passiert mittlerweile auch schon bei uns in Maadi«, bemerkt eine andere.

»Ich will euch mal was Grundsätzliches dazu sagen«, beginnt Shahinda Maklad einen kleinen Vortrag. »Ich zum Beispiel fahre mein Leben lang gern Fahrrad und trage dabei gern ärmellose Kleider. Aber so kann ich nicht nach Kamshish gehen, wenn ich dort die Bauern für politische Ziele gewinnen will. Als Aktivistin muss ich Traditionen erst einmal akzeptieren. Meinen Mann habe ich gegen den Willen meiner Familie ausgesucht, da gab es für mich keinen Kompromiss. Aber es wird noch eine ganze Weile dauern, ehe die Gedanken der Menschen so sind, wie wir sie uns wünschen. Um darüber diskutieren zu können, müssen die Leute gebildet sein. Heute ist es Analphabetismus, wenn man den Computer nicht beherrscht. Doch wir leben in einem Land, in dem viele Menschen nicht mal die Zeitung lesen können. Die Menschen haben derzeit gar keine Basis, um über Fragen wie Scharia zu reden ...«

»Wie lange hat Europa gebraucht, um das Mittelalter zu überwinden, die Verbrennung von Ketzern und ›Hexen‹?«, ruft eine junge Frau, die ein Kreuz um den Hals trägt. Und Olfat, die die ganze Zeit stumm dabeigestanden hat, erklärt nun sehr energisch: »Es war doch Absicht, dass die beiden letzten Generationen ein solch schlechtes Schulsystem hatten. So konnten sie besser regiert werden. Wir haben es in Ägypten mit einem Analphabetismus im Denken zu tun. Glaubt mir, eure Probleme sind Luxusprobleme.«

»Trotzdem finde ich es gut und richtig, dass wir das Thema Scharia nicht ganz aus den Augen verlieren«, schlägt Shahinda nun versöhnliche Töne an.

KAPITEL 29

Der Tag, an dem ich das fuchsiarote Kostüm trug

Anfang September 1981 wurden bei einer landesweiten Polizeiaktion innerhalb von vierundzwanzig Stunden nahezu alle namhaften Sadat-Kritiker verhaftet. Darunter waren Kommunisten und Muslimbrüder, Nationalisten und fast die gesamte Führungsriege von Al-Tagammu – insgesamt 1665 Personen. In der Zeitung stand, dass auch ich festgenommen worden sei. Ich las diese eigenartige Meldung in jener Zelle, in der ich bereits seit Monaten saß. Khaled Mohieddin, dessentwegen ich mich einst Al-Tagammu angeschlossen hatte, war mit den anderen männlichen Gefangenen in die Haftanstalt Tora gebracht worden, deren Hof ich sechseinhalb Jahre zuvor in einem Polizeitransporter ohne Sitze eine unfreiwillige Stippvisite abgestattet hatte.

Die meisten der an diesem Tag verhafteten Frauen brachte man zu uns. Bald war unser Gefängnis überfüllt. Bis dahin hatte ich mir die Zelle mit Farida Al Nakkash geteilt, einer mutigen Freiheitskämpferin, mit der ich bereits seit 1966 befreundet war. Am Morgen waren wir noch allein, doch im Laufe der nächsten Stunden wurden dreizehn weitere Frauen in unsere Zelle gestopft. In drangvoller Enge kam es an diesem Tag zu zahlreichen unfreiwilligen Treffen mit Frauen, die ich aus den oppositionellen Bewegungen kannte. So konnte ich Latifa Al-Zayyat in die Arme schließen, eine ägyptische Intellektuelle, die ich als Leiterin des »Komitees zur Verteidigung der nationalen Kultur« kannte. »Als ich das letzte Mal Gefängnismauern von innen sah, gab es in Ägypten noch einen König«, sagte sie, und eine andere Gefangene bemerkte lachend: »Heute haben wir einen Pharao!«

Auch die bekannte Menschenrechtsaktivistin Nawal El Saadawi wurde in unsere Zelle gesperrt. Ursprünglich war sie Ärztin, und in der ersten Phase von Sadats Herrschaft arbeitete sie als Direktorin für Gesundheitserziehung im zuständigen ägyptischen Ministerium. In dieser Funktion hatte sie eine Studie unter dem Titel *El-Mar'a wal ğins* (Frau und Sexualität) veröffentlicht, in der sie sich auch engagiert gegen die Genitalbeschneidung bei Mädchen aussprach. Mit einem Thema wie der weiblichen Sexualität war sie für Sadat, der zu dieser Zeit die Muslimbrüder umgarnte, nicht mehr tragbar. Später verfasste Nawal El Saadawi Romane, die in Beirut erschienen und auf Umwegen ins Land geschmuggelt werden mussten. Nun also saß die Schriftstellerin mit uns auf engstem Raum zusammen. Über diesen Gefängnisaufenthalt sollte sie später den Roman *Mudhakkirati fi siğn an-nisa'* (Memoiren aus dem Frauengefängnis) schreiben.

Auch Amina Rashid hielt sich an diesem Tag mit mir in derselben Zelle auf. Sie war Professorin für Französische Literatur an der Kairoer Universität, und wir freundeten uns während der gemeinsamen Haftzeit an. Interessiert hörte ich Amina zu, wenn sie von den revolutionären Mai-Unruhen 1968 in Paris erzählte. Sie war damals Studentin an der Sorbonne gewesen. In dieser Zeit hatte sie Jean-Paul Sartre und Simone de Beauvoir getroffen – Bekanntschaften, die uns verbanden.

Die Verhaftungen wurden von den ägyptischen Medien als »September-Kampagne« bezeichnet. Nun wurde dem Gefängnisdirektor ein Geheimdienstoffizier vor die Nase gesetzt, der auf die strikte Einhaltung der Bestimmungen achtete. So waren von nun an die politischen Häftlinge streng von den kriminellen Mitgefangenen in zwei Etagen voneinander getrennt. Zu groß schien dem wachsamen Geheimdienstoffizier die Gefahr, dass wir die Mörderinnen, Drogenhändlerinnen und Prostituierten mit unseren politischen Ideen infiltrieren könnten. Auch die Zellentüren auf unserer Etage sollten nun geschlossen bleiben, um den gegenseitigen Kontakt untereinander zu erschweren, wenn nicht gar unmöglich zu machen. Doch die Wärterinnen hatten sich schon zu sehr an das Bakshish von uns gewöhnt. Ich hatte immer irgendwo Geld versteckt. Manchmal in einer Wandritze unterhalb vom Waschbecken oder in meinen langen, hochgesteckten Haaren. So ließen die Wärterinnen also auch weiterhin die Zellentüren offen, während eine von ihnen das Treppenhaus im Auge behielt. Wenn der Geheimdienstler kam, ließ sie einen Pfiff los. Dann liefen wir in unsere Zellen und schlossen die Türen hinter uns.

Am späten Abend dieses Tages wurde wieder eine Gefangene in unsere Zelle geschoben, und ich hatte ich dabei ein Déjà-vu-Erlebnis - vor mir stand Safinaz, die ich noch immer im Irak wähnte. Wir fielen einander um den Hals – wie drei Jahre zuvor im Gefängnis oben an der Zitadelle.

Anfang Oktober begann der »KP-Prozess«, und obgleich ich der illegalen Kommunistischen Partei gar nicht angehörte, hat man auch mich angeklagt. Diesmal beschuldigte mich der Bezirksstaatsanwalt, deren frauenpolitische Aktivitäten zu organisieren.

»Ich habe mich noch nie um frauenpolitische Aktivitäten gekümmert, schon gar nicht in der KP«, hielt ich ihm entgegen.

»Sie gehören sogar dem Politbüro an …!«

»Aber nicht in der Kommunistischen Partei, sondern bei Al-Tagammu, einer von ihrem Präsidenten Sadat gegründeten legalen Partei.« Dann wandte ich mich dem Haftrichter zu: »Als wir uns das letzte Mal sahen, flog ich noch wie ein Vogel oben im Himmel, und nun soll ich plötzlich für die Frauenpolitik in der KP zuständig sein? Im Übrigen wäre ich dem Herrn Staatsanwalt dankbar, wenn er mich über deren Parteiprogramm aufklären würde. Ich wüsste gern, wofür ich angeblich verantwortlich sein soll.«

Das klang sicher frech, aber in einer Situation, in der ein Präsident darüber verfügte, dass man rechtswidrig im Gefängnis zu sitzen habe, konnte man vor Gericht alles sagen. Der Richter war ohnehin nur noch eine Marionette – und der Staatsanwalt sowieso.

Am Nachmittag des 6. Oktober 1981 rissen zwei Wärterinnen die Tür zu meiner Zelle auf und schrien: »Shahinda – Mabrouk! (Glückwunsch!) Mabrouk! Sadat ist ermordet worden!« Sie hatten ein kleines Transistorradio dabei, und alle Frauen aus unserer Etage standen nun dicht gedrängt darum herum. Wir lauschten einem Kommentator, der davon berichtete, dass während der »alljährlichen Parade zum Jahrestag der erfolgreichen Sinai-Offensive von 1973 ein Anschlag auf den Präsidenten verübt« worden sei. Sadats Tod wurde nicht bestätigt, doch ich wusste auch so, dass er tot war. Allein deshalb, weil das Militärkrankenhaus unten am Nil, wohin Sadat gebracht worden war, kein ärztliches Bulletin veröffentlichte. Das war für mich mehr als ein deutlicher Hinweis. In unserem Zellentrakt machte sich eine zunehmend fröhliche Stimmung breit. Nur meine Zellengenossin Farida gab zu bedenken: »Falls er nicht tot ist, werden sie uns alle umbringen. Nur, weil wir uns so gefreut haben.«

»Er ist tot!«, entschied ich kategorisch.

Und während die westliche Welt im Schock erstarrte, fingen wir zu tanzen an. Am nächsten Morgen, nachdem der Tod von Anwar as-Sadat offiziell bestätigt worden war, bat ich eine der Wächterinnen, eine Freundin von mir in Kamshish anzurufen. Sie solle mir ein farbiges Kleid bringen.

Als ich am Nachmittag des 8. Oktober 1981 in Handschellen zum Verhör nach Kairo gefahren wurde, trug ich ein fuchsiarotes Kostüm. Ein junger Offizier, der mir im Polizeitransporter gegenübersaß, machte mir deswegen ein Kompliment. Ich bedankte mich und sagte, dass ich nach dem Tod meines Mannes ausschließlich schwarze Garderobe getragen hätte. Aber ich hätte auch immer erklärt, erzählte ich weiter, dass ich die Trauerkleidung ablegen werde, wenn Sadat sterben oder in Ägypten eine Revolution ausbrechen würde. Erschrocken wandte der Polizist seinen Blick ab und starrte während der restlichen Fahrzeit unentwegt auf die Straße.

Der Vorraum zum Verhörzimmer war übervoll mit Menschen, die aus den verschiedenen Haftanstalten hierhergebracht worden waren. Inmitten all meiner Leidensgenossen fiel mir ein sehr alter Mann in einer merkwürdigen Tracht auf. Ich hielt ihn für einen koptischen Priester. Es machte mich betroffen, dass Sadat selbst vor der Verfolgung geistlicher Würdenträger nicht zurückgeschreckt war. Eine neben mir sitzende, islamisch gekleidete Frau hatte bemerkt, dass ich diesen alten Mann nachdenklich musterte. Sie flüsterte mir ins Ohr: »Das ist Omar Al-Telmessany, der Führer der Muslimbrüder.«

Diese Nachricht traf mich gleichsam wie ein Blitzschlag. Dieser gebrechliche Greis auf der anderen Seite des Raumes war also der Autor jener diskriminierenden Nasser-Biografie, die entwürdigende Behauptungen über mich enthielt. Nie zuvor war ich Omar Al-Telmessany persönlich begegnet, aber ich hatte mir vorgenommen, dass ich ihm, falls dies jemals passieren sollte, mit dem Schuh ins Gesicht schlagen würde. Dies ist in unserer Kultur eine Geste von extremer Demütigung. Als ich nun aber diesen alten Mann zusammengesunken vor mir sitzen sah, war ich nicht dazu imstande. War es nicht schon Strafe genug, dass Sadat, dem zuliebe er dieses widerliche Machwerk verfasst hatte, ihn ins Gefängnis hatte werfen lassen? Ich stand auf und ging langsam auf ihn zu. Als mich der alte Mann erwartungsvoll anblickte, sagte ich: »Ich bin Shahinda Maklad, und du weißt, was du mir angetan hast. Wir beide sehen uns beim Propheten wieder, in einer anderen Welt.«

Schamvoll senkte Omar Al-Telmessany den Kopf und schwieg. In diesem Moment spürte ich ihm gegenüber eine moralische Überlegenheit – ich war viel stärker als er. Dies genügte mir als Genugtuung.

Im anschließenden Verhör sollte ermittelt werden, ob sich unter den Inhaftierten Leute befanden, die mit dem Attentat auf den Präsidenten in Verbindung gebracht werden konnten. Tatsächlich ahnte ich, was später zur Gewissheit wurde: Hinter den Soldaten, die während der 6.-Oktober-Parade die Tribüne stürmten und Sadat mit siebenunddreißig Kugeln niederstreckten, steckten islamistische Kräfte. Die aber saßen zur Tatzeit ganz sicher nicht im Gefängnis.

5. Februar 2011

7.30 Uhr
Das Telefon reißt Shahinda aus dem Tiefschlaf. Sie erkennt die aufgeregte Stimme von Olfat, die ihr mitteilt, dass Ahmed Mohammed Mahmoud im Kasr Al-Ainy Hospital seinen Verletzungen erlegen sei. Damit ist er, der am »Tag des Zorns« von einem Scharfschützen in den Kopf geschossen wurde, der erste getötete Journalist dieser Revolution. Um zehn Uhr, so informiert Olfat, werde im Journalistensyndikat eine Trauerfeier stattfinden. Shahinda ist nun hellwach, und natürlich sagt sie ihre Teilnahme zu.

10 Uhr
Die Halle des Journalistensyndikats ist übervoll, und noch immer strömen Menschen herein, um ihre Anteilnahme zu zeigen. Shahinda Maklad fällt es schwer, der Witwe Inas Abdel Alim, auch sie eine bekannte Journalistin, und deren minderjährige Tochter Nourhan zu kondolieren. Sie weiß aus eigener unheilvoller Erfahrung, wie ihnen in dieser Situation zumute ist. Wortlos umarmt sie die beiden Trauernden, bemüht, ihnen gegenüber die Tränen zu verbergen.

Vorn am Eingang werden Rufe laut: »Makram – du Mörder!« und »Nieder mit dem Sprachrohr des Regimes!« Shahinda kann nicht erkennen, was genau sich dort abspielt. Sollte es tatsächlich Makram Mohammed Ahmed, der Mubarak-treue Syndikatsvorsitzende, gewagt haben, sich in einer solch aufgeheizten Stimmung hier zu zeigen? Einige rufen: »Makram – raus! Makram – raus!« Die Parole breitet sich schnell aus, und auch Shahinda fällt schließlich ein. Einen kurzen Moment lang kann sie beobachten, wie Makram Mohammed Ahmed von einigen seiner Getreuen in den Fahrstuhl geschoben wird.

»Wie konnte er nur annehmen, dass er hier willkommen ist?«, sagt die Journalistin Nour el Hoda Zaki, während sie gemeinsam mit Shahinda die Witwe und deren Tochter zur ersten Reihe begleitet. Die Trauergesellschaft nimmt vor einem leeren Sarg Platz, da der Leichnam noch nicht freigegeben worden ist. Offenbar fürchtet das Regime, dass eine Trauerfeier für Ahmed Mohammed Mahmoud zur politischen Demonstration genutzt werden könnte. Die versammelten Trauergäste aber sind bereit, auch ohne Leichnam eine solche zu veranstalten.

Freunde und Kampfgefährten des getöteten Journalisten ergreifen das Wort und würdigen ihn als jemanden, der dem Regime immer schon, nicht erst an jenem »Tag des Zorns«, einen Spiegel vorgehalten habe. Zum ergreifenden Moment wird der Auftritt der Witwe und deren kleiner Tochter. Ihr Mann habe nicht nur mit großer Leidenschaft seine journalistische Tätigkeit als Berufung verstanden, erklärt Inas Abdel Alim mit fester Stimme, sondern sich auch sehr um seine Familie gesorgt. Für seine Tochter sei er ein liebender Vater gewesen. Nourhan tritt ans Mikrofon und versucht trotz ihres Schmerzes einige Worte an die Trauergemeinde zu richten. »Er war der Beste … ich vermisse ihn!«, bringt sie mit Mühe heraus. Dann wendet sich das Mädchen weinend ab. Ein Cousin des Toten ruft in den Saal: »Wir haben einen Mann verloren, aber Zehntausende stehen auf dem Tahrirplatz für ihn auf und setzen seinen Weg fort!«

12 Uhr
Der leere Sarg wird durch Kairos Straßen getragen. Direkt dahinter marschieren namhafte Journalisten sowie, von Shahinda untergehakt, Inas Abdel Anim und deren Tochter. Der Trauerzug skandiert: »Das Blut der Opfer wurde für die Freiheit vergossen!« Immer mehr Menschen schließen sich ihm an. Als die zu einer beeindruckenden Demonstration angewachsene Menschenmenge auf den Tahrirplatz kommt, werden sie von dem Ruf »Wir werden nie nachgeben!« empfangen.

KAPITEL 30

Die wiedergewonnene Freiheit

Knapp einen Monat nach dem Attentat auf Sadat wurde vom neuen Präsidenten Husni Mubarak eine Amnestie der politischen Gefangenen verfügt. Zur ersten Gruppe von Frauen, die aus der Haft entlassen wurde, gehörten alle meine Freundinnen. Nacheinander verabschiedeten sich Safinaz Kazem, Amina Rashid und Nawal El Saadawi von mir. Auch Farida Al Nakkash, mit der ich all die Monate meiner Haft die Zelle geteilt hatte, kam frei. Die ägyptischen Zeitungen berichteten auf den ersten Seiten über die Rückkehr namhafter Sadat-Gegner ins öffentliche Leben. Nur mein Name befand sich nicht darunter. Erst einen Monat später wurde auch ich von einer Wärterin aufgefordert, meine Tasche zu packen.

Im Büro des Gefängnisdirektors empfing mich der Rechtsanwalt Yehia El-Gamal. Er hatte Mitte der siebziger Jahre als Staatsminister dem Regierungskabinett angehört, ehe er sich von Sadats Politik distanzierte und sich auf den Posten eines Professors für Verfassungsrecht an der Kairoer Universität zurückzog. Nun fuhren wir in dessen Privatauto in Richtung Kairo. Als ich Yehia El-Gamal fragte, wohin die Reise gehe, sagte er mit einem hintergründigen Lächeln: »Warte ab! Du wirst es schon sehen.«

Die ägyptische Hauptstadt war optisch eine andere geworden. Die zuletzt im Stadtbild allgegenwärtigen Porträts von Sadat waren fast überall entfernt worden. Langsam schob sich der Wagen des Rechtsanwalts durch den zähflüssigen Verkehr auf der Corniche El-Nile, dann bog er auf den Tahrirplatz ab, und schließlich erreichten wir das imposante Gebäude des Innenministeriums. Kein Geringerer als Mohamed Al-Nabawi Ismail empfing uns dort – jener ägyptische Innenminister, der die politische Opposition noch zwei Monate zuvor im Fernsehen zu »Volksverderbern« erklärt und behauptet hatte: »Wir haben handfeste Beweise für ihre abscheulichen Verbrechen gegen die Einheit der Nation.« Mir ist damals nicht klar geworden – und ich weiß es bis heute nicht –, weshalb er nun darauf bestand, mir die Hand zu schütteln. Unser kurzer Dialog ließ jedenfalls nicht den Verdacht aufkommen, als ob er gern mit mir befreundet wäre.

»Wie geht es dir, Shahinda?«, begann er das Gespräch mit einer Miene, wie sie ansonsten bei Poker-Spielern üblich ist.

»Ich fühle mich stark wie eine Bombe!«, antwortete ich. »Und das trifft im Übrigen auch auf meine Mitgefangenen zu.«

Ohne mir einen Platz anzubieten, sagte er: »Hoffentlich hast du aus deiner Haft eine Lehre gezogen.«

Sollte dies der hilflose Versuch einer Drohung sein? Ich musste mir das Lachen verkneifen, ehe ich antworten konnte: »Na, ich hoffe doch, *ihr* habt mittlerweile was gelernt.«

Damit war der Smalltalk mit dem ägyptischen Innenminister auch schon wieder zu Ende. Dann hatte Yehia El-Gamal eine weitere, weitaus angenehmere Überraschung für mich parat. Wir fuhren nach Heliopolis, wo Wedad Metri in ihrer großen Wohnung anlässlich meiner Freilassung eine Party gab. Hier sah ich viele meiner politischen Mitstreiter wieder, von denen fast alle die letzten Wochen hinter Gittern verbracht hatten. Und fast alle waren, wie auch ich eben, von Repräsentanten des Staates empfangen worden – einige sogar vom neuen Präsidenten.

An diesem Abend des Wiedersehens in Freiheit herrschte die allgemeine Ansicht, dass sich Husni Mubarak radikal von der politischen Linie seines Vorgängers abwenden werde. Und die Amnestie, die Ägyptens neuer Präsident den politischen Gefangenen als eine seiner ersten Amtshandlungen hatte zuteil werden lassen, brachte ihm von unserer Seite zusätzlich Sympathien entgegen. Wir hatten den Eindruck, dass er eine Versöhnung mit den verschiedenen politischen Bewegungen im Sinn habe. In meinem speziellen Fall ergab sich zudem eine emotionale Nähe, da er meinen Bruder Ashraf gut gekannt hatte, der während des »Zermürbungskriegs« gefallen war. Als Stabschef der ägyptischen Luftstreitkräfte war Mubarak ein persönlicher Mentor für den jungen Piloten gewesen. Auch nahm ich an, dass er, der einst selbst als Kampfpilot gegen Israel im Kriegseinsatz war, nun als Präsident Ägyptens der palästinensischen Sache mit mehr Empathie begegnen würde, als dies bei Sadat der Fall war.

In jener Anfangsphase einer neuen Ära machten sich bei den oppositionellen Kräften Zustände von Erschöpfung bemerkbar. Nach jahrelangen aufreibenden Kämpfen und zahlreichen Gefängnisaufenthalten waren viele von uns müde geworden. Ich nahm mir jetzt die Zeit, mich intensiver um meine Kinder zu kümmern. Bassma hatte während der monatelangen Haftzeit auf ihre Mutter verzichten müssen, und da das Reiseverbot für mich aufgehoben worden war, wollte ich auch Nagy und Wassim besuchen. Meine Tochter hatte in diesen ersten Wochen nach meiner Haftentlassung Probleme mit den Augen. Immer wieder kam es zu Sehstörungen. Die ägyptischen Ärzte vermuteten, dass eine *Neuritis nervi optici*, also eine Entzündung des Sehnervs vorlag. Al-Tagammu hatte verschiedene Kontakte zu sowjetischen Institutionen, und so bemühte ich mich mit Erfolg um eine Behandlung meiner Tochter in einer Moskauer Spezialklinik. Auf diese Weise würden wir auch Nagy wiedertreffen.

Fast auf den Tag genau ein Jahr nach meiner Verhaftung saßen wir in einer Maschine der Egyptair auf dem Weg in die sowjetische Hauptstadt. Seit langer Zeit erlebte ich Bassma mal wieder in fröhlicher Stimmung. Nachdem wir in Moskau gelandet waren, entdeckte ich meinen Sohn jenseits einer Glaswand. Nagy kam herangelaufen, und wir pressten unsere Hände dagegen. Nun waren wir, einzig durch jene Glaswand getrennt, nur noch wenige Zentimeter voneinander entfernt. Für mich war dies ein sehr emotionaler Moment. Mehr als drei Jahre war es her, seit ich Nagy in Kairo ebenso tränenreich verabschiedete, wie ich ihn nun begrüßte. Während dicke Tränen über mein Gesicht liefen, hüpfte Bassma neben mir aufgeregt hin und her. Doch zunächst wurde ich von einem Herrn, der mich im Namen der sowjetischen Partei offiziell zu begrüßen hatte, in einen VIP-Raum geführt. Ich bat darum, meinen Sohn an dieser Zeremonie teilhaben zu lassen, und schon wenige Minuten später konnte ich ihn endlich in die Arme schließen.

Moskau hatte ich schon geliebt, ehe ich die Stadt mit eigenen Augen sah. In zahlreichen Briefen hatte mir Nagy seinen Studienort ausführlich beschrieben. Seine Briefe gelangten auf Umwegen zu mir ins Gefängnis, da es den politischen Häftlingen nicht erlaubt war, Post unzensiert zu empfangen. Anfänglich waren es Bauern aus Kamshish, die die Briefe zwischen den Lebensmitteln versteckten. Als nach der »September-Kampagne« – wie Sadat die Verhaftungswelle genannt hatte – das Mitbringen von Speisen untersagt worden war, hatten sie eine Wärterin gefunden, die bereit war, mir Nagys Post zu überbringen. Natürlich ließ sich die Postbotin diese Gefälligkeit bezahlen. So hatte ich also schon eine Menge über Moskau erfahren, ehe wir nun gemeinsam durch die tief verschneite sowjetische Hauptstadt fuhren. Bald machte ich mir selbst ein Bild von jener Gesellschaft, welche die Kommunisten in Kairo gern als »leuchtendes Beispiel« hinstellten. Es war der Blick einer politischen Ägypterin, mit dem ich mich umsah. Eine Woche lang war ich bei Bassma in der Klinik geblieben. Nachdem sich ihr Augenleiden als heilbare Viruserkrankung herausgestellt hatte und sie entlassen wurde, begaben wir uns gemeinsam mit Nagy auf Erkundungstour.

Im Studentenwohnheim, in dem mein Sohn lebte, traf ich junge Frauen und Männer, die aus allen Schichten der Gesellschaft kamen. Auch Kindern aus Bauernfamilien begegnete ich hier, die erstaunt zur Kenntnis nahmen, dass unter der ägyptischen Landbevölkerung noch viele Analphabeten waren. Auf den Märkten konnte ich feststellen, dass die Grundnahrungsmittel – gemessen an den Einkommen – billig waren, wenngleich das Angebot an Obst und Gemüse in Ägypten reichhaltiger war. Es bildeten sich vor vielen Geschäften lange Schlangen, und wenn man die Menschen am Ende einer solchen Schlange fragte, was hier angeboten würde, konnten sie es vielfach gar nicht sagen. Es würde schon irgendein Konsumgut sein, erhielt ich zur Antwort, welches man entweder selbst gebrauchen konnte, oder eines, das einen Tauschwert besaß. In einem Laden waren es Lippenstifte, die zum Verkauf standen, in einem anderen ausländische Schokolade. Waren es diese Produkte wirklich wert, sich eine Stunde und länger im eiskalten russischen Winter anzustellen?

Von einem meiner politischen Gesprächspartner erfuhr ich, dass jedem sowjetischen Ehepaar 35 Quadratmeter Wohnraum zur Verfügung standen. Eine Wohnungsgröße, in der in Kairo oftmals fünfköpfige Familien miteinander klarkommen mussten – woran sich bis heute wenig geändert hat. Was mir aber unverständlich blieb, war die gesetzliche Bestimmung, wonach den Familien für einen Sohn ein weiteres Zimmer zustand, nicht hingegen für eine Tochter. Ich hatte auch Zweifel, ob der augenscheinlich schwerkranke Leonid Breschnew mit seinen fünfundsiebzig Lebensjahren überhaupt noch in der Lage war, die Aufgaben als Parteichef und sowjetisches Staatsoberhaupt zu erfüllen. Aber außer mir stellte dies offenbar kaum jemand in Frage. Waren hierfür womöglich auch Opportunismus und Günstlingswirtschaft verantwortlich, in der zu viele Leute bei einem Wechsel an der Parteispitze um ihre Privilegien fürchten mussten? Es sah zumindest ganz danach aus. Jedenfalls kehrte ich mit der Gewissheit in meine Heimat zurück, dass manche Errungenschaft der sowjetischen Gesellschaft zwar beachtlich war – als »leuchtendes Beispiel« für Ägypten aber konnte ich das nur bedingt akzeptieren, was ich dort zu sehen bekam. Aber das hatte ich ja ohnehin nicht anders vermutet.

Einige Wochen später besuchten Bassma und ich meinen anderen Sohn. Wassim studierte mittlerweile in Damaskus, was ich als eine wunderschöne Stadt mit viel Grün und sehr gastfreundlichen Bewohnern erlebte. Wir blieben einen Monat, und beim Abschied kam mir der traurige Gedanke, dass ich im ganzen Leben meines Sohnes nur selten so viel zusammenhängende Zeit mit ihm verbracht hatte. Oft war ich so eingespannt in die politische Arbeit gewesen oder in Sadats Gefängnissen inhaftiert, dass die mütterliche Zuneigung für alle meine Kinder auf der Strecke geblieben war. Amareya konnte da kein vollwertiger Ersatz sein. Hatte der hochsensible Wassim darunter von allen meinen Kindern am meisten zu leiden? Auf dem Rückflug nach Kairo begann ich im Stillen meine beiden Jungens miteinander zu vergleichen. Nagy war zweifellos der kräftigere, was möglicherweise daran lag, dass Wassim – wie auch dessen Schwester Bassma – ein Siebenmonatskind war. Doch Nagy hatte sich immer ein wenig zu sehr auf seine Stärke verlassen und die Fäuste häufiger benutzt als den Verstand. Wassim hingegen war eher ein Denker. Kein stiller Philosoph, der sich in seine vier Wände zurückzieht, sondern einer, der das Gespräch mit anderen sucht. Er verkörperte perfekt den Typ Everybody's Darling, und als solcher war er ständig unterwegs. Obgleich er sehr schmächtig war, machte Wassim seinem Namen, der auf Arabisch »der gut Aussehende« bedeutet, alle Ehre, und durch sein liebenswertes Wesen hatte er viele Freunde. Nagy hingegen war nicht nur ein kräftiger, sondern auch ein häuslicher Typ, der sein Leben plante: erst das Studium, danach die Karriere. Er hatte nicht vor, eine Familie zu gründen, wohl aber, sich ein Haus zu bauen, weshalb er äußerst sparsam lebte. Und das Studienfach Architektur entsprach dieser Lebensplanung.

Wassim plante sein Leben nicht, er lebte von einem Tag zum anderen. Er sparte auch nicht, gab das Geld aus, wie es hereinkam, und ließ andere daran großzügig teilhaben. Unterschiedlicher konnten zwei Brüder nicht sein. Das betraf auch deren Neugier an politischen Zusammenhängen. Wassim war seinem Vater ähnlich und interessierte sich von jeher für Visionen von einer sozial gerechten Gesellschaft. Nagy hingegen musste erst schmerzliche Erfahrungen am eigenen Leib machen, um sich mit politischen Fragen zu beschäftigen. Es war Anwar as-Sadat, der – um mich zu erpressen – Nagy ins Gefängnis geworfen und dadurch dankenswerterweise diese Entwicklung bei ihm in Gang gesetzt hatte.

Als die beiden Brüder noch in Alexandria zusammenlebten, war deren Verhältnis zueinander schwierig gewesen. Wenn der schmächtige Wassim von Nachbarjungen belästigt wurde, kam ihm zwar sein großer Bruder oft zu Hilfe. Im eigenen Haus aber akzeptierte Wassim nicht, dass Nagy sich ihm gegenüber so verhielt, als wäre er sein Vater. Das entsprach zwar dem traditionellen Rollenverständnis in Ägypten, aber Wassim rebellierte ebenso gegen überkommene Traditionen, wie ich dies tat, als ich Salah gegen den Willen meiner Mutter geheiratet hatte.

Längst hatten meine beiden Söhne damit begonnen, sich ein eigenes Leben aufzubauen – zweieinhalbtausend Kilometer voneinander entfernt. So hatte es mich überrascht, als Wassim mir am Ende unserer gemeinsamen Tage in Damaskus mitteilte, dass auch er sein Studium in Moskau fortsetzen werde. Mit Erfolg habe er sich an der Fakultät für Journalismus beworben, dem ein intensiver Sprachkurs vorausgehen werde. Würden meine Söhne jemals wieder in ihre ägyptische Heimat zurückkehren, oder musste ich damit leben, dass sie ihr Glück in der Ferne suchten?

Kurz nachdem Bassma das Abitur abgelegt hatte, war Amareya gestorben. Zu dieser Zeit wurde ich in Kairo gebraucht, da ich die Gründung eines Bauernverbands organisatorisch unterstützte und dabei selbst in der eigenen Partei Widerstände zu spüren bekam. Ein Umzug war unvermeidlich, und ich hatte bereits eine geeignete Wohnung gefunden, in der auch Bassma ein eigenes Zimmer haben würde. Ich konnte sie nicht in Alexandria zurücklassen, denn in der ägyptischen Gesellschaft ist es nicht möglich, dass eine junge Frau alleine lebt. Bassma aber wollte nicht mit mir nach Kairo ziehen. Sie pochte auf Gleichbehandlung mit ihren Brüdern und bestand darauf, ebenfalls in Moskau zu studieren. Ich hatte Angst vor dem Alleinsein, und so sagte ich ihr, dass ich sie brauchen würde. Bassma aber widersprach: »Du brauchst mich nicht! Du hast mich nie gebraucht! Du bist ständig unterwegs und hast gar keine Zeit für mich.«

Diese harten Worte trafen mich sehr, denn insgeheim musste

ich ihr recht geben. Auf gar keinen Fall durfte ich sie zwingen, ihr Leben an meinen Bedürfnissen auszurichten. Sie wäre nicht die Tochter von Shahinda Maklad und Salah Hussein, wenn sie sich das gefallen ließe. Also gab ich schließlich nach, und Bassma begann ein Dolmetscherstudium an einer Sprachenschule in Moskau.

An manchen Abenden saß ich nun zu Hause in der neuen Wohnung und fühlte mich entsetzlich allein. War diese Einsamkeit der Preis für mein politisches Engagement? Erst wurde mein geliebter Mann ermordet, und dann war ich, um nicht erpressbar zu werden, dazu gezwungen gewesen, meine beiden Söhne ins Ausland zu schicken. Und letztlich war auch Bassmas berechtigtes Beharren auf die Gleichbehandlung mit ihren Brüdern ein spätes Ergebnis von Sadats Unterdrückungspolitik. Um nicht in eine tiefe Depression zu verfallen, stürzte ich mich in die Arbeit. Die ägyptischen Bauern hatten es verdient, eine starke Standesvertretung zu haben – und ich war bereit, sie mit ihnen gemeinsam zu erstreiten.

6. Februar 2011

Nachmittags

An der Sitzung des »Nationalen Komitees für Veränderung« nehmen Leute teil, die annähernd hundert Parteien und politische Organisationen repräsentieren. Es herrscht eine ausgelassene Stimmung angesichts der neuen Nachrichten, die jemand aus der *Kifaja*-Bewegung referiert. Demnach sei der vor wenigen Tagen ernannte Ministerpräsident Essam Abdel-Aziz Sharaf bereit, sich am Abend im ägyptischen Staatsfernsehen für die Kamelschlacht von vor zwei Tagen zu entschuldigen und öffentlich zu verkünden, dass dies nie wieder geschehen werde. Jubel bricht unter den Teilnehmern aus, den Shahinda, ruhig in einer Ecke sitzend, zur Kenntnis nimmt. Ferner werden von dem *Kifaja*-Mann weitere Fortschritte aufgezählt, die »im Ergebnis der Proteste auf dem Tahrirplatz« erreicht wurden: »Das gesamte Exekutivkomitee von Mubaraks Nationaldemokratischer

Partei, einschließlich Gamal Mubarak, ist heute geschlossen zurückgetreten …«

»Weil sie keinen Ort mehr haben, wo sie tagen können!«, ruft ein junger Mann in die Runde und hat die Lacher auf seiner Seite.

»Gehälter und Renten der Regierungsbeamten werden um 15 Prozent erhöht!«

»Davon habe ich nichts!«, ertönt abermals ein Zwischenruf, der mit Lachen quittiert wird.

»Außerdem will Mubarak ein Komitee gründen, das die ägyptische Verfassung überarbeiten soll …«

»Das ist die Aufgabe eines frei gewählten Parlaments«, eifert sich eine Frau, die Shahinda zum ersten Mal in dieser Runde sieht.

»Nein, eine Reformkommission ist eine zentrale Forderung der Revolution«, ruft ein älterer Herr aus dem Umfeld von Mohamed El-Baradei. »Sie sollte mit Richtern wie etwa Frau Tahany El Gebaly besetzt sein …«

»Was will Mubarak verfassungsrechtlich eigentlich ändern?«, setzt die eifernde Frau nach.

»Das wird hier genannt«, setzt der Mann von *Kifaja* seine Ausführungen fort. »Zu den geplanten Änderungen gehört eine zeitlich begrenzte Amtszeit des Präsidenten …«

»Das zu beschließen wird ihm nicht schwerfallen – jetzt, wo seine eigene zu Ende geht!«, ruft wieder einer in die Runde, was schließlich zu einem kleinen Tumult an gegenseitigen Zustimmungen und Gelächter führt.

Unbemerkt ist Shahinda nach vorn gelaufen und hat sich an die Frontseite des langen Tisches gestellt. Sie wartet ab, bis wieder Ruhe eingekehrt ist. Dann wendet sich die erfahrene Politaktivistin an das Auditorium: »All diese sogenannten Zugeständnisse sind die letzten Zuckungen des alten Regimes. Aber kein einziges dieser Zugeständnisse läge uns heute auf dem Tisch ohne die Menschen auf dem Tahrirplatz.«

Applaus braust auf. Als dieser abebbt, wendet sie sich an den letzten Zwischenrufer: »Ja, du hast recht – Mubaraks Amtszeit geht zu Ende. Sorgen wir dafür, dass dies nicht im September der Fall sein wird, sondern morgen, übermorgen oder spätestens in der kommenden Woche. Gehen wir also zurück auf den Tahrirplatz!«

KAPITEL 31

Salahs Vision vorerst gescheitert

Mehr als dreißig Jahre war es her, seit ich als junges Mädchen Salah als einen Rebellen an der Seite der Bauern von Kamshish erlebt hatte. Schon damals war es sein Traum gewesen, einen ägyptischen Bauernverband zu gründen. Die Fellachen sollten nicht mehr nur als Einzelkämpfer ihre Interessen vertreten oder jedes Dorf für sich allein. Immerhin verdienten fast zwei Drittel der Ägypter ihren Unterhalt in der Landwirtschaft. Die staatliche Agrarpolitik hatte also unmittelbaren Einfluss auf die Lebensverhältnisse einer großen Mehrheit der Bevölkerung. Darauf sollten die Bauern endlich mit einer starken Standesvertretung Einfluss nehmen können.

Natürlich waren die einstigen Großgrundbesitzer, die weiterhin auf eine Rücknahme der Landreform hofften, gegen einen solchen Verband – und deren Handlager in den Verwaltungen auch. Doch als ich, gemeinsam mit einigen Fellachen aus verschiedenen Teilen des Landes, die Gründung eines ägyptischen Bauernverbands in Angriff nahm, schlug uns Widerstand von einer Seite entgegen, von der ich es nicht erwartet hatte. Plötzlich tauchten in meiner eigenen Partei Kräfte auf, die offen darüber nachdachten, sich einer Rücknahme des Nasser'schen Pachtgesetzes nicht zu verweigern. Mit der Forderung nach einer Anhebung der Pacht auf ein »Marktniveau« kamen sie den marktliberalen Vorstellungen der Weltbank entgegen. Wer aber bestimmte das Marktniveau? Die Einmischung der Weltbank hatte nur das eine Ziel: den USA günstige Voraussetzungen für Lebensmittelexporte nach Ägypten zu bereiten. Um dabei erfolgreich zu sein, mussten auf unseren Märkten die Preise für heimische Produkte deutlich steigen. Geplant war nichts weniger als die Einführung raubkapitalistischer Verhältnisse in der Landwirtschaft, die viele freie Bauern zu Lohnarbeitern machen würden. Dagegen musste ich vorgehen – auch gegenüber den Widersachern in der eigenen Partei.

Ich hatte Verbündete. Gemeinsam mit dem koptischen Bauernführer Erian Nassif und einem Fellachen aus dem Gouvernement Ad-Daqahliyya, der Mohammed Iraqi hieß, zog ich Anfang der achtziger Jahre quer durchs Land. Da uns nur sehr begrenzte finanzielle Mittel zur Verfügung standen, reisten wir in überfüllten Nachtzügen, in denen Ratten durch die Abteile liefen. Vor Ort suchten wir immer zuerst die lokalen Büros von Al-Tagammu auf, wo wir überwiegend auf Zustimmung stießen. Hier war man mit den alltäglichen Problemen der Landbevölkerung eher vertraut als viele Funktionäre in unserer Parteizentrale. Von den Fellachen selbst aber wurde die Idee eines Bauernverbands keineswegs nur mit einhelligem Beifall aufgenommen. Bei vielen herrschte eine große Skepsis. Bislang nämlich fanden deren Anliegen kaum Niederschlag in den Programmen der verschiedenen politischen Organisationen. Viele hatten aber auch Angst vor staatlicher Verfolgung, falls sie sich einer solchen Standesvertretung anschließen würden. Und diese Angst war nicht unberechtigt, wie sich zeigte, nachdem 1983 ein staatlich nicht anerkannter Bauernverband gegründet worden war. In der Folgezeit wurden Bauern unter dubiosen Vorwänden verhaftet, und in den Gefängnissen saßen fast ausschließlich Leute, die dem Verband angehörten. Das trug natürlich nicht gerade zur Beliebtheit eines solchen Verbands unter der Landbevölkerung bei.

Noch hatten oppositionelle Politiker ihre Hoffnungen, die sie zwei Jahre zuvor mit Mubaraks Präsidentschaft verbanden, nicht endgültig begraben. Ein Gradmesser für politische Fairness würden die bevorstehenden Parlamentswahlen sein.

Im Jahr 1984 wurde in der Tagammu-Partei darüber diskutiert, ob wir eigene Kandidaten aufstellen sollten. Wie könnten wir denn sonst herausfinden, ob die Wahlen fair ablaufen, so argumentierte ich, wenn wir gar nicht daran teilnehmen? Trotzdem war Vorsicht geboten, und es mussten auch dieses Mal Vorkehrungen getroffen werden, um Fälschungen zu verhindern. Ich ließ mich wieder im Bezirk Talla nominieren, und was sich hier während des Wahlkampfs abspielte, stellte vieles in den Schatten, was wir in der Sadat-Zeit erlebt hatten. Gegen mich kandidierte Kamal El-Shazly, der einst der Generalsekretär der Sozialistischen Union im Gouvernement Al-Minufiyya und nun der Kandidat von Mubaraks Nationaldemokratischer Partei (NDP) war. Auf allen Wahlveranstaltungen der Opposition tauchten Rowdys auf, die Streit anfingen und nicht selten die Stühle demolierten. Welche Störungen waren wohl erst am Wahltag selbst zu erwarten?

In Talla hatte ich Sherbiny, einen jungen Aktivisten von Al-Tagammu, dazu bestimmt, den Ablauf der Wahl und die Auszählung der Stimmen zu überwachen. Dabei sollte er nicht nur die Stimmzettel im Blick behalten, die an die Wähler ausgehändigt wurden. Vielmehr bestand die Gefahr, dass jene Zettel, die übrig blieben, später für eine Fälschung benutzt würden – wenn nicht gar versucht würde, die gesamte Urne auszutauschen. Als dann am Wahltag zur Zeit des Mittagsgebets keine Wähler kamen, sagte jemand zu Sherbiny, ich würde vor dem Wahllokal warten, weil ich ihm etwas mitzuteilen hätte. Er aber weigerte sich, den Raum zu verlassen. Eine Stunde später fuhr man ein schwereres Geschütz auf. Ein uniformierter Polizist kam aufgeregt angelaufen und sagte zu Sherbiny, sein kleiner Sohn sei schwer verunglückt und dessen Mutter bitte ihn, nach Hause zu kommen. Abermals weigerte sich der junge Mann, seinen Posten zu verlassen. Schließlich tauchten einige der bezahlten Rowdys auf, die in den Wochen zuvor manche unserer Wahlveranstaltungen massiv gestört hatten, packten den sich wehrenden Sherbiny und schlugen ihn so heftig, dass er mit einer Gehirnerschütterung zusammenbrach. Danach schleiften sie ihn vor das Haus, stießen den verletzten Mann in einen Wagen und brachten ihn zum örtlichen Parteigebäude der NDP, wo er in einen Raum geschlossen wurde.

Aufgeregt kamen ein paar Leute, welche die Vorgänge beobachtet hatten, zu mir gelaufen. Umgehend ging ich zur Polizeistation, und ohne mich um die dort versammelten Polizisten zu kümmern, ging ich direkt zum Büro des diensthabenden Offiziers. Immerhin erreichte ich, dass Sherbiny aus seinem Gefängnis befreit und in ein Krankenhaus gebracht wurde. Leider konnte ich ihn nicht begleiten, denn ich musste ja seinen Posten einnehmen. Als ich beim Wahllokal eintraf, war es bereits geschlossen. Da aber die Tür noch geöffnet war, trat ich ein. Drinnen erwischte ich diejenigen, die eigentlich für den korrekten Ablauf der Wahl verantwortlich waren, bei deren Fälschung. Sofort warf ich mich auf die Urne, um zu verhindern, dass die gefälschten Stimmzettel eingeworfen werden konnten. Ich rief nach den beiden Polizisten, die die Auszählung beaufsichtigen sollten, nun aber rauchend vor dem Wahllokal standen. Sie rannten herbei, doch als sie mich auf der Wahlurne liegen sahen, zogen sie sich sofort wieder zurück. Ich konnte sie sogar verstehen, denn wenn herauskäme, dass sie dazu beigetragen hätten, die Wahl von Mubaraks Parteifreund Kamal El-Shazly zu verhindern, würde dies sicher nicht ungesühnt bleiben.

Nachdem man mich von der Urne weggezerrt hatte, lief ich nach Hause und schrieb ein Gedächtnisprotokoll über diese Vorgänge, um es in dem Parteiorgan der Al-Tagammu zu veröffentlichen. Dann aber wurde uns aus der Zentrale der NDP überraschend ein Dokument zugespielt, das weitaus besser für eine Publikation geeignet war als das Protokoll der Shahinda Maklad. Es war die Kopie eines Telegramms, welches einer aus Kamal El-Shazlys Team am Wahltag an die NDP-Zentrale in Kairo geschickt hatte: »Helft uns! Unsere Kontrahenten sind stärker als wir. Wir brauchen Unterstützung!« Nun, kurze Zeit darauf hatte diese »Unterstützung« Sherbiny krankenhausreif geschlagen. Und auch darüber berichteten wir auf der Titelseite unserer Zeitung.

Das Regime des Husni Mubarak hatte sein wahres Gesicht gezeigt: Seine Nationaldemokratische Partei bestand wie zu Sadats

Zeiten aus einer Anhäufung von willfährigen Opportunisten. Fortan habe ich Al-Tagammu immer wieder davor gewarnt, bei Wahlen zu kandidieren, solange diese eine Farce darstellten, um dem einfachen Volk eine Komödie vorzuspielen, und damit eine Erniedrigung der Opposition darstellten. Leider konnte ich mich damit innerhalb der eigenen Reihen fast nie durchsetzen.

Mitte der achtziger Jahre waren wir von Salahs Vision eines freien Ägypten weiter entfernt als jemals zuvor. Husni Mubarak hatte das System seines Vorgängers nicht abgeschafft, sondern weiter perfektioniert.

7./8. Februar 2011

Seit Tagen schon hat der Tahrirplatz den Charakter eines Volksfests angenommen. Ganze Familien unternehmen jetzt dorthin Ausflüge. Längst schon haben sich in den Nebenstraßen Souvenirhändler etabliert, die Fahnen, Schals und Schweißbänder in den ägyptischen Nationalfarben verkaufen. Auch mobile Imbisswagen gibt es jetzt, an denen Foul und Koshari abgeboten werden. Unter den Frauen am Amr-Makram-Denkmal macht sich die Befürchtung breit, dass die Revolution auf dem Altar der Beliebigkeit geopfert werden könnte. Eine Ansicht, die Shahinda Maklad nicht teilt. Sie sieht darin eher eine wachsende Zustimmung zu den Zielen der Revolution bei breiten Bevölkerungskreisen. Immer öfter kommt sie mittlerweile mit Leuten ihrer Generation ins Gespräch, die ihr gestehen, vor einer Woche noch Gegner der Proteste gewesen zu sein. Ganze Belegschaften von Fabriken und selbst Beamte aus Verwaltungen und Ministerien sind nun hier anzutreffen.

»Sollte das Regime auf Zeit spielen wollen, so wird diese Rechnung am Ende nicht aufgehen. Die Uhr läuft für uns«, hält Shahinda jenen Frauen entgegen, die die Entwicklung auf dem Tahrirplatz weniger optimistisch sehen.

»Es wird sehr einsam für den alten Mann in seinem Palast in Heliopolis«, sagt auch Kamal Aboul Atta, als er Shahinda an ihrem Stammplatz begrüßt. Es hat sich längst herumgesprochen, dass sie am Amr-Makram-

Denkmal zu finden ist. Kamal Aboul Atta war in den beiden letzten Wochen mehrfach hierhergekommen, und diesmal hat er seine Kollegen von der Abteilung für Grundstückssteuer der Kairoer Finanzbehörde mitgebracht. Für die Durchsetzung ihrer Interessen hat er vor einiger Zeit die erste freie Gewerkschaft Ägyptens gegründet und deren Anerkennung gegen viele Widerstände durchgesetzt.

KAPITEL 32

Feudalisten auf dem Vormarsch

Im Jahr 1992 wurde ein Gesetz auf den Weg gebracht, das als Verwaltungsvorgang schlicht »Gesetz Nummer 96« genannt wurde. Vielen Menschen in meinem Land war da noch gar nicht klar, dass dieses Gesetz, sollte es in die Tat umgesetzt werden, für alle Ägypter erhebliche Folgen haben würde. Einigen wenigen würde es Wohlstand bringen, viele bäuerliche Familien die Existenz kosten, für alle aber eine Verteuerung von landwirtschaftlichen Produkten bedeuten. Doch es sollte endlich realisiert werden, was schon seit Jahren hinter verschlossenen Türen geplant wurde – nichts weniger als die Rückkehr zu feudalistischen Zuständen, wie sie in der ägyptischen Landwirtschaft vor der Revolution von 1952 geherrscht hatten.

Nun zeigte sich, dass wir zu arglos gewesen waren, als wir damals in Kamshish widerspruchslos hingenommen hatten, dass die aus Kairo entsandte Untersuchungskommission den Bauern das Land nicht übereignete, sondern in Dauerpacht überließ. All die Jahre schien alles geregelt, die Pacht war bezahl- und nicht kündbar, wurde nur alle sieben Jahre um einen bestimmten Prozentsatz erhöht. Wer seinen Pachtpreis regelmäßig bezahlte, hatte also nichts zu fürchten. Selbst Anwar as-Sadat hatte es nie gewagt, so schamlos gegen die Rechte der eigenen Bauern vorzugehen, wie es das Mubarak-Regime nun mit dem »Gesetz Nummer 96« vorhatte. Nachdem ein Großteil der staatlichen Unternehmen und des Dienstleistungssektors privatisiert worden war, hatte sich im Land bereits eine ungeahnte soziale Kluft aufgetan. Jetzt sollte durch die willkürliche Festlegung von »marktgerechten Pachtpreisen« der Grundstücksspekulation Tür und Tor geöffnet werden. Gegen diese Pläne des Mubarak-Regimes mussten wir vorgehen.

Leider konnte ich wieder nicht auf die ungeteilte Unterstützung meiner eigenen Partei zählen.

Einer, der besonders lautstark den Kurs von Husni Mubarak unterstützte, hieß Maher Assal. Der Universitätsprofessor war ZK-Mitglied der Al-Tagammu, und für seine konformistische Haltung hatte er gute Gründe, wie meine Recherchen ergaben. Maher Assals Vorfahren waren seit Generationen Besitzer von großen Ländereien, und durch das »Gesetz Nummer 96« würden seiner Familie viele Felder rückübereignet werden, die durch Nassers Landreform verloren gegangen waren. Kaum war die von mir und meinen politischen Freunden öffentlich entfachte Diskussion um dieses Gesetz entfacht, nutzte Maher Assal vielfältige Medienkontakte, um seine Zustimmung zu Mubaraks Landwirtschaftspolitik zu verkünden. Dabei erweckte er den Anschein, als ob er für die Gesamtheit von Al-Tagammu sprechen würde. Das empfand ich als anmaßend. Und dann erfuhr ich, dass er Ambitionen hatte, ins Politbüro aufzusteigen.

Auf dem Kongress, von dem er seinen Aufstieg ins höchste Parteigremium erhoffte, ergriff ich das Wort. In einer kämpferischen Rede zeigte ich zunächst auf, welche Folgen das »Gesetz Nummer 96« für unser Land haben würde. Das wiederum, so fuhr ich fort, sei von den Vereinigten Staaten, die das »System Mubarak« aus vielerlei sehr egoistischen Gründen unterstützten, durchaus beabsichtigt: amerikanische Agrarprodukte sollten auf dem ägyptischen Markt konkurrenzfähig werden. Gespannte Stille herrschte im Saal, als ich eine Entwicklung prophezeite, wie sie später leider tatsächlich Wirklichkeit wurde. Schließlich wandte ich mich direkt an Professor Maher Assal und sagte ihm auf den Kopf zu, weshalb er sich in seinem ureigenen Interesse auf die Seite des korrupten Landwirtschaftsministers Yousef Wali geschlagen habe. Ich hielt die Unterlagen über ihn und die einstigen Besitztümer seiner Familie in die Höhe und fragte, ob er diesen Beweisen widersprechen wolle. Maher Assal blieb stumm. Danach kam es zur Wahl der Parteigremien. Mit überwältigender Mehrheit wurde ich als Mitglied des Politbüros bestätigt,

Maher Assal hingegen konnte nicht einmal seinen Sitz im Zentralkomitee behalten.

Dies war ein parteiinterner Sieg, das »Gesetz Nummer 96« aber wurde dadurch nicht verhindert. Der Kampf dagegen musste mit dem Kopf am Konferenztisch und mit den Füßen auf der Straße geführt werden. Doch das Mubarak-Regime ging mit Härte gegen seine Gegner vor: Vierzehn Bauern wurden bei Auseinandersetzungen mit der Polizei getötet und 180 verletzt. Die Zahl derer, die nach Paragraf 97 des Antiterrorgesetzes ins Gefängnis geworfen wurden, ging in die Hunderte. Schließlich konnte sich das Regime zu seiner Rechtfertigung auf den Ausnahmezustand berufen, der seit dem Sadat-Attentat vom 6. Oktober 1981 ununterbrochen galt. Vor dem Hintergrund solch massiver Bedrohung war es ein geradezu gigantischer Erfolg, dass wir dem Landwirtschaftsminister 250 000 Unterschriften gegen das »Gesetz Nummer 96« präsentieren konnten – eine Viertelmillion Fellachen, die sich nicht einschüchtern ließen, die man aber auch nicht alle verhaften konnte. Also entschloss man sich, sie zu ignorieren. Yousef Wali verstieg sich auf seinem Ministersessel sogar zu der Behauptung, 90 Prozent der ägyptischen Bauern seien damit einverstanden, dass man ihnen die Pachtpreise massiv erhöht und im Falle, dass sie diese nicht bezahlen können, das Land wegnimmt.

Am 30. April 1997 luden meine Freunde und ich die Bauern Ägyptens aus Anlass von Salahs einunddreißigstem Todestag nach Kairo. Es war ein Kongress geplant, der im großen Saal des Parteigebäudes von Al-Tagammu stattfinden sollte. Natürlich würde der Kampf gegen das »Gesetz Nummer 96« das Thema sein. Seit Wochen schon wurden in vielen Dörfern schwarze Fahnen gehisst und lokale Demonstrationen veranstaltet. Nun also hatten wir zu unserem Kongress nach Kairo geladen und wurden vom Erfolg geradezu überrascht. Schon am Nachmittag war Kairos Verkehr auf dem Tahrirplatz weitgehend lahmgelegt. Tausende Bauern aus dem ganzen Land zogen die Talaat-Harb-Straße hinauf. Andere, die zuvor von Osten her eingetroffen waren, hatten noch Zutritt zum Parteigebäude von Al-Tagammu bekommen und füllten auf den Fluren bereits die Aufnahmeanträge für den noch immer nicht legalisierten Bauernverband aus. Dann zog eine Hundertschaft schwarz uniformierter Polizisten auf und riegelte das Parteigebäude ab. Ich trat in der oberen Etage an eines der Fenster und rief über ein Megafon den Bauern zu: »Der Feudalismus hält wieder Einzug in Ägypten! Reaktionäre Kräfte versuchen die sozialen Errungenschaften der Massen zurückzunehmen. Sie haben damit begonnen, den öffentlichen Sektor zu liquidieren, der dem Volk gehört und der die Festung unserer ökonomischen Unabhängigkeit repräsentiert ...«

Unten wurden regierungsfeindliche Parolen gerufen, und nun wurde die Polizei nervös. Ein Offizier forderte die angereisten Bauern auf, den Platz vor dem Parteigebäude zu räumen. Doch es passierte das Gegenteil. Die Fellachen setzten sich auf die Straße. Erst einzelne, dann immer mehr, und schließlich gab es nur noch ein paar ältere Leute, die stehen geblieben waren. Ein Offizier wandte sich an Refaat El-Said, den Vorsitzenden von Al-Tagammu, und forderte ihn ultimativ auf, dafür zu sorgen, dass die Straße frei gemacht würde. Der Parteichef knickte ein. Er wandte sich an die Demonstranten, bat um Verständnis, dass nicht mehr als 1000 Leute an dem Kongress teilnehmen könnten, ohne Gefahr zu laufen, dass das Haus einstürzt. Es seien bereits jetzt mehr Leute drinnen als erlaubt. Die Demonstranten draußen aber sollten umgehend die Straße räumen. Verärgert musste ich miterleben, wie mein Parteivorsitzender auf Anweisung der Polizei ein Sit-in auflöste! War das noch die Partei von Khaled Mohieddin, zu deren Gründungskongress ich elf Jahre zuvor angereist war?

Das »Gesetz Nummer 96« wurde Wirklichkeit, und innerhalb weniger Wochen mussten landesweit 10 000 Fellachen die Bewirtschaftung ihrer Äcker aufgeben, weil sie »marktgerechte Pachtpreise« nicht aufbringen konnten. Multinationale Konzerne kauften vielfach die Flächen auf und stellten ehemals freie Bauern als

Landarbeiter ein. Rund um Kairo wurden Agrargebiete zu Bauland erklärt, wodurch Spekulanten riesige Vermögen verdienten. Zunehmend mussten Weizen und andere Lebensmittel importiert werden, die dann teuer auf ägyptischen Märkten angeboten wurden. Und um das Volk nicht gänzlich verhungern zu lassen, sah sich das Mubarak-Regime gezwungen, für die Bewohner der Armenviertel in den großen Städten Lebensmittelmarken einzuführen. Die Zeit war endgültig vorbei, als vierzig Tage nach Salahs Tod mir Abd Al-Hakim Amer mit Tränen in den Augen gesagt hatte: »Die Hand, die sich gegen unsere Bauern erhebt, wird abgehackt werden!« Weniger als ein halbes Jahrhundert nach dem Sturz der Monarchie war Ägypten in feudalistische und raubkapitalistische Strukturen zurückgefallen. Und an deren Spitze stand mittlerweile eine einzige Familie, die sich schamlos bereicherte – die des Muhammad Husni Mubarak.

9. Februar 2011

Am Morgen passiert etwas, was noch vor einer Woche niemand für möglich gehalten hätte: Funktionäre der regierungsnahen Gewerkschaften rufen zur Teilnahme an Demonstrationen auf. Das wird der Revolution einen zusätzlichen Drive versetzen, zeigt sich Shahinda gegenüber den Leuten rund um das Omar-Makram-Denkmal optimistisch.

Plötzlich ist auch Sara wieder da, die Nichte jenes Popstars, dessen Song *Ezzai* längst zu einer Hymne der Revolution geworden ist.

»Ich soll Sie von Mounir grüßen!«, ruft sie schon von Weitem.

»Hat er sich an mich erinnert?«, fragt Shahinda, und ihr Lachen zeigt, dass die Frage nicht ernst gemeint ist.

»Oh ja!«, bestätigt Sara. »Er hat mir viel von Ihnen erzählt.«

»Was denn?«

»Na ja, dass Sie für die Bauern gekämpft haben in einem kleinen Dorf bei Shebin El-Kom …«

»In Kamshish.«

»Ja … und dass Sie unter Sadat im Gefängnis saßen.«

»Ich hatte dreimal dieses Vergnügen, zusammen mit dieser Frau dort …«
Shahinda zeigt auf Amina Rashid, die in einiger Entfernung mit jungen Leuten diskutiert. Als sie bemerkt, dass Sara sie mustert, schenkt sie ihr ein Lächeln.

»Warum waren Sie eigentlich im Gefängnis?«, fragt Sara.

»Hat dir das dein Onkel nicht gesagt?«

»Nein.«

»Nun, ich war gegen Sadats Außenpolitik. Vor allem bin ich eine Gegnerin von Camp David gewesen«, erklärt Shahinda.

»Oh!«, entfährt es Sara, und sie schaut verlegen zu Boden.

»Was ist?«, fragt Shahinda.

Nach einem kurzen Moment des Überlegens blickt Sara ihrer Gesprächspartnerin in die Augen und erläutert: »Natürlich bin ich dagegen, dass jemand ins Gefängnis muss, wenn er nicht mit der Meinung des Präsidenten übereinstimmt. Deswegen sind wir ja schließlich auch hier … für die freie Meinungsäußerung, meine ich. Aber … also innenpolitisch kann ich zu Sadat nichts sagen, aber außenpolitisch halte ich ihn für einen wirklich großen Präsidenten!«

»Kindchen!«, entfährt es Shahinda. »Woher willst du das denn wissen? Als Sadat starb, warst du noch gar nicht auf der Welt.«

Sara weist mit der Hand in Richtung des Ägyptischen Nationalmuseums und sagt: »Wir wissen doch auch, dass Ramses II. ein großer Pharao war – und zu seinen Lebzeiten gab es uns beide noch nicht.«

Shahinda muss über die Schlagfertigkeit der jungen Frau lachen. Sie legt ihr kameradschaftlich die Hand auf die Schulter und bemerkt anerkennend: »Der Punkt geht an dich. Aber was sagst du dazu, dass der Staat Israel seit dem Jahre 1967 Land besetzt, das den Palästinensern gehört? Seit Jahren liegt die entsprechende Resolution 242 auf dem Tisch. Warum wird sie nicht umgesetzt?«

»Man kann doch dagegen sein, dass Israel palästinensisches Land besetzt«, entgegnet Sara, »und es gleichzeitig cool finden, dass Sadat für uns den Sinai zurückgeholt hat.«

»Aber zu welchem Preis? Wir dürfen keinen einzigen unserer Soldaten dort stationieren … in unserem eigenen Land«, erregt sich Shahinda.

Doch Sara hält ihr ruhig entgegen: »Na, wenn ägyptische und israelische Soldaten durch den ganzen Sinai voneinander getrennt sind, dann dürfte es schwer werden, Krieg gegeneinander zu führen. Was ist dagegen zu sagen? Auch in Israel gibt es Leute wie Sie und mich, die am Frieden interessiert sind ...«

»Das weiß ich auch. Aber die israelische Friedensbewegung fordert auch die Rechte für die Palästinenser, die Sadat noch in seiner Rede in der Knesset als Vorbedingung genannt hat ...«

»Er war der Präsident Ägyptens und nicht der Palästinas«, wirft Sara ein, doch Shahinda lässt sich nicht unterbrechen.

»Er hat sich von Henry Kissinger über den Tisch ziehen lassen. Kissinger, das war damals der amerikanische Außenminister. Anwar as-Sadat hat sich von den Amerikanern korrumpieren lassen. Dieser ›große Präsident‹ hat landwirtschaftliche Strukturen auf unseren Dörfern zerstört, sodass wir heute Lebensmittel zu horrenden Preisen aus den USA und Europa einführen müssen. Nach Ägypten – einem Land, das seit 4000 Jahren ein Agrarland ist. Und sein Nachfolger, dem wir alle hier heute den Rücktritt nahelegen, hat das Land ruiniert. Hätte Husni Mubarak eine gute Bildungspolitik gemacht, und wäre ihm die Gesundheitspolitik ein Anliegen gewesen, dann stünde unser Land ganz anders da und wir heute nicht auf dem Tahrirplatz.«

Shahinda schaut die junge Frau erwartungsvoll an, und Sara beginnt zu lachen.

»Da haben wir aber gerade noch mal die Kurve gekriegt, denn da bin ich natürlich auf Ihrer Seite. Ich komme schließlich nicht hierher, um mir den neuen Song meines Onkels anzuhören.«

Shahinda legt der jungen Frau freundschaftlich den Arm um die Schulter und sagt: »Natürlich weiß ich, dass viele von euch ›modernen‹ jungen Leuten die Beziehung zu Israel heute anders sehen als wir. Aber nur selten habe ich jemanden getroffen, der mir gegenüber seine Position so engagiert und schlagfertig dargelegt hat wie du. Sara, ich muss dir sagen – auch wenn ich anderer Meinung bin –, das hat mir gut gefallen.«

KAPITEL 33

Unterwegs in zwei Welten

Auf dem Weg nach Kamshish gestand mir Tahani Rashed, dass sie eigentlich einen Film über vier Männer hatte drehen wollen. Das Thema sei auch da schon dasselbe gewesen, welches sie nun mit Wedad, Safinaz, Amina und mir zu realisieren gedachte: die Freundschaft zwischen Christen und Muslims in Ägypten. Damit wollte die in Kanada lebende ägyptische Filmemacherin auf Zeitungsberichte in Übersee reagieren, die von einer Christenverfolgung in unserem Land sprachen. Doch die von ihr ursprünglich ausgesuchten Männer waren schon während der Vorgespräche übereinander hergefallen und hatten sich wüst beschimpft. Das würde den Kinobesuchern kaum als gegenseitige Zuneigung zu verkaufen sein. Da war Tahani Rashed zufällig Amina Rashid begegnet, die sie schon aus der Zeit vor ihrer Auswanderung kannte. Tahani Rasheds Familie betrieb in der Kasr-El-Nile-Straße einen auf französische Literatur spezialisierten Buchladen. Kein Wunder, dass Amina, die Professorin mit dem Sorbonne-Diplom, dort regelmäßig anzutreffen war. Als Amina nun von Tahanis Dilemma mit den Männern erfuhr, machte sie die Regisseurin mit uns, ihren drei Freundinnen, bekannt. Und nun sollten wir die Protagonistinnen sein. Somit war klar, dass der Film einen völlig anderen Charakter bekommen würde. Mir jedenfalls war dies von Beginn an bewusst, und die Regisseurin würde es bald bemerken. Denn Safinaz war die Einzige unter uns vier Frauen, die ein religiöses Leben führte. Sie kleidete sich nicht nur islamisch, sondern hielt auch alle anderen Gebote ein. So betete sie fünfmal am Tag, und wenn ich in ihrer Gegenwart ein Glas Wein trank, begnügte sich Safinaz mit Wasser. Wedad Metri war zwar von Geburt an koptische Christin, aber sie stand

der marxistischen Literatur emotional näher als der Bibel. Und
für Amina und mich, wenn man denn unbedingt eine Bezeich-
nung finden müsste, träfe die der »säkularen Linken mit musli-
mischem Hintergrund« zu. Unser aller Freundschaft war weniger
in gegenseitiger religiöser Toleranz begründet als in der gemeinsamen Ablehnung der Politik Sadats. Das hatte uns mehr als einen Aufenthalt in der Frauenhaftanstalt bei den Barragen einge-
bracht. Für verfolgte ägyptische Oppositionelle aber hatte sich die
Weltöffentlichkeit kaum, für religiös motivierte Unruhen hingegen sehr interessiert. Dieser Film würde das eine zeigen und das
andere relativieren, und deshalb würde es ein wichtiger Film sein.

Zunächst wurde eine jede von uns von Tahani Rashed vor die
Kamera gesetzt und getrennt von den anderen interviewt. Danach
wollte sie mit uns an Orten drehen, die für unser Wirken ent-
scheidend waren. In meinem Falle war dies natürlich Kamshish.
Die Regisseurin hatte Archivmaterial herausgesucht, das mich
bei Demonstrationen und auf Kundgebungen der letzten dreißig
Jahre zeigte. Fotos und dokumentarische Filmszenen sollten mit
Aufnahmen gegengeschnitten werden, die während des aktuellen
Besuchs in Kamshish entstehen würden. Der Film würde also definitiv eine andere, sicher für die Zuschauer irgendwo in der Welt
interessantere Dokumentation werden, als es jener Film geworden
wäre, den Tahani Rashed ursprünglich geplant hatte.

Das neue Kairoer Opernhaus war am 23. Februar 1999 bis auf den
letzten Platz besetzt gewesen, als in Anwesenheit des kanadischen
Botschafters der Film *Vier Frauen in Ägypten* gezeigt wurde. Sicher
hatte Mubaraks Geheimdienstchef Omar Suleiman auch ein paar
seiner Leute vorbeigeschickt, aber wir blieben unbehelligt. Im Gegenteil: Die Reaktion des Publikums war nahezu einhellig positiv.
Nach dieser Uraufführung lag uns überraschend eine Einladung in
die Vereinigten Staaten vor. Der Film würde seine US-Premiere an
der Universität Princeton im Bundesstaat New Jersey haben. Danach war eine weitere Aufführung in der amerikanischen Hauptstadt geplant. Würde das Schicksal von vier ägyptischen Frauen in

den USA überhaupt auf ein breites Interesse stoßen – oder war nur mit dem Besuch von dort lebenden Ägyptern zu rechnen? Auf jeden Fall würde es für uns eine spannende Reise werden.

Ich freute mich darauf, New York City zu sehen, was ja – wie ich auf einer Landkarte entdecken konnte – nicht allzu weit von Princeton entfernt war. Die Worte von Saad Louka, Wedads Ehemann, fielen mir ein, mit denen er die amerikanische Gesellschaft beschrieben hatte, als ich ihn vor mehr als drei Jahrzehnten kennenlernte: In den USA habe man das Gefühl, sich auf einer Leiter zu befinden, auf der man hochsteigt, ohne jemals irgendwo anzukommen. Würde die Zeit unseres kurzen Besuchs im Weltzentrum des Finanzkapitalismus ausreichen, um ein Gefühl für die amerikanische Gesellschaft zu entwickeln? Zu meinem Bedauern wollte Safinaz dies gar nicht erst herausfinden. Auf gar keinen Fall, erklärte die gläubige Muslima, werde sie amerikanischen Boden betreten.

New York zeigte uns viele seiner Gesichter. In Brighton Beach, im Süden von Brooklyn, fühlte ich mich, während wir über die Promenade entlang des Atlantiks schlenderten, an Alexandria erinnert. Wenig Überraschendes boten mir Orte wie der Times Square oder die Wall Street. Zu oft schon hatte ich diese Plätze in Spielfilmen oder Korrespondentenberichten im Fernsehen gesehen. Hier wohnten kaum Menschen, aber die Straßen waren stark bevölkert. In den riesigen Wohnsiedlungen hingegen, die man uns in den Außenbezirken zeigte, fiel mir auf, dass sich kaum jemand auf der Straße aufhielt. So etwas waren wir aus Kairo nicht gewohnt. Bei uns spielte sich das Leben überwiegend draußen ab – im Miteinander von Nachbarn und Freunden. In den Wohngebieten von New York aber schienen die Bewohner zurückgezogen und vereinzelt zu leben, was mir von unserem amerikanischen Begleiter auch bestätigt wurde. Amina sprach aus, was auch mir durch den Kopf ging: »Selbst wenn mir jemand mein Gewicht in Gold dafür gäbe, ich würde in einem solchen Haus nicht wohnen wollen.«

An der Princeton University, an der einst Albert Einstein lehrte, so wussten wir, studierten viele jüdische Studenten. Nun hatten ja alle vier Protagonistinnen des Films deshalb in Sadats Gefängnissen gesessen, weil sie dessen Politik gegenüber Israel ablehnten. Es war also damit zu rechnen, dass Israel-freundliche Studenten und Mitarbeiter ihren Unmut zeigen und uns kritische Fragen stellen würden. Schon auf dem Flug über den Atlantik hatten wir uns auf eine solche Situation vorbereitet. Wir waren alle Fragen, die uns möglich erschienen, durchgegangen und hatten festgelegt, wer von uns jeweils darauf antworten würde.

Damals war der Ägypter Khaled Fahmy, der heute an der Amerikanischen Universität in Kairo lehrt, Professor in Princeton. Er war ein Experte für Studien zum Mittleren Osten, und in dieser Eigenschaft hatte er uns eingeladen. Der Saal war bis auf den letzten Platz besetzt. Als die Vorführung des Films beendet war, liefen wir durch den Mittelgang zur Bühne. Applaus brandete auf, rechts und links erhoben sich die Zuschauer und spendeten minutenlang das, was man in Amerika Standing Ovations nennt. Angesichts der Sympathiebekundung so vieler Menschen erfasste mich ein unbeschreibliches Gefühl der Genugtuung, trotz der Verfolgungen nicht falsch gelebt zu haben. Es war die begeisterte Zustimmung für den mutigen Kampf, den vier Frauen aus unterschiedlichen Motiven für die Freiheit ihres Volkes geführt hatten.

Dann durften Fragen gestellt werden. Eine junge Frau wandte sich an Wedad und wollte von ihr wissen: »Safinaz sagt im Film, sie wolle einen islamischen Staat. Sie aber sind koptische Christin. Wie können Sie das akzeptieren?«

Wedad zögerte mit ihrer Antwort keine Sekunde: »Nun, der Islam akzeptiert alle anderen Religionen. Christen und Juden hingegen tun sich mit der Anerkennung anderer Glaubensrichtungen schwerer. Letztes Endes aber gehen doch alle drei Religionen auf den Stammvater Abraham zurück. Judentum, Islam und Christentum sind eigentlich ein- und dieselbe Religion, auch wenn das viele nicht so sehen. Safinaz und ich jedenfalls hatten diesbezüglich nie Differenzen.«

Ein lässig gekleideter Mann, den ich aufgrund seiner grauen Schläfen eher für einen der Hochschullehrer als für einen Studenten hielt, fragte mich: »Im Film wird Ihr Ehemann erwähnt. Sie selbst erzählen von ihm. Keine der drei anderen Frauen spricht über den Ehemann. Warum aber Sie?«

Erwartungsvolle Blicke waren auf mich gerichtet. In diesem Saal an der Universität von Princeton, fünfunddreißig Jahren nach seiner Ermordung, begann ich Salah eine Liebeserklärung zu machen: »Alles, was ich bin, wurde ich durch ihn. Ich bin zu einem Teil seines Kampfes geworden. Man konnte meinen Mann ermorden, aber für mich gilt heute ebenso wie es an diesem furchtbaren 30. April 1966 gegolten hat: Ich werde nicht zerbrechen!«

Wieder brandete Applaus auf. Fragen zu unserer Israel-kritischen Haltung, die ja im Film nicht ausgespart worden war, wurden an diesem Abend keine gestellt.

Wenige Tage später fuhren wir durch Washington. Wir hatten die amerikanische Hauptstadt bei Regen erreicht. Das schlechte Wetter mag dazu beigetragen haben, dass ich diese Stadt nicht in angenehmer Erinnerung behalten habe. Aber sicher hätte ich ihre eigenartige Künstlichkeit, die mich an Dubai erinnerte, auch bei Sonnenschein empfunden. Die Hauptstadt der USA wird mir für immer als eine Stadt ohne Seele in Erinnerung bleiben.

Meine nächste Reise führte mich in die entgegengesetzte Himmelsrichtung. Eine Maschine der Egyptair begab sich auf einen illegalen Kurs – vorausgesetzt, man akzeptierte die über den irakischen Luftraum von den USA einseitig verhängte Flugverbotszone. Daran hielt sich bekanntlich nicht einmal die U.S. Air Force. Warum also sollte eine ägyptische Maschine mit Friedensaktivisten nicht in Bagdad landen? Dennoch war es ein gewagtes Unternehmen und für die ägyptische Regierung Grund genug, erst nach langen und heftigen Auseinandersetzungen hinter verschlossenen Türen schließlich im Sommer 2002 die Starterlaubnis zu geben.

Den Teilnehmern dieser Reise ging es darum, die Auswirkungen der von der UNO einstimmig beschlossenen Wirtschaftssanktionen auf die irakische Bevölkerung in Augenschein zu nehmen und die Welt darüber zu informieren. Denn das Volk war davon betroffen, wohl kaum aber der Despot im Präsidentenpalast. Den Menschen im Irak galt mein Mitgefühl, ihnen wollte ich meine Solidarität zuteilwerden lassen. Also habe ich die Einladung eines »Komitees gegen die Isolierung des Irak« angenommen und mich auf diese heikle und nicht ungefährliche Reise begeben. Auf gar keinen Fall wollte ich währenddessen Saddam Hussein treffen, obwohl dies vorgesehen war.

An Bord traf ich den Journalisten Ibrahim Issa, dessen scharfzüngige Artikel in der unabhängigen Zeitung *Al Dustour* (»Die Verfassung«), deren Herausgeber er war, ich von jeher schätzte. Fünf Jahre nach dieser Reise wird Ibrahim Issa der erste ägyptische Journalist sein, dem das Mubarak-Regime die Frage, ob der augenscheinlich schwer kranke Präsident sein Amt physisch überhaupt noch ausüben könne, mit einer Verurteilung zu Gefängnishaft beantworten wird. Im Jahr 2002 aber reiste er nach Bagdad, um die Weltöffentlichkeit mit einer authentischen Reportage über die alltäglichen Folgen der internationalen Sanktionspolitik zu informieren. Und auch er hatte einem avisierten Treffen mit Saddam Hussein eine Absage erteilt.

Zwölf Jahre zuvor, am 24. Juli 1990, hatte der Irak Zehntausende seiner Soldaten an die Grenze zu Kuwait verlegt. An diesem Tag war es zu einer Begegnung von Saddam Hussein mit der US-Botschafterin April Glaspie gekommen, bei der sie erklärt hatte: »Die Vereinigten Staaten haben keine Meinung zu innerarabischen Konflikten wie Ihren Grenzstreitigkeiten mit Kuwait.« Somit war der Eindruck entstanden, dass sich die USA neutral verhalten würden. Ohne diese Aussage hätte Saddam Hussein nicht gewagt, die Souveränität des Nachbarlands zu verletzen. Als die irakischen Truppen dann die Grenzen zu Kuwait überschritten, organisierte ich gemeinsam mit vielen politischen Freunden in Kairo Demonstrationen für die Unabhängigkeit Kuwaits. In der Zeitung von Al-Tagammu wurde auch ein entsprechendes Kommuniqué veröffentlicht. Wir begrüßten ausdrücklich die UN-Resolution 660, in der der Irak und Kuwait aufgerufen wurden, »unverzüglich eingehende Verhandlungen zur Lösung ihrer Differenzen aufzunehmen«. Und die Vereinten Nationen versicherten, dass sie »alle diesbezüglichen Anstrengungen, insbesondere jene der Liga der Arabischen Staaten, unterstützen« werden.

Hätte man die Lösung der Kuwait-Krise tatsächlich den arabischen Ländern überlassen, davon bin ich bis heute überzeugt, wäre der Konflikt friedlich gelöst worden. Deshalb waren die Demonstrationen und Kundgebungen, die wir kurz darauf gegen den Krieg der USA und ihrer Verbündeten organisierten, keine Aktionen zur Unterstützung von Saddam Hussein, sondern für eine Verhandlungslösung im Sinne der Resolution 660. Erst recht waren wir dagegen, dass sich auch die ägyptische Armee an diesem Krieg beteiligt. Dies geschah zu einem Zeitpunkt, als kein einziger irakischer Soldat mehr auf kuwaitischem Boden stand. Damit führte Ägypten keinen Befreiungskrieg für Kuwait, sondern einen Angriffskrieg gegen den Irak. Doch wer immer im Jahr 2002 behauptete, meine Reise nach Bagdad stelle eine Sympathiebekundung für Saddam Hussein dar, tat dies entweder wider besseres Wissen oder war bemüht, meine Person öffentlich zu diskreditieren.

Für unsere Reise war nur ein einziger Tag vorgesehen. In den frühen Morgenstunden hatte die Maschine auf dem Kairoer Flughafen abgehoben. Wenn es gelänge, die Luftblockade zu durchbrechen, würden wir am späten Abend dorthin zurückkehren. Es gelang. Nach der Landung in Bagdad ließ es sich der irakische Vize-Präsident Tariq Aziz nicht nehmen, uns höchstpersönlich die Folgen von Krieg und Wirtschaftssanktionen vor Augen zu führen. Und das, obgleich sich unsere gesamte Delegation geweigert hatte, von seinem Chef empfangen zu werden.

Zunächst besichtigten wir die Stätten der zivilen Verwüstungen, die auch mehr als ein Jahrzehnt nach dem Ende des Krieges vielerorts noch zu sehen waren. Der erste Ort, den wir besuchten, war einst ein Waisenhaus. Die Bombardierung der Wohngegend rundherum hatte mehr als 3000 Zivilisten das Leben gekostet, darunter allen Kindern, die hier lebten. An den Wänden waren noch deutlich deren in der Feuersbrunst geschmolzenen Leiber zu erkennen. Ein grauenerregendes Bild, das mich sehr bewegte und bis heute nicht loslässt.

In einem Krankenhaus machte man uns mit Menschen bekannt, die nach wie vor mit den Kriegsfolgen zu kämpfen hatten. Durch die von der Weltgemeinschaft verfügte Sanktionspolitik fehlte es an Medikamenten, an Verbandszeug und medizinischem Gerät. Wir sahen uns mit einer humanitären Katastrophe konfrontiert, die nicht nur auf dieses Krankenhaus beschränkt blieb. Es herrschte Hunger in Bagdad – trotz des von der UNO eingerichteten Programms »Lebensmittel für Erdöl« waren diese Lebensmittel stark rationiert. Was wir erlebten, war der stille Tod, den die Menschen in Bagdads Wohnvierteln starben. Eine Frau aus unserer Delegation sagte unter Tränen: »Wären die Iraker Hunde, würden sie den Leuten in den reichen Ländern leidtun. Dort empfindet man eher Mitleid mit Tieren als mit hungernden Menschen.«

Ibrahim Issa aber wollte diese Aussage so nicht stehen lassen. »Diese Doppelmoral ist bei den gesellschaftlichen Eliten in Europa und den USA anzutreffen, nicht aber bei den einfachen Leuten. Das sind durchaus fühlende Menschen, man muss ihnen die Not nur vor Augen führen – deshalb sind wir hier.«

Dieser kluge Journalist sprach mir aus dem Herzen, und ich fügte hinzu: »Ich bin auch hier, um den Irakern zu demonstrieren, dass es in Ägypten Menschen gibt, denen ihr Schicksal nicht gleichgültig ist.«

Einige Monate später fügte die Bush-Administration gemeinsam mit ihren britischen Verbündeten dem geschundenen irakischen Volk weiteren Schaden zu. Am 20. März 2003 bombardierten sie Bagdad, und in den Tagen darauf verletzten sie durch den Einmarsch – diesmal sogar ohne ein UN-Mandat – die irakische

Souveränität. Längst aber wurde den USA nicht einmal mehr in den Reihen ihrer Verbündeten ungeteilte Unterstützung zuteil: Große Nationen wie Frankreich und Deutschland beteiligten sich an diesem Angriffskrieg nicht.

10. Februar 2011

Abends

Seit zwei Tagen war Shahinda Maklad nicht mehr zu Hause. Aus Angst, zum richtigen Zeitpunkt am falschen Ort zu sein, hatte sie eine Tasche gepackt und ihr Lager in Heba Raoufs Frauenwohnung direkt am Tahrirplatz aufgeschlagen. Und nun scheint der richtige Zeitpunkt unmittelbar bevorzustehen. Bereits am Nachmittag war bekannt geworden, dass die Armeeführung ohne Husni Mubarak zusammengetreten war. In einem danach veröffentlichten »Kommuniqué Nr. 1« werden für die kommenden Tage Schritte angekündigt, »um die Nation zu schützen und das Wohlergehen der Bevölkerung zu garantieren.

»Es bleibt abzuwarten, was genau sie darunter verstehen«, sagt Julia zu Shahinda, mit der sie das Geschehen seit Stunden in einer der provisorischen Kliniken verfolgt, in der es einen Fernseher gibt.

»Viel entscheidender finde ich den Hinweis«, merkt Shahinda an, »dass die Generäle ohne ihren Oberkommandierenden zusammengekommen sind. Das hat es in der jüngeren Geschichte dieses Landes noch nie gegeben.«

Die Ärzte in dem zur Klinik umfunktionierten Fast-Food-Lokal haben keine Verwundungen mehr zu behandeln, die durch staatliche Repression verursacht wurden, sondern solche, wie sie auch in einem Fußballstadion passieren: Quetschungen, die durch die teils drangvolle Enge auf dem Platz kaum zu verhindern sind, auch Erschöpfungszustände. Shahinda hat nicht vor, den privilegierten Logenplatz zwischen Behandlungsliege und Fernsehgerät so schnell wieder aufzugeben. Hinter ihnen drängen immer mehr Leute herein, die auch die Nachrichten verfolgen wollen, und eine junge Ärztin hat alle Hände voll zu tun, um wenigstens den Eingang für diejenigen freizuhalten, die ihre Hilfe brauchen.

Al-Jazeera hatte schon am späten Nachmittag gemeldet, dass landesweit eine Million Ägypter auf den Straßen sei. Eine Million Menschen, die mit Spannung erwarten, dass Mubarak während seiner mehrfach angekündigten »Rede an die Nation« seinen Rücktritt erklärt. Als nun der schwer gealterte Präsident auf dem Bildschirm erscheint, wird es ruhig auf dem Tahrirplatz. Niemand scheint auch nur eine Silbe seiner Rücktrittserklärung versäumen zu wollen. Selbst die Ärztin hat die Behandlung unterbrochen und blickt gespannt zum Fernseher. Doch die erlösenden Worte wollen nicht aus Mubaraks Mund kommen. Stattdessen kündigt er eine Verfassungsänderung an und die baldige Aufhebung des seit fast dreißig Jahren bestehenden Ausnahmezustands. Er erklärt, Teile seiner Amtsgeschäfte dem Vizepräsidenten Omar Suleiman zu übertragen.

Fassungslos weist Julia mit flacher Hand in Richtung Bildschirm.

»Er tritt nicht zurück!«, haucht sie – und wiederholt es im nächsten Moment brüllend: »Er tritt nicht zurück!«

Tatsächlich lässt Mubarak auch in dieser Rede keinen Zweifel daran, dass er bis zum regulären Ende seiner Amtszeit im September im Amt zu bleiben gedenkt. Ein Sturm der Entrüstung macht sich auf dem Tahrirplatz breit, und im engen Raum der provisorischen Klinik schlagen sich die Männer vor Entsetzen gegen die Stirn. »Dieser Hurensohn!«, schreit einer und tritt gegen die Wand. Julia bekommt einen hysterischen Lachanfall, bricht zusammen und trommelt mit den Fäusten auf den Fußboden. Die Ärztin zieht sie mit kräftigem Griff hoch, und während die resolute Medizinerin Julia zur Tür bugsiert, ruft sie: »Dies ist ein Raum für Verwundete und nicht für hysterische Frauen!«

Shahinda aber bleibt ganz ruhig auf ihrem Stuhl sitzen und sagt kaum hörbar: »Dies ist das Ende der Ära Mubarak – nur dieser Narr weiß es noch nicht!«

KAPITEL 34

Die Zeit der Depression

Es war der Mitarbeiterin in der Parteizentrale der Al-Tagammu peinlich, als sie mitbekam, dass ich durch sie erst jene furchtbare Wahrheit erfuhr, von der sie angenommen hatte, dass ich sie schon wusste. Ohne Absicht bescherte mir die Frau am anderen Ende der Telefonleitung den schlimmsten Augenblick meines fast siebzig Jahre währenden Lebens. Nachdem wir das Gespräch beendet hatten, wollte ich sterben. Ich wünschte, dass das Haus einstürzen und mich unter seinen Trümmern begraben möge. Unvorstellbar war es mir, dass ich je wieder lachen oder Freude an etwas haben würde. Nach dem Telefonat saß ich lange auf dem Sofa vor dem großen Fenster meiner Wohnung, unfähig, etwas zu unternehmen. In Gedanken kehrte ich nach Moskau zurück, vor meinem geistigen Auge spielten sich immer wieder dieselben Szenen wie in einem Film ab, dessen dramatisches Ende in jenem Anruf gipfelte.

Ausgerechnet Nagy, der nie heiraten wollte, teilte mir in einem Brief mit, dass er sich verliebt habe und seine russische Freundin Nina zu seiner Frau machen wolle. Es hatte mich einerseits überrascht, dass er, der doch jedes Detail seines Lebens im Voraus geplant hatte, nun einer Heirat zustimmte. Andererseits hatte ich großes Verständnis, dass mein Sohn, dem ich nie eine intakte Familie hatte bieten können, sich nach einer solchen sehnte. Natürlich wollte ich meinen Teil dazu beitragen, das Fest zu einem schönen Ereignis werden zu lassen. Ich kaufte in Kairo ein Hochzeitskleid und ein goldenes Armband für die Braut und reiste nach Moskau. Die jungen Leute hatten neben Ninas Familie all ihre Freunde eingeladen, unter denen auch viele ägyptische Studenten

315

waren. Auf der Liste standen mehr als hundert Namen. Ich war mit allem einverstanden, denn schließlich war es ja das Fest meines Sohnes und meiner künftigen Schwiegertochter. Allerdings bat ich um Verständnis, dass ich den ägyptischen Botschafter, den ich aus der Sadat-Zeit als strammen Parteigänger seines Präsidenten kannte, nicht dabeihaben wolle. Wahrscheinlich wäre auch er, der sich sonst gern auf Partys der ägyptischen Gemeinde in Moskau vergnügte, nur ungern einer Einladung des Sohnes von Shahinda Maklad gefolgt. Dem Mann konnte also geholfen werden, um gar nicht erst in einen Gewissenskonflikt zu geraten.

Das Hochzeitsfest fand im riesigen Saal eines Moskauer Hotels statt. Ein reichhaltiges Büfett machte es zu einem kulinarischen Ereignis, und die russischen Musiker hatten keine Mühe, die fröhlich feiernden Gäste aus solch unterschiedlichen Kulturen zu unterhalten. Meinem Nagy war der Stolz auf seine wunderschöne, gerade mal achtzehn Jahre alte Braut anzusehen. Nina hatte eine riesige Familie, ständig wurden mir Tanten, Onkels und Cousinen vorgestellt. Am Ende musste ich für diese rundum gelungene Feier umgerechnet 500 Dollar bezahlen, ein Betrag, für den ich in einem der großen Hotels in Kairo kaum den Blumenschmuck bekommen hätte.

Nach ein paar Gläsern Wein machte Wassim sich über seinen großen Bruder lustig. »Der Sohn von Salah Hussein heiratet keine Ägypterin!«, rief er abfällig und machte eine wegwerfende Geste. Ich fand diese Bemerkung sehr unpassend, aber bald gab Wassim uns Anlass, ihn damit aufzuziehen. Es begann schon auf Nagys Hochzeitsfest, auf dem Wassim zwischen zwei jungen Frauen platziert worden war. Noch am selben Abend lernte er eine von ihnen, Natascha, näher kennen. Fortan war der Spott auf seine Schwägerin vergessen. Nicht lange danach war auch der zweite Sohn von Salah Hussein bereit, eine Frau zu ehelichen, die keine Ägypterin war. Im Gegensatz zu Nagys Heiratswunsch hatte ich bei dem von Wassim große Bedenken, und das sagte ich ihm auch. Es störte mich nicht, dass auch meine zweite Schwiegertochter keine Ägypterin sein würde, aber ich konnte nicht glauben, dass die dominant auftretende Georgierin Natascha die richtige Wahl für den sensiblen Wassim sein würde. Und nach dem Hochzeitsfest, welches ich auch für diese beiden in Moskau ausrichtete, zeigte sich recht schnell, dass meine Bedenken nicht grundlos waren. Natascha entpuppte sich in jeder Hinsicht als ein gänzlich anderer Charakter als Wassim. Sie war häuslich und hielt das Geld zusammen. Da mittlerweile deren kleine Tochter Dalia zur Welt gekommen war, sind dies ja keine schlechten Eigenschaften gewesen. Sie entsprachen nur überhaupt nicht denen von Wassim.

In dieser Zeit hatte mein Sohn ein kleines Reiseunternehmen gegründet, und er brachte russische Touristen nach Ägypten. So sah ich ihn regelmäßig, und er erzählte mir von eskalierenden Ehekrächen. Eine Weile lebte die kleine Familie sogar in Kairo, und ich freute mich, mit meiner Enkelin Arabisch sprechen zu können. Aber Natascha fühlte sich in unserem Land nicht wohl, und so zogen sie alle wieder zurück nach Moskau. Der Abschied fiel mir schwer, denn ich mochte nicht nur Dalia, sondern inzwischen auch Natascha, die eine sehr gute Mutter war. Deshalb war es für mich ein Schock, als mir Wassim bereits bei seinem nächsten Besuch von Ira erzählte, in die er sich verliebt habe. Ihretwegen wolle er seine Familie verlassen. Doch das war noch nicht die ganze Wahrheit. Stück für Stück gestand er mir, dass er Ira schon in einer Moskauer Moschee nach islamischem Ritus geheiratet habe. Sie sei nämlich schwanger, und er habe vermeiden wollen, dass das Kind im religiösen Sinne außerehelich geboren werde.

In einem dramatisch verlaufenden Gespräch erteilte ich ihm einen Rat, den ich ihm nie gegeben hätte, würde ich nicht das Gefühl gehabt haben, dass Wassim kurz davorstand, sich in ein persönliches Desaster zu manövrieren. Woher nur kam bei mir dieses Gefühl, das doch verstandesmäßig kaum nachzuvollziehen war? Millionen Menschen lassen sich von ihren Ehepartnern scheiden, heiraten wieder und gründen neue Familien. Bis heute kann ich nicht sagen, warum mir mein Bauch ein solches Katastrophensignal gab, noch ehe ich jene Ira persönlich kennengelernt hatte. Jedenfalls riet ich Wassim, er solle diese andere Frau dazu bringen, einen Schwangerschaftsabbruch vorzunehmen. Mit der Zusicherung, es zu versuchen, flog er nach Russland zurück.

Wassim begleitete Ira in die Klinik, gab ihr das Geld für die Abtreibung und fuhr dann nach Hause in die kleine Wohnung, die er mit ihr schon bewohnte, noch bevor er sich von Natascha scheiden ließ. Ira kehrte aus der Klinik zurück, und bald wurde ihr Bauch dicker und dicker. Es war unübersehbar, dass sie noch immer schwanger war. Kurz darauf wurde ein Sohn geboren, den Wassim nach meinem Bruder Kamal nannte. Aber auch in dieser Ehe kam es bald zu Konflikten. Hinzu kamen finanzielle Probleme, da inzwischen große russische Tourismuskonzerne den kleinen Reiseanbietern das Leben schwer machten. Immer öfter drohte Ira damit, zusammen mit dem Kind zu ihrer Familie nach Sibirien zu verschwinden. Eines Tages wurde sie von Nagy und Wassim dabei erwischt, wie sie gerade die Möbel aus der gemeinsamen Wohnung tragen und auf einen Lkw laden ließ. Wassims tatkräftiger Bruder schritt sofort ein und konnte den Abtransport verhindern. Doch am nächsten Morgen waren sie und der kleine Sohn verschwunden – irgendwohin in diesem riesigen Russland. Wassim erlitt einen Nervenzusammenbruch. Nachdem mich Nagy informiert hatte, setzte ich mich umgehend in das nächste Flugzeug in Richtung Moskau.

Der junge Mann, dem ich in einer Klinik begegnete, war nicht der sonst so lebenslustige und immer strahlende Wassim. Er wirkte phlegmatisch und depressiv. Man sagte mir, dass er dringend psychiatrische Hilfe brauche. Das war unübersehbar. Allerdings war ich davon überzeugt, dass Wassim in einem Kairoer Krankenhaus besser aufgehoben wäre. Ägyptische Ärzte wurden in der ganzen Welt ausgebildet und waren ganz sicher nicht schlechter als ihre russischen Kollegen. Aber sie würden mit ihm in der Muttersprache sprechen und seinen kulturellen Hintergrund kennen. Und ich würde mich um ihn kümmern können. Wassim willigte in meinen Vorschlag ein und kehrte mit mir in die Heimat seiner Kindheit zurück.

Ira war wieder schwanger und stand kurz vor der Niederkunft. Wir erfuhren es von ihrer Schwester am Telefon. Wassim, der mittlerweile in Kairo einen Job bei einem heimischen Tourismusunternehmen gefunden hatte, brach die Zelte ab und reiste nach Moskau. Die Katastrophe ging, wie ich heute weiß, in die finale Runde.

Angeblich hatte sich Wassim mit Ira versöhnt, und der kleine Kamal bekam ein Schwesterchen, das sie Yasmine nannten. Noch hatte Wassim etwas Geld, aber wenn er in Moskau keine Arbeit fand, war es um die Zukunft seiner Familie schlecht bestellt. Ich wollte ihm helfen und wandte mich an alle möglichen Leute. Schließlich gelang es mir, mit Unterstützung des Mannes einer guten Freundin, der Journalistin Nour el Hoda Zaki, für meinen Sohn den Job des Moskau-Korrespondenten einer saudischen Zeitung zu bekommen. Als ausgebildeter Journalist, der sich in Russland auskannte, an Politik interessiert war und zudem perfekt Russisch sprach, war er für diese Tätigkeit geradezu prädestiniert.

Es war der 22. Juni 2008, als ich Wassims Moskauer Telefonnummer wählte, um ihm die freudige Nachricht zu überbringen. Doch ich erreichte ihn nicht. Ich versuchte es immer wieder – ohne Erfolg. Dann rief ich Nagy an. Er hörte sich in Wassims Freundeskreis um und erfuhr, dass sich sein Bruder schon eine ganze Weile nicht gemeldet habe. Das aber war sehr ungewöhnlich, denn es war kaum anzunehmen, dass Wassim plötzlich häuslich geworden war. Nagy fuhr in das »Wohnheim für Ärzte«, wo Wassim und seine Familie in der Wohnung eines sudanesischen Freundes lebten. Nagy traf eine sichtlich verstörte Ira an, die ihn an der Tür abfertigte. Vor einigen Tagen, so behauptete sie, wäre sie morgens erwacht und Wassim sei nicht mehr da gewesen. Seitdem habe sie ihn nicht mehr gesehen.

Nagy kam das merkwürdig vor, und er verlangte, eine Vermisstenanzeige zu machen. Auf dem Polizeirevier wurde nach Wassims Ausweispapieren gefragt. Ira hatte die Dokumente nicht dabei, gab vor, auch gar nicht zu wissen, wo ihr Mann sie aufbewahre. Nagy bat sie nachdrücklich, danach zu suchen und ihn am nächsten Morgen zur ägyptischen Botschaft zu begleiten. Als er Ira am Vormittag abholen wollte, war sie nicht da. Durch die Verwalterin des Wohnheims ließ er die Wohnung öffnen – und entdeckte, dass sie leer war. Ira war mit den beiden Kindern wohl endgültig abgetaucht in den Weiten der Taiga. Nachdem mir Nagy all das am Telefon geschildert hatte, packte ich den Koffer und begab mich mit düsteren Vorahnungen erneut auf den Weg nach Moskau.

Es begann für mich eine Zeit der angstvollen Ungewissheit. Wassim blieb verschwunden, doch ich wollte nichts davon hören, dass ihm »etwas zugestoßen« sein könnte. Ein von Nagy ausgesprochener Verdacht, dass Nataschas georgische Brüder, in deren Heimat es angeblich noch die Blutrache gab, Wassim entführt und ermordet haben könnten, brachte mich fast um. Ich konnte nichts mehr essen und schlief keine Nacht mehr als zwei oder drei Stunden. Völlig übermüdet begann ich hektisch Aktivitäten zu starten. Über die ägyptische Botschaft nahm ich Kontakt mit dem ehemaligen russischen Ministerpräsidenten Jewgeni Primakow auf, der als junger sowjetischer Journalist nach Salahs Tod in Kamshish gewesen war. In seiner Moskauer Wohnung begrüßte er mich wie eine alte Bekannte. Er veranlasste, dass Wassims Foto im russischen Fernsehen gezeigt wurde. Ohne Erfolg. Auch die ermittelnde Kriminalpolizei tappte im Dunkeln. In Wassims Wohnung, so erfuhr ich vom Leiter der polizeilichen Ermittlungen, hätten keine Spuren gesichert werden können, weil die Wohnheimleiterin sie hatte renovieren lassen. Nun bekam die Geschichte eine kuriose Wendung. Am 20. Juni, also zwei Tage vor meinem Telefonat, so hatte diese Frau ausgesagt, hätten Nachbarn Rauch und Brandgeruch gemeldet. Die Feuerwehr sei angerückt, doch Ira habe sich geweigert, sie hineinzulassen. Sie habe lediglich durch die geschlossene Tür gerufen, dass ihr ein Kuchen angebrannt sei. Nun, nach ihrem Verschwinden, habe sie feststellen müssen, dass die Schäden doch größer waren, als diese es üblicherweise sind, wenn ein Kuchen anbrennt. Deshalb sei die Renovierung notwendig gewesen.

»Aber Sie haben damit alle Spuren vernichtet!«, brüllte der Mann die Frau an, die ebenso erschrocken reagierte wie ich.

Von welchen »Spuren« war die Rede? Die Heimleiterin war den Tränen nahe, als sie kleinlaut eingestand, dass sie Sorge gehabt habe, dass diese Brandschäden ihr hätten Ärger bereiten können. Denn schließlich habe sie ja zugelassen, dass eine vierköpfige Familie illegal im »Wohnheim für Ärzte« gelebt habe.

»Wir müssen unsere Suche auf die Ehefrau konzentrieren«, sagte der russische Kommissar. »Sie steht unter dringendem Tatverdacht.«

Ich betete zu Allah, dass sich diese Vermutungen nicht bestätigen würden. Doch am nächsten Tag rief ein jemenitischer Freund von Wassim bei Nagy an und sagte, dass Ira sich bei ihm telefonisch gemeldet und gesagt habe, wir sollten im »Zentralen Leichenschauhaus für anonyme Tote« nach ihm suchen. Noch ehe er ihr eine Frage habe stellen können, sei schon wieder aufgelegt worden.

»Heißt das, mein Wassim ist tot?«, schrie ich.

»Wahrscheinlich ist es nur ein Tipp von Ira, die auch nicht mehr weiß«, versuchte mich Nagy zu beruhigen.

»Aber warum ist sie dann untergetaucht?«

»Vielleicht hatte sie die Befürchtung, in irgendetwas hineingezogen zu werden.«

Mit widerstreitenden Gefühlen zwischen Angst und Hoffnung begab ich mich an Nagys Seite in jenes Institut, in welchem Leichen, die keiner identifizieren konnte, in Schubfächern untergebracht waren. Jedes Mal, wenn eines davon herausgezogen wurde und irgendein mir fremder toter Mensch zum Vorschein kam, fiel mir ein Stein vom Herzen. Doch schon im nächsten Moment stieg die Anspannung wieder, und ich sah dem Moment mit großer Furcht entgegen, wenn ein weiteres Schubfach geöffnet wurde. Endlich konnten wir diesen grauenvollen Ort verlassen, ohne dass wir Wassim als eine der unbekannten Leichen identifizieren mussten. Ich schickte ein *Al-Hamdu-lillah* (»Gott sei Dank«) zum Himmel, als ich mich bei Nagy unterhakte und hinaus ins Freie trat.

Mein Visum für die russische Föderation war abgelaufen, und ich musste die quälende Ungewissheit wieder mit nach Kairo nehmen. Es war mir unverständlich, dass Ira nicht aufzufinden war. Auch wenn Russland ein riesiges Land war, musste es doch so etwas wie Melderegister geben. Hatten die Behörden nicht optimal gearbeitet, oder war es Ira tatsächlich gelungen, irgendwo im fernen Sibirien unterzutauchen? Kurz bevor der damalige ägyptische Ministerpräsident Ahmed Nazif zu einem Staatsbesuch am 11. November 2008 nach Moskau reiste, wandte ich mich an ihn. Ich übergab ihm eine Petition mit der Bitte, dass die russischen Ermittlungsbehörden die Suche nach meinem Sohn intensivieren sollten. Die Vorsitzenden aller politischen Parteien in Ägypten, mit Ausnahme von Mubaraks Nationaldemokratischer Partei, sowie namhafte Journalisten hatten unterschrieben. Während seiner Gespräche mit Wladimir Putin überreichte Ahmed Nazif dann diese Petition, womit das Dokument einen offiziellen Charakter bekam.

Nun wurde in Russland intensiv ermittelt, und sehr bald lag jenes traurige Ergebnis vor, das mir jene unbedarfte Frau aus der Zentrale von Al-Tagammu ausgeplaudert hatte. In der Annahme, ich wüsste bereits, dass Wassim tot ist, hatte sie mir am Telefon Beileid wünschen wollen.

Sehr lange saß ich an diesem Tag in stiller Trauer um meinen Sohn auf dem Sofa am Fenster. Später erschien Bassma. Jene Frau in der Parteizentrale hatte sie angerufen und ihr das Missgeschick gebeichtet. Ich flüchtete in die Arme meiner Tochter, und wir begannen hemmungslos zu weinen. Sie hatte seit Tagen versucht, mich schonend auf das vorzubereiten, was sie längst wusste. Ich aber wollte es nicht zur Kenntnis nehmen. Nun hatte ich die Gewissheit, dass ich Wassim nie wiedersehen würde. Aber noch immer stand Bassma eine schwierige Aufgabe bevor. Sie musste mir die grausamen Umstände schildern, unter denen Wassim ums Leben gekommen war. Kaum hörbar flüsterte sie, was sie von Nagy erfahren hatte. Wassims Leiche war schon drei Tage nach seinem

Verschwinden gefunden worden – zerstückelt und teilweise verbrannt, in einem Koffer, der in der Moskwa schwamm. In diesem Koffer befanden sich auch arabische Zeitungen. Als die russischen Medien die Suchmeldung nach einem verschwundenen Ägypter veröffentlichten, hätte dieser Zusammenhang doch irgendwem auf der Polizeibehörde auffallen müssen. Schließlich war der Inhalt des Koffers sehr detailliert dokumentiert worden. Auch beim »Zentralen Leichenschauhaus für anonyme Tote« hätte man dies wahrnehmen müssen, denn dort lagen Wassims Leichenteile vier Wochen lang. Selbst noch zu dem Zeitpunkt, als man uns dort wildfremde Tote in Schubfächern präsentierte. Schließlich waren Wassims sterbliche Überreste begraben worden, und wir hätten nie davon erfahren, wenn sich nicht das Büro des russischen Staatspräsidenten in die Ermittlungen eingeschaltet hätte. Plötzlich ging alles ganz schnell. Die Leiche aus dem Koffer wurde exhumiert, und ein DNA-Vergleich mit Wassims Tochter Dalia erbrachte den grausamen Beweis – sechs Monate, nachdem der Koffer aus der Moskwa gefischt worden war.

Mein Leben erschien mir auf einmal sinnlos. Wie konnte es sein, dass ich noch immer lebte und mein Wassim grausam ermordet wurde? Das Letzte, was ich für meinen Sohn tun konnte, war, ihn in der Heimaterde zu bestatten. Gelegentlich bekam ich von Nagy einen Anruf, der mich über die Ermittlungen informierte, die aber auf der Stelle traten. Obgleich er einen russischen Rechtsanwalt eingeschaltet hat, gibt es bis heute keine neuen Erkenntnisse. Man geht aber davon aus, dass Ira den Mord begangen oder in Auftrag gegeben hat. Jedenfalls erscheint es unmöglich, dass die schmächtige Frau die grausame Tat allein vollbracht haben kann. Die Zerstückelung der Leiche sollte wohl eine falsche Fährte legen, weil die russische Mafia ihre Opfer auf diese Weise entsorgt. Besonders schlimm ist es bis heute für mich, dass ich auch den Kontakt zu meinen Enkeln verloren habe. Nicht nur zu Kamal und Yasmine, die mit Ira weiterhin verschwunden sind, sondern auch zu Dalia. Am Tag von Wassims Beisetzung hatte ich noch lange mit ihr telefoniert. Tausende Kilometer voneinander entfernt haben wir beide am Telefon geweint. Danach hat ihre Mutter die Telefonnummer gewechselt, und meine Briefe an Dalia blieben unbeantwortet.

Politisch war ich längst heimatlos geworden, wenngleich ich aus sentimentalen Gründen bis heute Al-Tagammu angehöre. Aber die Partei war zu einem zahnlosen Tiger geworden. Man beschränkte sich darauf, Kommuniqués zu veröffentlichen, dem Regime nicht auf die Lackschuhe zu treten, sich regelmäßig an Wahlen zu beteiligen und sich hinterher über die gefälschten Ergebnisse zugunsten von Mubaraks Nationaldemokratischer Partei zu ärgern. Jenseits der angepassten Parteien hatte sich eine oppositionelle Bewegung etabliert, die sich *Kifaja* (»Genug!«) nannte. Ich beobachtete deren Tätigkeit mit einer gewissen Sympathie, aber auch mit Skepsis. Mit Sympathie deshalb, weil *Kifaja* viele gesellschaftliche Probleme schonungslos ansprach und auch die Verantwortlichen in den korrupten Verwaltungen beim Namen nannte. Meine Skepsis galt also nicht deren Inhalten. Aber *Kifaja* war eine Ansammlung von freigeistigen Intellektuellen, die von vielen Menschen nicht verstanden wurden. Selbst junge Leute, die sich der Bewegung einst begeistert angeschlossen hatten, waren nach endlosen Debatten in abgehobenen Diskutierzirkeln wieder weggeblieben. Einer, der durchhielt, hieß Kamal Aboul Atta. Wir kamen ins Gespräch, und der junge engagierte Mann klagte, dass *Kifaja* zu wenig Anklang in der breiten Bevölkerung finden würde. Ich sagte ihm: »Die Leute verstehen gar nicht, was ihr meint. Ihr müsst Gruppierungen bilden und Menschen um euch scharen, die mit dem Volk verbunden sind, mit den einfachen Leuten. Wenn ich nach Kamshish fahre und auf der Straße Parolen rufe, die alle verstehen, dann erscheint das ganze Dorf und ruft mit.«

Kamal Aboul Atta arbeitete bei der Finanzbehörde in der Abteilung für Grundstückssteuer. Er nahm sich meinen Rat zu Herzen und unternahm schon bald den Versuch, für seine Mitarbeiter und Kollegen eine eigene Gewerkschaft zu gründen, die nicht dem regierungsnahen Dachverband angehören sollte. Natürlich hatte er gegen viele Widerstände anzukämpfen. Aber weil er in seinem Arbeitsumfeld eine Sprache fand, die alle verstanden, und weil Kamal Aboul Atta eine starke Persönlichkeit war, zeigten sich seine Leute bereit, für ihr Ziel sogar in den Streik zu treten. Und nach und nach wurde die in Ägypten noch immer nicht zugelassene »Gewerkschaft der Steuereinnehmer«, dieses kleine Pflänzchen einer wahrhaft freien ägyptischen Arbeitnehmervertretung, von internationalen Gewerkschaftsverbänden anerkannt. Schließlich blieb auch unseren staatlichen Stellen nichts anderes übrig, als die von Kamal Aboul Atta ins Leben gerufene Organisation zu legalisieren. Es hat mich gefreut, als er mir sagte, dass es ohne meinen Rat und meine »von politischer Erfahrung getragene Unterstützung diese Gewerkschaft nicht geben würde«. Doch das Gefühl einer politischen Heimatlosigkeit war noch immer vorhanden. Drei Jahre lang verharrte ich in Apathie, bis junge Ägypter aus der Facebook-Generation mich daraus befreiten.

11. Februar 2011

Nachmittags
Seit Stunden überschlagen sich die Nachrichten, die Shahinda in Heba Raoufs Wohnung erreichen. Am Vormittag wurde sie per SMS darüber informiert, dass der Oberste Rat der Streitkräfte in diesem Moment zusammenkomme und eine Erklärung an das Volk vorbereite. Eine Stunde später wird diese verbreitet, aber sie enthält keine wesentlichen Neuigkeiten. Immer wieder tritt Shahinda Maklad ans Fenster und blickt auf den von Menschen vollen Tahrirplatz. Keiner von diesen Hunderttausenden wird sich nun noch mit weniger als dem Rücktritt Mubaraks zufriedengeben. Junge moderne Frauen demonstrieren dort unten neben verschleierten Muslimas, Männer in Jeans und T-Shirts neben in Galabeyas gekleideten Fellachen und bärtigen Muslimbrüdern. Es ist ein wahrhafter Moment der nationalen Einheit, die Menschen verbunden in einem gemeinsamen Ziel. Shahinda Maklad hat genug politische Erfahrung, um

zu wissen, dass diese Einheit eine zeitlich befristete sein wird. Es ist eine Revolution gegen ein Regime, aber keine mit einer gemeinsamen Vision. Das kann zu einem Problem werden. Im Augenblick aber will sie daran nicht allzu viele Gedanken verschwenden.

Wieder klingelt das Telefon, und am anderen Ende berichtet Olfat von dem Gerücht, Husni Mubarak und seine Familie hätten sich nach Sharm El-Sheikh ans Rote Meer begeben. Wie aber passt diese Nachricht mit der wiederholten Ankündigung auf nahezu allen Fernsehkanälen zusammen, der Präsident werde sich bald schon erneut an das Volk wenden? Aufgeregt läuft Shahinda eine Weile in der Wohnung auf und ab. Dann hält sie nichts mehr. Sie möchte bei diesen Menschen dort unten sein, die ausharren, um das Schicksal ihres Landes mitzubestimmen.

Es ist 17.37 Uhr, als Shahinda die Wohnung verlässt und langsam die Treppe hinuntersteigt. Als sie die Haustür öffnet, bricht auf dem Tahrirplatz der Jubel los. Die Menschen schreien, tanzen vor Freude, fallen einander in die Arme. Tränen fließen, irgendwo hinter der Ruine der Nationaldemokratischen Partei geht über dem Nil ein Feuerwerk hoch.

»Shahinda – wir haben es geschafft!«, brüllt ein Mann und greift nach ihren Händen. Nun erst erkennt sie Zinedine Fuad, den einstigen Studentenführer, der auch viele revolutionäre Liedtexte für den Kampf in Kamshish geschrieben hatte. Neben ihm steht Shareen Abulnaga, eine Journalistin, die seit jeher einen Hang zum Aberglauben hat. Das wird auch jetzt wieder deutlich, als sie Shahinda ins Ohr brüllt: »Ich habe dich während der ganzen Revolution nicht gesehen und ausgerechnet jetzt … Das ist ein gutes Omen!«

Shahinda genießt das Fest, zu dem sich das Volk selbst eingeladen hat. Immer wieder wird sie von fremden Menschen mit Namen angesprochen, die ihr gratulieren wollen. Sie aber ruft ihnen zu: »Warum gratuliert ihr mir? Gratuliert euch selber!«

Eine alte Frau küsst ihr unter Tränen die Hand und sagt: »Shahinda, du hast so viele Opfer gebracht. Lass uns tanzen!« Die beiden alten Damen machen unter anfeuerndem rhythmischen Klatschen der Umstehenden einige Tanzschritte. Und dann entdeckt sie plötzlich Riem, die Tochter ihrer Lehrerin und Kampfgefährtin Wedad Metri bei einer höchst ungewöhnlichen Tätigkeit …

KAPITEL 35

Rückkehr ins Leben – die Revolution

Zu meiner Freundin Wedad Metri und ihrem Mann hatte ich auch in der Phase meiner persönlichen Tragödie immer Kontakt gehalten. Trotz eigener starker Diabetes hatte sie Saad Louka hingebungsvoll gepflegt, der nach einem Autounfall halbseitig gelähmt blieb. Dann bekam sie selbst gesundheitliche Probleme mit dem Herz und den Nieren. Noch einmal wollte sie ein großes Gastmahl halten. In ihrer Wohnung traf ich viele der Frauen wieder, mit denen ich einst im Gefängnis saß. Wedad sagte uns, dass sie für Ägyptens Zukunft zuversichtlich sei. Die erfahrene politische Kämpferin legte eine überraschende Analyse der gesellschaftlichen Verhältnisse vor, die uns alle aufwühlte. Die alltägliche Korruption, in die selbst die Präsidentenfamilie tief verstrickt sei, werde vom Volk zunehmend als Belastung empfunden. Das brutale Vorgehen der Geheimpolizei gegen breite Bevölkerungsschichten würde schon bald zu Bündnissen führen, die vielen im Moment noch undenkbar erscheinen. Die krassen sozialen Unterschiede, sagte die schwache Frau mit einer kämpferischen Stimme, würden zu einer breiten Volksfront und zu einer Revolution führen. Ägypten sei derzeit noch ein schlafender Riese, der aber schon bald erwachen werde. Und dann erklärte sie in einem unsentimentalen, nüchternen Tonfall, dass sie diese Revolution nicht mehr erleben werde, denn sie habe nicht mehr viel Zeit.

Wenige Tage später verschlechterte sich Wedads Gesundheitszustand dramatisch. Ich versprach, sie ins Palästina-Krankenhaus in Heliopolis zu bringen. Auf dem Weg zu ihr verstauchte ich mir den Fuß und musste nach Hause gebracht werden. Wedad fuhr allein in die Klinik. Am Telefon versicherte sie mir am Abend, dass das Zimmer in Ordnung sei. Am nächsten Morgen fuhr ich zu ihr. Da lag sie schon auf der Intensivstation im Koma. Ich streichelte ihre Hand und versprach leise, das ägyptische Volk bei den kommenden Kämpfen nicht im Stich zu lassen. Dann musste ich gehen, weil man auf dieser Station nicht so lange bleiben durfte. Eine Stunde später wurde ich angerufen und darüber informiert, dass meine Freundin und Lehrerin gestorben war.

Nachdem Geheimpolizisten in Alexandria den Internet-Blogger Khaled Said auf offener Straße totgeschlagen hatten, bildeten sich, wie von Wedad prophezeit, neue oppositionelle Gruppierungen. Während Al-Tagammu mal wieder Kommuniqués abdruckte, bildeten sich Internetforen. Mein Sohn Nagy, der mittlerweile mit seiner Familie nach Kairo übergesiedelt war, machte mich mit diesem neuen Medium vertraut. So konnte ich die engagierte Diskussion verfolgen, die junge, gut ausgebildete Ägypter unter den Augen des Mubarak-Regimes miteinander führten.

Von langjährigen Freundinnen und Kampfgefährtinnen habe ich mich nach anfänglichem Zögern überreden lassen, in einer Gruppe von Frauen innerhalb eines »Nationalen Komitees für Veränderung« mitzuarbeiten. Hier traf ich Nawal El Saadawi wieder, die ja über unsere gemeinsame Haftzeit einen Roman geschrieben hatte, und Amina Rashid, mit der ich durch New York und Washington gestreift war. Und Olfat Abd Rabo, die sich mir auf dem Gründungskongress von Al-Tagammu als meine Bewunderin vorgestellt hatte, ließ ihre Wahlheimat Paris hinter sich und stellte ihre große Wohnung am Kairoer Opernplatz für Treffpunkte zur Verfügung. An der Seite all dieser wunderbaren Kämpferinnen unterstützte ich die demokratischen Ziele des nach Ägypten zurückgekehrten Mohamed El-Baradei.

Der schlafende Riese, von dem Wedad Metri kurz vor ihrem Tod gesprochen hatte, begann zum Leben zu erwachen. Am 25. Januar 2011 war ich dem Aufruf der ägyptischen Jugend gefolgt und war fortan an jedem einzelnen Tag der ägyptischen Revolution dabei. Auf dem Tahrirplatz habe ich Abdel Megid El-Kholy aus Kamshish getroffen, dem ich einst im Exil von Alexandria das Leben und Schreiben beigebracht habe. Dort war ich der Journalistin Nour el Hoda Zaki begegnet, deren Ehemann meinem Wassim den Job eines Moskau-Korrespondenten besorgen wollte. Ich forderte mit vielen meiner ehemaligen Mithäftlinge aus Sadats Gefängnis den Rücktritt seines Nachfolgers. Ich lernte Sara kennen, die Nichte des ägyptischen Popstars Mohamed Mounir, den katholischen Arztsohn Karim, den kämpferischen Theatermann Ahmed und viele andere junge Leute, die meist gar nicht wussten, dass ich in ihrem Alter eine bekannte Kämpferin für die Rechte der Bauern gewesen war. Sogar Vorstandsmitglieder von Al-Tagammu ließen sich auf dem Platz sehen, nachdem sie bemerkt hatten, dass es sich bei dem Protest nicht um ein kurzfristiges Strohfeuer handeln würde. Wassim wäre sicher stolz gewesen, seine Mutter an der Seite der Jugend zu sehen. Und ich war glücklich, mich nach den drei langen Jahren der Depression in meiner ersten Identität wiedergefunden zu haben. Der ägyptische Frühling hat mich zurück ins Leben geführt, zurück zu meinen Ursprüngen an der Seite meines Volkes.

Die Menschen auf dem Tahrirplatz waren außer sich, als am Abend des 11. Februar 2011 Mubaraks Rücktritt verkündet wurde. Wildfremde Menschen lagen einander in den Armen, andere begannen die Straßen zu säubern. An der Talaat-Harb-Straße entdeckte ich Wedad Metris Tochter Riem, ein Tuch lose um den Kopf geschlungen und mit einem Besen in der Hand. Sie, eine Universitätsprofessorin, reinigte die Straße. Dies war ein Symbol für das neue Ägypten. Ältere Menschen riefen mir »Mabrouk!« (»Glückwunsch!«) zu, und ich rief zurück: »Mabrouk euch – das ist euer Sieg!« Manche traten zu mir und erklärten, sie hätten den Protesten auf dem Tahrirplatz zunächst ablehnend gegenübergestanden. Erst als sie mich im Fernsehen gesehen hätten, wären auch sie hergekommen.

Ich genoss die Euphorie des Augenblicks. Dies war ohne Zweifel der schönste Moment, den ich je erlebt habe – es war der Höhepunkt meines Lebens! Und doch hörte ich auch tief in mir die warnende Stimme von Salah: »Eine Revolution ist immer nur der Beginn für etwas Neues.« Mehr als ein halbes Jahrhundert an politischer Erfahrung lehrte mich, dass ein Weg nie zu Ende geht. Gamal Abdel Nasser hatte nach seiner Revolution nicht mit der Macht von Opportunismus und Konterrevolution gerechnet – und die Geschichte bescherte meinem Land Anwar as-Sadat. Die Soldaten, die ihn umbrachten, verschonten den neben ihm sitzenden Hoffnungsträger Mohammed Husni Mubarak, der nun zu Recht vom Volk aus dem Amt gejagt worden war. Doch die Kräfte des alten Regimes würden sich nicht so schnell geschlagen geben. Sie werden Zwietracht ins Volk tragen, Muslims gegen Christen aufhetzen und säkulare Leute gegen Gottesfürchtige. Selbst ernannte Heilsbringer werden auftauchen und wieder verschwinden. Diskussionen, die besser öffentlich geführt würden, werden in Gremiendebatten erstickt werden und dann doch wieder aufbrechen. Den Armeegenerälen wird es nicht leichtfallen, nach fast sechs Jahrzehnten, in denen Offiziere auf dem Präsidentenstuhl saßen, die Macht in zivile Hände zu geben. »Die Revolution ist immer nur der Beginn für etwas Neues und nicht dessen Ende!«

Ganz sicher wird die Vollversammlung des Volkes auf dem Tahrirplatz nicht zum letzten Mal getagt haben. Und doch war ich in diesem Moment, als die Menschen den Sieg über den Diktator feierten, davon überzeugt, dass sich unter diesen jungen Leuten bereits der Mann oder vielleicht auch die Frau befindet, der oder die in wenigen Jahren an der Spitze eines freien und gerechten Ägypten stehen wird. Ob ich es noch erleben werde, entscheide Allah, aber solange ich atmen kann, werde ich kämpfen und nicht zerbrechen.

NACHWORT

des Co-Autors

Die Begegnung mit Shahinda Maklad hat nicht nur meine Kenntnisse der jüngeren Geschichte Ägyptens vertieft, sondern auch meinen Horizont in Bezug auf die wechselhaften aktuellen Ereignisse im Land erweitert. Dabei war ich keineswegs unvorbereitet in die ägyptische Hauptstadt gekommen. Ich hatte bereits zwei Bücher veröffentlicht, deren Inhalte in Kairo angesiedelt sind, hatte für *Cicero* und das *Zeit-Magazin* von dort berichtet, ehe ich die mittlerweile dreiundsiebzigjährige Politaktivistin kennenlernte. In den Wochen, in denen ich mit ihr ausführliche Interviews führte und sie zu den neuerlichen Protesten auf dem Tahrirplatz begleitete, erschien in Deutschland in der Reihe »Malik National Geographic« mein Buch *Die Menschen von Kairo*. Darin werden meine Begegnungen mit sehr unterschiedlichen Leuten geschildert – immer aus der Sicht des neugierigen Europäers.

Was aber machte das Zusammentreffen mit Shahinda Maklad für mich zu einem so außergewöhnlichen Ereignis? Unser Entschluss, das Leben dieser unbeugsamen Frau aus deren Perspektive zu erzählen, ließ das Buch zu einem autobiografischen Dokument werden und wies mir die Rolle eines Chronisten zu. Die westliche Sicht auf die Ereignisse am Nil, auf Shahindas Gedankenwelt und deren oft mutige Entscheidungen mussten in den Hintergrund treten. Es entstand der authentische Bericht einer Frau, die mehr als ein halbes Jahrhundert den Kampf der einfachen Fellachen gegen feudale Strukturen unterstützte und organisierte. Der Leser erfährt aber auch von Zwistigkeiten und opportunistischer Anpassung innerhalb jener politischen Kräfte, welche die »Freiheit des Volkes« auf ihre Fahnen geschrieben haben. Ohne diese Kenntnisse und deren historische Dimension sind die aktuellen Vorgänge in Ägypten für Außenstehende schwer zu verstehen.

Die Rolle des Chronisten ernst zu nehmen hieß für mich, inhaltliche Positionen der Protagonistin auch dann unkommentiert zu lassen, wenn ich sie nicht teilen konnte. Jenseits unserer Interviews haben Shahinda Maklad und ich teils heftig, aber immer im gegenseitigen Respekt miteinander diskutiert. Unser Blick auf die Existenz Israels etwa ist ein immerwährendes Thema gewesen, bei dem wir schon wegen unterschiedlicher biografischer Hintergründe nur wenig Übereinstimmung finden konnten. Im Buch selbst aber, das konnte ich Shahinda Maklad versichern, würde ich ihren Widerstand gegen Sadats außenpolitischen Kurs unkommentiert aus ihrer Sicht schildern. Der Fairness halber muss erwähnt werden, dass sie Sara, jene junge Nubierin, der Shahinda mehrfach auf dem Tahrirplatz begegnet war, während unserer Recherchen aufgefordert hat, ihre abweichende Meinung zur Israel-Politik Sadats vorzutragen. Shahinda Maklad weiß, dass ein Teil der säkularen Jugend Ägyptens ein anderes Verhältnis zum jüdischen Nachbarland für wünschenswert hält als sie selbst. Es lag ihr daran, dass auch dies zur Sprache kommt.

Sara war nur eine von unzähligen jungen Menschen, mit denen Shahinda während der achtzehn Tage dauernden Revolution das Gespräch gesucht und gefunden hat. Nur von wenigen hatte sie die Mobilfunknummer gespeichert. Neben Sara waren dies auch der junge Katholik Karim und der Theatermann Ahmed, und so fanden sie stellvertretend für all die anderen Gesprächspartner ihrer Generation Eingang in das Buch. Die junge Aktivistin Julia trifft Shahinda Maklad ohnehin regelmäßig in der Frauensektion des »Nationalen Komitees für Veränderung« oder bei ihrer Freundin Olfat Abd Rabo.

Bereits wenige Minuten nachdem Mubaraks Rücktritt verkündet worden war, mischte sich bei Shahinda Maklad in die Freude über das Erreichte auch eine skeptische Sicht auf Ägyptens Zukunft. Die erfahrene Politaktivistin wusste schon am 11. Februar 2011, dass die Einheit des Volkes, die soeben das Ende der Mubarak-Ära herbeigeführt hatte, in dieser Form keinen Bestand haben würde. Vor allem würde sich mit der Demission des Herrschers nicht die diktatorische Struktur des Systems in Luft auflösen. So war sie auch dann wieder auf dem Tahrirplatz anzutreffen, als die Proteste im Juli und im November 2011 erneut aufflammten. Sie unterstützte weiterhin die Kandidatur Mohammed El-Baradeis, bis dieser kurz vor Drucklegung des Buches Mitte Januar 2012 das Handtuch warf. Der herrschende Militärrat, so ließ er verlauten, walte in Ägypten so, als wäre das alte Regime noch immer im Amt. Er könne es daher nicht mit seinem Gewissen vereinbaren, als Präsidentschaftskandidat anzutreten. Die Rebellion der Jugend aber werde er weiterhin unterstützen. Durch den Wahlsieg der islamischen Kandidaten ist eine neue Situation in Ägypten entstanden. Die politische Erfahrung und der kämpferische Enthusiasmus von Shahinda Maklad und ihren Mitstreiterinnen wird auch fernerhin gebraucht werden. Die Revolution von 2011 aber sieht sie keineswegs als verloren an: »Der Tahrirplatz wird allen künftigen Herrschern Ägyptens für immer ein warnendes Signal bleiben.«

Gerhard Haase-Hindenberg

DANK GILT ...

... zunächst zwei ägyptischen Frauen, ohne die dieses Buch nicht hätte geschrieben werden können: Mervet Kazem vom Kairoer Büro der Friedrich-Ebert-Stiftung, die Shahinda Maklad mit dem Co-Autor bekannt machte und damit dieses Buch anregte. Hoda Zaghloul, die – wie auch schon bei früheren publizistischen Arbeiten von Gerhard Haase-Hindenberg in Kairo – weit mehr war als eine qualifizierte Dolmetscherin. Sie fungierte als sachkundige Vermittlerin zwischen den Autoren zwei so unterschiedlicher Kulturen.

... allen ägyptischen Gesprächspartnern, die uns während der Recherchen – insbesondere bei der Schilderung der Ereignisse vom Tahrirplatz – mit Informationen unterstützten. Einige von ihnen kommen im Buch namentlich vor, andere bleiben nicht ohne Grund unerwähnt.

... der Friedrich-Ebert-Stiftung in Kairo und deren Leiter Felix Eikenberg dafür, dass sie uns organisatorische Hilfe und für die Interviews Räumlichkeiten zur Verfügung stellten.

... Anne Stadler von Bastei Lübbe für die Realisierung und Betreuung dieses Buchprojekts sowie Rebekka Göpfert und Susanne Bader von der Literaturagentur Graf & Graf in Berlin.

... Regina Carstensen, die mit einem einfühlsamen Lektorat zur deutschen Ausgabe beigetragen hat.

Ein bewegendes, trauriges und doch unendlich positives Buch

Jeremy Howe
MAMAPAPA
Wie ich nach dem Tod
meiner Frau meine
Familie neu erfand
Aus dem Englischen
von Karl-Heinz Ebnet
304 Seiten
ISBN 978-3-404-60660-3

Kann das Leben jemals wieder schön werden, wenn ein Mann seine geliebte Frau verliert, zwei Kinder ihre Mutter? Von einem Tag auf den anderen ist Jeremy allein mit seinen beiden kleinen Töchtern. Er muss die Familie organisieren, zur Arbeit zurückfinden, die Kinder betreuen, versorgen, erziehen, und ihnen bei all dem immer noch zeigen, dass es sich zu leben lohnt – ein Vater, der anfangs hoffnungslos überfordert ist. Und der sich doch seine Welt Stück für Stück zurückerobert.

Bastei Lübbe Taschenbuch